HERME-
NÊUTICA
FIEL

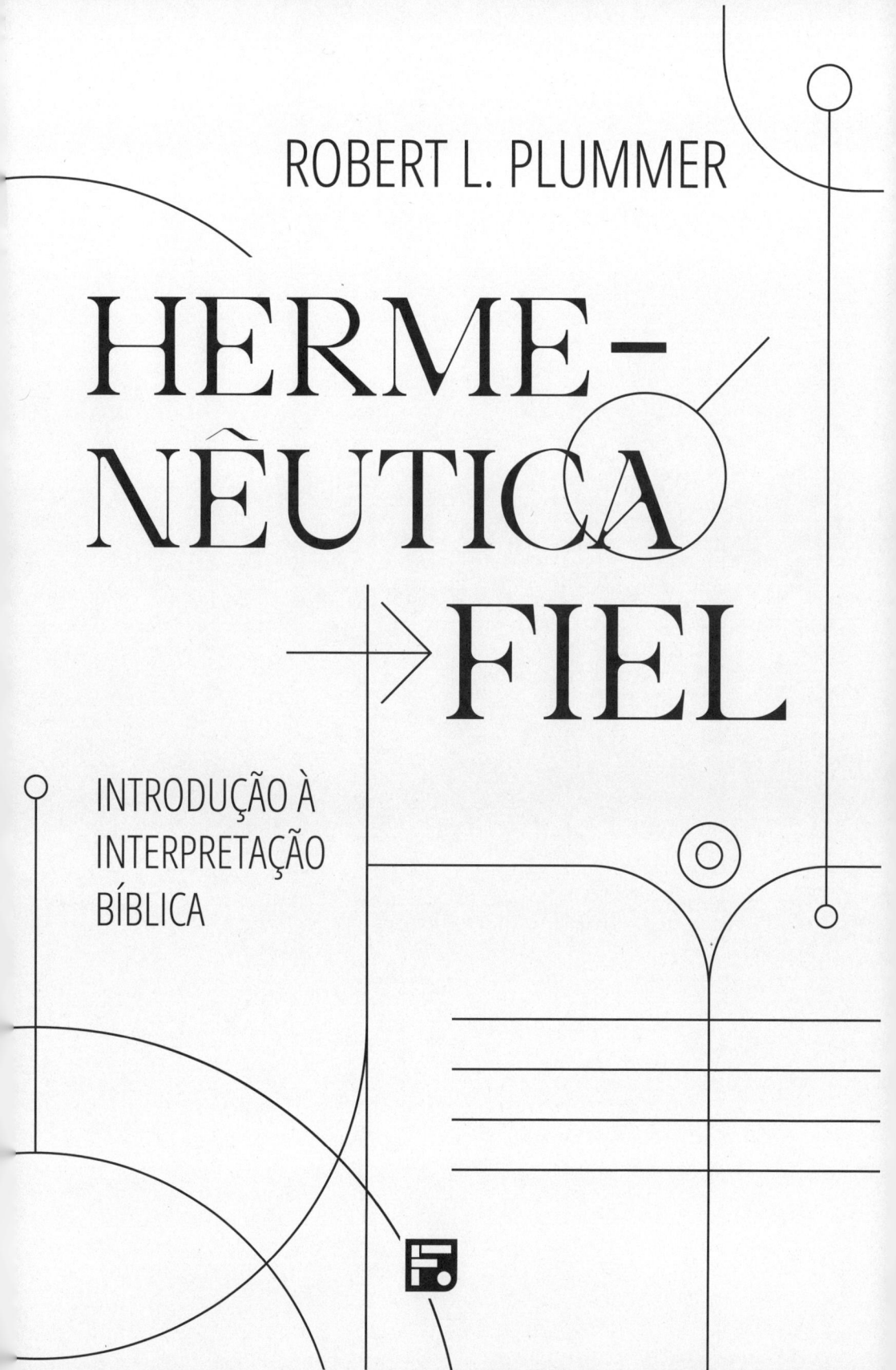

"Leia esta excelente cartilha e, como resultado, leia a Bíblia melhor."
— **Darrell L. Bock**
Professor Pesquisador Sênior de Estudos do Novo Testamento no Dallas Theological Seminary

"Em *Hermenêutica Fiel*, Robert L. Plummer conduz tanto estudiosos bíblicos iniciantes quanto os mais experientes pelos temas e princípios essenciais da interpretação bíblica. Com uma abordagem acessível e esclarecedora, organizada em um formato de perguntas e respostas, o autor explora a natureza divino-humana das Escrituras, a primazia do propósito autoral no significado do texto bíblico, a interpretação de gêneros literários e a aplicação prática e pessoal da Palavra de Deus. Considerando a história da interpretação bíblica, podemos afirmar que Plummer nos ensina uma hermenêutica fiel aos propósitos de Deus para sua revelação."
— **Helder Cardin**
Chanceler das Escolas Teológicas Palavra da Vida Brasil e pastor na Primeira Igreja Batista de Araras (SP)

"O mundo passa por uma crise hermenêutica, e isso vem afetando diversos setores da sociedade. Disso decorre o fato de que a igreja enfrenta essa mesma crise, com o agravante de que seu assunto principal diz respeito à vida eterna. Interpretar corretamente as Escrituras é, portanto, fundamental. Para isso, Robert L. Plummer, em *Hermenêutica Fiel*, oferece ferramentas para que leitores, estudantes de Teologia, professores de Bíblia e pastores leiam adequadamente o texto sagrado, sendo capazes de chegar ao conhecimento das coisas que Deus desejou dar a conhecer acerca de si mesmo e de sua salvação."
— **Paulo Valle**
Pastor na Igreja Batista do Redentor (Volta Redonda, RJ); professor de Novo Testamento e Grego no Seminário Martin Bucer

"Neste livro, o Dr. Robert Plummer realiza um trabalho excepcional ao introduzir a interpretação bíblica, explorando desde tópicos amplos (como a natureza das Escrituras) até questões mais específicas (tais como gêneros literários) e debates atuais na área da Hermenêutica. Em todos esses aspectos, Plummer conseguiu a proeza de escrever em uma linguagem clara e acessível, sem comprometer a profundidade das respostas, o que torna seu livro extremamente valioso para todos os públicos. Pastores, leigos, professores e estudantes de Teologia encontrarão grande benefício neste volume, que agora foi revisado, expandido e atualizado. O leitor possui em mãos uma ferramenta indispensável para aprofundar seu conhecimento sobre a Palavra de Deus."

— **WILLIAN V. ORLANDI**

Pastor na Igreja Batista Reformada de Indaiatuba (SP); professor de Teologia no Seminário Teológico Jonathan Edwards

"Muito bem escrito e pesquisado com cuidado, creio que *Hermenêutica Fiel* é um recurso valioso para a pessoa que tem perguntas sérias sobre as Escrituras Sagradas."

— **DANIEL AKIN**

Presidente do Southeastern Baptist Theological Seminary

"Aristóteles disse, certa vez, que todos aqueles que desejam ser bem-sucedidos precisam formular as perguntas preliminares corretas. Plummer faz 40 perguntas dessa natureza. Melhor ainda: ele responde a essas questões, dando aos alunos iniciantes tudo que necessitam saber, em geral, sobre interpretação bíblica e os tipos de textos específicos que se encontram no Antigo e no Novo Testamento, em particular para começarem a interpretar a Bíblia de forma proveitosa."

— **KEVIN J. VANHOOZER**

Professor Pesquisador de Teologia Sistemática na Trinity Evangelical Divinity School

"Quão apropriado é que *Hermenêutica Fiel*, de Plummer, seja extremamente abrangente, bastante claro e totalmente cativante. A organização e a abrangência de assuntos abordados tornam este livro uma leitura prazerosa e altamente instrutiva. Cada capítulo se encerra com perguntas de reflexão e sugere materiais

para estudo posterior. Não posso imaginar uma introdução mais proveitosa ao assunto de interpretação bíblica do que a que Plummer produziu."
— **Bruce A. Ware**
Professor de Teologia Cristã no The Southern Baptist Theological Seminary

"Com nuances suficientes para cursos de seminário e acessível a grupos da igreja, *Hermenêutica Fiel* torna alunos e líderes de igreja familiarizados com os princípios centrais de interpretação bíblica e as questões relacionadas, como inspiração, cânon, tradução e discussões correntes. Esta obra agradável e cativante é um excelente livro-texto para cursos sobre interpretação bíblica em universidades e seminários."
— **Christopher W. Morgan**
Professor de Teologia na California Baptist University

"Nos 20 semestres durante os quais ministrei o curso de Métodos de Estudo Bíblico, *Hermenêutica Fiel* sempre foi o principal recurso que eu recomendava que os meus alunos lessem. De coração, eu recomendo este livro a qualquer um que deseje estudar as Escrituras por si mesmo."
— **Andy Deane**
Professor no Calvary Chapel Bible College

"É maravilhoso ensinar a Bíblia a alguém. É ainda mais maravilhoso ensinar às pessoas como estudar a Bíblia por si mesmas. Plummer nos oferece uma pesquisa muito útil sobre como entender a Bíblia. Você se beneficiará significativamente das percepções dele."
— **Jerry Vines**
Pastor Emérito na First Baptist Church of Jacksonville (Flórida, EUA)

"*Hermenêutica Fiel* é uma discussão condensada de uma grande variedade de assuntos importantes para o aluno iniciante na área de estudos bíblicos. O formato pergunta-resposta é uma ótima maneira de despertar o interesse dos alunos e, ao mesmo tempo, responder às suas perguntas."
— **Paul D. Wegner**
Professor de Antigo Testamento no Phoenix Seminary

Dados Internacionais de Catalogação na Publicação (CIP) (Câmara Brasileira do Livro, SP, Brasil)

Plummer, Robert L.
    Hermenêutica fiel : introdução à interpretação bíblica / Robert L. Plummer ; tradução Francisco Wellington Ferreira, Pedro Marchi. -- 2. ed. -- São José dos Campos, SP : Editora Fiel, 2025.

    Título original: 40 questions about interpreting the Bible.
    ISBN 978-65-5723-381-8

    1. Bíblia - Estudos 2. Bíblia - Interpretação e crítica (Exegese) 3. Hermenêutica - Aspectos religiosos - Cristianismo I. Título.

24-238802   CDD-220.601

Elaborado por Aline Graziele Benitez - CRB-1/3129

Hermenêutica fiel: Introdução à interpretação bíblica

Traduzido do original em inglês
40 questions about interpreting the Bible (2ª ed.)
Copyright © 2010, 2021 por Robert L. Plummer.
Todos os direitos reservados.

∎

Originalmente publicado em inglês por Kregel Academic, Grand Rapids, Michigan, EUA.

Copyright © 2016, 2024 Editora Fiel
Primeira edição em português: 2017
(*40 Questões para se Interpretar a Bíblia*)
Segunda edição em português: 2025
(*Hermenêutica Fiel: Introdução à Interpretação Bíblica*)

Todos os direitos em língua portuguesa reservados por Editora Fiel da Missão Evangélica Literária.
PROIBIDA A REPRODUÇÃO DESTE LIVRO POR QUAISQUER MEIOS, SEM A PERMISSÃO ESCRITA DOS EDITORES, SALVO EM BREVES CITAÇÕES, COM INDICAÇÃO DA FONTE.

Os textos das referências bíblicas foram extraídos da versão Almeida Revista e Atualizada, 2ª ed. (Sociedade Bíblica do Brasil), salvo indicação específica.

∎

Diretor: Tiago J. Santos Filho
Editor-Chefe: Vinicius Musselman Pimentel
Coordenadora Gráfica: Gisele Lemes
Editores: Tiago J. Santo Filho e André G. Soares
Tradutor: Francisco Wellington Ferreira (cap. 1–36) e Pedro Marchi (cap. 37–40)
Revisor: Shirley Lima (cap. 1–36) e André G. Soares (cap. 37–40)
Diagramador: Caio Duarte
Capista: Caio Duarte
ISBN Brochura: 978-65-5723-381-8
ISBN eBook: 978-65-5723-382-5

Caixa Postal, 1601
CEP 12230-971
São José dos Campos-SP
PABX.: (12) 3919-9999
www.editorafiel.com.br

*Para Mark Seifrid e Robert Stein,
eruditos, professores, amigos*

SUMÁRIO

Apresentação 15

Introdução à segunda edição 17

Introdução à primeira edição 19

Abreviações 23

PARTE 1: COMEÇANDO: TEXTO, CÂNON E TRADUÇÃO

1. O que é a Bíblia? 29
2. Como a Bíblia está organizada? 39
3. Quem escreveu a Bíblia: humanos ou Deus? 51
4. A Bíblia contém erros? 61
5. Os manuscritos antigos da Bíblia foram transmitidos acuradamente? 77
6. Quem determinou quais livros deveriam ser inclusos na Bíblia? 93
7. Qual é a melhor tradução da Bíblia? 109

PARTE 2: ABORDANDO A BÍBLIA DE MANEIRA GERAL
SEÇÃO A: QUESTÕES RELACIONADAS À INTERPRETAÇÃO

8. Por que a interpretação bíblica é importante? 123
9. Como a Bíblia foi interpretada no decorrer da história da igreja? ...131
10. Quais são alguns princípios gerais para se interpretar a Bíblia? (1) 149
11. Quais são alguns princípios gerais para se interpretar a Bíblia? (2) 159
12. Como posso melhorar como intérprete da Bíblia? 171
13. Quais são alguns livros ou materiais proveitosos para se interpretar a Bíblia? 185

SEÇÃO B: QUESTÕES RELACIONADAS AO SIGNIFICADO

14. Quem determina o significado de um texto? 201
15. Um texto pode ter mais de um significado? 211
16. Qual é o papel do Espírito Santo em determinar o significado? 221

17. Qual é a mensagem predominante da Bíblia? 233
18. A Bíblia é totalmente sobre Jesus? 249
19. Todos os mandamentos da Bíblia se aplicam hoje? 259
20. Por que as pessoas não conseguem concordar sobre o que a Bíblia significa? 271

PARTE 3: ABORDANDO TEXTOS ESPECÍFICOS
SEÇÃO A: GÊNEROS COMPARTILHADOS
(QUESTÕES QUE SE APLICAM IGUALMENTE AO ANTIGO E AO NOVO TESTAMENTO)

21. Como identificamos o gênero literário — e por que isso é importante? 287
22. Como interpretamos narrativas históricas? 297
23. Como interpretamos profecia? (Orientações gerais) 305
24. Como interpretamos profecia? (Tipologia) 317
25. Como interpretamos literatura apocalíptica? 329
26. Como interpretamos linguagem exagerada ou hiperbólica? 339
27. Como interpretamos figuras de linguagem? 351

SEÇÃO B: GÊNEROS ESSENCIALMENTE DO ANTIGO TESTAMENTO

28. Como interpretamos provérbios? 363
29. Como interpretamos poesia? 373
30. Como interpretamos os Salmos? (Classificação dos Salmos) 383
31. Como interpretamos os Salmos? (Princípios de interpretação) 391

SEÇÃO C: GÊNEROS ESSENCIALMENTE DO NOVO TESTAMENTO

32. Como interpretamos parábolas? (História da interpretação) 405
33. Como interpretamos parábolas? (Princípios de interpretação) 413
34. Como interpretamos cartas ou epístolas? (Estrutura e natureza) 425
35. Como interpretamos cartas ou epístolas? (Orientações gerais) 433

PARTE 4: QUESTÕES PRÁTICAS E ATUAIS

36. O que a Bíblia nos diz sobre o futuro?.. 445
37. Como manusear a Bíblia em minhas devoções diárias?
    (Orientações práticas para o estudo das Escrituras)............................... 453
38. Como liderar um estudo bíblico?.. 463
39. A Bíblia afirma que os cristãos serão ricos e sempre saudáveis?............. 473
40. Quais são as tendências modernas que influenciam a interpretação bíblica?...... 483

Pós-Escritos 495
Bibliografia Selecionada... 497
Lista de Figuras... 499

APRESENTAÇÃO

Quem introduziu as divisões de capítulos e versículos que encontramos regularmente na Bíblia? O que pretendemos dizer com "autógrafos"? Qual é a definição correta de "inerrância"? Como os manuscritos bíblicos foram copiados e transmitidos ao longo dos séculos? Qual é o mais antigo fragmento existente do Novo Testamento e qual é sua datação? Quem determinou o que deveria ser incluso no cânon? Qual é a melhor tradução bíblica que temos ao nosso dispor? Qual é a mensagem predominante da Bíblia? Por que as pessoas não conseguem concordar quanto ao que a Bíblia significa?

Neste livro fascinante e bem elaborado, Robert Plummer considera essas e muitas outras questões relacionadas ao entendimento da Bíblia. Fundamentado em erudição recente e apresentado em formato acessível, tanto prático como relevante, este livro é uma leitura prazerosa. Em essência, o autor nos oferece um livro sobre interpretação bíblica cortado em pedaços e porções palatáveis, usando um formato que torna mais fácil digerirmos um assunto que frequentemente entala na garganta de alunos iniciantes.

Plummer cita um de seus mentores, Robert Stein, que lhe disse certa vez: "Escrevi meu texto sobre hermenêutica porque não podia entender os outros livros sobre o assunto". Como alguém que escreveu um livro sobre interpretação bíblica (*Convite à Interpretação Bíblica*, publicado por Edições Vida Nova) e que tem ensinado interpretação bíblica nos níveis de graduação, mestrado e doutorado por mais de 15 anos, aprecio os desafios enfrentados por aqueles que escrevem uma obra sobre interpretação bíblica que os leitores possam entender.

Este volume é categoricamente bem-sucedido em tornar transparente a tarefa e o processo de interpretação bíblica, bem como em introduzir o aluno iniciante a uma vida de estudo da Palavra de Deus. Como Paulo escreveu para Timóteo: "Procura apresentar-te a Deus aprovado, como obreiro que não tem de que se envergonhar, que maneja bem a palavra da verdade" (2Tm 2.15). Para alguém que aspira obter as habilidades necessárias para manejar corretamente a Palavra da verdade de Deus, este livro será valiosíssimo. Recomendo-o imensamente.

Andreas J. Köstenberger
Teólogo em Residência, Fellowship Raleigh Church
Fundador, Biblical Foundations™

INTRODUÇÃO À SEGUNDA EDIÇÃO

Estou feliz com o fato de que o Senhor graciosamente permitiu que a primeira edição deste livro ajudasse as pessoas a lerem suas Bíblias mais fielmente. Oro para que a segunda edição cumpra o mesmo propósito. O PDF gratuito dos últimos quatro capítulos da primeira edição estão disponíveis em 40Questions.net. Quatro novos capítulos foram adicionados depois do parecer de professores e alunos que usaram o livro. Agradeço a Greg Wolff pela sua preparação de toda a edição revisada.

Sentimentos e sugestões expressos na introdução à primeira edição permanecem inalterados. Assim, encorajo você a continuar a leitura abaixo. Além disso, note que traduções deste livro estão disponíveis em espanhol, coreano, português e cazaque.

INTRODUÇÃO À PRIMEIRA EDIÇÃO

Este livro tem o propósito de ajudá-lo a entender a Bíblia. Como professor de Novo Testamento, ministro regularmente um curso introdutório sobre hermenêutica (interpretação) bíblica no Southern Baptist Theological Seminary, em Louisville (Kentucky, EUA). Tive dificuldade para encontrar um livro-texto que considere, de maneira breve e acurada, todos os assuntos que investigamos no curso. (Os tópicos abordados em meu curso incluem: cânon, transmissão de manuscritos, versões bíblicas em inglês, questões gerais de interpretação, maneiras de lidar com os principais tipos literários da Bíblia e debates hermenêuticos atuais.) Escrevi este livro para abordar tais assuntos em um único volume. Idealmente, este livro servirá como livro-texto para um curso de introdução bíblica numa faculdade ou num seminário, mas me esforcei para escrever de modo que o livro seja proveitoso para qualquer cristão interessado. Meu alvo consistia em ser acessível, sem ser simplista, e erudito, sem ser pedante, não ignorando as questões práticas e a aplicação à vida real por parte do leitor cristão.

Embora você possa escolher ler todo o livro na sequência em que se apresenta, ele está organizado de maneira que assuntos específicos possam ser consultados sem o conhecimento de assuntos anteriores. Incentivo-o a olhar rapidamente todas as 40 perguntas no Sumário, antes de começar a leitura. Há algum tema específico que chama a sua atenção? Por que não começar por ali? Cada capítulo se encerra com perguntas para discussão e livros recomendados para estudo posterior.

Há muitas pessoas às quais devo agradecimentos por ajudarem a tornar este livro uma realidade. Inicialmente, gostaria de expressar minha apreciação pelos diretores e administradores do Southern Seminary, que me concederam graciosamente uma licença sabática em 2008, durante a qual este livro foi escrito. Devo agradecimentos ao meu querido amigo Ben Merkle, editor da série, que me deu encorajamento constante. Também quero expressar agradecimentos a meus assistentes, Andy Hassler, Ben Stubblefield e Matt Smethurst, pela revisão do texto e o auxílio na pesquisa. Outros que ofereceram comentários proveitosos sobre o manuscrito foram Robert Stein, Danny Akin, Chuck Deglow, Laura Roberts, Wes Smith, Jonathan Pennington e Robert Peterson. Agradeço também aos prestimosos funcionários da biblioteca do Southern Seminary, em especial a Michael Strackeljahn.

Minha querida esposa, Chandi, e nossas três lindas filhas (Sara Beth, Chloe e Anabelle) me mantiveram ancorado na realidade, mesmo quando as exigências mentais de escrever um livro me levaram mais em direção ao lado excêntrico no espectro da personalidade. Na verdade, sem elas, eu poderia ter-me tornado um eremita ou algo pior. Enquanto escrevia este livro, pensava regularmente em minhas filhas mais novas, esperando que venham a lê-lo um dia e se beneficiem do conselho de seu pai sobre como lidar com a Bíblia. Continuo a crescer em meu entendimento da Escritura. Se me for dada a oportunidade de revisar este livro no futuro, tenho certeza de que haverá acréscimos e mudanças.

Este livro é dedicado a dois de meus ex-professores, Robert Stein e Mark Seifrid. Ambos atuaram no comitê de minha tese de doutorado. O Dr. Stein me contagiou com sua abordagem sensata da interpretação e sua clareza exemplar em comunicação. Mark Seifrid, meu orientador de doutorado e agora um colega, tornou-se um amigo querido nesta última década. Sua atenção a nuances da Escritura e seu entendimento de várias questões de difícil interpretação me ajudaram a ver mais longe do que eu poderia ter visto sozinho. Sua genuína amizade cristã é rara e preciosa.

Enquanto agradeço a essas muitas pessoas que me ajudaram a criar este livro, assumo também a responsabilidade pelo produto final — defeitos e tudo. Sou animado pelo fato de que Deus usa todas as coisas — até nossas fraquezas e falhas — para realizar o bem supremo para nós: conformar-nos à imagem de seu Filho e exaltar a Jesus como o maior tesouro (Rm 8.28-30).

ABREVIAÇÕES

AB   Anchor Bible

ABD   *The Anchor Bible Dictionary*. Editado por D. N. Freedman. Nova York: Doubleday, 1992.

ANF   *Ante-Nicene Fathers*, ed. A. Roberts e J. Donaldson. 10 vols. 1885. Peabody: Hendrickson, reimpressão, 2004.

BDAG   W. Bauer, F. W. Danker, W. F. Arndt e F. W. Gingrich. *Greek-English Lexicon of the New Testament and Other Early Christian Literature*. 3ª ed. Chicago: University of Chicago Press, 2000.

BECNT   Baker Exegetical Commentary on the New Testament

BT   *The Bible Translator*

CEV   Contemporary English Version

DJG   *Dictionary of Jesus and the Gospels*. Editado por Joel B. Green, Scot McKnight e I. Howard Marshall. Downers Grove: InterVarsity Press, 1992.

DNTB   *Dictionary of New Testament Background*. Editado por Craig A. Evans e Stanley E. Porter. Downers Grove: InterVarsity Press, 2000.

DPL   *Dictionary of Paul and His Letters*. Editado por Gerald F. Hawthorne, Ralph P. Martin e Daniel G. Reid. Downers Grove: InterVarsity Press, 1993.

EBC   The Expositor's Bible Commentary. Editado por Frank E. Gaebelein.

EDNT	*Exegetical Dictionary of the New Testament*. Editado por H. Balz e G. Scheneider. Grand Rapids: Eerdmans, 1990–1993.
HCSB	Holman Christian Standard Bible
ICBI	International Council on Biblical Inerrancy
JBR	*Journal of Bible and Religion*
JETS	*Journal of the Evangelical Theological Society*
JSNT	*Journal for the Study of the New Testament*
JSNTSup	Journal for the Study of the New Testament: Supplement Series
LB	Living Bible
MSG	The Message
NAC	New American Commentary
NCV	New Century Version
NICOT	New International Commentary on the Old Testament
NIDNTT	*New International Dictionary of New Testament Theology*. Editado por Colin Brown. 4 vols. Grand Rapids: Zondervan, 1975–1985.
NIGTC	New International Greek Testament Commentary
$NPNF_1$	*Nicene and Post-Nicene Father*, 1ª série. Editado por Philip Schaff. 14 vols. 1886–1889, reimpr., Peabody: Hendrickson, 2004.
NTS	*New Testament Studies*
OTP	*The Old Testament Pseudepigrapha*. Vol. 1. Editado por J. H. Charlesworth. Nova York: Doubleday, 1983.
REB	Revised English Bible

RSV	Revised Standar Version
SBJT	*The Southern Baptist Journal of Theology*
TDNT	*Theological Dictionary of the New Testament*
TEV	Today's English Version
TNTC	Tyndale New Testament Commentaries
TrinJ	*Trinity Journal*
TS	*Theological Studies*
TynBul	*Tyndale Bulletin*
W.A.	*D. Martin Luthers Werke, kritische Gesammtausgabe.* Editado por J. K. F. Kanaake et al. 57 vols. Weimar: Hermann Böhlau, 1883ff.
WTJ	*Westminster Theological Journal*

PARTE 1

COMEÇANDO: TEXTO, CÂNON E TRADUÇÃO

QUESTÃO 1

O QUE É A BÍBLIA?

A maioria das pessoas que pegarem este livro está familiarizada com a Bíblia. Apesar disso, estou incluindo esta pergunta básica por duas razões: (1) algumas pessoas que depararão com este livro têm pouco ou nenhum conhecimento das Escrituras cristãs. Se isso descreve você, não há lugar melhor para começar do que por esta pergunta. (2) Até mesmo pessoas que já passaram vários anos lendo a Bíblia podem beneficiar-se ao retornarem aos fundamentos. Espero que minha resposta, apresentada em seguida, seja compreensível para aqueles que ignoram a Bíblia, mas que não seja tão simples que não beneficie aqueles que já são bem versados nas Escrituras.

VISÃO GERAL DA BÍBLIA

A Bíblia é uma coleção de escritos que os cristãos consideram singularmente inspirados e autoritários. Embora seja um livro unificado, a Bíblia é também uma compilação de 66 livros ou obras literárias. Essas obras, produzidas por homens de vários períodos históricos, contextos sociais, personalidades e culturas diferentes, afirmam o Espírito Santo como a autoridade suprema e a garantia por trás de seus escritos. Como 2Timóteo 3.16 assevera: "Toda a Escritura é inspirada por Deus".

A Bíblia pode ser dividida em duas grandes seções: o Antigo e o Novo Testamento. A palavra *testamento* vem da palavra latina *testamentum*, que significa "aliança". Portanto, em sua divisão básica, a Bíblia nos lembra os dois relacionamentos de aliança entre Deus e a humanidade.[1] O primeiro (antigo) relacionamento de aliança foi ratificado no Monte Sinai entre Deus e a nação judaica (Êx 19–31). Essa aliança era antecipatória e apontava para uma nova aliança, prometida em Jeremias 31.31, quando Deus atrairia para si mesmo um povo de todas as nações e inscreveria suas palavras nos corações deles (Is 49.6). De fato, essa nova aliança era nada mais que o cumprimento das muitas promessas salvadoras que Deus fizera no decurso da história – que Satanás seria esmagado por um descendente de Eva (Gn 3.15), que, por meio da descendência de Abraão, todas as nações do mundo seriam abençoadas (Gn 22.18), entre outras.

No Antigo Testamento, há 39 livros de vários gêneros (narrativas históricas, provérbios, poesia, salmos etc.). O Novo Testamento contém 27 livros, sendo também constituído de vários tipos literários (narrativas históricas, cartas, parábolas etc.). Quanto a mais informações sobre a organização da Bíblia (ou seja, ordem dos livros, origem da divisão de capítulos e versículos, entre outras), veja a Questão 2. Além disso, quanto a abordagens interpretativas de gêneros bíblicos específicos, veja a segunda metade deste livro.

O PROPÓSITO DA BÍBLIA

A Bíblia é, ela mesma, evidência de suas principais afirmações, ou seja, que o Deus que fez os céus, a terra, o mar e tudo que há neles é um comunicador que tem prazer em se revelar a seres humanos caídos. Em Hebreus 1.1-2, lemos: "Havendo Deus, outrora, falado, muitas vezes e de muitas maneiras, aos pais, pelos profetas, nestes últimos dias, nos falou pelo Filho, a quem constituiu herdeiro de todas as coisas, pelo qual também fez o universo".

---

[1] Para uma explicação magistral da maneira como os vários pactos ao longo da Escritura se relacionam uns com os outros e com o tema abrangente do reino, veja Peter J. Gentry e Stephen J. Wellum, *O Reino de Deus através das Alianças de Deus* (São Paulo: Vida Nova, 2021).

Esses versículos de Hebreus apontam para a culminação da revelação bíblica no eterno Filho de Deus. Esse Filho se encarnou em Jesus de Nazaré, unindo para sempre Deus e o homem numa mesma pessoa — 100% Deus, 100% homem (Jo 1.14). As profecias, as promessas, os anseios e as antecipações na antiga aliança acham seu cumprimento, significado e culminação na vida, morte e ressurreição de Cristo. Como diz o apóstolo Paulo: "Porque quantas são as promessas de Deus, tantas têm nele o sim" (2Co 1.20).

O propósito da Bíblia é tornar uma pessoa sábia "para a salvação pela fé em Cristo Jesus" (2Tm 3.15). A Bíblia não é um fim em si mesma. Como Jesus disse aos peritos religiosos de seus dias: "Examinais as Escrituras, porque julgais ter nelas a vida eterna, e são elas mesmas que testificam de mim" (Jo 5.39). Assim, sob a superintendência divina, o alvo da Bíblia é levar seus leitores a receberem o perdão de Deus em Cristo e a possuírem a vida eterna no relacionamento com o Deus trino (Jo 17.3).

A LINHA HISTÓRICA BÁSICA DA BÍBLIA

A Bíblia explica a origem do universo (Deus criou todas as coisas, Gn 1–2). A Bíblia revela também por que há pecado, doença e morte (os seres humanos se rebelaram contra Deus e trouxeram o pecado e a decadência ao mundo, Gn 3.1-24). E a Bíblia promete que Deus enviará um Messias (Jesus) que vencerá a morte e Satanás e, por fim, renovará todas as coisas (Gn 3.15; Ap 22.1-5).

Deus preparou as coisas para a vinda desse Messias ao focalizar sua obra reveladora e salvadora nos descendentes de Abraão, ou seja, os israelitas ou judeus. Quando Deus outorgou suas leis santas e enviou seus profetas à nação de Israel, isso deixou claro que ele planejava uma bênção mundial que procederia dos judeus num tempo futuro. Deus prometeu a Abraão: "Em ti serão benditas *todas as famílias* da terra" (Gn 12.3, ênfase minha). De modo semelhante, no livro de Isaías, lemos que Deus falou profeticamente da vinda do Messias: "Pouco é o seres meu servo, para restaurares as tribos de Jacó e tornares a trazer os remanescentes de Israel; *também te dei como luz para os gentios, para seres a minha salvação até à extremidade da terra*" (Is 49.6, ênfase minha). De acordo com a Bíblia, Jesus inaugurou essa salvação mundial, que será consumada no retorno dele. Enquanto todas as pessoas são condenadas justamente pela ira santa de Deus, a morte de Jesus na cruz concede perdão àqueles que confiam nele. Uma pessoa se torna parte do povo de Deus — um súdito do domínio do Rei Jesus — ao se converter de sua rebelião e confiar na morte substitutiva de Jesus por seus pecados. Como lemos em João 3.36: "Quem crê no Filho tem a vida eterna; o que, todavia, se mantém rebelde contra o Filho não verá a vida, mas sobre ele permanece a ira de Deus".

A consumação da salvação de Deus ainda está para ser revelada. A Bíblia ensina que Jesus certamente virá de novo (1Ts 4.13-18). Enquanto eruditos debatem sobre alguns dos detalhes concernentes à volta de Jesus, as Escrituras são claras em afirmar que a morte e o pecado (agora vencidos na cruz) acabarão para sempre (Ap 20.14–21.4). Todos que receberam o perdão de Deus em Cristo habitarão com Deus para sempre em alegria infinda (Jo 14.2-3; 17.24). Aqueles que se tiverem mantido em rebelião contra Deus não terão uma segunda chance de arrependimento depois da morte; serão punidos com a separação eterna de Deus (Jo 3.36; Mt 25.46).

FUNÇÕES DA BÍBLIA

No abrangente propósito de revelar a Deus e levar as pessoas a um relacionamento salvador com ele por meio de Jesus, há várias funções relacionadas que a Bíblia cumpre, incluindo as seguintes:

- *Convicção de pecado.* O Espírito Santo aplica a Palavra de Deus ao coração humano, convencendo as pessoas de sua falha em satisfazer ao padrão santo de Deus e convencendo-as de sua justa condenação e necessidade de um Salvador (Rm 3.20; Gl 3.22-25; Hb 4.12-13).

- *Correção e instrução.* A Bíblia corrige e instrui o povo de Deus, ensinando-lhe quem é Deus, quem são eles e o que Deus espera deles. Tanto pelo estudo individual do crente como pelos mestres capacitados da igreja, Deus edifica e corrige seu povo (Js 1.8; Sl 119.98-99; Mt 7.24-27; 1Co 10.11; Ef 4.11-12; 2Tm 3.16; 4.1-4).

- *Frutificação espiritual.* À medida que a Palavra de Deus vai-se enraizando nos verdadeiros crentes, produz uma colheita de justiça — uma manifestação genuína de amor a Deus e amor aos outros (Mc 4.1-20; Tg 1.22-25).

- *Perseverança.* Capacitados pelo Espírito Santo, os crentes perseveram na mensagem salvadora das Escrituras ao passarem por tribulações e tentações na vida. Por meio dessa perseverança, eles ganham confiança crescente na promessa Deus de guardá-los até o fim (Jo 10.28-29; 1Co 15.2; 2Co 13.5; Gl 3.1-5; Fp 1.6; Cl 1.23; 1Tm 3.13; 1Jo 2.14).

- *Alegria e deleite.* Para aqueles que conhecem a Deus, a Bíblia é uma fonte de alegria e deleite incessantes. Como o Salmo 19.9-10 afirma: "Os juízos do Senhor são verdadeiros e todos, igualmente, justos. São mais desejáveis do que ouro, mais que muito ouro depurado; e são mais doces que o mel e o destilar dos favos".

- *Autoridade suprema em doutrina e obras.* Para o cristão, a Bíblia é a autoridade suprema no que diz respeito a comportamento e crença (Lc 10.26; 24.44-45; Jo 10.35; 2Tm 3.16; 4.1-2; 2Pe 3.16). A retidão de todas as pregações, credos, doutrinas ou opiniões é estabelecida decisivamente por esta pergunta: O que a Bíblia diz? Como observou John Stott: "A Escritura é o cetro real pelo qual o Rei Jesus governa sua igreja".[2]

---

2 John R. W. Stott, *John Stott on the Bible and the Christian Life: Six Sessions on the Authority, Interpretation, and Use of Scripture* (Grand Rapids: Zondervan, 2006). A citação é da palestra do primeiro DVD, "A Autoridade da Escritura".

CRONOLOGIA DA COMPOSIÇÃO DA BÍBLIA

Os primeiros cinco livros do Antigo Testamento, os livros de Moisés (Gênesis, Êxodo, Levítico, Números e Deuteronômio), muito provavelmente foram escritos por volta de 1400 a.C.³ Visto que esses livros descrevem eventos desde milhares de anos antes, é quase certo que muitas fontes orais e escritas estejam por trás de nosso texto corrente. É claro que a seleção, ou a edição, que Moisés fez dessas fontes aconteceu sob a supervisão de Deus. O último livro do Antigo Testamento, Malaquias, foi escrito por volta de 430 a.C. Portanto, os 39 livros do Antigo Testamento foram compostos num espaço de mais de 1.000 anos, por cerca de 40 autores diferentes. Alguns livros do Antigo Testamento foram escritos pelo mesmo autor — Jeremias e Lamentações, por exemplo. Outros livros, como 1 e 2 Reis, não citam explicitamente um autor. E outros livros, como os Salmos e Provérbios, citam vários autores para várias porções. O Antigo Testamento foi escrito em hebraico, com algumas pequenas porções em aramaico (Ed 4.8–6.18; 7.12–12.26; Dn 2.4b–7.28; Jr 10.11).⁴

O primeiro livro do Novo Testamento (provavelmente, Gálatas ou Tiago) foi escrito talvez entre a metade e o final dos anos 40 d.C. A maioria dos livros do Novo Testamento foi escrita nos anos 50 e 60 d.C. O último livro do Novo Testamento, o livro de Apocalipse, foi escrito talvez por volta de 90 d.C. O Novo Testamento foi escrito em grego, a língua comum de seus dias, embora contenha algumas palavras transliteradas do aramaico e do latim.

---

3 Alguns eruditos acham que o livro de Jó é de data anterior aos livros de Moisés
4 Duas palavras em Gn 31.47 também estão em aramaico: *Jegar-sahadutha* ("monte de testemunho").

FIGURA 1: CRONOLOGIA DE EVENTOS E LIVROS DA BÍBLIA	
Adão e Eva	h.m.t.[5]
Noé	h.m.t.
O chamado de Abraão	2000 a.C.
O êxodo	1446 a.C. (primeiros livros da Bíblia escritos por Moisés)
A monarquia começa	1050 a.C. (Deus escolhe Saul)
Rei Davi	1010–970 a.C.
Rei Salomão	970–930 a.C.
O reino dividido	931 a.C. (Israel e Judá divididos)
O exílio assírio	722 a.C. (destruição de Samaria)
O exílio babilônico	586 a.C. (destruição de Jerusalém)
O período persa	537 a.C. (retorno dos judeus no reinado de Ciro)
O segundo templo terminado	515 a.C.
Neemias/Esdras	meados de 400 a.C.
Malaquias (último livro do Antigo Testamento)	430 a.C.
O período intertestamentário	430 a.C.–45 d.C.
O nascimento de Jesus	7–4 a.C.[6]
O ministério de Jesus	27–30 d.C.
A crucificação de Jesus	30 d.C.
O primeiro livro escrito do Novo Testamento	45 d.C.
Apocalipse escrito	90 d.C. (último livro do Novo Testamento)

---

5 H.m.t. significa "há muito tempo". Embora eu creia que Adão e Eva foram pessoas históricas, não me arriscarei a imaginar o ano em que Deus os criou. Isso foi (e todos podemos concordar) há muito tempo.
6 É amplamente reconhecido que, embora se suponha que a divisão entre "a.C." e "d.C." em nosso calendário parta da data real do nascimento de Jesus, o criador desse marcador, Dionísio, o Exíguo (470–544 d.C.), cometeu um erro de cálculo.

RESUMO

A Bíblia é uma coleção de 66 "livros" que os cristãos alegam que são singularmente inspirados e autoritativos. A Bíblia se acha dividida em duas grandes seções: o Antigo Testamento (antecipação) e o Novo Testamento (cumprimento). O Antigo Testamento foi escrito entre 1400–430 a.C. O Novo Testamento foi escrito entre 45–90 d.C. A Bíblia registra as intervenções divinas na história, conforme ele progressivamente revelava seus planos de prover salvação para um mundo quebrado e manchado pelo pecado. O plano salvífico de Deus culmina no Messias Jesus, cuja morte na cruz provê perdão de pecado para todos que colocam sua fé nele.

A Bíblia é a autoridade última em qualquer questão de crença e comportamento. Aplicada ao coração pelo Espírito Santo, ela não apenas traz convicção, correção e verdadeiro conhecimento de Deus, como também é uma fonte de prazer. O cristão pode louvar a Deus com o salmista, que escreveu: "Para mim vale mais a lei que procede de tua boca do que milhares de ouro ou de prata" (Sl 119.72).

PERGUNTAS PARA REFLEXÃO

1. Que coisa nova você aprendeu sobre a Bíblia? (Ou, talvez, um fato que você já sabia e que o impactou de novo?)

2. Um dos propósitos da Bíblia é levar as pessoas a um relacionamento salvífico com Deus, por meio de Jesus. Esse propósito já se realizou em sua vida? Você sabe como?

3. Como você avalia seu conhecimento da Bíblia numa escala de 1 a 10? Como você aprendeu sobre a Bíblia? (Ou por que você não sabe muito sobre a Bíblia?)

4. Você já leu toda a Bíblia? Em caso negativo, considere comprometer-se a fazer isso no próximo ano.

5. Você tem uma pergunta geral sobre a Bíblia à qual esta seção não respondeu? Qual seria?

PARA ESTUDO POSTERIOR
A Bíblia. (Não há maneira melhor de aprender sobre a Bíblia do que lê-la você mesmo.)

BRUNO, Chris. *The Whole Story of the Bible in 16 Verses.* Wheaton: Crossway, 2015.

CARSON, D. A. *For the Love of God: A Daily Companion for Discovering the Riches of God's Word.* Vols. 1 e 2. Wheaton: Crossway, 2006. (Esses livros devocionais incluem leituras de uma página para cada dia e um plano de leitura da Bíblia que leva você pelo Antigo Testamento uma vez e pelo Novo Testamento duas vezes num ano. A redação de Carson é fiel e esclarecedora, embora desafiante para pessoas com pouco conhecimento bíblico.)

LILLBACK, Peter A.; GAFFIN JR., Richard B. *Thy Word Is Still Truth: Essential Writings on the Doctrine of Scripture from the Reformation to Today.* Phillipsburg: P&R Publishing, 2013.

PIPER, John. *Lendo a Bíblia de Modo Sobrenatural: Vendo e Desfrutando da Glória de Deus na Escritura.* São José dos Campos: Editora Fiel, 2018.

QUESTÃO 2

COMO A BÍBLIA ESTÁ ORGANIZADA?

Talvez você tenha crescido numa igreja em que as crianças participavam de competições para memorizar as localizações dos livros da Bíblia. Ou talvez não tenha certeza da ordem dos livros da Bíblia e sinta-se inibido quando lhe pedem para encontrar determinado versículo. Há alguma ordem ou lógica perceptível na maneira como os livros da Bíblia estão organizados? As divisões em capítulos e versículos foram acrescentadas? Essas são algumas das perguntas que responderemos nesta seção.

A DIVISÃO BÁSICA – OS TESTAMENTOS

Os primeiros três quartos da Bíblia foram escritos entre 1400 e 430 a.C. Incluem 39 livros na língua hebraica (Daniel e Esdras têm algumas pequenas porções em aramaico, uma língua semítica relacionada ao hebraico).[1] Essa parte da Bíblia se chama Antigo Testamento. Os judeus não cristãos se referem a esses livros como sua Escritura ou TaNaK (acróstico hebraico que significa Lei, Profetas e Escritos). Em suas três consoantes, o acrônimo TaNaK começa com os sons sucessivos das palavras hebraicas para "Lei" *(Torah)*, "Profetas" *(Nebi'im)* e "Escritos" *(Kethubim)*. Os judeus que rejeitam Jesus como Messias não reconhecem o Novo Testamento como inspirado.

---

[1] Jeremias 10.11 também está em aramaico, como estão as duas palavras em Gênesis 31.47, *Jegar-sahadutha* ("monte de testemunho").

A palavra *testamento* vem da palavra latina *testamentum*, que significa "aliança". Aparentemente, a primeira pessoa a usar essa designação para descrever as divisões da Bíblia foi o antigo apologista cristão Tertuliano (160–225 d.C.).[2] No entanto, a ideia de a Bíblia ser organizada em torno de duas alianças entre Deus e a humanidade não era nova para Tertuliano; ela se acha explícita em vários textos bíblicos.

Jeremias 31.31-33, escrito entre 626 e 580 a.C., prediz a vinda do Messias com referência explícita a uma nova aliança.

> Eis aí vêm dias, diz o Senhor, em que firmarei *nova aliança* com a casa de Israel e com a casa de Judá. Não conforme a aliança que fiz com seus pais, no dia em que os tomei pela mão, para os tirar da terra do Egito; porquanto eles anularam a minha *aliança*, não obstante eu os haver desposado, diz o Senhor. Porque esta é a *aliança* que firmarei com a casa de Israel, depois daqueles dias, diz o Senhor. Na mente, lhes imprimirei as minhas leis, também no coração lhas inscreverei; eu serei o seu Deus, e eles serão o meu povo. (ênfase minha)

Ao instituir a Ceia do Senhor, na noite em que foi traído, Jesus se referiu ao cumprimento da profecia de Jeremias em sua morte, dizendo: "Este é o cálice da *nova aliança* no meu sangue derramado em favor de vós" (Lc 22.20, ênfase minha). Como Jesus ensinou que sua morte e ressurreição instituíam a nova aliança prometida por Deus, era algo bem natural os livros que davam testemunho dessa realidade e a explicavam serem referidos como o Novo Testamento. Por essa razão, os cristãos chamam de Novo Testamento os 27 livros inspirados que procederam dos apóstolos de Jesus e seus companheiros. Esses livros, que, posteriormente, vieram a formar um quarto da Bíblia, foram escritos entre 45 e 90 d.C.

---

2 *Contra Marcião* 3.14; 4.6.

NÚMERO E ORDEM DOS LIVROS DO ANTIGO TESTAMENTO

O Antigo Testamento inclui 39 livros individuais. Esses livros variam em gênero literário, de narrativa histórica a poesia romântica. Como se mostram hoje em nossa Bíblia, eles estão organizados, até certo grau, tematicamente (veja a Figura 2).

FIGURA 2: O ANTIGO TESTAMENTO			
LEI	**LIVROS HISTÓRICOS**	**LIVROS DE SABEDORIA**	**LIVROS PROFÉTICOS**
Gênesis Êxodo Levítico Números Deuteronômio	Josué Juízes Rute 1-2 Samuel 1-2 Reis 1-2 Crônicas Esdras Neemias Ester	Jó Salmos Provérbios Eclesiastes Cântico dos Cânticos	**PROFETAS MAIORES** Isaías Jeremias Lamentações Ezequiel Daniel **PROFETAS MENORES** Oseias–Malaquias (Os Doze)

- *Lei (Gênesis–Deuteronômio).* Esses cinco livros são também chamados os Livros de Moisés ou o Pentateuco. (*Pentateuco* é uma palavra grega que significa "os cinco livros".) Esses livros descrevem a origem do mundo, o começo da nação de Israel, a escolha de Deus referente a Israel, a entrega de suas leis a eles e sua condução até a fronteira da Terra Prometida.

- *Os Livros Históricos (Josué–Ester).* Esses doze livros relatam os lidares de Deus com Israel, usando principalmente narrativa histórica.

- *Sabedoria e Cânticos (Jó–Cântico dos Cânticos).* Esses cinco livros incluem provérbios, outra literatura de sabedoria antiga, e cânticos.

- *Os Profetas Maiores (Isaías–Daniel)*. Esses cinco livros são chamados os profetas maiores porque são mais extensos e não porque são mais importantes. Esses livros dão testemunho das muitas advertências, instruções e promessas de Deus enviadas a Israel por meio de seus porta-vozes divinos, os profetas.

- *Os Profetas Menores (Oseias–Malaquias)*. Esses livros proféticos são mais curtos e, por isso, chamados os menores. Na antiga coleção judaica das Escrituras, eles eram contados como um só livro, chamado o Livro dos Doze (ou seja, os doze livros proféticos).

Se alguém visitasse uma sinagoga ("templo") judaica moderna e pegasse uma cópia das Escrituras hebraicas, ela teria exatamente o mesmo conteúdo do Antigo Testamento cristão, mas num arranjo diferente. Desde tempos antigos, os judeus organizaram seus escritos sagrados em três divisões principais: Lei (*Torah*), Profetas (*Nebi'im*) e Escritos (*Kethubim*). Os primeiros cinco livros da Bíblia hebraica são os mesmos do Antigo Testamento cristão — os livros de Moisés ou a Lei. Depois deles, a ordem muda notavelmente, e, às vezes, diversos livros são colocados juntos. O último livro na Bíblia Hebraica é 2Crônicas.

Jesus se referiu, provavelmente, à ordem judaica tradicional das Escrituras hebraicas em Lucas 11.49-51, em que ele diz:

> Por isso, também disse a sabedoria de Deus: Enviar-lhes-ei profetas e apóstolos, e a alguns deles matarão e a outros perseguirão, para que desta geração se peçam contas do sangue dos profetas, derramado desde a fundação do mundo; desde o sangue de Abel até ao de Zacarias, que foi assassinado entre o altar e a casa de Deus. Sim, eu vos afirmo, contas serão pedidas a esta geração.

De acordo com a ordem canônica judaica, a Bíblia Hebraica começa com Gênesis e termina com 2Crônicas. Assim, Abel é o primeiro mártir (Gn 4.8), e Zacarias, o último (2Cr 24.20-22). Jesus também fez referência à divisão tríplice do cânon judaico quando falou "na Lei de Moisés, nos Profetas e nos Salmos" (Lc 24.44). (Às vezes, a seção dos Escritos era referida apenas com o livro usado mais proeminentemente dessa seção — os Salmos.)[3] Quando a Bíblia Hebraica começou a ser traduzida para o grego e o latim, os livros começaram a aparecer num arranjo mais temático, do qual derivamos nossa ordem da Bíblia em português. Apesar disso, não há completa uniformidade de ordem de livros entres os manuscritos gregos e latinos antigos ou em traduções posteriores. Conhecer essa variedade nos manuscritos deve impedir os intérpretes modernos de afirmarem aprovação divina ou significado para qualquer ordem de livros em nossa Bíblia atual.

NÚMERO E ORDEM DOS LIVROS DO NOVO TESTAMENTO

Durante seu ministério terreno, Jesus usou uma variedade de artifícios mnemônicos (por exemplo, rima, detalhes inesperados e histórias cativantes). Além disso, ele prometeu a seus discípulos que o Espírito Santo traria seu ensino à memória deles (Jo 14.26). Depois da ressurreição e da ascensão de Jesus, as histórias a seu respeito foram contadas por algum tempo, aparentemente como uma tradição oral que foi cuidadosamente preservada e transmitida por testemunhas oculares (Lc 1.1-4). Com o passar do tempo, coleções autoritárias dessas histórias foram escritas e reconhecidas pela igreja como tendo sanção apostólica — os quatro evangelhos: Mateus,

---

[3] Paul D. Wegner nota que, mesmo no século XI, o historiador árabe al-Masudi se refere ao cânon judaico como "a Lei, os Profetas e os Salmos, que são os 24 livros" (*The Journey from Texts to Tranlations: The Origin and Development of the Bible* [Grand Rapids: Baker, 1999], p. 109).

Marcos, Lucas e João.[4] Lucas também escreveu um segundo volume, Atos, explicando como o Espírito Santo veio como predito e impeliu a igreja primitiva a dar testemunho de Jesus, o Messias.

À medida que os apóstolos iam fundando igrejas no antigo Império Romano, continuavam a instruir essas comunidades por meio de cartas. Desde os primeiros tempos de sua existência, essas cartas foram copiadas, veiculadas e reconhecidas como possuidoras de autoridade permanente para a vida da igreja (Cl 4.16; 2Pe 3.15-16). Treze das cartas do Novo Testamento foram escritas pelo apóstolo Paulo (Romanos–Filemom). As cartas de Paulo estão organizadas no Novo Testamento por ordem decrescente de tamanho; primeiro, a comunidades, depois, a indivíduos.[5] Se mais de uma carta foi escrita para a mesma comunidade ou para o mesmo indivíduo, elas foram mantidas juntas. Parece que a carta anônima "Aos Hebreus" (i.e., para judeus cristãos) foi inclusa depois das cartas de Paulo porque alguém na igreja primitiva acreditava que Paulo ou um companheiro de Paulo teria escrito a carta.

Outras cartas do Novo Testamento foram escritas por Tiago, Pedro, João e Judas. Talvez essas cartas estejam arranjadas numa ordem decrescente de proeminência dos autores. Em Gálatas 2.9, Paulo menciona "Tiago, Cefas e João" como "colunas" na igreja de Jerusalém. Essa lista de Paulo reflete a ordem das respectivas cartas deles no Novo Testamento (Tiago, 1Pedro, 2Pedro, 1João, 2João, 3João). A carta de Judas, meio-irmão de Jesus, aparece em seguida. O livro final do Novo Testamento, o Apocalipse de João, tem um gênero misto, incluindo cartas, profecia e revelação. Visto que grande parte do livro é formada de visões e imagens simbólicas que apontam para o

---

4 Veja Craig S. Keener, *Christobiography: Memory, History, and the Reliability of the Gospels* (Grand Rapids: Eerdmans, 2019).
5 Uma exceção é Gálatas, que, embora seja um pouco menor que Efésios, "pode ter sido colocada antes de Efésios como um frontispício à coleção das Epístolas da Prisão (Efésios, Filipenses, Colossenses) por causa de seu uso do termo *kanōn* ou 'regra' (Gl 6.16)" (William W. Klein, Craig L. Blomberg e Robert L. Hubbard, *Introduction to Biblical Interpretation*, ed. rev. [Nashville: Thomas Nelson, 2004], p. 114).

fim do mundo, o livro é disposto como o último do cânon de 27 volumes do Novo Testamento (veja a Figura 3)

FIGURA 3: O NOVO TESTAMENTO		
EVANGELHO E ATOS	CARTAS PAULINAS	CARTAS GERAIS E APOCALIPSE
Mateus Marcos Lucas João Atos	Romanos 1-2 Coríntios Gálatas Efésios Filipenses Colossenses 1-2 Tessalonicenses 1-2 Timóteo Tito Filemom	Hebreus Tiago 1-2 Pedro 1-3 João Judas Apocalipse

Devemos salientar que a prática de incluir diversas obras literárias em um único livro não é amplamente atestada até pelo menos o século II d.C. Antes desse tempo, a maioria dos livros na Bíblia teria circulado como rolos individuais. Uma comunidade de crentes talvez tivesse um gabinete no qual guardavam os vários rolos com etiquetas no final para identificar seu conteúdo. Nos séculos II e III, livros com múltiplas folhas (ou seja, códices) começaram a aparecer com maior frequência. Alguns eruditos têm sugerido que o impulso canônico dos cristãos primitivos era a força que estava por trás da criação do códice.

DIVISÕES EM CAPÍTULOS

Cristãos e judeus antigos citavam frequentemente as Escrituras com referência a um livro, um autor ou um evento textual, mas com pouca especificação adicional. Por exemplo, quando Jesus fez referência ao relato sobre Moisés, aludiu ao texto apenas com a expressão "no trecho referente à sarça" (Mc 12.26; Lc 20.37). À medida que os textos bíblicos iam sendo copiados, lidos e comentados, alguns indivíduos fizeram várias tentativas para subdividi-los e dar-lhes títulos. Por exemplo, Eusébio (c. 260-340 d.C.), proeminente historiador na igreja primitiva, dividiu os quatro evangelhos em vários cânones ou divisões. Os cânones de Eusébio estão incluídos em manuscritos antigos como o Códice Vaticano. De modo semelhante, os antigos rabinos judeus aplicaram várias subdivisões organizacionais ao texto.

Nossas atuais divisões em capítulos foram acrescentadas ao Antigo e ao Novo Testamento por Stephen Langton (1150-1228), arcebispo de Canterbury, no início do século XIII, enquanto dava palestras na Universidade de Paris.[6] Langton acrescentou as divisões ao texto em latim, e as publicações posteriores seguiram seu formato. As divisões em capítulos de Langton foram inseridas de forma modificada ao texto hebraico por Salomon ben Ishmael, por volta de 1330 d.C.[7] Nesse contexto, parece imprudente afirmar qualquer significado divino por trás das divisões em capítulos feitas por Langton, as quais são amplamente reconhecidas como quebras não naturais do texto em alguns pontos. Por exemplo, a divisão entre os capítulos 10 e 11 de 1Coríntios introduz uma quebra não natural no pensamento de Paulo.

DIVISÕES EM VERSÍCULOS

As divisões dos textos em versículos em nosso Antigo Testamento moderno baseiam-se na versificação padronizada pela família Ben Asher (escribas judeus) por volta de 900 d.C. Quando as divisões em capítulos de Langton foram acrescentadas à Bíblia Hebraica, em data posterior (veja parágrafos anteriores), as divisões em capítulos foram ajustadas, algumas vezes, para se encaixar no esquema Ben Asher.[8] Por isso, existem, eventualmente, pequenas diferenças entre o capítulo e o número de

---

6 Bruce M. Metzger, *Manuscripts of the Greek Bible: An Introduction to Palaeography* (Nova York: Oxford University Press, 1981), p. 41.
7 Wegner, *Journey from Texts to Translations*, p. 176.
8 Ibid.

versículos das Bíblias em hebraico e em português. Em geral, os eruditos reconhecem a superioridade das divisões hebraicas em manterem juntas unidades de pensamento.

As divisões em versículos no Novo Testamento foram acrescentadas a um texto bilíngue (grego e latim), em 1551, por Robert "Stephanus" Estienne, um impressor de Paris. Com base em um comentário obscuro feito pelo filho de Estienne, alguns eruditos afirmaram que o impressor fez as divisões em versículos enquanto cavalgava numa viagem de Paris a Lyon (explicando, assim, as quebras de texto não naturais). Mais provavelmente, o filho de Estienne tencionava dizer que seu pai dividiu o texto enquanto descansava nas pousadas durante a viagem.[9]

Antes da divisão em versículos de Estienne, eruditos bíblicos eram obrigados a se referir aos textos com expressões como "na metade do capítulo 4 de Gálatas". Embora deficiente, a divisão de Estienne foi um grande avanço em permitir especificidade na citação. A primeira Bíblia em inglês a ter divisões em versículos foi a Bíblia de Genebra de 1560. Embora Estienne ainda seja criticado por algumas de suas segmentações, é quase impensável que qualquer outro esquema viesse a desafiar a aceitação universal do sistema dele. Outra vez, conhecer a história de nossas atuais divisões em versículos deve nos impedir de envolver-nos em matemática bíblica criativa, afirmando significado divino por trás dos números de versículos.

RESUMO

Os primeiros três quartos da Bíblia são o Antigo Testamento, que inclui 39 livros escritos em hebraico entre 1400–430 a.C. Enquanto os antigos judeus agrupavam suas Escrituras em três divisões principais (Lei, Profetas e Escritos), nossa Bíblia moderna em português segue uma ordem

---

9 Metzger, *Manuscripts of the Greek Bible*, p. 41n106.

mais tópica: Lei (cinco livros), Livros Históricos (12 livros), Sabedoria e Cânticos (cinco livros), Profetas Maiores (cinco livros) e Profetas Menores (12 livros). Assim, quanto à ordem dos livros, nosso Antigo Testamento segue a Vulgata Latina, que também é tópica e modificou ligeiramente a ordem dos livros encontrada nas traduções gregas mais antigas (a Septuaginta [LXX]). O conteúdo de nosso Antigo Testamento, no entanto, é o mesmo das Escrituras hebraicas usadas pelos judeus tanto nos dias de Jesus quanto em nossos próprios dias.

O último quarto da Bíblia são os 27 livros do Novo Testamento, escritos entre 45 e 90 d.C. Os quatro Evangelhos (biografias teológicas da vida de Jesus)[10] começam o Novo Testamento, seguidos por um relato histórico da igreja apostólica (Atos); as 13 cartas de Paulo às igrejas; a Epístola aos Hebreus; as cartas de Tiago, Pedro, João e Judas; e, por fim, o Apocalipse de João.

As divisões de capítulos foram adicionadas à Bíblia por Stephen Langton, arcebispo da Cantuária, em meados dos anos 1200. A versificação do Antigo Testamento teve origem na segmentação textual da família rabínica Ben Asher (c. 900 d.C.). As divisões de versículos do Novo Testamento foram adicionadas pelo impressor parisiense Robert "Stephanus" Estienne em 1551.

PERGUNTAS PARA REFLEXÃO

1. Quando você fala em Antigo e Novo Testamento, pensa na palavra *testamento* com o significado de "aliança"? De que maneira ver a Bíblia como baseada em alianças entre Deus e a humanidade afeta sua leitura?

2. Antes de ler o material que acabamos de apresentar, onde você achava que as divisões em capítulos e versículos da Bíblia se haviam originado?

---

10 Os Evangelhos também podem ser classificados como narrativas históricas, mas são narrativas históricas que se concentram numa pessoa (Jesus), com a intenção de explicar o significado teológico de seu ensino, vida, morte e ressurreição.

3. Que fato novo você aprendeu sobre a Bíblia neste capítulo?

4. O assunto deste capítulo suscitou qualquer nova pergunta em você?

5. Você pode citar em ordem os livros do Antigo e do Novo Testamento? Em caso negativo, estabeleça como seu alvo aprendê-los durante a próxima semana.

PARA ESTUDO POSTERIOR

Jones, Timothy Paul. *How We Got the Bible.* Torrance: Rose Publishing, 2015.

Patzia, Arthur G. *The Making of the New Testament: Origin, Collection, Text and Canon.* Downers Grover: InterVarsity Press, 1995.

Wegner, Paul D. *The Journey from Texts to Translations: The Origin and Development of the Bible.* Grand Rapids: Baker, 1999.

QUESTÃO 3

QUEM ESCREVEU A BÍBLIA: HUMANOS OU DEUS?

"Deus falou. Eu creio. Isso resolve a questão." Assim diz o mantra fundamentalista popular sobre a Bíblia. Mas, se Deus escreveu a Bíblia, por que Paulo disse em sua carta a Filemom: "Eu, Paulo, de próprio punho, o escrevo" (Fm 19)? Ou por que lemos no final do evangelho de João: "Este é o discípulo que dá testemunho a respeito destas coisas e que as escreveu" (Jo 21.24)? Então, quem escreveu a Bíblia: humanos ou Deus?

TEORIAS SOBRE A INSPIRAÇÃO
Todos que reivindicam o nome de "cristãos" concordariam em que as Escrituras são inspiradas. Entretanto, uma ampla variedade de significados tem sido vinculada ao adjetivo "inspiradas". Quais são algumas das principais teorias acerca da inspiração?[1]

- *Teoria de intuição.* De acordo com esse ponto de vista, os escritores da Bíblia exibiram uma intuição religiosa natural que também se acha em outros grandes pensadores e filósofos religiosos, como Platão e Confúcio. Obviamente, as absolutas afirmações de verdade da Escritura são negadas por aqueles que sustentam esse ponto de vista sobre a inspiração.

---

1 Veja o capítulo 3 ("A Inspiração das Escrituras") de Gregg R. Allison, *Teologia Histórica: Uma Introdução ao Desenvolvimento da Doutrina Cristã* (São Paulo: Vida Nova, 2017), p. 71-94.

- *Teoria de iluminação.* Esse ponto de vista sustenta que, de alguma maneira, o Espírito de Deus fez objetivamente impressão sobre a consciência dos escritores bíblicos, mas não de um modo essencialmente diferente daquele como o Espírito Santo se comunica com toda a humanidade. A influência do Espírito Santo é diferente apenas em grau, não em tipo.

- *Teoria dinâmica.* Esse ponto de vista afirma que Deus deu impressões ou conceitos definidos e específicos aos autores bíblicos, mas permitiu que os autores comunicassem esses conceitos em suas próprias palavras. Ou seja, a fraseologia exata da Escritura se deve à escolha humana, enquanto o principal sentido do conteúdo é determinado por Deus.

- *Teoria de ditado.* Esse ponto de vista afirma que Deus ditou as palavras exatas aos autores humanos. Como estenógrafos de uma corte, os autores da Escritura não exerceram nenhuma vontade humana na composição de seus escritos. Às vezes, aqueles que sustentam a teoria de inspiração verbal e plenária (veja em seguida) são acusados erroneamente de crerem nesse ditado mecânico.

- *Teoria de inspiração verbal e plenária.* Esse ponto de vista (o que é bíblico, creio) assevera que há uma autoria dual da Escritura. Embora os autores escrevessem enquanto pensavam, sentindo-se seres humanos, Deus superintendeu tão misteriosamente o processo que cada palavra escrita era também a palavra exata que Deus queria fosse escrita — livre de todo erro. Rotular essa visão como teoria "verbal plenária" reconhece que ela afirma a completa ("plenária") superintendência divina de cada palavra bíblica. (*Verbum* significa "palavra" em latim.) Essa visão, às vezes chamada de teoria verbal, será explorada com mais detalhe nas seções seguintes.²

A AUTORIA DUAL DA ESCRITURA

Quando Paulo escreveu uma carta aos cristãos de Corinto, não entrou numa condição estática, recitou a carta para um secretário e, depois, quando terminou, pegou a composição terminada e disse: "Vejamos o que Deus escreveu!". Como apóstolo, Paulo esperava que seu ensino fosse plenamente crido e obedecido — recebido, de fato, como a própria Palavra de Deus (1Co 7.40; 14.36-37; 2Co 2.17; 4.2; Cl 1.25; 1Ts 2.13; 2Ts 3.14). De modo semelhante, evidentemente o Salmo 95 foi escrito por um antigo israelita que liderava outros israelitas em adoração. O salmo começa: "Vinde, cantemos ao Senhor, com júbilo, celebremos o Rochedo da nossa salvação. Saiamos ao seu encontro, com ações de graças, vitoriemo-lo com salmos" (Sl 95.1-2). Entretanto, centenas de anos depois, o autor de Hebreus citou o Salmo 95 com a frase introdutória "diz o Espírito Santo" (Hb 3.7). Essas inconsistências aparentes (Paulo como autor e sua comunicação como a Palavra de Deus; um israelita antigo e o Espírito Santo como o autor do mesmo salmo) comunicam, de fato, uma grande verdade sobre a Escritura: sua autoria dual. Cada palavra na Bíblia é a palavra de um autor humano consciente e, ao mesmo tempo, a palavra exata que Deus tencionava para a revelação de si mesmo.

VARIAÇÃO NA AUTORIA DUAL

Como é evidente de uma olhada superficial na Bíblia, Deus se revelou "muitas vezes e de muitas maneiras" (Hb 1.1). Alguns profetas do Antigo Testamento fizeram denúncias orais, frequentemente com a mesma

---

2 Esse resumo de cinco teorias é extraído de Millard J. Erickson, *Christian Theology*, 2ª ed. (Grand Rapids: Baker, 1998), p. 231-33 [edição em português: Teologia Sistemática (São Paulo: Vida Nova, 2015)]. Erickson chama a teoria de inspiração verbal e plenária de "teoria verbal".

frase introdutória: "Assim diz o SENHOR" (por exemplo, Is 7.7; Ez 2.4; Am 1.3; Ob 1.1; Mq 2.3; Na 1.12; Ag 1.5; Zc 1.3; Ml 1.4). Em outras ocasiões, foram dadas aos servos reveladores de Deus visões e profecias, quando, às vezes, os próprios profetas admitiam sua ignorância de todo o significado de suas proclamações (Dn 12.8-9; 1Pe 1.10-12). Em outros gêneros, o papel consciente do autor em compor ou selecionar o material é mais evidente no texto. Por exemplo, no começo de seu evangelho, Lucas escreveu:

> Visto que muitos houve que empreenderam uma narração coordenada dos fatos que entre nós se realizaram, conforme nos transmitiram os que desde o princípio foram deles testemunhas oculares e ministros da palavra, igualmente a mim me pareceu bem, depois de acurada investigação de tudo desde sua origem, dar-te por escrito, excelentíssimo Teófilo, uma exposição em ordem, para que tenhas plena certeza das verdades em que foste instruído. (Lc 1.1-4)

Observe que Lucas não disse: "Eu orei e o Espírito Santo trouxe à minha mente as histórias de Jesus para eu escrever". Lucas foi um historiador — ele se engajou em pesquisa histórica real. Mas, como um companheiro inspirado dos apóstolos, Lucas foi também um agente revelador de Deus. De modo semelhante, o papel de Paulo em compor suas próprias cartas está inegavelmente evidente no texto. Por exemplo, em Gálatas 4.19-20, Paulo se exasperou com os gálatas por causa da negação implícita do evangelho que ele lhes pregara. Paulo escreveu: "Meus filhos, por quem, de novo, sofro as dores de parto, até ser Cristo formado em vós; pudera eu estar presente, agora, convosco e falar-vos em outro tom de voz; porque me vejo perplexo a vosso respeito". Sem dúvida, dependendo da situação, os autores eram mais ou menos conscientes da revelação divina (por exemplo, transmitir uma mensagem profética de "Assim diz o SENHOR" *versus* a escrita de uma carta pessoal).

Boa parte da Bíblia surgiu como literatura situacional (documentos dirigidos a pessoas específicas que enfrentavam situações históricas específicas); por isso, devemos perguntar como essa literatura situacional pode ser a Palavra de Deus atemporal. Os muçulmanos, por exemplo, têm no Alcorão poesia que é, na maior parte, abstrata. Essa poesia chegou a Maomé, afirmam os muçulmanos, em pronunciamento estático. Em contraste, a Bíblia dá testemunho de que Deus se revelou na história por maneiras antecipatórias, consistentes e repetidas. Ou seja, Deus falou repetidas vezes ao seu povo; ele foi consistente em sua mensagem; e, embora Deus se dirigisse ao povo na situação pela qual passavam, sua revelação anterior antecipava e apontava para uma intervenção culminante que veio finalmente na vida, morte e ressurreição de Cristo.[3] Mas não foi em poesia abstrata, e sim na realidade da vida diária, que a Palavra de Deus lhes foi dada. Surpreendentemente, quando a Palavra de Deus se tornou carne (na encarnação), foi na normalidade aparente da vida que ele se manifestou.

ALGUMAS IMPLICAÇÕES DA AUTORIA DUAL

O fato de a Bíblia se apresentar como de autoria dual tem várias implicações na maneira como lidamos com ela:

1. O propósito claro do autor humano é um bom lugar para começarmos no entendimento da Bíblia. A Escritura não pode significar *menos* do que os autores humanos tencionavam conscientemente. Sem dúvida, há passagens em que o autor humano confessa sua ignorância da revelação que lhe foi dada (por exemplo, Dn 12.8-9), mas são exceções. Em geral, os autores humanos pareciam fortemente cônscios de transmitir mensagens oportunas às audiências de seu tempo.

---

3 Veja Trent Hunter e Stephen Wellum, *Christ from Beginning to End: How the Full Story of Scripture Reveals the Full Glory of Christ* (Grand Rapids: Zondervan, 2018).

2. Deus, como o Senhor da história e da revelação, incluiu padrões ou figuras de que os autores humanos não tinham pleno conhecimento. Sob a mão soberana de Deus, suas intervenções históricas anteriores foram, em si mesmas, proféticas — apontavam para Cristo. Sobre as regulações dadas a Israel no Antigo Testamento, o autor de Hebreus diz: "A lei tem sombra dos bens vindouros, não a imagem real das coisas" (Hb 10.1). De modo semelhante, Paulo nota que a união de gentios e judeus na obra salvadora de Cristo era um "mistério" presente na Escritura, mas não revelado totalmente até que o Espírito Santo declarou isso por meio dos profetas e apóstolos do Novo Testamento (Ef 3.3-6). Devemos buscar afirmações explícitas na revelação posterior para esclarecer essa intencionalidade divina. Devemos ser advertidos de antemão contra acharmos detalhes simbólicos ou proféticos no Antigo Testamento, quando nenhum autor do Novo Testamento proveu interpretação autoritária do texto.

3. Às vezes, afirma-se que a Bíblia nunca pode significar algo que o autor humano não sabia conscientemente quando escreveu. É possível, porém, afirmar uma abordagem hermenêutica baseada na intenção do autor, sem recorrer à afirmação anterior. Os autores bíblicos tinham consciência de ser usados por Deus para comunicar sua palavra e acreditavam que sua revelação era parte de um grande esquema de história. Os autores do Antigo Testamento sabiam que estavam subindo pelos degraus da revelação, mas poucos, se havia algum, sabiam quão perto estavam do topo da escada (ou seja, de Cristo). Embora não pudessem conhecer todos os eventos futuros, os profetas certamente não negariam o controle providencial de Deus sobre a história, o que ultrapassava a reflexão consciente deles[4] (veja Questão 24, "Como interpretamos profecia? [Tipologia]").

---

4 Pode-se corretamente afirmar tanto a intenção autoral quanto a tipologia bíblica. Veja Robert L. Plummer, "Righteousness and Peace Kiss: The Reconciliation of Authorial Intent and Biblical Typology", *SBJT* 14/2 (2010): 54-61. Esse artigo pode ser acessado gratuitamente em: equip.sbts.edu/wp-content/uploads/2014/07/SBJT-V14-N.2-Plummer.pdf (acessado em 18/09/2024).

A INSPIRAÇÃO E A ENCARNAÇÃO

Com frequência, comenta-se que a autoria dual (divino-humana) da Escritura pode ser comparada com o Senhor Jesus Cristo, que é tanto plenamente humano como plenamente Deus. Em algum grau, essa comparação pode ser útil. Como ninguém pode explicar como as naturezas divina e humana podem estar totalmente presentes na pessoa de Jesus, também não se pode explicar totalmente como Deus superintendeu de tal modo a redação da Bíblia que cada palavra é divinamente inspirada e, ao mesmo tempo, uma palavra escolhida por um autor humano. Para afirmar as naturezas divina e humana de Cristo e a autoria divino-humana da Escritura, não precisamos ser capazes de explicar totalmente o mistério dessas verdades reveladas.

A comparação perspicaz de T. C. Hammond entre inspiração e encarnação é digna de ser citada na íntegra:

> A revelação viva foi trazida misteriosamente ao mundo sem a intervenção de um pai humano. O Espírito Santo foi o Agente designado. A revelação escrita veio à existência por um processo semelhante, sem a ajuda de abstrações filosóficas humanas. O Espírito Santo foi, de novo, o Agente designado. A mãe de nosso Senhor continuou a ser uma mãe humana, e suas experiências durante a gravidez parecem ter sido as mesmas de toda mãe humana — exceto pelo fato de que ela foi conscientizada de que seu filho seria o tão aguardado Redentor de Israel. Os autores dos livros bíblicos continuaram a ser autores humanos, e as experiências deles parecem ter sido igualmente naturais, embora, às vezes, estivessem cientes de que Deus estava dando ao mundo, por meio deles, uma mensagem de enorme importância (por exemplo: "Eu recebi do Senhor o que também vos entreguei..." — 1Co 11.23). Maria, a mãe de nosso Senhor, trouxe ao mundo outros filhos pelo processo normal de nascimento. Os

escritores dos livros bíblicos talvez tenham escrito outras cartas puramente pessoais que não tinham necessariamente importância canônica. Ainda mais importante é o fato de que nenhum estudante deveria deixar de assimilar o fato de que a vida pessoal, divino-humana, de nosso Senhor é uma só, indivisível por qualquer meio de análise humana. Em nenhuma ocasião registrada, podemos dizer que num momento havia pensamento *puramente divino*, e, no outro momento, pensamento *puramente humano*. As duas naturezas estavam unidas em uma Pessoa indissolúvel. Desde a manjedoura até a cruz, devemos sempre pensar no Senhor e descrevê-lo à luz desse ponto de vista. De modo semelhante, embora a analogia não seja bem completa, o estudante terá poupado muito pensamento incorreto, confusão desnecessária e danos à sua fé ao observar que, nas Escrituras, os elementos divino e humano são mesclados de maneira que, em poucos casos, podemos analisar, com alguma certeza, o relato para demonstrarmos elementos puramente humanos.[5]

Deve-se notar também que a dimensão divino-humana da Bíblia diz respeito à sua autoria, e *não* à sua própria natureza. Ouvimos reverentemente a Bíblia como a Palavra de Deus escrita, mas adoramos a Jesus como o Filho de Deus encarnado. É pertinente que nos lembremos das palavras de Jesus para as autoridades religiosas judaicas de seus dias: "Examinais as Escrituras, porque julgais ter nelas a vida eterna, e são elas mesmas que testificam de mim. Contudo, não quereis vir a mim para terdes vida" (Jo 5.39).

RESUMO
Muitas teorias têm sido propostas para explicar como Deus inspirou os autores da Escritura. Caso sejamos fiéis ao texto bíblico, somos forçados

---

5 T. C. Hammond, *In Understanding Be Men: An Introductory Handbook of Christian Doctrine*, rev. e ed. David F. Wright, 6ª ed. (Leicester: InterVarsity Press, 1968), p. 34-35.

a dizer que a Bíblia possui uma dupla autoria. Os autores humanos, conscientemente, escreviam, ao mesmo tempo que Deus, de forma misteriosa, supervisionava a escrita de cada palavra. Essa visão acerca da inspiração é, por vezes, chamada de verbal plenária (ou, simplesmente, verbal).

Ao estudarmos a Bíblia, reconhecemos que o texto não pode significar menos do que os autores humanos conscientemente pretendiam. Entretanto, já que Deus é o inspirador divino e o Senhor da história, muitos textos apontavam para frente de uma maneira que excedia as habilidades de compreensão dos autores originais..

PERGUNTAS PARA REFLEXÃO

1. Como a carta de um homem morto para pessoas mortas (a carta de Paulo aos Gálatas) pode ser significativa para pessoas modernas?

2. Além dos versículos bíblicos antes citados, você pode listar outros versículos que indicam a autoria dual da Escritura?

3. Perde-se alguma coisa em ignorar ou negar o elemento humano na escrita da Bíblia? É muito simplista dizer apenas: "Deus a escreveu"?

4. Quando afirmamos a autoria dual da Escritura, quais limites impedem que encontremos "significados divinos" ocultos em toda e qualquer passagem?

5. De que maneira as naturezas divina e humana de Jesus são diferentes da autoria divino-humana da Escritura e semelhantes a ela?

PARA ESTUDO POSTERIOR

ALLISON, Gregg R. *Teologia Histórica: Uma Introdução ao Desenvolvimento da Doutrina Cristã*. São Paulo: Vida Nova, 2017. (Veja o cap. 3, "A Inspiração das Escrituras".)

Carson, D. A. "Approaching the Bible". Em *The New Bible Commentary: 21st Century Edition*, editado por D. A. Carson et al., p. 1-19. Downers Grove: InterVarsity Press, 1994.

Erickson, Millard J. *Teologia Sistemática*. São Paulo: Vida Nova, 2015. (Veja cap. 8: "A Preservação da Revelação: Inspiração".)

Marshall, I. Howard. *Biblical Inspiration*. Grand Rapids: Eerdmans, 1982.

Piper, John. *Uma Glória Peculiar: Como a Bíblia se Revela Completamente Verdadeira*. São José dos Campos: Editora Fiel, 2017.

QUESTÃO 4

A BÍBLIA CONTÉM ERROS?

Não é incomum acharmos pessoas que asseveram que a Bíblia contém erros. Essa opinião não se harmoniza com as afirmações da Bíblia a respeito de si mesma ou com a opinião histórica da igreja cristã. O que pretendemos dizer quando afirmamos que a Bíblia é inerrante? Como podemos sustentar essa afirmação à luz de alegadas discrepâncias na Bíblia?

O VOCABULÁRIO DE INERRÂNCIA[1]

Até meados do século XVII, todas as pessoas que confessavam o nome de cristão aceitavam a Bíblia como totalmente verdadeira em todos os assuntos que afirmava. Com a elevação da razão humana no Iluminismo, algumas pessoas começaram a ter uma opinião mais cética a respeito de textos anteriormente sagrados. Algumas pessoas começaram a julgar a revelação (ou seja, a Bíblia) com fundamento em sua própria razão humana, rejeitando e criticando várias porções da Escritura baseadas no que parecia ser razoável ou provável para elas. Muitos desses críticos queriam manter alguma conexão com a igreja cristã, enquanto, ao mesmo tempo, tornavam-se os árbitros decisivos da verdade. É claro que o testemunho histórico da igreja sobre a veracidade

---

1 Os cristãos discordam quanto à maneira de articular e qualificar a doutrina da inerrância. Veja Stanley N. Gundry, J. Merrick e Stephen M. Garrett, eds., *Five Views on Biblical Inerrancy* (Grand Rapids: Zondervan, 2013).

total da Escritura tem continuado apesar dos desafios, mas os críticos da verdade ainda são vistos até hoje.[2]

Nos últimos 50 anos, devido ao crescente debate cristão sobre a verdade da Escritura, desenvolveu-se um vocabulário para resumir várias afirmações sobre a veracidade da Bíblia. Em seguida, apresentamos alguns dos termos regularmente usados:

- *Inerrante/Inerrância.* A doutrina da inerrância, ou a afirmação de que as Escrituras são inerrantes, significa que a Bíblia é completamente verdadeira em todas as coisas que os autores bíblicos dizem — ou em detalhes geográficos, ou cronológicos, ou teológicos. Defensores da inerrância sustentam o ponto de vista verbal da inspiração. Ou seja, embora os autores humanos da Escritura tenham sido redatores pensantes, Deus superintendeu de tal modo o processo de escrita que *cada palavra* escrita estava de acordo com a vontade dele. As palavras foram divinamente guardadas de qualquer erro. Wayne Grudem oferece esta definição proveitosa de inerrância: "A inerrância da Escritura significa que nos originais a Escritura não afirma qualquer coisa que seja contrária aos fatos".[3] De modo semelhante, Kenneth Kantzer escreve: "Em palavras simples... a inerrância afirma que a Bíblia nos diz a verdade e nunca nos diz o que não é verdade".[4]

---

2 Novos desafios contra a inerrância continuam a aparecer. Quanto a uma defesa moderna da inerrância em oposição a detratores recentes, veja Steven B. Cowan e Terry L. Wilder, eds., *In Defense of the Bible: A Comprehensive Apologetic for the Authority of Scripture* (Nashville: B&H Academic, 2013); Norman L. Geisler e William C. Roach, *A Inerrância das Escrituras: Confirmando a Exatidão das Escrituras para uma Nova Geração* (Guarulhos: Editora Vida, 2022); Vern Sheridan Poythress, *Inerrancy and the Gospels: A God-Centered Approach to the Challenges of Harmonization* (Wheaton: Crossway, 2012); e G. K. Beale, *The Erosion of Inerrancy in Evangelicalism: Responding to New Challenges to Biblical Authority* (Wheaton: Crossway, 2008).
3 Wayne Grudem, *Systematic Theology: An Introduction to Biblical Doctrine*, 2ª ed. (Grand Rapids: Zondervan Academic, 2020), p. 85 [edição em português: *Teologia Sistemática*, 2ª ed. rev. ampl. (São Paulo: Vida Nova, 2022)].
4 Kenneth S. Kantzer, prefácio a *Encyclopedia of Bible Difficulties*, por Gleason L. Archer (Grand Rapids: Zondervan, 1982), p. 7.

- *Infalível/Infalibilidade.* De acordo com os dicionários modernos, *infalível* também significa "incapaz de erro".[5] Entretanto, a palavra tem assumido conotações mais restritas nos debates atuais sobre a Bíblia. Afirmar que as Escrituras são infalíveis significa dizer que são isentas de erro nas questões de teologia e fé. Essa opinião, às vezes, também é chamada inerrância limitada. Defensores da inerrância plena afirmam que as Escrituras são infalíveis, mas nem todas as pessoas que afirmam a infalibilidade da Bíblia afirmam também a inerrância plena. A palavra *infalível* é mais fraca em conotação e não inclui em si a afirmação de que a Bíblia é livre de todo erro (intencional ou não intencional, teológico ou não teológico). Aqueles que são menos familiarizados com as conotações restritas da palavra *infalível* podem usá-la inconscientemente como sinônimo de *inerrante*.

- *Inspirada/Inspiração.* Afirmar a Bíblia como divinamente inspirada significa afirmar que Deus estava, de algum modo, por trás de sua escrita. Sem esclarecimento adicional, essa afirmação é mais ambígua que os termos anteriores. Alguns que afirmam a Bíblia como inspirada também diriam que documentos não bíblicos são inspirados ou que Deus continua a inspirar pessoas da mesma maneira hoje. Defensores da inerrância afirmam que a Bíblia é inspirada de maneira singular, verbal e plenária ("cada palavra por completo"). Quanto a uma breve discussão de opiniões diferentes sobre a inspiração, veja a Questão 3 ("Quem escreveu a Bíblia: humanos ou Deus?").

---

5 Essa é a primeira definição de *infalível* no *Merriam-Webster Online Dictionary*, www.merriam-webster.com (acesso em 18/09/2024).

- *Neo-ortodoxo/Neo-ortodoxia*. "Neo-ortodoxia" significa, literalmente, "nova ortodoxia"; é uma palavra usada para descrever um movimento teológico dos anos 1920 até os anos 1960. Os eruditos neo-ortodoxos costumam afirmar que Deus se revelou na história por meio de atos poderosos, mas que seres humanos falíveis registraram esses atos imperfeitamente. De acordo com os teólogos neo-ortodoxos, esses escritos se tornam a Palavra de Deus quando são proclamados de novo e as pessoas têm um encontro existencial com o Deus vivo. Embora a neo-ortodoxia não seja mais um movimento reconhecível, as obras de teólogos neo-ortodoxos (como Karl Barth, Emil Brunner) continuam a exercer influência.

- *Confiável/Verdadeira/Autoritária*. Às vezes, alguns críticos acusam que palavras como *inerrante* e *infalível* não se encontram na Escritura e se focalizam erroneamente em negação (ou seja, *nenhum* erro). Não seria melhor, perguntam eles, usar termos positivos como *confiável, verdadeira, autoritária*? Embora essas afirmações positivas sejam benéficas, o debate moderno sobre a Escritura demanda a precisão de palavras como *inerrante* (bem como os comentários explicativos sobre o que *inerrante* significa e não significa). Um vislumbre na história da teologia cristã mostra que novos termos e qualificações são exigidos para se combater o erro teológico.

AS AFIRMAÇÕES DA ESCRITURA SOBRE SI MESMA

Na própria Bíblia, encontramos inúmeras afirmações e inferências de que as Escrituras são completamente verdadeiras em tudo que dizem (afirmações intencionais ou não intencionais, informação teológica ou não teológica). Em seguida, oferecemos alguns exemplos de tais Escrituras, com alguns comentários explicativos.

- *Números 23.19: "Deus não é homem, para que minta; nem filho de homem, para que se arrependa. Porventura, tendo ele prometido, não o fará? Ou, tendo falado, não o cumprirá?"* Se Deus é totalmente verdadeiro e a Bíblia é a comunicação de Deus para a humidade (Hb 1.1-3), segue-se que a Bíblia, como Palavra de Deus, é completamente verdadeira.

- *Salmo 12.6: "As palavras do Senhor são palavras puras, prata refinada em cadinho de barro, depurada sete vezes".* Salmos e Provérbios são cheios de repetidos louvores acerca das perfeições da Palavra de Deus. Veja, em especial, o Salmo 119.

- *2Timóteo 3.16: "Toda a Escritura é inspirada por Deus e útil para o ensino, para a repreensão, para a correção, para a educação na justiça".* Esse versículo assevera que, embora a Bíblia tenha autores humanos, as palavras que escreveram têm de ser atribuídas, em última análise, à inspiração de Deus.

- *2Pedro 1.21: "Porque nunca jamais qualquer profecia foi dada por vontade humana; entretanto, homens [santos] falaram da parte de Deus, movidos pelo Espírito Santo".* Outra vez, esse versículo nos lembra que cada palavra escrita na Bíblia é a palavra exata cuja escrita Deus tencionou.

- *João 10.35: "A Escritura não pode falhar".* No ensino e nos debates, Jesus apelou repetidas vezes para as Escrituras do Antigo Testamento, com a suposição clara de que esses textos eram totalmente verdadeiros em tudo que relatavam. Jesus fez referência a muitas pessoas e incidentes do Antigo Testamento, admitindo a fatualidade de todos os detalhes. Embora, com frequência, Jesus tenha censurado entendimentos distorcidos da Bíblia, nunca questionou a veracidade das próprias Escrituras.⁶ Como Jesus (conforme relatado nos evangelhos), todos os autores do Novo Testamento são unânimes em sua citação do Antigo Testamento como uma obra historicamente exata.⁷

- *Hebreus 1.1-2:* "*Havendo Deus, outrora, falado, muitas vezes e de muitas maneiras, aos pais, pelos profetas, nestes últimos dias, nos falou pelo Filho, a quem constituiu herdeiro de todas as coisas, pelo qual também fez o universo*". Se a revelação antecipatória de Deus (o Antigo Testamento) era totalmente verdadeira ("havendo Deus, outrora, falado"), então, com muito mais razão, a culminação da revelação de Deus em Cristo deve ser recebida como totalmente confiável e autoritária.

O PONTO DE VISTA HISTÓRICO DA IGREJA CRISTÃ⁸

No final do século XIX e no século XX, o assunto da veracidade da Escritura se tornou uma grande linha divisória entre os cristãos nos Estados Unidos. Denominações se dividiram, e novas denominações, escolas e agências missionárias foram estabelecidas como resultado desse debate. Alguns que não sustentavam a inerrância diziam que essa suposta doutrina era a criação de protestantes conservadores modernos, e não o testemunho histórico da igreja cristã.⁹ Em resposta, uma evidência esmagadora tem sido apresentada para provar o contrário. Embora a palavra *inerrância* em sua forma exata (ou seus equivalentes) não seja encontrada na história da igreja primitiva, medieval e dos tempos da Reforma, o *conceito* ou ideia

---

6 Veja o estudo definitivo de John Wenham, *Christ and the Bible*, 3ª ed. (Grand Rapids: Baker, 1994).
7 Veja a lista de referências de fora dos evangelhos apresentada por Grudem (*Systematic Theology*, p. 89-90).
8 Veja o capítulo 5 ("A Inerrância das Escrituras") de Gregg R. Allison, *Teologia Histórica: Uma Introdução ao Desenvolvimento da Doutrina Cristã* (São Paulo: Vida Nova, 2017), p. 118-42.
9 Veja Jack B. Rogers e Donald K. McKim, *The Authority and Interpretation of the Bible: An Historical Approach* (São Francisco: Harper & Row, 1979); ou, de forma semelhante, Russel H. Dilday, *The Doctrine of Biblical Authority* (Nashville: Convention Press, 1982), p. 57-59.

de *inerrância* é a posição histórica da igreja em todos os tempos.[10] De 1977 a 1988, apoiadores da inerrância trabalharam por meio do Conselho Internacional sobre a Inerrância Bíblica e produziram três declarações formais sobre inerrância e interpretação.[11] O mais importante desses documentos, a "Declaração de Chicago sobre Inerrância Bíblica" (1978), continua a servir como fundamento para a definição de inerrância.

QUALIFICAÇÕES DA INERRÂNCIA

A doutrina da inerrância tem de ser explicada e qualificada apropriadamente, a fim de evitar equívocos. Algumas qualificações importantes são listadas em seguida.

1. A inerrância se aplica apenas aos autógrafos (os originais da Escritura).[12] Ninguém nega a existência de alguns erros de transcrição em *cada* manuscrito hebraico e grego da Bíblia (particularmente com números, por exemplo). Mas, com o vasto número de manuscritos hebraicos e gregos e sua cuidadosa transmissão, somos capazes de reconstruir o

---

10 Veja John D. Woodbridge, *Biblical Authority: A Critique of the Rogers and McKim Proposal* (Grand Rapids: Zondervan, 1982). Erickson concorda: "Em toda a sua história, a igreja sempre creu que a Bíblia está isenta de quaisquer erros" (Millard J. Erickson, *Christian Theology*, 2ª ed. [Grand Rapids: Baker, 1998], p. 252 [edição em português: *Teologia Sistemática* (São Paulo: Vida Nova, 2015)]. Veja também o artigo XVI da Declaração de Chicago sobre a Inerrância Bíblica: "Afirmamos que a doutrina da inerrância tem sido parte integrante da fé da Igreja ao longo de sua história. Negamos que a inerrância seja uma doutrina inventada pelo protestantismo escolástico ou que seja uma posição afirmada em resposta à alta crítica negativa".

11 De acordo com uma publicação de 1980 do Conselho Internacional sobre a Inerrância Bíblica, "o Conselho Internacional sobre a Inerrância Bíblica é uma organização sediada na Califórnia, fundada em 1977. Tem como propósito a defesa e a aplicação da doutrina da inerrância bíblica como um elemento essencial à autoridade da Escritura e necessário à saúde da igreja. Foi criado para confrontar o afastamento desse importante fundamento doutrinário por segmentos importantes do evangelicalismo e a negação ousada da inerrância por parte de outros movimentos eclesiásticos" (da orelha da capa de R. C. Sproul, *Explaining Inerrancy: A Commentary*, ICBI Foundation Series, vol. 2 [Oakland: International Council on Biblical Inerrancy, 1980]).

12 O artigo 10 da Declaração de Chicago sobre a Inerrância Bíblica diz: "Afirmamos que a inspiração, estritamente falando, diz respeito apenas ao texto autográfico das Escrituras, o qual, pela providência de Deus, pode ser determinado com grande exatidão a partir dos manuscritos disponíveis. Afirmamos também que as cópias e as traduções das Escrituras são a Palavra de Deus, na medida em que representam fielmente o original. Negamos que qualquer elemento essencial da fé cristã seja afetado pela ausência dos autógrafos. Negamos também que essa ausência torne inválida ou irrelevante a afirmação da inerrância bíblica".

texto original do Antigo e do Novo Testamento com extrema precisão.[13] Quanto a mais detalhes sobre a exatidão dos manuscritos, veja a Questão 5 ("Os manuscritos antigos da Bíblia foram transmitidos acuradamente?").

2. *A inerrância respeita a intenção do autor da passagem e as convenções literárias sob as quais o autor escreveu.* Se o autor tencionava uma afirmação literal, devemos entendê-la assim. Se a passagem contém figuras de linguagem, devemos interpretá-la de acordo com isso. Devemos respeitar o nível de precisão tencionada, bem como as convenções de escrita da época. Por exemplo, em Marcos 1.2-3, o evangelista cita três textos diferentes do Antigo Testamento (Êx 23.30; Is 40.3; Ml 3.1), com a seguinte frase introdutória: "Conforme está escrito na profecia de Isaías". Admitindo as convenções modernas de citação, isso representa um erro, porque parte da citação é de Êxodo e de Malaquias. Mas, como os judeus antigos mencionavam às vezes somente um porta-voz profético quando citavam textos amalgamados, devemos respeitar as convenções literárias dos dias de Marcos.[14]

Como outro exemplo, podemos considerar a ordem dos eventos nos evangelhos sinóticos. É claro que os autores dos evangelhos não tencionavam oferecer um relato cronológico exato do ministério de

---

13 Grudem escreve: "Quanto a mais de 99% das palavras da Bíblia, sabemos o que os manuscritos originais dizem" (*Systematic Theology*, p. 92). D. A. Carson lista 96% a 97% em relação ao Novo Testamento ("Who Is This Jesus? Is He Risen?", um documentário apresentado por D. James Kennedy e Jerry Newcombe [Fort Lauderdale: Coral Ridge Ministries, 2000]). Nenhuma questão doutrinária é deixada em dúvida pelas variantes textuais.
14 J. Marcus escreve: "Essa combinação de textos é familiar do judaísmo pós-bíblico, especialmente dos rolos do mar Morto" (*Mark 1-8: A New Translation with Introduction and Commentary*, AB 27 [Nova York: Doubleday, 2000], p. 147).

Jesus.¹⁵ O material é geralmente arranjado de maneira tópica. Assim, não devemos ficar surpresos em encontrar uma ordem diferente nas tentações de Jesus em Lucas 4.1-13 e Mateus 4.1-11. Visto que o templo é uma ideia central em Lucas (Lc 1.9; 18.10; 23.45; 24.53; At 2.46; 5.20; 26.21), parece que Lucas rearranjou as tentações de Jesus a fim de colocar a tentação no pináculo do templo como a tentação culminante.¹⁶ Ou, talvez, como as montanhas frequentemente têm valor simbólico no evangelho de Mateus (5.1; 8.1; 14.23; 15.29; 17.1; 28.16), Mateus fez o rearranjo. Parte da interpretação fiel consiste em respeitar as ênfases e os propósitos individuais dos diferentes autores e permitir fielmente que essas ênfases originais se manifestem em nosso ensino e pregação.

3. *A inerrância admite relatos parciais, paráfrases e resumos.* As palavras de um comunicador, por exemplo, podem ser resumidas ou parafraseadas, em vez de serem dadas ao pé da letra. Se o significado do comunicador é transmitido com exatidão, esse relato é completamente verdadeiro. Além disso, como os escritores modernos podem escolher omitir certos detalhes ou enfatizar outros pontos, os escritores bíblicos fizeram o mesmo quando relataram os mesmos eventos com base em perspectivas diferentes. Por exemplo, João relata mais do ministério de Jesus em Jerusalém, enquanto Mateus, Marcos e Lucas focalizam o ministério itinerante de Jesus na Galileia.

---

15 Até mesmo Papias (c. 70–155 d.C.) comenta: "E o presbítero [o apóstolo João?] costumava dizer isto: 'Marcos, ao se tornar o intérprete de Pedro, escreveu acuradamente tudo que lembrou, embora não em ordem, das coisas ditas ou feitas por Cristo. Pois ele nem ouviu o Senhor, nem o seguiu, mas, depois, como eu disse, seguiu a Pedro e adaptou os ensinos de Jesus conforme necessário, mas não tinha a intenção de dar um relato em ordem das afirmações de Jesus. Em consequência, Marcos não fez nada errado em escrever algumas coisas que lembrou, pois tinha como seu interesse não omitir nada que ouviu nem fazer uma falsa afirmação'" (*Fragments of Papias* 3.15, em *The Apostolic Fathers: Greek Texts and English Translations*, ed. e trad. Michael W. Holmes, 3ª ed. [Grand Rapids: Baker, 2007], p. 739-41).
16 A palavra *templo* ocorre aproximadamente 46 vezes em Lucas–Atos.

4. *A inerrância admite linguagem fenomenológica (ou seja, a descrição de fenômenos como são observados e experimentados).* Com frequência, os humanos relatam os eventos que veem a partir de sua perspectiva experiencial, em vez de oferecerem uma explicação científica objetiva. Assim, não devemos acusar um autor bíblico de erro quando fala do sol percorrendo seu caminho (Sl 19.6), como não censuraríamos um meteorologista moderno por falar da previsão do tempo para o nascer do sol de amanhã. Nem o salmista nem o meteorologista tencionam negar um sistema solar heliocêntrico (centrado no sol).

5. *A inerrância admite o relato de uma fala sem o endosso da veracidade dessa fala (ou a implicação de que tudo mais dito por essa pessoa seja verdadeiro).* Salmo 14.1 diz: "Não há Deus". É claro que, num contexto maior, a passagem afirma: "Diz o insensato no seu coração". Obviamente, ao relatar a fala do "insensato", o salmista não concorda com ele. De modo semelhante, ao citar autores pagãos em seu discurso diante dos atenienses (At 17.22-31), Paulo (e, por extensão, Lucas, que relata o discurso) não tenciona apoiar a veracidade de tudo que foi escrito por Epimênides ou por Arato (At 17.28).

6. *A inerrância não significa que a Bíblia provê informação definitiva ou exaustiva sobre cada assunto.* Por exemplo, nenhum autor da Bíblia tenta fazer uma classificação de moluscos ou oferece lições de física subatômica. A Bíblia toca tangencialmente nesses assuntos ao afirmar que Deus é o Criador de todas as coisas, marinhas ou subatômicas, mas não devemos forçar as Escrituras a dizerem mais do que dizem. Se você quer aprender como assar folheados franceses, por exemplo, não há nenhum texto bíblico que eu possa sugerir. Mas posso exortá-lo a fazer diligentemente todas as coisas para a glória de Deus (Cl 3.17) e a não se envolver em glutonaria (Pv 22.20). E me alegraria em provar qualquer dos folheados que você fizesse.

7. *A inerrância não é invalidada por ortografia ou gramática coloquial ou não padrão.* Ortografia e gramática variam dentro dos grupos linguísticos, culturais, geográficos e econômicos sem infringir a veracidade da comunicação real. Como diz Wayne Grudem: "Um interiorano iletrado de uma área rural pode ser o homem mais confiável no país, embora sua gramática seja pobre, porque conquistou a reputação de nunca falar uma mentira. Ou talvez eu esteja digitando rapidamente e envie um e-mail que diz: 'Eu ensino teologia no Phoenix Seminaary' — uma declaração que é completamente verídica, mesmo que duas palavras tenham sido escritas erroneamente. De modo semelhante, há algumas poucas afirmações da Escritura (em sua língua original) que são agramaticais (de acordo com os padrões de gramática correta daquele tempo) ou contêm uma ortografia irregular, mas, apesar disso, são *inerrantes*, porque são completamente verdadeiras. A questão relativa à doutrina da inerrância é a *veracidade* da fala".[17]

RECOMENDAÇÕES SOBRE COMO LIDAR COM TEXTOS DIFÍCEIS NA BÍBLIA

Em seguida, oferecemos algumas recomendações sobre como lidar com supostas discrepâncias na Bíblia.

1. *Esteja certo de que está interagindo com os textos reais.* Não permita que o ceticismo desinformado de outras pessoas envenenem seu próprio intelecto.

2. *Aproxime-se do texto com confiança, e não como um cético.* Investigar a veracidade do cristianismo é ser encorajado.[18] O cristianismo não tem nada a

---

[17] Grudem, *Systematic Theology*, p. 88. Comentaristas de Apocalipse frequentemente discutem os solecismos (irregularidades gramaticais) encontrados no livro. Veja Laurențiu Florentin Moț, *Morphological and Syntactical Irregularities in the Book of Revelation: A Greek Hypothesis*, Linguistic Biblical Studies 11 (Leiden: Brill, 2015).
[18] Veja, por exemplo, Credo House Ministries (credohouse.org); Josh McDowell e Sean McDowell, *Evidence that Demands a Verdict: Life-Changing Truth for a Skeptical World*, ed. rev. (Nashville: Thomas Nelson, 2017); Lee Strobel, *Em Defesa da Fé: Jornalista Ex-Ateu Investiga as Mais Contundentes Objeções ao Cristianismo* (São Paulo: Vida, 2002); Craig A. Evans, *O Jesus Fabricado: Como os Acadêmicos Atuais Distorcem o Evangelho* (São Paulo: Cultura Cristã, 2009); e J. P. Moreland, *Scaling the Secular City: A Defense of Christianity* (Grand Rapids: Baker, 1987).

temer dos fatos. No entanto, chega um momento em que alguém compreende que a Bíblia é internamente consistente e que, com frequência, suas afirmações são confirmadas por informações externamente verificáveis (ou seja, por outras fontes antigas, arqueologia, entre outras). Assim como, num casamento saudável, um cônjuge confia no outro e não vive em constante dúvida ou suspeita, assim também um cristão confia no texto bíblico em áreas que não podem ser confirmadas por critérios externos. Por exemplo, não temos nenhum registro externo que confirma a visita dos magos a Herodes (Mt 2.1-12). Mas o comportamento desconfiado de Herodes, o Grande, no evangelho de Mateus certamente está em consonância com relatos não bíblicos sobre o caráter dele (veja Josefo, *Antiguidades*, 17.6.5).

3. *Ore sobre um texto difícil.* Deus é um Pai amoroso que cuida de seus filhos. Jesus ensinou:

> Pedi, e dar-se-vos-á; buscai e achareis; batei, e abrir-se-vos-á. Pois todo o que pede recebe; o que busca encontra; e, a quem bate, abrir-se-lhe-á. Ou qual dentre vós é o homem que, se, porventura, o filho lhe pedir pão, lhe dará pedra? Ou, se lhe pedir um peixe, lhe dará uma cobra? Ora, se vós, que sois maus, sabeis dar boas dádivas aos vossos filhos, quanto mais vosso Pai, que está nos céus, dará boas coisas aos que lhe pedirem! (Mt 7.7-11)

4. *Tenha em mente as "Qualificações da Inerrância" (veja acima) quando estiver lidando com textos difíceis.* Não exija que os autores antigos se conformem a seus padrões preestabelecidos (exigindo citações perfeitamente correspondentes e ao pé da letra, por exemplo).

5. *Procure conselho quando estiver lidando com textos difíceis.* Fale a um amigo, um pastor ou um professor cristão sobre sua questão. Às vezes,

a serpente do erro aparente perde seu poder quando expressamos nossa questão. Consulte os melhores comentários evangélicos sobre o assunto.[19]

6. *Disponha-se a separar um texto para consideração posterior, em vez de forçá-lo à harmonização.* Agostinho (354–430 d.C.) fala de sua confiança nas Escrituras canônicas e de sua maneira de lidar com elas:

> Aprendi a prestar este respeito e honra apenas aos livros canônicos da Escritura: somente a respeito deles posso crer firmemente que os autores eram totalmente livres de erro. E, se nesses escritos fico perplexo por alguma coisa que me parece ser oposta à verdade, não hesito em supor ou que o [manuscrito] é defeituoso, ou que o tradutor não captou o significado do que foi dito, ou que eu mesmo não cheguei a compreendê-lo.[20]

RESUMO

Ao alegarmos que a Bíblia é "inerrante" (sem erro em todas as suas afirmações), concordamos com o testemunho da Bíblia a respeito de si mesma e com o testemunho histórico da igreja cristã. No entanto, para que se sustente uma visão defensável da inerrância, devem-se reconhecer algumas qualificações necessárias (por exemplo, levar em conta antigas convenções literárias, relatos parciais, paráfrases, resumos, linguagem fenomenológica etc.). Os cristãos devem estar cientes das percepções distorcidas a respeito da Bíblia e estar preparados para oferecer respostas

---

[19] Quanto a sugestões sobre os melhores comentários, veja Tremper Longman, *Old Testament Commentary Survey*, 5ª ed. (Grand Rapids: Baker, 2013); D. A. Carson, *New Testament Commentary Survey*, 7ª ed. (Grand Rapids: Baker, 2013). Além disso, você pode consultar obras de referência como Gleason L. Archer, *Encyclopedia of Bible Difficulties*, ou uma Bíblia de estudos evangélica, como a *Zondervan NIV Study Bible*, ed. rev. (Grand Rapids: Zondervan, 2011) ou a *ESV Study Bible* (Wheaton: Crossway, 2008). [N.E.: Para Bíblias de estudo em português, veja a bibliografia da Questão 12 (p. 182-83).]
[20] Augustine, *Letter* 82.3. Trad. J. G. Cunningham, NPNF, 1:350.

informadas. Porém, a afirmação verbal da doutrina correta não é o bastante. Temos de demonstrar nossa submissão à Palavra inerrante por meio de vidas cativantes de fé e amor (Mt 7.21; Tg 2.14).

PERGUNTAS PARA REFLEXÃO

1. Alguém já o procurou com um suposto erro na Bíblia como um argumento de que ela não é verdadeira? Qual foi sua resposta?

2. Qual é o texto da Bíblia mais incompreensível para você?

3. Por que as pessoas discordam em sua avaliação da veracidade da Bíblia — alguns veem-na como a inerrante Palavra de Deus, enquanto outros a veem como uma coleção não confiável de documentos contraditórios?

4. Se um amigo lhe dissesse que não acredita na Bíblia porque é "cheia de erros", como você responderia?

5. Você já conheceu um "ímpio inerrantista" (alguém que faz uma afirmação verbal da veracidade da Bíblia, mas, ao contrário disso, se comporta de maneira ímpia)? O que a Bíblia diz sobre essa situação?

PARA ESTUDO POSTERIOR

ARCHER, Gleason L. *Panorama do Antigo Testamento*. Ed. rev. ampl. São Paulo: Vida Nova, 2012.

_____. *New International Encyclopedia of Bible Difficulties*. Grand Rapids: Zondervan, 2001.

BEALE, G. K. *The Erosion of Inerrancy in Evangelicalism: Responding to New Challenges to Biblical Authority*. Wheaton: Crossway, 2008.

Blomberg, Craig L. *Questões Cruciais do Novo Testamento*. Rio de Janeiro: CPAD, 2009.

Bruce, F. F. *Merece Confiança o Novo Testamento?* 3ª ed. rev. São Paulo: Vida Nova, 2010.

Geisler, Norman L.; Howe, Thomas.. *The Big Book of Bible Difficulties: Clear and Concise Answers from Genesis to Revelation*. Grand Rapids: Baker, 2008.

Geisler, Norman; Roach, William C. *A Inerrância das Escrituras: Confirmando a Exatidão das Escrituras para uma Nova Geração*. Guarulhos: Editora Vida, 2022.

Gundry, Stanley; Merrick, J.; Garrett, Stephen M. (eds.). *Five Views on Biblical Inerrancy*. Grand Rapids: Zondervan, 2013.

Kaiser, Walter C. Jr.; David, Peter H.; Bruce, F. F.; Bauch, Manfred T. *Hard Sayings of the Bible*. Downers Grove: InterVarsity Press, 1996.

Kitchen, K. A. *On the Reliability of the Old Testament*. Grand Rapids: Eerdmans, 2003.

Williams, Peter J. *Podemos Confiar nos Evangelhos?* São Paulo: Vida Nova, 2022.

Quanto a um link sobre o texto completo da declaração, veja a entrada "Chicago Statement on Biblical Inerrancy" em www.wikipedia.org.

QUESTÃO 5

OS MANUSCRITOS ANTIGOS DA BÍBLIA FORAM TRANSMITIDOS ACURADAMENTE?

Quando discutimos a Bíblia com não cristãos, podemos ouvir a seguinte objeção: "Sim, a Bíblia fala dessa maneira *agora*, mas todos sabem que ela foi mudada".[1] Essa objeção tem alguma consistência? Como sabemos que a Bíblia que temos em mãos é uma transmissão fiel das palavras que os autores inspirados escreveram originalmente?

RESUMO DAS QUESTÕES TEXTUAIS

O Antigo Testamento foi escrito originalmente em hebraico (com poucas porções em aramaico) entre 1400 e 430 a.C. O Novo Testamento foi escrito em grego entre 45 e 90 d.C. Os originais dos documentos antigos são chamados *autógrafos*. Todos os autógrafos dos livros bíblicos se perderam ou foram destruídos, embora tenhamos milhares de cópias antigas. O processo de se compararem e estudarem essas cópias, a fim de reconstruir as palavras dos originais, é chamado crítica textual. A crítica textual começou a florescer na Europa do século XVI por várias razões. Primeira,

---

1 De fato, os apologistas muçulmanos explicam a aparente aceitação do Antigo e do Novo Testamento por Maomé (Sura 3.3), argumentando que os textos bíblicos depois foram corrompidos. É claro que temos manuscritos completos do Antigo e do Novo Testamento que precedem Maomé em dois séculos (c. 570–632 d.C.). Esses manuscritos, embora contenham variantes, estão em concordância fundamental com as bases textuais das traduções bíblicas modernas.

a prensa móvel fora introduzida em meados do século XV, o que permitiu a produção de cópias exatas do mesmo livro — ideal para agregação e comparação de manuscritos variantes.[2] Segunda, houve um avivamento da aprendizagem na Europa, o que resultou em um grande interesse por línguas, culturas e textos antigos. Terceira, a Reforma Protestante e a Contrarreforma católica focalizaram atenção erudita na Bíblia.

A ciência da crítica textual continuou a se desenvolver, atingindo novos ápices com a descoberta de muitos manuscritos antigos nos séculos XIX e XX. Como acontece com toda ciência, as peculiaridades da crítica textual são muito complexas. (Por exemplo, considere a competência arqueológica, paleológica e linguística necessária para datar com exatidão e decifrar apenas um manuscrito antigo.) Ao mesmo tempo, a maioria dos eruditos, tanto liberais como conservadores, concordam em que a crítica textual tem servido para confirmar a transmissão confiável dos manuscritos do Antigo e do Novo Testamento. Um importante erudito bíblico, D. A. Carson, diz que os autógrafos do Novo Testamento podem ser reconstruídos com aproximadamente 96% a 97% de exatidão.[3] Além disso, nenhum texto questionado afeta a doutrina cristã. Ou seja, todas as doutrinas cristãs são estabelecidas firmemente sem apelarem para textos debatidos. A maioria das questões textuais não resolvidas tem pouca ou nenhuma importância doutrinária.

Traduções modernas da Bíblia incluem notas de rodapé de variantes significativas. Por exemplo, no pé da página você pode encontrar comentários

---

2 O primeiro Antigo Testamento hebraico impresso (na prensa móvel) apareceu em 1488. O Novo Testamento grego, produzido sob os auspícios do cardeal Ximenes (o poliglota complutense), foi completado em 1514. O primeiro Novo Testamento grego a ser publicado foi a obra de Erasmo, em 1516. Veja Paul D. Wegner, *The Journey from Texts to Translations: The Origins and Development of the Bible* (Grand Rapids: Baker, 1999), p. 266-67; Amy Anderson e Wendy Widder, *Textual Criticism of the Bible*, Lexham Methods Series (Bellingham: Lexham, 2018).

3 Carson diz: "Quase todos os críticos textuais reconhecerão que 96%, até mesmo 97%, do Novo Testamento grego são moralmente certos. Isso não está em disputa" ("Who Is This Jesus? Is He Risen?", um documentário apresentado por D. James Kennedy e Jerry Newcombe [Fort Lauderdale: Coral Ridge Ministries, 2000]). Klein, Blomberg e Hubbard fazem uma declaração semelhante: "Estimativas sugerem que entre 97% e 99% do Novo Testamento original podem ser reconstruídos a partir dos manuscritos existentes, acima de qualquer dúvida razoável. A porcentagem do Antigo Testamento é menor — mas, no mínimo, 90% ou mais" (William W. Klein, Craig L. Blomberg e Robert L. Hubbard, *Introduction to Biblical Interpretation*, ed. rev. [Nashville: Thomas Nelson, 2004], p. 122).

como: "alguns manuscritos dizem..." ou "a maioria dos manuscritos antigos não inclui...". Ao examinar rapidamente essas notas de rodapé, você poderá obter entendimento das questões textuais ainda em debate.

COMO ERAM COPIADOS OS TEXTOS ANTIGOS

Como nossa cultura moderna está tão acostumada aos métodos de comunicação tecnologicamente avançados, às vezes demonstramos suspeita para com métodos mais antigos de produção literária. No entanto, devemos notar que os rabinos judeus da antiguidade e os primeiros escribas cristãos atuavam, em geral, com muita precisão ao copiar textos bíblicos. Os escribas judeus seguiam sistemas detalhados para contar letras em manuscritos e checar variações acidentais.[4] De modo semelhante, os escribas cristãos mostravam grande cautela, tendo frequentemente vários revisores que liam suas cópias para encontrar erros. Inevitavelmente, todos os manuscritos copiados à mão têm algumas variações, mas evidencia-se uma exatidão impressionante na maioria das cópias antigas que temos de ambos os Testamentos.

O ANTIGO TESTAMENTO

Em 1947, a primeira parte de um conjunto de antigos documentos judeus foi descoberta em cavernas perto do Mar Morto. De acordo com uma versão, um jovem árabe cuidador de cabras investigou um caverna depois de jogar uma pedra em seu interior e ouvir um vaso de cerâmica (um jarro de rolos) se quebrar. Os documentos descobertos nessa caverna, aparentemente, pertenciam a uma seita judaica, os essênios, que moravam numa comunidade separatista na Judeia, perto do Mar Morto. Quando os essênios fugiram do ataque dos romanos, por volta de 70 d.C., deixaram uma coleção valiosa de manuscritos para os críticos textuais modernos. Além

---

4 Veja Wegner, *Journey from Texts to Translations*, p. 167, 171-72.

dos muitos documentos interessantes da seita e de outras literaturas não bíblicas, os eruditos acharam porções de todos os livros do Antigo Testamento, exceto Ester e Neemias. Esses manuscritos foram chamados os Rolos do Mar Morto. Os documentos representam manuscritos e cópias de manuscritos de 250 a.C. a 50 d.C. Antes da descoberta dos Rolos do Mar Morto, os manuscritos mais significativos do Antigo Testamento hebraico eram o Códice de Leningrado (1008 d.C.) e o Códice de Alepo (c. 900 d.C.). Os Rolos do Mar Morto empurram as evidências de manuscritos hebraicos para mil anos antes.[5]

Embora apresentem algumas dificuldades textuais, os Rolos do Mar Morto confirmaram que os livros da Bíblia Hebraica foram copiados meticulosa e fielmente. O Antigo Testamento preservado no Códice de Leningrado (1008 d.C.) e nos Rolos do Mar Morto (250 a.C.–50 d.C.) é fundamentalmente o mesmo texto hebraico básico usado hoje para muitas das traduções modernas. Mesmo considerando todos os manuscritos e variações conhecidos do Antigo Testamento, Shemaryahu Talmon, da Universidade Hebraica de Jerusalém, assevera: "Deve... ser enfatizado que estes erros e divergências textuais entre as versões afetam materialmente a mensagem intrínseca apenas em poucas instâncias".[6]

Além dos textos hebraicos antigos, também temos as cópias antigas do Antigo Testamento traduzido para várias outras línguas — grego, latim, siríaco etc. Traduções antigas do Antigo Testamento podem ajudar, algumas vezes, na decifração de uma palavra ou frase hebraica difícil. E esses textos podem servir, eventualmente, como testemunho proveitoso de redações variantes no hebraico antigo (ou seja, foram traduzidos de um texto hebraico que diferençava do texto que conhecemos atualmente). Se

---

5 Temos, realmente, muitas cópias da Septuaginta (tradução grega do Antigo Testamento), que precedem em vários séculos os códices de Leningrado e de Alepo.
6 Shemaryahu Talmon, "The Old Testament Text", em *The Cambridge History of the Bible: From the Beginnings to Jerome*, ed. P. R. Ackroyd e C. F. Evans (Cambridge: Cambridge University Press, 1970), 1:162.

os tradutores suspeitarem que uma tradução mais antiga pode preservar melhor a redação hebraica original, podem seguir essa redação em sua tradução da Bíblia ou colocar uma nota de rodapé com a variante. Mais uma vez, veja as notas de rodapé de qualquer Bíblia pertinente para averiguar se se segue o Texto Massorético (em hebraico), os Rolos do Mar Morto, a Septuaginta (em grego) ou os manuscritos siríacos. Caso a sua Bíblia não possua essas notas, verifique as extensivas notas de rodapé do tradutor na versão gratuita e online da NET Bible (New English Translation), em netbible.org.

O NOVO TESTAMENTO

Na própria Bíblia, encontramos evidência dos documentos do Novo Testamento sendo copiados e veiculados (Cl 4.16; 1Ts 5.27; 2Pe 3.15-16). À medida que essas cópias continuaram a aumentar e cópias eram feitas de cópias, certas tendências uniformes dos escribas ficaram incorporadas em várias famílias de textos, classificadas, usualmente, de acordo com a província geográfica — Ocidental, Alexandrina, Bizantina e Cesareense. O Império Bizantino de fala grega foi uma região que continuou a precisar de mais cópias gregas do Novo Testamento e produzi-las; por isso, a família de texto bizantina foi a mais copiada. Entretanto, muitos eruditos concordam em que a família de texto bizantina não representa usualmente a redação mais antiga ou mais confiável.

O influente crítico textual J. K. Elliott afirma que a classificação tradicional das famílias textuais e seu uso na determinação das leituras originais deveriam ser rejeitados por serem excessivamente simplistas.[7] Gerd Mink, do Institute for New Testament Textual Research in Münster (Alemanha), defendeu um novo Método Genealógico Baseado em

---

[7] J. K. Elliot, "Recent Trends in Textual Criticism of the New Testament: A New Millennium, a New Beginning?", *Bulletin de l'Académie Belge pour l'Étude des Langues Anciennes et Orientales* 1 (2012): 128-29.

Coerência, o qual faz uso de uma análise computacional avançada de manuscritos cotejados para mapear, de maneira mais precisa, os relacionamentos genealógicos entre eles.

Ao compararmos testemunhos dentro das várias tradições de texto, podemos chegar, com admirável exatidão, ao texto real dos autógrafos. Ao falarmos sobre famílias textuais e variações nos manuscritos, o leitor desinformado pode chegar a conclusões erradas sobre a quantidade ou a importância de variações nos manuscritos antigos. A maioria das variações tem pouco ou nenhum efeito na mensagem geral unificada do Novo Testamento. Como um professor que ensina crítica textual a alunos de grego do nível intermediário, tenho visto que um estudo detalhado de crítica textual serve para aumentar a confiança dos alunos na Bíblia.

Temos mais de cinco mil manuscritos ou porções de manuscritos antigos do Novo Testamento. (Quanto a uma foto de um dos manuscritos mais famosos, veja a Figura 6.) O fragmento mais antigo existente do Novo Testamento data de cerca de 130 d.C.[8] Nenhum outro texto antigo chega perto dessa quantidade de evidência textual antiga. Em seu recente livro, *Podemos Confiar nos Evangelhos?*, Peter J. Williams, presidente da Tyndale House (Cambridge), oferece uma comparação útil entre a data e a quantidade de evidência manuscritológica que temos para as quatro principais fontes biográficas de duas figuras antigas contemporâneas: Jesus de Nazaré e o imperador romano Tibério (42 a.C.–37 d.C.).[9] À medida que se comparam os dados na tabela abaixo, também vale lembrar que os Evangelhos foram escritos por testemunhas oculares do ministério de Jesus (Mateus, João) ou se basearam no relato de testemunhas oculares (Marcos, Lucas).[10]

---

8 O fragmento John Rylands de João 18.31-33, 37-38.
9 Peter J. Williams, *Can We Trust the Gospels?* (Wheaton: Crossway, 2018), p. 40 [edição em português: *Podemos Confiar nos Evangelhos?* (São Paulo: Vida Nova, 2022)]. Recomendo fortemente esse livro.
10 Richard Bauckham, *Jesus and the Eyewitnesses: The Gospels as Eyewitnesses Testimony* (Grand Rapids: Eerdmans, 2008).

FIGURA 4: PRINCIPAIS FONTES SOBRE O IMPERADOR TIBÉRIO					
AUTOR E OBRA	PALAVRAS	CÓPIA MAIS ANTIGA	DATA DA ESCRITA	LÍNGUA
Veleio Patérculo, *História Romana* 2.94-131	6.489	Século XVI	30 d.C.	Latim
Tácito, *Anais 1–6*	48.200	Século IX	Após 110 d.C.	Latim
Suetônio, *Tibério*	9.310	Século IX	Após 120 d.C.	Latim
Cássio Dio, *História Romana 57–58*	14.293	Século IX	Após 200 d.C.	Grego

FIGURA 5: PRINCIPAIS FONTES SOBRE JESUS DE NAZARÉ				
AUTOR E OBRA	PALAVRAS	CÓPIA COMPLETA MAIS ANTIGA	CÓPIA INCOMPLETA MAIS ANTIGA	LÍNGUA
Mateus	18.347	Século IV	Século II/III	Grego
Marcos	11.103	Século IV	Século III	Grego
Lucas	19.463	Século IV	Século III	Grego
João	15.445	Século IV	Século II	Grego

A quantidade de evidência manuscritológica para os Evangelhos é aterradora.

EXEMPLOS DE VARIANTES TEXTUAIS

Para oferecer melhor percepção do tipo de variações que ocorreram nos manuscritos antigos, alguns exemplos serão apresentados em seguida. Os exemplos são extraídos do Novo Testamento, embora exemplos semelhantes possam ser apresentados também do Antigo Testamento.[11]

ERROS NÃO INTENCIONAIS

De acordo com uma contagem realizada, 95% das variantes textuais são acidentais — as variações não intencionais inseridas por escribas fatigados ou incompetentes.[12] Tais variantes incluem os seguintes erros:[13]

FIGURA 6:
O COMEÇO DO EVANGELHO DE JOÃO, DO CÓDICE SANAÍTICO

O Códice Sinaítico é um manuscrito do final do século IV. Para ver todo o manuscrito, acesse o seguinte website: www.codexsinaiticus.org.

1. *Erros de visão.* Às vezes, escribas copiavam textos olhando para o original e para o texto copiado. Por esse método, eles, inevitavelmente, cometiam vários erros de visão. Por exemplo, eles confundiam letras com aparência semelhante, dividiam palavras erroneamente (os mais antigos manuscritos gregos da Bíblia não têm espaço entre as palavras), repetiam palavras ou seções (ou seja, copiavam a mesma coisa duas vezes), pulando acidentalmente letras, palavras ou seções, ou mudavam a ordem das letras numa palavra ou de palavras numa sentença. No Códice Vaticano, por exemplo, em Gálatas 1.11, um escriba acidentalmente escreveu τὸ εὐαγγέλιον três vezes de maneira sucessiva.

---

11 Quanto a uma lista semelhante de exemplos do Antigo Testamento, veja Wegner, *Journey from Texts to Translations*, p. 180-81.
12 Arthur G. Patzia, *The Making of the New Testament: Origin, Collection, Text and Canon*, 2ª ed. (Downers Grove: InterVarsity Press, 2011), p. 230.
13 O material que apresentamos em seguida foi extraído de Patzia, *The Making of the New Testament*, p. 230-42. Estou em dívida para com Elijah Hixton, que apontou muitas das variantes que foram usadas como exemplos nesta seção.

2. *Erros de audição*. Quando os escribas copiavam manuscritos por ditado (ou seja, os escribas escreviam enquanto o manuscrito era lido), erros de audição eram cometidos, como em Mateus 2.6 no Códice Sinaítico, no qual ἐκ σοῦ ("de ti") foi erroneamente ouvido e escrito como ἐξ οὗ ("de quem"). Vogais, ditongos ou outros sons eram ouvidos mal. (Cometemos erro semelhante em inglês ao escrevermos a palavra "night" quando alguém diz "knight".)

3. *Erros de escrita*. Às vezes, os escribas introduziam erros nos textos apenas por escreverem a coisa errada. Por exemplo, um escriba podia acidentalmente escrever uma ou mais letras erradas, de forma que o resultado fosse um significado diferente. No Códice Alexandrino, em João 13.37, um escriba acidentalmente escreveu δύνασαί μοι, em vez de δύναμαί σοι. Assim, em lugar de dizer para Jesus: "por que não posso seguir-te agora?", Pedro agora pergunta: "por que não podes seguir-me agora?"

4. *Erros de julgamento*. Às vezes, os escribas exerciam um julgamento inferior por meio da incorporação de explicações marginais (antigas notas de rodapé) ao corpo do texto ou de influências corruptoras não intencionais. No Códice 109, do século XIV, por exemplo, um escriba incompetente aparentemente copiou linhas contínuas de um manuscrito que listava a genealogia de Jesus (Lc 3.23-28) em duas colunas. A genealogia resultante bagunça todas as relações familiares, a ponto de listar Deus como filho de Arão.[14]

ERROS INTENCIONAIS

Os 5% remanescentes de variantes textuais resultaram de atividade intencional por parte dos escribas. Essa mudanças incluíram:

---

14 Bruce M. Metzger e Bart D. Ehrman, *The Text of the New Testament: Its Transmission, Corruption, and Restoration*, 4ª ed. (Nova York: Oxford University Press, 2005), p. 259.

1. *Revisão de gramática e ortografia.* Numa tentativa de padronizar a gramática ou a ortografia, os escribas corrigiam, às vezes, o que percebiam como erros ortográficos e gramaticais no texto que estavam copiando. Por exemplo, embora João originalmente tenha colocado o caso nominativo após a preposição ἀπὸ em Apocalipse 1.4, escribas posteriores inseriram uma forma genitiva.[15]

2. *Harmonizar passagens semelhantes.* Os escribas tinham a tendência de harmonizar passagens correlatas e introduzir uniformidade nas expressões padronizadas. Por exemplo, detalhes do mesmo incidente em vários evangelhos podiam ser inclusos durante a cópia de qualquer dos evangelhos. Como professor de grego intermediário, tenho observado que, de forma interessante, os alunos inserem, às vezes, não intencionalmente, *Senhor* ou *Cristo* quando traduzem uma passagem com o nome *Jesus*. É claro que os alunos não tencionam promover uma cristologia mais elevada; estão apenas conformando sua fala a uma referência padronizada ao Salvador. Os escribas antigos se comportavam de maneira semelhante.

3. *Eliminar discrepâncias e dificuldades aparentes.* Os escribas consertavam, às vezes, o que percebiam como um problema no texto. Por exemplo, em Marcos 1.2-3 alguns manuscritos citam o texto amalgamado como proveniente dos "profetas", e não de "Isaías", como Marcos escreveu. Em relação a uma discussão adicional desse texto e da questão de discrepância, veja a Questão 4 ("A Bíblia contém erros?").

4. *Fundir o texto.* Algumas vezes, quando um escriba conhecia a redação variante no manuscrito-base do qual estava copiando, incluía ambas as variantes em sua cópia, fundindo-as. Por exemplo, em Atos 20.28,

---

15 Ibid., p. 252.

alguns manuscritos antigos liam τὴν ἐκκλησίαν τοῦ Θεοῦ ("a igreja de Deus"), enquanto outros traziam τὴν ἐκκλησίαν τοῦ κυρίου ("a igreja do Senhor"). Manuscritos posteriores fundem as leituras como τὴν ἐκκλησίαν τοῦ κυρίου καὶ [τοῦ] Θεοῦ ("a igreja do Senhor e de Deus").[16]

5. *Adaptar tradições litúrgicas diferentes.* Em poucos lugares isolados, é possível que a liturgia da igreja (ou seja, os louvores e as orações padronizadas) tenha influenciado alguns acréscimos textuais ou mudança de fraseologia (por exemplo, Mateus 6.13: "Pois teu é o reino, o poder e a glória para sempre. Amém").

6. *Fazer mudanças teológicas ou doutrinárias.* Às vezes, os escribas faziam mudanças teológicas ou doutrinárias — ou omitindo algo que viam como errado, ou esclarecendo acréscimos. Por exemplo, em Mateus 24.36 alguns manuscritos omitem a referência ao desconhecimento de Jesus sobre o dia de seu retorno — uma passagem que, obviamente, é difícil de entender.[17]

É claro que, com tantos textos antigos à sua disposição, os críticos textuais podem descartar a maioria das variantes que acabamos de listar. Por isso, não há necessidade de citar as variantes textuais nas traduções atuais da Bíblia. Para os interessados, discussões mais detalhadas de variações nos manuscritos podem ser encontradas em obras de referência para críticos textuais, em edições críticas do Antigo e do Novo Testamento e em comentários eruditos (veja a Questão 13, "Quais são alguns livros ou materiais proveitosos para se interpretar a Bíblia?").

---

16 Ibid., p. 265.
17 Neste texto, como em poucas outras passagens (e.g., Jo 4.6), as Escrituras parecem falar de Jesus à luz de sua natureza humana, não tencionando negar a onisciência ou a onipotência de sua natureza divina. Outros têm explicado essa passagem afirmando que, antes de sua exaltação, Jesus se esvaziou de certas prerrogativas divinas (ou seja, a teoria kenótica).

ORTODOXIA CRISTÃ PRIMITIVA E OUTROS MANUSCRITOS ANTIGOS

Alguns escritos sensacionalistas têm afirmado que o Antigo e o Novo Testamento mostram apenas as crenças daqueles que venceram as batalhas doutrinárias do judaísmo antigo e do cristianismo primitivo. Em outras palavras, existia uma pluralidade de opiniões religiosas que competiam entre si no judaísmo antigo e no cristianismo primitivo. Quando uma opinião vencia (monoteísmo judaico ou cristianismo ortodoxo), os vencedores escreviam a história de modo que os perdedores parecessem não ter interesse na disputa. No nível erudito, esse ponto de vista é representado pela obra de Walter Bauer, *Orthodoxy and Heresy in Earliest Christianity* (original alemão, 1934). No nível popular, essa abordagem é incorporada pelas obras de Dan Brown (*O Código da Vinci*) e de Bart Ehrman (*O que Jesus disse? E o que Jesus não disse?*). Por trás dessas abordagens, há um ceticismo extremo para com a Bíblia, um ceticismo que não resistirá a uma avaliação mais objetiva. Uma refutação completa desses pontos de vista aberrantes está além dos parâmetros deste livro, mas, para estudo posterior, recomendam-se ao leitor estas três obras: *The Missing Gospels*, de Darrel L. Bock (em resposta a Bauer e Brown); *Misquoting Truth*, de Timothy Paul Jones (em resposta a *O que Jesus disse? E o que Jesus não disse?*, de Ehrman) e *Fabricating Jesus*, de Craig Evans.[18]

ERUDIÇÃO RECENTE NA ÁREA DA CRÍTICA TEXTUAL

Em décadas recentes, o campo da crítica textual do Novo Testamento experimentou um reavivamento de interesse. A digitalização dos manuscritos gregos mais significativos do Novo Testamento democratizou o acesso a materiais primários. Os computadores mudaram a categorização tradicional e excessivamente simplista

---

18 Darrel L. Bock, *The Missing Gospels: Unearthing the Truth Behind Alternative Christianities* (Nashville: Thomas Nelson, 2006); Timothy Paul Jones, *Misquoting Truth: A Guide to the Fallacies of Bart Ehrman's Misquoting Jesus* (Downers Grove: InterVarsity Press, 2007); Craig A. Evans, *Fabricating Jesus: How Modern Scholars Distort the Gospels* (Downers Grove: InterVarsity Press, 2008).

dos manuscritos, que eram colocados em amplas famílias textuais. Algoritmos computacionais têm ajudado a organizar relações genealógicas complexas entre manuscritos antigos e estão no cerne da revisão em curso das edições críticas padrão do Novo Testamento grego (ou seja, Editio Critica Maior, Nestle-Aland e United Bible Societies). Além disso, tem acontecido um florescimento de interesse nas tendências escribais e no que elas revelam acerca das predileções teológicas de escribas antigos e das comunidades que eles representam. Nunca houve um tempo mais empolgante para explorar o campo da crítica textual.

RESUMO

Até o fim do século XV, todos os manuscritos gregos e hebraicos da Bíblia foram copiados à mão. Ainda que as técnicas escribais revelem grande cuidado, erros de copistas foram inevitavelmente introduzidos. Já que não possuímos os autógrafos (cópias originais) dos livros bíblicos, a prática da crítica textual (o estudo e o cotejo de manuscritos antigos) é necessária para confirmar a redação original do autor bíblico. Haja vista o número e a qualidade dos manuscritos disponíveis, os eruditos podem reconstruir o Antigo e o Novo Testamentos com extrema precisão. Ademais, nenhuma doutrina cristã depende de algum dos textos debatidos que ainda restam. Para ter uma ideia do tipo de variantes textuais em manuscritos antigos, veja as notas de rodapé em qualquer tradução moderna da Bíblia.

PERGUNTAS PARA REFLEXÃO

1. Antes de ler este capítulo, você já havia considerado a transmissão de cópias antigas de nossos Antigo e Novo Testamentos? Se já, o que o levou a esse interesse?

2. Quando está lendo a Bíblia, você olha as notas de rodapé que lidam com variantes textuais? Por que sim? Por que não?

3. Que fato novo você aprendeu sobre a transmissão dos manuscritos bíblicos?

4. Você já leu um livro escrito por Bart Ehrman (*O que Jesus disse? E o que Jesus não disse*) ou por Dan Brown (*O Código da Vinci*) ou já encontrou outras pessoas influenciadas pelas obras deles?

5. Você tem outras perguntas sobre variantes textuais ou crítica textual?

PARA ESTUDO POSTERIOR

ANDERSON, Amy; WIDDER, Wendy. *Textual Criticism of the Bible*. Ed. rev. Lexham Methods Series. Bellingham: Lexham, 2018.

BOCK, Darrel L. *The Missing Gospels: Unearthing the Truth Behind Alternative Christianities*. Nashville: Thomas Nelson, 2006.

BRUCE, F. F. *The New Testament Documents: Are They Reliable?* 6ª ed. Downers Grove: InterVarsity Press; Grand Rapids: Eerdmans, 1981.

EVANS, Craig A. *Fabricating Jesus: How Modern Scholars Distort the Gospels*. Downers Grove: InterVarsity Press, 2008.

HIXSON, Elijah; GURRY, Peter J. (eds.). *Myths and Mistakes of New Testament Textual Criticism*. Downers Grove: IVP Academic, 2019.

JONES, Timothy Paul. *Misquoting Truth: A Guide to the Fallacies of Bart Ehrman's Misquoting Jesus*. Downers Grove: InterVarsity Press, 2007.

Kaiser, Walter C. *The Old Testament Documents: Are They Reliable and Relevant?* Downers Grove: InterVarsity Press, 2001.

Wallace, Daniel B. (ed.). *Revisiting the Corruption of the New Testament: Manuscript, Patristic, and Apocryphal Evidence.* Grand Rapids: Kregel, 2011.

Wegner, Paul D. *The Journey from Texts to Translation: The Origin and Development of the Bible.* Grand Rapids: Baker, 1999.

SITES RECOMENDADADOS

http://evangelicaltextualcriticism.blogspot.com/. (Esse blog fornece uma janela evangélica para as discussões atuais da crítica textual.)

https://podcasts.apple.com/us/podcast/the-basics-of-new-testament--textual-criticism/id446655163. (Por meio desse podcast gratuito, você pode ver 15 palestras fundamentais sobre a crítica textual do Novo Testamento pelo crítico textual evangélico Dan Wallace.)

https://www.credocourses.com/product/textual-criticism/. (Esse curso de crítica textual, também de Dan Wallace, é mais extensivo do que os vídeos gratuitos no podcast [veja acima]. O curso e os recursos que o acompanham são disponibilizados para compra pelo ministério apologético Credo House.)

https://www.csntm.org/. (O Center for the Study of New Testament Manuscripts [Centro de Estudo dos Manuscritos do Novo Testamento] é um ministério sem fins lucrativos liderado por Dan Wallace e se concentra na digitalização dos manuscritos do Novo Testamento grego.)

QUESTÃO 6

QUEM DETERMINOU QUAIS LIVROS DEVERIAM SER INCLUSOS NA BÍBLIA?

O cânon é a lista fechada de livros que os cristãos veem como singularmente autoritários e inspirados. A palavra grega *kanōn* significava, originalmente, "cana" ou "vara de medir" e, somente depois, chegou a significar "norma" ou "regra"[1]. Embora o conceito de um cânon limitado seja antigo (Dt 31.24-26; Dn 9.2), parece que a primeira pessoa a usar a palavra grega *kanōn* para se referir à lista de livros inspirados do cristianismo foi Atanásio, bispo de Alexandria (c. 352 d.C., *Decretos do Sínodo de Niceia* 5.18).[2] O primeiro concílio de igreja a usar a palavra *kanōn* dessa maneira foi o Sínodo de Laodiceia (363 d.C.).[3] Com muita rapidez, o termo chegou a ser amplamente usado e aceito.[4]

Para os cristãos protestantes, o cânon não é uma coleção de escritos autorizados (porque a igreja conferiu sua autoridade e aprovação sobre uma lista de livros). Em vez disso, o cânon é uma coleção de escritos autoritários. Os escritos bíblicos têm uma autoridade inerente como obras

---

1 *kanōn* se deriva da palavra hebraica para cana ou talo, *qāneh*. Veja H. W. Beyer, "κανών", em TDNT, 3:596-602; Michael J. Kruger, *Canon Revisited: Establishing the Origins and Authority of the New Testament Books* (Wheaton: Crossway, 2012), p. 27.
2 Conforme citado em R. K. Harrison, *Introduction to the Old Testament* (Grand Rapids: Eerdmans, 1969; Peabody: Prince [Hendrickson], 1999), p. 261).
3 Enquanto a lista que o sínodo fez dos livros canônicos do Novo Testamento equivale à nossa (excetuada a omissão de Apocalipse), a maioria dos eruditos crê que essa lista é uma adição posterior (Bruce M. Metzger, *The Canon of the New Testament: Its Origin, Development, and Significance* [Oxford: Oxford University Press, 1987], p. 210).
4 David S. Dockery, *Christian Scripture: An Evangelical Perspective on Inspiration, Authority, and Interpretation* (Nashville: Broadman & Holman, 1995), p. 89.

inspiradas por Deus. A canonização é o processo de reconhecer essa autoridade inerente, e não de outorgá-la de uma fonte exterior.

A maioria dos cristãos aceitam naturalmente o cânon sem pensar no processo de reconhecimento dos livros. Muitas vezes, somente quando um cristão encontra uma pessoa que rejeita abertamente o cânon (um não cristão) ou alguém que endossa uma variação do cânon (um católico romano que aceita os livros apócrifos, por exemplo), começa realmente a pensar mais profundamente no assunto. Quem determinou que 39 livros estariam no cânon do Antigo Testamento e 27 livros no cânon do Novo Testamento? O cânon está fechado ou mais livros podem ser acrescentados?

O CÂNON DO ANTIGO TESTAMENTO

Os 39 livros do cânon do Antigo Testamento foram escritos entre 1400 e 430 a.C. Não temos informação detalhada sobre as discussões que talvez tenham cercado a inclusão ou a rejeição de escritos no Antigo Testamento. Parece que alguns livros foram reconhecidos instantaneamente como portadores de autoridade divina, com base em sua natureza autoconfirmadora ou numa palavra profética que se cumpriu (Êx 24.3-7; Dt 18.15-22; Dn 9.2). Outros livros podem ter exigido algum tempo para serem editados ou reconhecidos em sua totalidade (Is 30.8; Pv 25.1). Walter Kaiser resume a história do cânon do Antigo Testamento: "[Houve um] *reconhecimento progressivo* de certos livros como canônicos desde a sua origem por leitores e ouvintes que eram contemporâneos dos escritores e que estavam, por isso, em melhor posição para determinar as afirmações dos escritores".[5] Parece claro que, por volta do tempo de Jesus, a maioria dos judeus estava em concordância quanto a seu próprio cânon — uma lista que se harmoniza em conteúdo com nosso atual Antigo Testamento.

---

5 Walter C. Kaiser Jr., *The Old Testament Documents: Are They Reliable and Relevant?* (Downers Grove: InterVarsity Press, 2001), p. 31.

Os samaritanos (povo que era meio-judeu) dos dias de Jesus reconheciam apenas uma cópia editada do Pentateuco (os primeiros cinco livros do Antigo Testamento) como sua Escritura, mas os judeus nunca viam os samaritanos como descendentes legítimos de Abraão (Mt 10.5-6; Lc 17.18). Os saduceus, um pequeno mas importante grupo judaico nos dias de Jesus, viam os livros de fora do Pentateuco como menos autoritários ou menos inspirados (Mt 22.23; At 23.8). Jesus rejeitou as opiniões dos saduceus, endossando o cânon judaico tríplice (Lei, Profetas, Escritos) como permanecia em seus dias (Lc 24.44; observe que os Salmos, como a maior porção da seção dos Escritos, era às vezes usado para se referir a toda a seção). Para os cristãos, aceitar o cânon de 39 livros do Antigo Testamento foi relativamente fácil. Alguém pode dizer: "Jesus e seus apóstolos reconheceram o cânon judaico das Escrituras hebraicas em seus dias. Como seguidor de Jesus, eu também o reconheço".

Na história recente, alguns eruditos em Antigo Testamento têm afirmado que o cânon judaico não foi fechado até o suposto Concílio Judaico de Jâmnia, em 90 d.C.[6] Entretanto, a palavra *concílio* e uma data específica são elementos enganadores. Na realidade, seguindo a destruição do templo de Jerusalém, pelos romanos, em 70 d.C, as discussões rabínicas sobre uma variedade de assuntos continuaram em Jâmnia (ou Jabneh) nas seis décadas seguintes.[7] Reconsideração subsequente da discussão rabínica em Jâmnia favorece o ponto de vista cristão tradicional de que, por volta do século I, o cânon já estava bem estabelecido para a maioria dos judeus.[8]

---

6 H. H. Graetz aparentemente deu origem a esta ideia (*Kohélet oder der Salominishe Prediger* [Leipzig: Winter, 1897], p. 160-63), seguido por H. E. Ryle, *The Canon of the Old Testament* (Londres: Macmillan, 1892). Mais recentemente, veja, por exemplo, Bernhard Anderson, *Understanding the Old Testament*, 4ª ed. (Englewood Cliffs: Prentice-Hall, 1986), p. 641. Teorias liberais acerca da formação canônica também colocam a datação dos livros do Antigo Testamento em um período muito posterior.
7 Jack P. Lewis, "Jamnia (Jabneh), Council of", *ABD* 3:635-36."
8 Jack Lewis escreve: "Pareceria que a afirmação frequente de que uma decisão vinculante foi tomada em [Jâmnia] a respeito de toda a Escritura é, na melhor das hipóteses, conjectural" ("What Do We Mean by Jabneh?", *JBR* 32 [1964]: 132). Segundo Sid Leiman, "A visão generalizada de que o Concílio de Jâmnia fechou o cânon bíblico ou de que sequer canonizou alguns livros não tem suporte na evidência e não precisa mais ser seriamente mantida" ("The Canonization of Hebrew Scripture: The Talmudic and Midrashic Evidence", *Transactions of the Connecticut Academy of Arts and Sciences* 47 [Hamden: Archon, 1976], p. 124).

Jâmnia proporcionou a discussão de textos desafiadores do Antigo Testamento, mas nenhuma decisão canônica obrigatória foi proclamada.⁹ Josefo afirmou que o cânon judaico, que, em conteúdo, se harmoniza com nosso Antigo Testamento moderno, fora estabelecido desde o tempo do rei persa Artaxerxes (465–423 a.C.). Os judeus dos dias de Josefo e de Jesus organizaram suas Escrituras hebraicas de maneira diferente, resultando em 24 livros, iguais ao nosso número atual de 39 livros (veja a Figura 7).¹⁰

A afirmação de Josefo sobre o fechamento do cânon hebraico (veja o quadro na página seguinte) é especialmente notável. É difícil entender por que devemos rejeitar suas afirmações inequívocas em favor de tênues reconstruções modernas.

CÂNON DO NOVO TESTAMENTO

Em comparação com o cânon do Antigo Testamento, sabemos muito a respeito do reconhecimento formal dos livros no Novo Testamento. Ao discutir o cânon, a igreja primitiva insistiu em que os livros reconhecidos fossem:

- *Apostólicos:* escritos por um apóstolo ou por alguém estreitamente ligado a um apóstolo (uma testemunha ocular autorizada de Jesus).
- *Católicos:*¹¹ amplamente, se não universalmente, reconhecidos pelas igrejas.
- *Ortodoxos:* não contraditórios com qualquer livro ou doutrina apostólicos reconhecidos.

---

9 Reconhecidamente, uma minoria de judeus questiona a adequação de alguns textos ou livros (p. ex., Cântico dos Cânticos ou Eclesiastes), mas esse questionamento continuou e, de fato, continua até mesmo entre eruditos judeus modernos. Dando a Jâmnia o maior crédito que poderia ter, Bruce escreve: "Os livros que [os participantes de Jâmnia] decidiram reconhecer como canônicos já eram geralmente aceitos, embora questões tivessem sido levantadas sobre eles. Aqueles que eles se recusaram a admitir nunca tinham sido inclusos. Eles não expeliram do cânon qualquer livro que fora anteriormente admitido. O Concílio de Jâmnia, como J. S. Wright escreve, 'foi a confirmação da opinião pública, não a formação dela'"(F. F. Bruce, *The Books and the Parchments*, ed. rev. [Londres: Marshall Pickering, 1991], p. 88-89).

10 Josefo conta Juízes–Rute como um livro e Jeremias–Lamentações também como apenas um, reduzindo o número total para 22 livros.

11 A palavra "católico" significa "universal". Seu uso aqui não deve ser confundido com a maneira com que a palavra é usada para identificar várias tradições cristãs (p. ex., a Igreja Católica Romana).

> Josefo (37-100 d.C.), o historiador judeu não cristão, escreveu o seguinte sobre as discussões a respeito do cânon hebraico:
>
>> Não temos entre nós uma multidão inumerável de livros discordantes e contraditórios entre si [como os gregos têm], mas apenas 24 livros, que contêm os registros de todos os tempos passados e que cremos serem divinos. Deles, cinco pertencem a Moisés, os quais contêm suas leis e as tradições da origem da humanidade até a sua morte. Esse intervalo de tempo foi pouco menos de três mil anos; mas, quanto ao tempo desde a morte de Moisés até o reino de Artaxerxes, rei da Pérsia, que reinou depois de Xerxes, os profetas, que viveram depois de Moisés, escreveram em 13 livros o que aconteceu em seu tempo. Os quatro livros restantes contêm hinos a Deus e preceitos para a conduta da vida humana. É verdade que nossa história tem sido escrita muito particularmente desde Artaxerxes, mas não tem sido estimada como da mesma autoridade que a história anterior escrita por nossos antepassados, porque, desde aquele tempo, não tem existido uma sucessão exata de profetas. E, pelo que fazemos, é evidente quão firmemente damos crédito a estes livros de nossa própria nação; pois, durante tantas épocas que já se passaram, ninguém foi tão ousado ou para acrescentar alguma coisa neles, ou para tirar deles alguma coisa, ou para fazer alguma mudança neles; mas é natural a todos os judeus, imediatamente e desde o seu nascimento, estimarem esses livros como portadores de doutrinas divinas, persistirem neles e, se a ocasião exigir, disporem-se a morrer por eles (*Contra Apião* 1.38-42).

A primeira lista canônica que se harmoniza exatamente com nossos 27 livros do Novo Testamento é aquela feita por Atanásio em sua carta de Páscoa (carta 39), de 367 d.C. Dois concílios da igreja (Hipona, 393 d.C., e Cartago, 397 d.C.) confirmaram a lista de 27 livros.

Embora simplificado demais, T. C. Hammond nos oferece um resumo proveitoso do reconhecimento do cânon do Novo Testamento.

- Os livros do Novo Testamento foram escritos no período de 45-100 d.C.

- Foram reunidos e lidos nas igrejas em 100-200 d.C.

- Foram cuidadosamente examinados e comparados com escritos espúrios em 200-300 d.C.

- A concordância completa foi obtida em 300-400 d.C.[12]

Às vezes, os alunos se inquietam por descobrir que não temos uma lista canônica de livros do Novo Testamento que se harmoniza exatamente com nossos próprios livros até a carta de Atanásio, em 367 d.C. Vários fatos devem ser lembrados. Primeiro, todos os documentos do Novo Testamento eram entendidos como autoritários e já circulavam entre as igrejas por volta de 90 ou 100 d.C. (Cl 4.16; 2Pe 3.16). Segundo, com base nos primeiros escritos cristãos posteriores ao Novo Testamento, fica claro que existia um cânon implícito. Por sua frequência de citação, os pais apostólicos atribuíram autoridade singular ao que veio a ser chamado o Novo Testamento.[13] Terceiro, na ausência de uma hierarquia eclesiástica unificada e numa situação em que os documentos eram copiados à mão, não surpreende que achemos igrejas debatendo quais escritos eram verdadeiramente apostólicos. Eusébio (c. 260-340 d.C.) menciona três categorias de livros em seus dias: os confessados universalmente, os debatidos e os espúrios.[14] Quarto, devem-se ter em mente as grandes distâncias geográficas entre algumas das comunidades cristãs primitivas, bem como as perseguições que, até a conversão do imperador romano no século IV,

---

12 T. C. Hammond, *In Understanding Be Men: An Introductory Handbook of Christian Doctrine*, rev. e ed. David F. Wright, 6ª ed. (Leicester: InterVarsity Press, 1968), p. 29. Hammond apresenta os livros do Novo Testamento como escritos entre 50 e 100 d.C. Por isso, ajustei aqui seu esquema em cinco anos. Além disso, os debates canônicos continuaram por mais tempo no Oriente.
13 John Barton escreve: "A importância central da maioria dos escritos que viriam a formar o Novo Testamento já estava estabelecida no início do século II" (*Holy Writings, Sacred Text: The Canon in Early Christianity* [Louisville: Westminster John Knox, 1997], p. 64).
14 Eusébio, *História Eclesiástica* 3.25.1-5.

tornavam quase impossíveis a comunicação e as reuniões deliberativas.

A observação de Barker, Lane e Michaels é apropriada:

> O fato de que toda a igreja chegou a reconhecer os mesmos 27 livros como canônicos é notável, quando lembramos que o resultado não foi planejado. Tudo que as diferentes igrejas no império podiam fazer era dar testemunho de sua própria experiência com os documentos e compartilhar qualquer conhecimento que pudessem ter sobre sua origem e seu caráter. Quando se leva em conta a diversidade nos contextos culturais e na orientação para os elementos fundamentais da fé cristã dentro das igrejas, a concordância comum delas a respeito de quais livros pertenciam ao Novo Testamento serve para sugerir que essa decisão final não teve origem unicamente no nível humano.[15]

Além das válidas questões históricas sobre a formação do cânon, os cristãos lidam com o cânon da Bíblia com certas pressuposições. Se Deus preservou acuradamente a revelação anterior a respeito de si mesmo, nos escritos do Antigo Testamento (endossados por Jesus), quão provável é que a culminação dessa revelação — a pessoa e o ensino de seu Filho — deixaria de ser registrada e preservada (Hb 1.1-2)? De fato, Jesus prometeu a seus apóstolos a presença do Espírito Santo para trazer acuradamente seu ensino à memória deles e para transmitir a informação adicional necessária a seus seguidores (Jo 14.26).

OS APÓCRIFOS

Católicos romanos e cristãos ortodoxos (ortodoxos orientais, ortodoxos russos, ortodoxos etíopes etc.) têm alguns livros adicionais em seu Antigo Testamento, livros que os protestantes não consideram Escritura (veja a Figura 8).[16] Os protestantes se referem a esses livros

---

15 Glenn W. Barker, William L. Lane e J. Ramsey Michaels, *The New Testament Speaks* (Nova York: Harper & Row, 1969), p. 29.
16 Ver Hans Peter Rüger, "The Extent of the Old Testament Canon", *BT* 40 (1989): 301-08.

FIGURA 7: ORDEM DAS ESCRITURAS HEBRAICAS NO SÉCULO I

Escritura Judaica (24 livros)	O Antigo Testamento Cristão (39 livros)
LEI Gênesis Êxodo Levítico Números Deuteronômio	**LIVROS HISTÓRICOS** Gênesis Rute Êxodo 1-2 Samuel Levítico 1-2 Reis Números 1-2 Crônicas Deuteronômio Esdras Josué Neemias Juízes Ester
PROFETAS ANTERIORES Josué Juízes Samuel Reis **PROFETAS POSTERIORES** **Profetas Maiores** Isaías Jeremias Ezequiel **Profetas Menores** Oseias–Malaquias (os Doze)	**LIVROS DE SABEDORIA** Jó Salmos Provérbios Eclesiastes Cântico dos Cânticos
ESCRITOS Salmos Jó Provérbios Rute Cântico de Salomão (Cântico dos Cânticos) Eclesiastes Lamentações Ester Daniel Esdras–Neemias Crônicas	**LIVROS PROFÉTICOS** **Profetas Maiores** Isaías Jeremias Lamentações Ezequiel Daniel **Profetas Menores** Oseias–Malaquias (os Doze)

como os apócrifos, embora os católicos romanos os chamem os livros deuterocanônicos (literalmente, "canônicos em segundo lugar", porque foram reconhecidos formalmente como canônicos num tempo posterior — em oposição aos livros protocanônicos ou "canônicos em primeiro lugar"). Esses livros foram escritos por judeus no período de aproximadamente quinhentos anos entre o Antigo e o Novo Testamento (430 a.C.–40 d.C.).

Os protestantes não consideram os livros apócrifos como Escritura por várias razões.

FIGURA 8: O CÂNON EM TRADIÇÕES CRISTÃS DIFERENTES		
PROTESTANTISMO	CATOLICISMO ROMANO	ORTODOXIA GREGA

Antigo Testamento
Pentateuco (Gn-Dt)
Profetas
• Anteriores (Js-Rs)
• Posteriores
  ○ Maiores (Is, Jr, Ez)
  ○ Menores (os Doze)
Escritos
	Antigo Testamento
	Pentateuco (Gn-Dt)
	Profetas
	• Anteriores (Js-Rs)
	• Posteriores
	  ○ Maiores (Is, Jr, Ez)
	  ○ Menores (os Doze)
	Escritos
		Antigo Testamento
		Pentateuco (Gn-Dt)
		Profetas
		• Anteriores (Js-Rs)
		• Posteriores
		  ○ Maiores (Is, Jr, Ez)
		  ○ Menores (os Doze)
		Escritos

	Apócrifos Tobias Judite Adições a Ester Sabedoria de Salomão Eclesiástico (Sirácida) Baruque (+ Carta de Jeremias) Oração de Azarias Suzana Bel e o Dragão 1 Macabeus 2 Macabeus	**Apócrifos** Tobias Judite Adições a Ester Sabedoria de Salomão Eclesiástico (Sirácida) Baruque (+ Carta de Jeremias) Oração de Azarias Suzana Bel e o Dragão 1 Macabeus 2 Macabeus 1 Esdras (ou 3 Esdras) Oração de Manassés 3 Macabeus 4 Macabeus (apêndice) Salmo 151

Novo Testamento	Novo Testamento	Novo Testamento
Evangelhos	Evangelhos	Evangelhos
Atos	Atos	Atos
Paulo (e Hebreus)	Paulo (e Hebreus)	Paulo (e Hebreus)
Epístolas Gerais	Epístolas Gerais	Epístolas Gerais
Apocalipse	Apocalipse	Apocalipse

1. Os judeus que foram autores desses livros nunca os aceitaram em seu cânon. Esse é um argumento muito forte porque aqueles que os escreveram e os preservaram os colocaram numa categoria diferente das Escrituras hebraicas reconhecidas. De fato, alguns comentários dentro dos apócrifos distinguem os autores dos profetas divinamente inspirados, que havia muito estavam em silêncio (1Mac. 4.41-46; 9.27; 14.40).

2. Os apócrifos contêm erros fatuais evidentes e, com base no ponto de vista protestante, erros teológicos (como, por exemplo, orar em favor de mortos; ver 2Mac. 12.43-45).[17]

3. A Igreja Católica Romana não reconhecia oficialmente os livros apócrifos como canônicos até o Concílio de Trento, em 1546.[18] De fato, Jerônimo (340–420 d.C.), o tradutor da Vulgata (a Bíblia latina oficial da Igreja de Roma por mais de mil anos), afirmava que os livros apócrifos eram edificantes para os cristãos, mas não eram "para o estabelecimento da autoridade das doutrinas da igreja".[19] No Concílio de Trento, os católicos romanos reconheceram os livros deuterocanônicos em reação aos líderes protestantes, que exigiam um retorno ao cristianismo bíblico, destituído de criações e distorções posteriores.

---

17 Quanto a exemplos de erros, veja a Tabela 8.4 ("Inexatidões nos Livros Apócrifos"), em Paul D. Wegner, *The Journey from Texts to Translations: The Origin and Development of the Bible* (Grand Rapids: Baker, 1999), p. 125.
18 Vários concílios regionais (p. ex., o de Hipona, em 393 d.C., ou o de Cartago, em 393, 397 e 419 d.C.) afirmaram os apócrifos como canônicos numa data remota, ainda que houvesse visões contemporâneas diferentes em circulação.
19 Jerome, *Prologus Galeatus*, citado em Gleason L. Archer, *A Survey of Old Testament Introduction*, ed. rev. (Chicago: Moody Press, 1994), p. 81n8.

Os católicos romanos incluíram os apócrifos em seu cânon do Antigo Testamento, às vezes acrescentando livros inteiros e, outras vezes, combinando porções apócrifas com livros que os protestantes reconheciam como canônicos (por exemplo, três adições a Daniel — a Oração de Azarias, Suzana e Bel e o Dragão). Essas combinações resultaram num cânon de 46 livros no Antigo Testamento para os católicos romanos.[20]

4. Embora, no Novo Testamento, haja algumas alusões contestáveis aos apócrifos, nenhum autor do Novo Testamento cita qualquer passagem dos apócrifos como Escritura (ou seja, com a fórmula "a Escritura diz"). Quase todo livro do Antigo Testamento é citado como Escritura.[21]

Os livros apócrifos são proveitosos para o entendimento das mudanças históricas e culturais que levaram ao Novo Testamento. Por exemplo, ao ler 1 e 2 Macabeus, uma pessoa pode aprender sobre as origens da Festa da Dedicação (mencionada em João 10.22). Os apócrifos também contêm estórias (por exemplo, Tobias, que daria um grande filme da Disney, ou Suzana e Bel e o Dragão, que parecem histórias de detetives). Outras partes dos apócrifos se parecem, ocasionalmente, com os Salmos e com Provérbios (por exemplo, Eclesiástico). De fato, os protestantes, às vezes de modo inconsciente, cantam hinos baseados em textos apócrifos ("It Came Upon a Midnight Clear", baseado em Sabedoria de Salomão 18.14-15, e "Now Thank We All Our God", baseado em Eclesiástico 50.20-24).

---

20 *Catechism of the Catholic Church* (Liguori: Liguori Publications, 1994), p. 34.
21 Gleason Archer observa que cada livro do Antigo Testamento é citado ou aludido no Novo Testamento, exceto Rute, Esdras e Cântico dos Cânticos (*A Survey of Old Testament Introduction*, p. 83n.16). A maioria dos livros do Antigo Testamento é citada, inequivocamente, como Escritura.

Mesmo assim, é claro que os líderes da Reforma Protestante foram sábios ao levarem a igreja de volta ao seu entendimento mais antigo de que os livros apócrifos eram literatura interessante, às vezes benéfica, mas não inspirada.[22]

O CÂNON ESTÁ FECHADO?

De acordo com as categorias da igreja primitiva para canonicidade (apostólico, católico, ortodoxo — veja acima), seria impossível haver qualquer acréscimo ao cânon. Por exemplo, mesmo que uma carta genuína e ortodoxa do apóstolo Paulo fosse descoberta, essa carta não teria tido uso difundido na igreja primitiva (ou seja, nunca poderia reivindicar catolicidade). O cânon da Escritura está fechado.

RESUMO

O cânon é a lista de livros que os cristãos enxergam como a Escritura singularmente inspirada e autoritativa. O cânon do Antigo Testamento consiste em 39 livros, escritos entre 1400–430 a.C. Esses livros foram progressivamente reconhecidos por aqueles que eram contemporâneos à sua composição e cumprimento. O cânon hebraico da época de Jesus equivale, em conteúdo, aos 39 livros do nosso Antigo Testamento. Assim, ao afirmarem esses 39 livros para o Antigo Testamento, os cristãos afirmam as Escrituras hebraicas reconhecidas por Jesus e seus apóstolos.

O reconhecimento de um Novo Testamento de 27 livros seguiu esta progressão histórica: (1) os livros do Novo Testamento foram escritos entre 45–100 d.C.; (2) os livros foram coletados e lidos nas igrejas entre 100–200 d.C.; (3) eles foram cuidadosamente examinados e

---

22 No tempo da Reforma Protestante, luteranos e anglicanos (ao contrário dos calvinistas e dos anabatistas) eram mais abertos a verem os apócrifos como devocionalmente benéficos (Norman L. GEISLER e MacKenzie, Raph E. *Roman Catholics and Evangelicals: Agreements and Differences* [Grand Rapids: Baker, 1995], p. 157n1).

comparados com escritos espúrios entre 200–300 d.C.; (4) obteve-se concordância plena entre 300–400 d.C.

Os apócrifos não são considerados Escritura pelos protestantes. Os livros foram escritos por judeus no período entre o Antigo e o Novo Testamento (ou seja, 430 a.C.–40 d.C.). Os judeus, que os escreveram, nunca os consideraram como Escritura, e a Igreja Católica Romana somente o fez no Concílio de Trento, em 1546. Diversos ramos do cristianismo (p. ex., os católicos romanos, os ortodoxos orientais, os ortodoxos russos etc.) reconhecem listas ligeiramente diferentes de livros deuterocanônicos (apócrifos).

PERGUNTAS PARA REFLEXÃO

1. Antes de ler este capítulo, você já havia estudado sobre o cânon? O que compeliu seu interesse a se voltar para esse assunto?

2. Explique a diferença entre "uma coleção de escritos autorizados" e "uma coleção de escritos autoritários". Trata-se de uma distinção importante?

3. Se um vizinho católico romano lhe perguntasse: "Por que vocês, protestantes, excluíram alguns livros da Bíblia?", qual seria a sua resposta?

4. É possível ser um cristão e, assim mesmo, ter um entendimento errado do cânon (como, por exemplo, um cristão ortodoxo etíope teria)? Explique.

5. A investigação do cânon que fizemos neste capítulo deixou ainda alguma pergunta sem resposta para você?

PARA ESTUDO POSTERIOR

ARCHER, Gleason L. *Panorama do Antigo Testamento*. Ed. rev. ampl. São Paulo: Vida Nova, 2012. (Veja o cap. 5, "O Cânon do Antigo Testamento", p. 74-88.)

BRUCE, F. F. *The Books and the Parchments*. Ed. rev. Londres: Marshall Pickering, 1991.

_____. *O Cânon das Escrituras: Como os Livros da Bíblia Vieram a Ser Reconhecidos como Escrituras Sagradas*. Reimpr. São Paulo: Hagnos, 2015.

CARSON, D. A.; MOO, Douglas J. *Introdução ao Novo Testamento*. 2ª ed. rev. ampl. São Paulo: Vida Nova, 2024.

GALLAGHER, Edmon L.; MEADE, John D. *The Biblical Canon Lists from Early Christianity: Texts and Analysis*. Oxford: Oxford University Press, 2017.

GEISLER, Norman L; MACKENZIE, Raph E. *Roman Catholics and Evangelicals: Agreements and Differences*. Grand Rapids: Baker, 1995. (Veja os caps. 9–10.)

HARRISON, R. K. *Introduction to the Old Testament*. Grand Rapids: Eerdmans, 1969; Peabody: Prince (Hendrickson), 1999. (Veja a parte 4, seção 4, "The Old Testament Canon", p. 260-88.)

KRUGER, Michael J. *Canon Revisited: Establishing the Origins and Authority of the New Testament Books*. Wheaton: Crossway, 2012.

_____. *The Question of Canon: Challenging the Status Quo in The New Testament Debate*. Downers Grove: InterVarsity Press, 2013.

Wegner, Paul D. *The Journey from Texts to Translations: The Origin and Development of the Bible.* Grand Rapids: Baker, 1999. (Veja as p. 101-51.)

SITE RECOMENDADO

Blog Canon Fodder: https://michaeljkruger.com/

QUESTÃO 7

QUAL É A MELHOR TRADUÇÃO DA BÍBLIA?[1]

Quando as pessoas descobrem que sou professor de Novo Testamento, geralmente têm perguntas religiosas que gostariam de fazer. Uma das mais comuns é esta: que versão da Bíblia você recomenda? Durante o nascimento de nossa filha mais velha, o médico que nos atendeu me fez essa pergunta no meio do trabalho de parto de minha esposa! Infelizmente, não recebi nenhum desconto médico por meu conselho.

AS LÍNGUAS ORIGINAIS DA BÍBLIA

A Bíblia foi escrita originalmente em três línguas diferentes, num período de quase 1.500 anos (aproximadamente entre 1400 a.C.–90 d.C.). O Antigo Testamento foi escrito em hebraico, com poucas porções em aramaico. O Novo Testamento foi escrito em grego. Embora seções inteiras do Antigo Testamento já houvessem sido traduzidas para outras línguas (principalmente para o grego), logo que o evangelho cristão começou a permear outras culturas, toda a Bíblia foi traduzida rapidamente para várias outras línguas: siríaco, copta, etíope, latim etc.

---

[1] N.E.: O presente capítulo traz considerações sobretudo a respeito de traduções bíblicas em inglês, mas também contém informações que certamente serão relevantes para falantes do português interessados nos princípios que norteiam o trabalho dos tradutores bíblicos. Na medida do possível, ao longo do capítulo, inseriremos notas de rodapé que tornem as discussões mais próximas da realidade brasileira.

HISTÓRIA DA LÍNGUA INGLESA

Toda língua viva está em constante mudança. O inglês moderno (conforme classificado por linguistas) é um fenômeno relativamente recente, possuindo apenas algumas poucas centenas de anos. O "avô" do inglês é o inglês antigo, o dialeto anglo-saxão que tribos germânicas vencedoras trouxeram consigo para a Inglaterra no século V d.C. (A palavra "inglês" é derivada de "angles", o nome de uma dessas tribos vitoriosas.) Posteriormente, quando Guilherme, o Conquistador, derrotou as tribos germânicas na Batalha de Hastings (1066), ele e seus guerreiros vitoriosos trouxeram consigo uma influência francesa. Alegoricamente, podemos dizer que o avô anglo-saxão da língua inglesa se casou com um mulher francesa. Essa língua germano-francesa que evoluiu entre os séculos XI e XV é conhecida como inglês médio (o pai metafórico do inglês moderno). O latim, a língua da igreja durante séculos, também exerceu alguma influência sobre o desenvolvimento do idioma inglês.[2]

HISTÓRIA DA BÍBLIA EM INGLÊS

Embora o latim fosse a língua official da igreja, algumas poucas porções da Bíblia foram traduzidas para o inglês antigo (anglo-saxão) entre os séculos VII e XI. Em 1382, John Wycliffe (1330–1384), o famoso líder da reforma da igreja, traduziu a Bíblia toda para o inglês de seus dias (inglês médio). Sua tradução se baseou na Vulgata Latina e foi copiada à mão, já que a prensa ainda não tinha sido introduzida na Europa.[3] Seguidores de Wycliffe continuaram a clamar por uma reforma da igreja e da monarquia, com

---

2 N.E.: O latim exerceu um papel muito mais significativo na formação da língua portuguesa. O chamado galego-português se desenvolveu a partir do latim vulgar, levado à Península Ibérica (onde hoje estão Portugal e Espanha) pelos romanos. Pouco a pouco, sobretudo após a queda do Império Romano no século V, o latim foi sendo modificado pelos diferentes grupos que faziam uso dele, resultando no surgimento de vários dialetos românicos. Esses desenvolvimentos linguísticos resultaram no surgimento do galego-português no século XIII, o qual, como qualquer língua viva, continuou a ser modificado pelos seus usuários nos anos subsequentes, o que deu origem ao português arcaico e, posteriormente, ao português moderno.
3 Os europeus começaram a usar a prensa em 1454. Os chineses, no entanto, já a usavam muito antes dos europeus.

base na verdade bíblica que liam. Muito rapidamente, os oficiais da igreja e o rei julgaram a disponibilidade da Bíblia em inglês como uma ameaça ao status quo. Em 1414, ler a Bíblia em inglês se tornou uma ofensa capital (ou seja, passível de ser punida com a morte). Em 1428, o corpo de Wycliffe foi exumado e simbolicamente queimado na estaca.[4]

Em 1526, William Tyndale (1494–1536) publicou o primeiro Novo Testamento impresso (por uma prensa), traduzido do original grego. Tyndale imprimiu Novos Testamentos na Europa continental e os contrabandeou para a Inglaterra. A primeira Bíblia completa em inglês em formato impresso apareceu em 1535 e foi chamada de Bíblia de Coverdale, pois foi impressa sob a liderança de Miles Coverdale, o assistente de Tyndale. Este foi capturado pelos seguidores do rei Henrique VIII, sendo, em 1536, estrangulado e queimado na estaca. Enquanto morria, Tyndale, segundo se conta, orou: "Senhor, abre os olhos do rei da Inglaterra". Apenas um ano depois, o pedido de Tyndale foi atendido, já que o rei oficialmente licenciou a distribuição de uma tradução inglesa da Bíblia. (Veja a Figura 9 para um sumário dessas primeiras traduções bíblicas para o inglês.) Ao longo dos cem anos subsequentes, fez-se um sem-número de traduções da Bíblia para o inglês, a maioria das quais era pesadamente dependente do trabalho seminal de Tyndale.[5]

A BÍBLIA EM LÍNGUA MODERNA

Nos últimos cem anos e, em especial, nos últimos cinquenta anos, muitas traduções confiáveis e de leitura agradável foram produzidas. Falantes modernos deparam com uma escolha incomum na história de tradução da Bíblia. Em vez de perguntar: "Qual é a melhor tradução?", é melhor

---

4 Definitivamente, a melhor forma de ser queimado na estaca, como um amigo certa vez notou.
5 N.E.: Um português chamado João Ferreira de Almeida, pastor da Igreja Reformada Holandesa nas Índias Orientais, foi o primeiro a traduzir todo o Novo Testamento grego para o português, publicado em 1681. Infelizmente, Almeida faleceu enquanto trabalhava na tradução do Antigo Testamento hebraico, tarefa que foi concluída pelo seu colega Jacobus op den Akker. A Bíblia completa em português foi publicada, em dois volumes, no ano de 1753. Para um resumo da vida e obra de João Ferreira de Almeida, veja o artigo "João Ferreira de Almeida e a Tradução da Bíblia para o Português: O Primoroso Trabalho de um Servo de Deus à Igreja Brasileira", de Tiago Santos (disponível em: https://fiel.in/traducaoportugues).

reconhecer que todas as traduções têm seus pontos fortes e fracos. Na verdade, é aconselhável o cristão possuir várias traduções da Bíblia. As únicas traduções que podemos qualificar como totalmente péssimas são aquelas feitas por seitas, como a Tradução Novo Mundo, das Testemunhas de Jeová, que tenta remover o ensino bíblico sobre a divindade de Cristo.

FIGURA 9: PRIMEIRAS TRADUÇÕES DA BÍBLIA PARA O INGLÊS		
DATA	OBRA	DESCRIÇÃO
1382	Bíblia de Wycliffe	Primeira tradução completa (à mão) da Bíblia para o inglês. Baseada na Vulgata.
1526	Bíblia de Tyndale	Primeiro Novo Testamento impresso em inglês. Baseado no grego.
1535	Bíblia de Coverdale	Primeira Bíblia completa em inglês impressa. Baseia-se grandemente em Tyndale, em versões alemãs e na Vulgata.
1537	Bíblia de Matthew	Editada por John Rogers. Baseia-se em Tyndale e Coverdale. Primeira Bíblia em inglês a ser licenciada.
1539	A Grande Bíblia	Versão revisada por Coverdale da Bíblia de Matthew. Baseada em Tyndale, no hebraico e no grego.
1560	Bíblia de Genebra	O Novo Testamento é uma revisão de Tyndale, enquanto o Antigo é revisado com base no hebraico. Primeira Bíblia em inglês com divisões de versículos. Notas de rodapé fortemente calvinistas.
1568	Bíblia dos Bispos	Revisão da Grande Bíblia. Traduzida por uma comissão de bispos anglicanos.
1610	Bíblia de Douay-Rheims	Tradução literal da Vulgata feita por católicos romanos.

| 1611 | Versão do Rei Jaime [King James Version] | Traduzida por um comitê de eruditos. |

ABORDAGENS À TRADUÇÃO

Há duas abordagens principais à tradução bíblica, e todas as traduções se enquadram em algum ponto entre os dois extremos dessas abordagens (veja a Figura 10). Num extremo, há a tradução funcionalmente equivalente, às vezes chamada equivalência dinâmica. É a tradução que procura comunicar, de modo acurado, o mesmo significado em uma nova língua, mas não muito preocupada em preservar os mesmos números de palavras ou construções gramaticais equivalentes. A New Living Translation (NLT) é um bom exemplo de uma tradução funcionalmente equivalente que é confiável. No outro extremo, há a tradução formalmente equivalente. Esse tipo de tradução é muito preocupada em preservar, tanto quanto possível, o número de palavras e as construções gramaticais do original. Como as línguas são muito diferentes, uma tradução formalmente equivalente resulta, inevitavelmente, num estilo de versão pomposo. A New American Standard Bible (NASB) e a English Standard Version (ESV) são exemplos de traduções formalmente equivalentes. A New International Version (NIV) está mais ao centro, sendo mais funcionalmente equivalente do que a ESV, porém mais formalmente equivalente do que a NLT.[6]

Para ler porções maiores da Escritura (ler a Bíblia toda em um ano, por exemplo), pode-se escolher uma tradução funcionalmente equivalente. Para um estudo cuidadoso, versículo por versículo, pode-se dar preferência a uma tradução mais formalmente equivalente. Ao explicar passagens difíceis na

---

6 N.E.: Exemplos de traduções funcionalmente equivalentes em português são a Nova Bíblia Viva (NBV) e a Nova Tradução na Linguagem de Hoje (NTLH). A Almeida Revista e Corrigida (ARC) e a Almeida Corrigida Fiel (ACF) são traduções formalmente equivalentes. Bíblias como a Nova Versão Internacional (NVI) e a Nova Almeida Atualizada (NAA) combinam os dois métodos tradutológicos.

pregação ou no ensino, às vezes é necessário citar outras traduções bíblicas que esclareçam o significado de determinada passagem. Além disso, no estudo pessoal, ler uma passagem em várias traduções resulta frequentemente em compreensão aprimorada. É aconselhável variar a tradução bíblica que lemos para ouvir o texto noutras palavras.

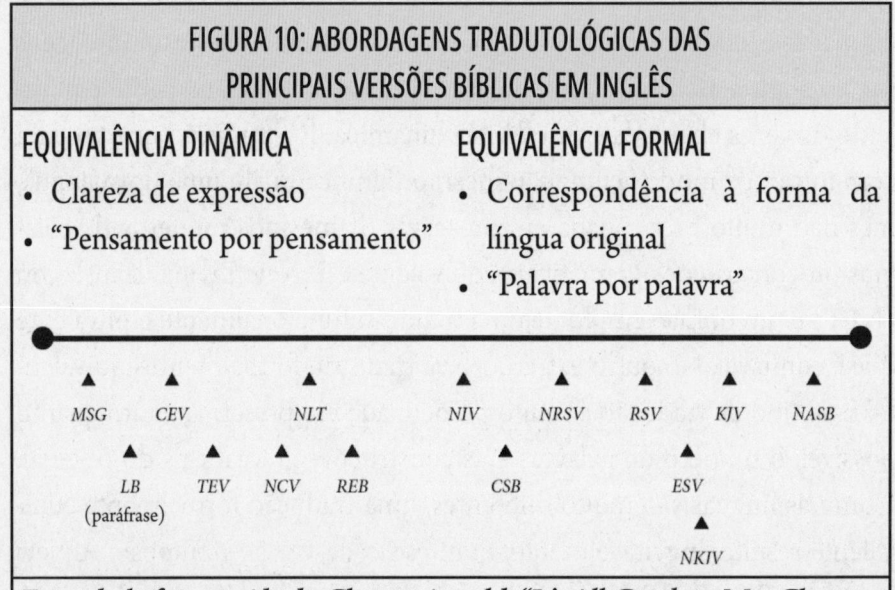

FIGURA 10: ABORDAGENS TRADUTOLÓGICAS DAS PRINCIPAIS VERSÕES BÍBLICAS EM INGLÊS

EQUIVALÊNCIA DINÂMICA
- Clareza de expressão
- "Pensamento por pensamento"

EQUIVALÊNCIA FORMAL
- Correspondência à forma da língua original
- "Palavra por palavra"

Linha superior: MSG — CEV — NLT — NIV — NRSV — RSV — KJV — NASB

Linha inferior: LB (paráfrase) — TEV — NCV — REB — CSB — ESV — NKJV

Esta tabela foi extraída de Clinton Arnold, "It's All Greek to Me: Clearing Up the Confusion about Bible Translations", *Discipleship Journal* 132 (novembro–dezembro de 2002): 35.

Paráfrases

Uma paráfrase não é realmente uma tradução bíblica, e sim uma tentativa de comunicar livremente o significado do texto bíblico. Em geral, uma paráfrase é feita por uma pessoa e expressa mais comentários interpretativos do que uma tradução funcionalmente equivalente. Por vezes, uma paráfrase busca readaptar a narrativa bíblica ao contexto de uma subcultura. *The Word on the Street*, uma paráfrase de Rob Lacey, adapta a Bíblia como "arte performática urbana". A framosa paráfrase de Clarence Jordan, *The Cotton*

Patch Version, ambienta o ministério de Jesus no sul dos Estados Unidos, na década de 1950, substituindo os fariseus pelos supremacistas e os samaritanos pelos afroamericanos. *A Mensagem*, de Eugene Peterson, procura clarificar passagens obscuras e as coloca na resoluta linguagem do dia a dia.

A *Bíblia Viva* original era uma paráfrase da American Standard Version (uma tradução formalmente equivalente concluída em 1901), feita por Kenneth Taylor, que a compôs para seus filhos durante suas viagens diárias de trem para o trabalho.[7] (A *New Living Translation*, porém, não é uma paráfrase, mas uma tradução dinamicamente equivalente.) Em contraste com paráfrases, as traduções da Bíblia sempre se baseiam em textos gregos e hebraicos e são realizadas por grandes comissões de eruditos diferentes, o que impede a estreiteza de interpretação e garante que a obra permaneça como uma tradução e não se desvie para uma interpretação idiossincrática ou uma paráfrase.

A King James Version

As melhores traduções bíblicas se baseiam nos manuscritos mais confiáveis do Antigo e do Novo Testamento (veja a Questão 5, "Os manuscritos antigos da Bíblia foram transmitidos acuradamente?"). A *King James Version* (KJV)[8] não é altamente recomendada porque não se baseia nos melhores manuscritos e porque o inglês do século XVII é difícil para que a maioria das pessoas modernas o entendam. Infelizmente, muitas Bíblias de hotel e outras Bíblias destinadas à doação são a KJV. Embora fosse um excelente trabalho para o seu período, a KJV foi superada por muitas traduções modernas, tanto em legibilidade quanto em fidelidade aos manuscritos originais. De maneira equivocada e, com frequência, apaixonada, algumas pessoas alegam que a KJV é uma tradução superior

---

7 Paul D. Wegner, *The Journey from Texts to Translations: Origin and Development of the Bible* (Grand Rapids: Baker, 1999), p. 372-73.
8 N.E.: A KJV, conforme sua revisão ortográfica de 1769, foi traduzida para o português. A edição brasileira é conhecida como Bíblia King James Fiel 1611 (BKJ) e se acha disponível em: https://bkjfiel.com.br/.

da Bíblia.⁹ No entanto, os fatos históricos e linguísticos não dão suporte a essa alegação.¹⁰ Para aqueles que continuam a insistir em sua preferência pela KJV, a *New King James Version* (NKJV) possivelmente é uma melhor opção, visto que se baseia na mesma tradição de manuscritos da KJV, mas possui uma linguagem um tanto atualizada.

DEBATES DE TRADUÇÃO RECENTES

Em anos recentes, tradutores da Bíblia conservadores têm discordado sobre como traduzir pronomes genéricos e construções semelhantes. Por exemplo, no inglês mais antigo, bem como no grego antigo, o pronome "ele" (ou *autos*, no grego) era usado frequentemente para se referir tanto a homens como a mulheres em geral. Cinquenta anos atrás, todos os professores de inglês teriam dito: "Se um estudante quer falar comigo depois da aula, *ele* deve permanecer na sala de aula". Recentemente, tem havido uma mudança no inglês em direção a uma forma genérica "eles" ou "deles"("se um estudante quer falar comigo depois da aula, eles devem permanecer na sala de aula") ou a formas mais prolixas, como: "se um estudante quer falar comigo depois da aula, ele ou ela deve permanecer na sala de aula". Os tradutores da Bíblia debatem se traduzir *autos* ("ele") como "ele ou ela" ou *anthrōpos* ("homem") como "pessoa" comunica fielmente o significado do original. Embora o debate possa ser muito inflamado, os lados estão mais próximos do que parecem, ambos reconhecendo que muito da linguagem de gênero específico na Bíblia foi entendido pelos receptores originais como se aplicando também a mulheres. Por exemplo, quase todos os tradutores reconhecem que as cartas de Paulo que se dirigem a *adelphoi* ("irmãos") nas igrejas eram, na realidade, para todos os irmãos, tanto homens como mulheres. No entanto,

---

9 N.E.: No Brasil, há aqueles que, de maneira semelhante, defendem a superioridade de traduções bíblicas que se baseiam, no caso do Antigo Testamento, no Texto Massorético e, no caso do Novo Testamento, no Texto Recebido, como a Almeida Corrigida Fiel (ACF).
10 Veja James R. White, *The King James Only Controversy: Can You Trust the Modern Translations?*, 2ª ed. (Mineápolis: Bethany, 2009).

permanece a questão se uma tradução da Bíblia deve traduzir a palavra *adelphoi* por "irmãos e irmãs" ou por "irmãos". "Irmãos e irmãs" é uma tradução ou uma interpretação? Como se pode ver, esse debate envolve a distinção entre as teorias de tradução formal e funcionalmente equivalentes. Eruditos que favorecem as traduções mais neutras em relação a gênero costumam ser mais inclinados para a teoria de tradução funcionalmente equivalente. Aqueles que favorecem uma correspondência mais estrita das expressões são geralmente mais inclinados para abordagens de tradução formalmente equivalentes. Eruditos conservadores que creem na Bíblia são, porém, concordes de que os pronomes masculinos gregos e hebraicos que se referem a Deus devem ser traduzidos por pronomes masculinos, "ele", "dele", "o", porque Deus revelou-se a si mesmo como Pai. Para uma discussão graciosa e clara acerca das questões tradutológicas debatidas, o leitor deve reportar-se ao excelente livro de Dave Brunn: *One Bible, Many Versions: Are All Translations Created Equal?* (IVP Academic, 2013). Como um tradutor bíblico de carreira, a abordagem que Brunn faz do tópico é tanto atraente quanto informada. Você pode ver a palestra em que ele faz um panorama da filosofia da tradução bíblica neste link: https://www.youtube.com/watch?v=MxwYK2duyPg

RESUMO

O Antigo Testamento foi originalmente escrito em hebraico e aramaico, entre 1400–430 a.C. O Novo Testamento foi escrito em grego entre 45–90 d.C. A Bíblia tem sido traduzida para centenas de línguas e dialetos.

John Wycliffe produziu a primeira Bíblia em inglês (manuscrita), enquanto William Tyndale produziu o primeiro Novo Testamento impresso. Podemos ser gratos por aqueles que arriscaram suas vidas para traduzirem a Bíblia para o inglês. Ao longo dos últimos 500 anos, muitas traduções bíblicas diferentes têm sido feitas. Traduções inglesas mais antigas, como a *King James Version* ou a *Geneva Bible*, são agora difíceis de entender, já que a língua inglesa continuou a evoluir. Além disso, recentes descobertas de manuscritos, somadas à crítica textual (o estudo de manuscritos antigos com o objetivo de descobrir a leitura original), têm resultado em traduções melhores. A língua inglesa moderna possui muitas traduções confiáveis e de leitura agradável. Temos de ser gratos pelo fato de falarmos uma língua para a qual há tantas boas traduções da Bíblia.

Todas as traduções bíblicas se encaixam em um contínuo. Algumas são mais "pensamento por pensamento" (funcionalmente equivalentes), ao passo que outras são mais "palavra por palavra" (formalmente equivalentes). É aconselhável que um cristão tenha diversas traduções bíblicas diferentes para ler, estudar e citar.

PERGUNTAS PARA REFLEXÃO

1. Qual(is) versão(ões) da Bíblia você possui? (Olhe as primeiras páginas de sua(s) Bíblia(s) para saber isso.) Por que você usa esta Bíblia (ou estas Bíblias)?

2. Se a sua igreja tem Bíblias nos bancos, qual é a tradução adotada? Você já julgou antecipadamente uma pessoa por causa da tradução bíblica que ela prefere?

3. Você prefere ler uma tradução mais formalmente equivalente (palavra por palavra) ou um tradução funcionalmente equivalente (pensamento por pensamento)? Por quê?

4. Se você tivesse de comprar outras traduções bíblicas para complementar seu estudo, quais delas compraria?

5. Que tradução da Bíblia você usaria para (a) fazer um estudo cuidadoso, versículo por versículo, (b) presentear um estudante de outro país e (c) ler a Bíblia durante um ano com um grupo de colegas de faculdade?

PARA ESTUDO POSTERIOR

Brake, Donald L. *A Visual History of the English Bible: The Tumultuous Tale of the World's Bestselling Book.* Grand Rapids: Baker, 2008.

Brunn, Dave. *One Bible, Many Versions: Are All Translations Created Equal?* Downers Grove: IVP Academic, 2013.

Fee, Gordon D.; Strauss, Mark L. *How to Choose a Translation for All Its Worth.* Grand Rapids: Zondervan, 2007.

Köstenberger, Andreas J.; Croteau, David A. *Which Bible Translation Should I Use: A Comparison of 4 Major Recent Versions.* Nashiville: B&H Academic, 2012.

Metzger, Bruce M. *The Bible in Translation: Ancient and English Versions.* Grand Rapids: Baker, 2001.

Wegner, Paul D. *The Journey from Texts to Translations: The Origin and Development of the Bible.* Grand Rapids: Baker, 1999; reimpr. 2004.

White, James R. *The King James Only Controversy: Can You Trust the Modern Translations?* 2ª ed. Mineápolis: Bethany, 2009.

SITES RECOMENDADOS

www.biblegateway.com. (Acesso gratuito a várias traduções da Bíblia.)

www.multilanguagemedia.org (Bíblias e recursos cristãos em línguas diferentes do inglês.)

PARTE 2

ABORDANDO A BÍBLIA DE MANEIRA GERAL

SEÇÃO A
QUESTÕES RELACIONADAS À INTERPRETAÇÃO

QUESTÃO 8

POR QUE A INTERPRETAÇÃO BÍBLICA É IMPORTANTE?

Apelando à mesma Bíblia, cristãos, mórmons e testemunhas de Jeová podem chegar admiravelmente a conclusões divergentes. Por exemplo, os cristãos creem que há um único Deus, o Deus trino (Pai, Filho e Espírito Santo), que existe e existirá para sempre. Os mórmons podem citar versículos para asseverar que o Deus da Bíblia é apenas um entre inúmeras deidades e que nós mesmos, se masculinos, somos também deuses. Testemunhas de Jeová afirmam que é blasfêmia dizer que Jesus ou o Espírito Santo é uma pessoa divina. Até pessoas que confessam o nome de cristão debatem veementemente se a Bíblia condena o comportamento homossexual. Em outro nível, cristãos genuínos podem ficar admirados depois de lerem um texto do Antigo Testamento que regulava doenças de pele infecciosas ou redistribuição de terra no antigo Israel (veja a Questão 19, "Todos os mandamentos da Bíblia se aplicam hoje?"). Como esses textos são aplicáveis hoje? Evidentemente, não basta dizer: "Eu creio na Bíblia". A correta interpretação da Bíblia é essencial.

O QUE É INTERPRETAÇÃO?
Interpretar um documento é expressar seu significado por meio da fala ou da escrita. Envolver-se em interpretação presume que há, de fato, um significado correto e um significado incorreto de um texto, e que devemos ter cuidado para não interpretarmos errado esses significados. Quando lidamos com as Escrituras, interpretar apropriadamente um

texto significa comunicar, de modo fiel, o significado do texto do autor humano inspirado, embora não negligenciando a intenção divina (veja a Questão 3, "Quem escreveu a Bíblia: humanos ou Deus?").

AS ESCRITURAS MOSTRAM A NECESSIDADE DE INTERPRETAÇÃO BÍBLICA

Vários textos na Bíblia demonstram claramente que há tanto uma maneira correta como uma maneira incorreta de entender as Escrituras. Em seguida, oferecemos alguns exemplos desses textos, com breve comentário.

- *2Timóteo 2.15:* "*Procura apresentar-te a Deus aprovado, como obreiro que não tem de que se envergonhar, que maneja bem a palavra da verdade*". Nesse versículo, Paulo exorta Timóteo a manejar bem ou "interpretar corretamente" (*orthotomounta*) a palavra da verdade, ou seja, as Escrituras. Essa advertência subentende que as Escrituras podem ser manejadas ou interpretadas de maneira incorreta.

- *Salmo 119.18:* "*Desvenda os meus olhos, para que eu contemple as maravilhas da tua lei*". Aqui, o salmista rogou que o Senhor lhe permitisse entender e se deleitar no significado da Escritura. Essa súplica mostra que a experiência de entendimento prazeroso da Escritura não é universal.

- *2Pedro 3.15-16:* "*Tende por salvação a longanimidade de nosso Senhor, como igualmente o nosso amado irmão Paulo vos escreveu, segundo a sabedoria que lhe foi dada, ao falar acerca desses assuntos, como, de fato, costuma fazer em todas as suas epístolas, nas quais há certas coisas difíceis de entender, que os ignorantes e instáveis deturpam, como também deturpam as demais Escrituras, para a própria destruição deles*". É claro, nas instruções de Pedro, que é possível distorcer o significado da Escritura. E, em vez de aprovar essa liberdade interpretativa, Pedro diz que perverter o significado da Escritura é um pecado de consequência séria.

- *Efésios 4.11-13: "Ele mesmo concedeu uns para apóstolos, outros para profetas, outros para evangelistas e outros para pastores e mestres, com vistas ao aperfeiçoamento dos santos para o desempenho do seu serviço, para a edificação do corpo de Cristo, até que todos cheguemos à unidade da fé e do pleno conhecimento do Filho de Deus, à perfeita varonilidade, à medida da estatura da plenitude de Cristo".* Se as Escrituras fossem entendidas automaticamente por todos, não haveria necessidade de mestres capacitados por Deus para instruir e edificar a igreja. A provisão de Deus de um ofício de ensino na igreja demonstra a necessidade de pessoas que possam entender e explicar corretamente a Bíblia.

- *2Timóteo 4.2-3: "Prega a palavra, insta, quer seja oportuno, quer não, corrige, repreende, exorta com toda a longanimidade e doutrina. Pois haverá tempo em que não suportarão a sã doutrina; pelo contrário, cercar-se-ão de mestres segundo suas próprias cobiças, como que sentindo coceira nos ouvidos".* As instruções de Paulo a Timóteo mostram que há uma maneira correta de pregar a revelação da Escritura e que também haverá corruptores dessa revelação.

LINGUAGEM E CULTURA MOSTRAM A NECESSIDADE DE INTERPRETAÇÃO BÍBLICA

A maioria das pessoas que recebe um documento como este de Gênesis 1.1:

בְּרֵאשִׁית בָּרָא אֱלֹהִים אֵת הַשָּׁמַיִם וְאֵת הָאָרֶץ:

ou este de Mateus 1.1:

Βίβλος γενέσεως Ἰησοῦ Χριστοῦ υἱοῦ Δαυὶδ υἱοῦ Ἀβραάμ.

reconheceria imediatamente a necessidade de uma tradução do texto. De algumas maneiras, a tradução é a forma mais fundamental de interpretação. O texto em sua forma original é ininteligível para uma nova audiência; por isso, ele precisa ser colocado em uma nova língua. Mas a tradução do texto não é como a repetição de regras matemáticas, apenas com símbolos diferentes. Todas as línguas têm elementos culturais e panos de fundo históricos admitidos que não podem ser expressos com o mesmo número de palavras ou construções gramaticais exatamente correspondentes. Por isso, há necessidade de estudo, explicação e interpretação adicional de um texto. Por exemplo, em Mateus 1.18, Maria e José são descritos como desposados (noivos), mas em Mateus 1.19 lemos que José pensa em "deixá-la secretamente". Diferentemente dos costumes brasileiros de casamento, os antigos costumes judaicos exigiam que um divórcio rompesse o noivado. Certamente, esse conceito pode ser explicado, mas é difícil comunicá-lo de modo sucinto numa tradução. De fato, mesmo quando alguém se comunica em sua língua nativa, frequentemente há a necessidade de se clarificarem conceitos ambíguos.

Há alguns anos, li uma reportagem sobre uma prática estranha que se desenvolvia entre alguns jovens cristãos na China. Esses novos crentes achavam que era um sinal de fé verdadeira levarem consigo uma pequena cruz de madeira. Aparentemente, com base nas instruções de Jesus em Lucas 9.23 ("Se alguém quer vir após mim, a si mesmo se negue, dia a dia tome a sua cruz e siga-me"), esses cristãos chegaram a pensar que colocar uma cruz de madeira em seu bolso era ordenado por Cristo. Entretanto, tomar "a sua cruz" é uma figura de linguagem, significando negar suas próprias ambições e desejos em submissão ao senhorio de Cristo.

Quando nos familiarizamos com os diferentes períodos, gêneros e antecipações/cumprimentos da Escritura, somos mais capazes de abordar com confiança qualquer parte individual da Bíblia. Admitindo a natureza unificada da Bíblia, bem como o desdobramento progressivo dos planos de Deus (Hb 1.1-3), é claro que uma pessoa que tem um entendimento definido dos propósitos universais de Deus estará mais preparada para entender as partes individuais da história. É claro que se exigem tempo e estudo para se obter maior familiaridade com o texto.

Diz-se, às vezes, que a Escritura é o melhor intérprete da Escritura. Isso significa que um contexto bíblico mais amplo ajudará o leitor a entender corretamente qualquer passagem individual. Sem conhecer todo o livro de 1João, por exemplo, o texto de 1João 5.16 parece extremamente obscuro ("Este é aquele que veio por meio de água e sangue, Jesus Cristo; não somente com água, mas também com a água e com o sangue. E o Espírito é o que dá testemunho, porque o Espírito é a verdade"). Conhecendo o contexto mais amplo da carta, pressupondo uma mensagem unificada no Novo Testamento e tendo algum conhecimento do pano de fundo cultural do gnosticismo incipiente, podemos concluir razoavelmente que o versículo afirma a natureza divino-humana de Cristo, vista tanto em seu batismo (água) como em sua morte/ressurreição (sangue).[1]

Um entendimento correto do significado original do autor é também fundamental para a aplicação correta do texto hoje. Por exemplo, Provérbios 22.28 diz: "Não removas os marcos antigos que puseram teus pais". Visto que marcos eram usados para determinar os limites de propriedades antigas, esse provérbio proíbe a aquisição desonesta de uma terra do próximo. Aplicado mais amplamente, o texto aponta para o desagrado de Deus com qualquer roubo sorrateiro — mudar marcos antigos, envolver-se em esquemas de roubo de dados pessoais ou qualquer outro roubo furtivo. O princípio ("não roube de maneira furtiva") tem de ser destilado de um mandamento culturalmente condicionado ("Não removas os marcos antigos").

É importante proceder a uma interpretação cuidadosa porque pressuposições teológicas podem nortear interpretações. Alguns intérpretes bem-intencionados, por exemplo, devido aos seus compromissos hermenêuticos prévios, insistem na interpretação literalista de uma

---

1 Veja John R. Stott, *The Letters of John*, ed. rev., TNTC 19 (Grand Rapids: Eerdmans, Leicester: InterVarsity Press 1988), p. 179-82.

linguagem que os autores bíblicos pretendiam que fosse tomada figurativamente.² Por meio de interpretação bíblica cuidadosa, o estudante da Escritura pode tornar-se ciente das tendências de outros, bem como chegar a reconhecer e avaliar suas próprias predileções hermenêuticas.

RESUMO

Interpretar um texto é explicar o seu significado. O significado é o que o(s) autor(es) pretendia(m) transmitir na composição do texto. No tocante à Bíblia, deve-se considerar tanto a intenção consciente do autor humano quanto alguma intenção divina que seja clarificada por um uso canônico posterior. A Bíblia ensina claramente que as pessoas interpretam a Escritura tanto de maneira certa quanto de modo errado. Além disso, a natureza da língua e da cultura mostram que explicações adicionais são frequentemente necessárias para que se entenda apropriadamente um texto que foi originalmente escrito em outra língua, tempo e cultura. A rebeldia espiritual ou, simplesmente, a falta de habilidade pode resultar na interpretação errada da Escritura. Embora todas as pessoas tenham certas predisposições hermenêuticas, um intérprete que reflete acerca de si mesmo se tornará, espera-se, mais consciente de seus preconceitos e dos vieses de outros. O propósito último, por óbvio, é não ter predisposição alguma que as próprias Escrituras não proponham.

PERGUNTAS PARA REFLEXÃO

1. Quando você lê a Bíblia, está ciente do risco de interpretá-la de modo errado, ou seja, de entendê-la erroneamente e distorcer seu significado ao explicá-la aos outros?

2. Como interpretar a Bíblia é diferente de interpretar qualquer outra literatura?

---

2 Veja a competente abordagem de linguagem figurada por Richard D. Patterson, em "Wonders in the Heavens and on the Earth: Apocaliptic Imagery in the Old Testament", *JETS* 43, n. 3 (2000): 385-403.

3. Considere outros cristãos cujas interpretações da Bíblia você já leu ou ouviu. Quem você pensa ser o mais confiável? Por quê?

4. O que o tornaria um intérprete mais fiel da Bíblia?

5. Você está ciente de quaisquer tendências teológicas que tem ao lidar com as Escrituras? Com base na própria Bíblia, você pode defender o fato de ter essas tendências?

PARA ESTUDO POSTERIOR

CROTEAU, David A. *Urban Legends of the New Testament: 40 Common Misconceptions*. Nashville: B&H Academic, 2015.

DEROUCHIE, Jason S. *How to Understand and Apply the Old Testament: Twelve Steps from Exegesis to Theology*. Phillipsburg: P&R Publishing, 2017.

FEE, Gordon D.; STUART, Douglas. *Entendes O que Lês? Um Guia para Entender a Bíblia com Auxílio da Exegese e da Hermenêutica*. 4ª ed. rev. São Paulo: Vida Nova, 2022.

NASELLI, Andrew David. *How to Understand and Apply the New Testament: Twelve Steps from Exegesis to Theology*. Phillipsburg: P&R Publishing, 2017.

STEIN, Robert H. *A Basic Guide to Interpreting the Bible: Playing by the Rules*. 2ª ed. Grand Rapids: Baker, 2011.

VAN VOORST, Robert E. *Commonly Misunderstood Verses of the Bible: What They Really Mean*. Eugene: Cascade, 2017.

QUESTÃO 9

COMO A BÍBLIA FOI INTERPRETADA NO DECORRER DA HISTÓRIA DA IGREJA?

"Aqueles que não podem lembrar o passado estão condenados a repeti-lo."[1] Assim diz o famoso ditado histórico. Como um filho sábio aprende com os erros e sucessos de seus pais e avós, também um cristão sábio aprende com a experiência de seus ancestrais na fé — aquelas gerações de cristãos que viveram antes dele. No decorrer dos séculos, como os cristãos interpretaram a Bíblia? O que podemos aprender das abordagens deles? De quais erros deles devemos nos acautelar? Tentaremos responder a essas perguntas de maneira geral. E começamos com esta advertência: para examinar quase dois mil anos de história de interpretação em tão pouco espaço, temos de empregar várias simplificações. Para obter uma análise detalhada, veja os livros sugeridos no final deste capítulo.

O USO DO ANTIGO TESTAMENTO NO NOVO TESTAMENTO (45–90 D.C.)

O primeiro lugar em que vemos a interpretação cristã da Escritura é na citação de textos do Antigo Testamento pelos autores do Novo Testamento. As citações desses textos apresentam várias características:

1. Os autores e os personagens (em narrativas) do Novo Testamento citam as Escrituras do Antigo Testamento como relatos confiáveis das

---

[1] George Santayana, *The Life of Reason or the Phases of Human Progress: Introduction and Reason in Common Sense* (Nova York: Charles Scribner's Sons, 1905), p. 284.

intervenções e comunicações anteriores de Deus (por exemplo, Mt 12.40-41; Rm 4.1-25).[2] Para os autores do Novo Testamento, as Escrituras eram a Palavra de Deus inspirada e inerrante (veja a Pergunta 4, "A Bíblia contém erros?").

2. Os autores do Novo Testamento respeitaram os contextos das passagens que citaram. Algumas vezes, autores do Novo Testamento são caluniados por citarem textos de maneira aleatória. Mas uma olhada compreensiva e atenta em suas citações mostra que essa acusação é infundada.[3]

3. Os autores do Novo Testamento empregaram o Antigo Testamento de maneira tipológica e messiânica (quanto a uma explicação mais detalhada, veja a Questão 24). Isso significa que eles viam a revelação anterior de Deus como prenunciadora, alcançando sua realização culminante na vinda do Messias, Jesus. As intervenções anteriores de Deus apontavam para a vinda de Jesus e podiam ser citadas como predições históricas do sacrifício final, redenção final, libertação final, solução final etc.

4. Os autores do Novo Testamento não usaram o Antigo Testamento de maneira alegórica. Ou seja, eles não atribuíram significados a detalhes dos textos do Antigo Testamento que os autores originais não teriam aprovado. Sem dúvida, em uma passagem do Novo Testamento (Gl 4.24), Paulo diz que Agar e Sara podem ser entendidas como "alegóricas" para representar as duas alianças: uma de escravidão e outra de promessa. Mesmo aqui, porém, Paulo não afirma estar interpretando

---

[2] Veja John Wenham, *Christ and the Bible*, 3ª ed. (Grand Rapids: Baker, 1994).
[3] Veja G. K. Beale e D. A. Carson, eds., *Comentário do Uso do Antigo Testamento no Novo Testamento* (São Paulo: Vida Nova, 2014).

os textos relevantes do Antigo Testamento, mas reconhece que está oferecendo uma reflexão homilética que identifica explicitamente como figurada.

Alguns eruditos cristãos debatem se o uso de textos do Antigo Testamento pelos autores do Novo Testamento deveria ser considerado normativo para a interpretação moderna. A questão principal aqui diz respeito ao uso tipológico do Antigo Testamento, que é especialmente difundido em Mateus e Hebreus. Parece seguro dizer que qualquer uso tipológico do Antigo Testamento não sancionado explicitamente no Novo Testamento deve ser entretido com grande cautela.

Outra discussão entre eruditos cristãos diz respeito aos métodos de interpretação dos antigos judeus e se esses métodos influenciaram Jesus e os escritores do Novo Testamento. Sem dúvida, algumas formas de exegese dos judeus (*midrash* e *pesher*, por exemplo) afastam-se regularmente da intenção do autor da Escritura e propõem significados secretos inatingíveis, baseados às vezes no valor numérico de palavras ou até na forma das letras.[4] A interpretação tipológica e messiânica do Antigo Testamento achada no Novo Testamento, embora comparável a *midrash* ou *pesher*, é muito diferente das interpretações fantasiosas dos rabinos.

O SURGIMENTO DA INTERPRETAÇÃO ALEGÓRICA (100–500 D.C.)

Pouco depois do período do Novo Testamento, muitos dos antigos pais da igreja começaram a empregar métodos de interpretação alegóricos. Alegoria é um gênero de literatura que atribui significado simbólico a detalhes textuais. Por exemplo, a famosa obra de John Bunyan, *O peregrino*, é uma alegoria em que cada personagem tem um significado em

---

4 Henry A. Virkler e Karelynne Gerber Ayayo, *Hermeneutics: Principles and Processes of Biblical Interpretation*, 2ª ed. (Grand Rapids: Baker, 2007), p. 45.

relação à vida cristã. Quando tencionada pelo escritor e entendida pelo leitor, a alegoria pode ser um instrumento literário poderoso. Contudo, se a alegoria não é tencionada pelo autor, mas é empregada como método interpretativo pelo leitor, o resultado pode ser uma deturpação perigosa do significado do autor. Há várias razões pelas quais os cristãos primitivos se tornaram vítimas de abuso hermenêutico da alegoria.

1. Uma razão para os cristãos primitivos terem sido atraídos para a alegoria foi a presença limitada de alegoria na própria Bíblia. Sim, Jesus deu uma interpretação alegórica a pelo menos uma de suas parábolas (Mc 4.1-20; veja também Mt 13.24-30, 36-43). Parece que Paulo também empregou alegoria uma vez (Gl 4.24, veja acima). Obviamente, onde Jesus e Paulo *tencionaram* atribuir um significado alegórico no Novo Testamento, a interpretação fiel exige respeito a esse gênero poderoso. O problema reside na importação ilegítima da alegoria.

2. Uma olhada casual na história ou na sociedade atual mostra que a natureza humana é frequentemente enamorada daquilo que é secreto ou conspirativo. As pessoas amam sentir que têm conhecimento exclusivo ou acesso a uma realidade mais profunda que outros não têm. Parece muito provável que alguns dos escritores e palestrantes cristãos primitivos alegorizavam os textos para ganhar fama como provedores das coisas profundas e secretas de Deus. De modo semelhante, com frequência, a popularidade desse ensino — antiga ou moderna — é norteada por um interesse não saudável naquilo que é especulativo, em vez de se prender ao significado claro da Escritura (por exemplo, note a popularidade de *O Código da Bíblia* ou de *O Código da Vinci*). Embora a Bíblia afirme realmente que revela os mistérios de Deus, faz isso por meio da proclamação inequívoca dos apóstolos (1Co 2.1-7).

3. Talvez ainda mais significativo seja o fato de que métodos de intepretação alegóricos eram usados comumente no antigo mundo greco-romano para interpretar textos religiosos difíceis.[5] As ações imorais e caprichosas dos deuses greco-romanos eram tornadas compreensíveis e instrutivas por meio de alegoria. Possivelmente, esses métodos alegóricos estavam arraigados no ponto de vista platônico sobre o mundo — procurar a realidade última por trás do mundo ou do texto visível.[6] Quando a fé cristã se propagou, pessoas que antes eram pagãs aplicaram as convenções literárias reconhecidas de seus dias a textos desafiadores em suas novas Escrituras. Por exemplo, leis incomuns do Antigo Testamento ou as ações imorais ou estranhas de personagens da Escritura foram lidas de maneira alegórica. Logo que o cristianismo enfrentou ameaças por parte do herege Marcião, que rejeitava o Antigo Testamento, e de grupos que adotavam opiniões semelhantes, tornou-se importante mostrar que o Antigo Testamento era inspirado e relevante.[7] Não somente os cristãos primitivos, mas também os judeus antigos, imersos na cultura greco-romana, adotaram o método alegórico. Filo (20 a.C.–50 d.C.), um judeu do século I que viveu em Alexandria, empregava regularmente a abordagem alegórica às Escrituras hebraicas. Por exemplo, em Gênesis 9.20-21, lemos que, depois do Dilúvio, Noé plantou uma vinha e se embriagou. É claro que a Bíblia não aprova a embriaguez (Pv 23.29-35), mas em Gênesis 9 não há nenhuma censura explícita ao comportamento de Noé. Como Filo explica que Noé, um herói da fé, ficou embria-

---

5 Jean Pépin, *Mythe et Allégorie: Les Origines Grecques et les Contestations Jeudéo-Chrétiennes*, ed. rev. (Paris: Études Augustiniennes, 1976). Veja especialmente a parte 2 do volume.
6 William L. Klein, Criag L. Blomberg e Robert L. Hubbard, *Introduction to Biblical Interpretation*, ed. rev. (Nashville: Thomas Nelson, 2004), p. 25-26 [edição em português: *Introdução à Interpretação Bíblica* (Rio de Janeiro: Thomas Nelson Brasil, 2017)].
7 David S. Dockery, *Biblical Interpretation Then and Now: Contemporary Hermeneutics in the Light of the Early Church* (Grand Rapids: Baker, 1992), p. 45.

gado? Em vez de observar que nem todo comportamento descrito na narrativa é normativo, Filo escreve:

> Qual é o significado da afirmação "Despertando Noé do seu vinho" (Gn 9.24)?
>
> O significado literal é bastante notório. Portanto, precisamos aqui falar apenas do que concerne ao sentido interior das palavras. Quando o intelecto é fortalecido, torna-se capaz de, por sua sobriedade, discernir com certa exatidão todas as coisas, tanto antes como depois, tanto presentes... como futuras. Mas o homem que não pode ver com exatidão nem o que é presente nem o que é futuro é afligido pela cegueira. Aquele, porém, que vê o presente, mas não pode também antever o futuro e não é cauteloso de modo algum, esse homem é vencido por embriaguez e intoxicação; e, por último, aquele que é achado capaz de olhar ao seu redor, ver, discernir e compreender a natureza diferente das coisas, tanto presentes como futuras, nesse homem está a vigilância da sobriedade.[8]

Portanto, assim como Filo, um judeu que vivia numa cultura pagã, chegou a aplicar às Escrituras hebraicas o método literário comum da época, assim também os pregadores e eruditos cristãos que viviam em contextos semelhantes empregaram métodos alegóricos para interpretar as Escrituras.

Um exemplo impressionante desse tipo de exegese alegórica dos cristãos primitivos aparece na Epístola de Barnabé 9.6-9. Nesse texto, o autor mescla Gênesis 14.14 com Gênesis 17.23, afirmando que

---

[8] *Questions and Answers on Genesis* 2.73 in *The Works of Philo: New Updated Edition*, trad. C. D. Yonge (Peabody: Hendrickson, 1993), p. 838.

Abraão circuncidou 318 membros de seu clã. Apelando para as letras gregas maiúsculas usadas para abreviar o número 318 (IHT), o autor diz que essa prática da circuncisão por Abraão tencionava apontar para Jesus (abreviado IH nos textos gregos) e para a cruz (que tem a forma semelhante à letra grega *tau* [T]).

De fato, o significado alegórico de um texto chegou a ser visto por alguns como o significado mais elevado da passagem. Orígenes (185-254 d.C.), um proeminente pai da igreja, citou Provérbios 22.20-21 e 1Tessalonicenses 5.23 como bases para sua abordagem hermenêutica.[9] Assim como uma pessoa é triparte (corpo, alma e espírito), Orígenes afirmou que um texto possui corpo (significado literal), alma (significado moral — ensino ético) e espírito (significado espiritual ou alegórico). É verdade que Orígenes empregou certas precauções ao seu método de interpretação — afirmando que nunca seria possível introduzir um significado alegórico que fosse contrário à "regra de fé" (resumo doutrinário dos cristãos primitivos).[10] Mas, ainda com essas ressalvas, é importante notar que o intérprete está dando ao texto um significado que o autor inspirado não tencionava.

Embora a abordagem alegórica de interpretação das Escrituras se tenha tornado predominante na igreja primitiva, é importante notar que algumas vozes continuaram a clamar por um entendimento literal da Bíblia, respeitando a intenção dos autores inspirados. Um desses grupos foram os pais antioquianos — Luciano (240-312 d.C.), Diodoro de Tarso (morto c. 394 d.C.), João Crisóstomo (347-407 d.C.), Teodoro

---

9 Orígenes, *De Principiis* 4.2.4-17 (ANF 4:359). Orígenes cita uma redação variante (não o texto masorético) de Provérbios 22.20-21. Essa redação variante é também seguida pela edição americana da Bíblia Douay-Rheims (1889): "Eis que descrevi para ti *três maneiras*, em pensamentos e conhecimento: para que eu possa mostrar-te a certeza e as palavras da verdade para responder, a partir destas, àqueles que te enviaram" (ênfase acrescentada). A tradução Douay-Rheims apresenta uma tradução literal da Vulgata Latina. E 1Tessalonicenses 5.23 diz: "O mesmo Deus da paz vos santifique em tudo; e o vosso espírito, alma e corpo sejam conservados íntegros e irrepreensíveis na vinda de nosso Senhor Jesus Cristo".
10 Dockery, *Biblical Interpretation Then and Now*, p. 89-91. Tomás de Aquino (1225-1274 d.C.) argumentava que toda interpretação alegórica da Escritura tem de ser fundamentada no sentido literal do texto (*Summa theologica*, 1.1.8, citado por Robert M. Grant com David Tracy, *A Short History of the Interpretation of the Bible*, 2ª ed. [Filadélfia: Fortress, 1984], p. 89).

de Mopsuéstia (350-428 d.C.), Teodoreto (393-457 d.C.) e outros. Infelizmente, os antioquianos eram uma minoria entre os intérpretes da igreja primitiva, e o movimento se dissolveu essencialmente por volta do século VIII.

As interpretações de textos bíblicos dos pais da igreja eram, muitas vezes, distantes da intenção do autor dos textos expostos. Em tal ambiente, tornou-se cada vez mais importante ter algumas salvaguardas teológicas objetivas, para que os hereges não reivindicassem validade para suas interpretações não ortodoxas e infundadas. A "regra de fé" (o resumo aceito e reconhecido de doutrina cristã ortodoxa), bem como um respeito crescente pela tradição e pelos resumos formais de doutrina, atenderam a esse propósito.[11] A repetição da tradição da igreja e a criação de resumos de doutrina ortodoxa substituíram funcionalmente a primazia da Bíblia.

O SIGNIFICADO QUÁDRUPLO DA ESCRITURA (500-1500 D.C.)

Avançando do período patrístico para o período medieval, a abordagem alegórica de interpretação da Bíblia continuou, com o acréscimo de um quarto nível de significado. Já nos escritos de João Cassiano (360-435 d.C.) e de Agostinho (354-430 d.C.), encontramos a afirmação de que todo texto bíblico tem quatro níveis de significado: o literal, o moral, o espiritual (alegórico) e o celestial (escatológico ou anagógico).[12] Essencialmente, esse quarto nível de significado era outro nível alegórico com nuanças celestiais ou escatológicas (fim dos tempos). Uma referência a Jerusalém, por exemplo, incluiria estas quatro dimensões:[13]

- *Literal:* porção de terra na Palestina
- *Moral:* a alma humana

---

11 Dockery, *Biblical Interpretation Then and Now*, p. 45-73.
12 Grant e Tracy, *A Short History of the Interpretation of the Bible*, p. 85.
13 Ibid.

- *Espiritual:* a igreja cristã
- *Celestial:* a cidade celestial, a nova Jerusalém

Um poema repetido com frequência resume esse método hermenêutico de quatro níveis:[14]

- A *letra* nos mostra o que Deus e nossos pais fizeram;
- A *alegoria* nos mostra onde nossa fé está oculta;
- O significado *moral* nos dá regras para a vida diária;
- A *anagogia* nos mostra onde acabamos nosso conflito.

Essa abordagem de interpretação da Bíblia em quatro níveis se tornou difundida e aceita. De fato, muita erudição bíblica no período medieval não foi verdadeira exegese, e sim catalogação das interpretações dos pais da igreja sobre várias passagens.[15] A tradição da igreja ultrapassou, de forma eficiente, a primazia da Escritura. Ao mesmo tempo, devemos notar que vozes isoladas continuaram a clamar por um retorno à prioridade do significado literal do texto.[16]

O RETORNO A UM MÉTODO INTERPRETATIVO MAIS FIEL (1500 D.C.–PRESENTE)

O clamor da Reforma era *Ad fontes!* ("às fontes"). Com os reformadores protestantes chamando as pessoas a voltarem para a autoridade da Bíblia (*Sola Scriptura*, "somente a Escritura"), o significado quádruplo da Escritura passou por escrutínio e crítica crescentes. O famoso reformador Martinho Lutero (1483-1546) referiu-se às interpretações alegóricas

---

14 Ibid.
15 Ibid., p. 83.
16 Por exemplo, *Introduction to the Psalms*, de Isho'dad, no século IX (Grant e Tracy, *A Short History of the Interpretation of the Bible*, p. 64-65); comentários bíblicos de André de São Victor (século XII), abade de um mosteiro inglês em Wigmore (Klein, Blomberg e Hubbard, *Introduction to Biblical Interpretation*, p. 44); os escritos de Nicolau de Lira (1270-1340), que influenciaram Lutero (Berkhof, *Principle of Biblical Interpretation*, 2ª ed. [Grand Rapids: Baker, 1952], p. 25); e Geiler von Kaysersberg, do século XV (Klein, Blomberg e Hubbard, *Introduction to Biblical Interpretation*, p. 46).

anteriores como "tolas", "tagarelice admirável", "absurdas" e "inúteis".[17] "Quando eu era jovem, minhas próprias tentativas na alegoria tiveram pouco sucesso... Mas eu lhe pergunto: isso não é uma profanação dos escritos sagrados?"[18] De modo semelhante, João Calvino disse: "... devemos ter para com a Escritura a mais profunda reverência, em vez de nos dar a liberdade de deturpar seu significado natural."[19] Em outra passagem, Calvino escreveu: "é pretensão, e quase mesmo uma blasfêmia, alterar o significado da Escritura, manipulando-a sem o devido critério, como se ela fosse um gênero de jogo com o qual pudéssemos nos divertir. No entanto, é precisamente isso o que muitos estudiosos têm feito o tempo todo."[20]

Embora os herdeiros da Reforma Protestante tenham continuado a ser vítimas do encanto da alegoria, com o passar do tempo eruditos bíblicos chegaram a um consenso reconhecido de que a alegoria (quando não tencionada pelos autores) é uma perversão do texto. Rudolf Bultmann (1894–1976), o mais famoso erudito em Novo Testamento do século XX, apresentou a seguinte pressuposição essencial de erudição bíblica sã: "Faz parte do método histórico, é claro, que um texto seja interpretado de acordo com as regras de gramática e do significado das palavras".[21] Ou seja, para entendermos a Bíblia, temos de considerar o sentido das palavras reais do autor, de acordo com as normas de linguagem e de gramática.

Embora o estudo moderno da Bíblia tenha enfraquecido o método alegórico,[22] voos alegóricos de imaginação ainda são en-

---

17 Martin Luther, *Lectures on Genesis, Chapters 1-5*, em *Luther's Works*, ed. J. Pelikan (St. Louis: Concordia, 1958), 1:91, 98, 233.
18 Ibid., p. 232.
19 João Calvino, *Harmonia dos Evangelhos*, vol. 3 (São José dos Campos: Editora Fiel, 2022), p. 75.
20 João Calvino, *Romanos* (São José dos Campos: Editora Fiel, 2014), p. 29.
21 Rudolf Bultmann, "Is Exegesis Without Presuppositions Possible?", em *Existence and Faith: Shorter Writtings of Rudolf Bultmann*, trans. Schubert M. Ogden (Nova York: Meridian, 1960), p. 291.
22 Note, por exemplo, o golpe mortal dado na alegorização de parábolas por Adolf Jülicher, em *Die Gleichnisreden Jesu* (Freiburg: Mohr, 1888).

contrados em muita pregação e ensino popular. Charles Spurgeon (1834–1892), por exemplo, em sua obra *Lições aos Meus Alunos*, faz comentários favoráveis sobre pregação alegórica (ou o que ele chama "espiritualizar").[23]

Nos últimos 60 anos, o número de eruditos que abordam a Bíblia conscientemente como acadêmicos e como cristãos tem aumentado de forma significativa. A Sociedade Teológica Evangélica foi fundada em 1949, como uma sociedade profissional de professores religiosos que sustentam a autoridade e a inerrância da Escritura. A organização conta agora com mais de 4.500 membros.[24] (Nem todos os membros são professores, mas todos os membros plenos devem ter, no mínimo, uma graduação de Mestre em Teologia). Além disso, a cada ano, comentários e obras de referência bíblicos são produzidos por evangélicos. Embora divirjam nos detalhes de seus métodos interpretativos, a maioria dos evangélicos interpreta a Bíblia segundo uma abordagem literal, histórica e gramatical. Para os evangélicos, a intenção consciente do autor humano (seja o autor original, seja um autor bíblico posterior em reflexão canônica) é a pedra fundamental da interpretação.

Deve-se também notar que tem havido um movimento recente de apreço pelos métodos de interpretação alegóricos dos pais da igreja. Por exemplo, Hans Boersma, em seu livro de 2017, *Scripture as Real Presence: Sacramental Exegesis in the Early Church* (que, em 2018, ganhou um prêmio da *Christianity Today*), repetidamente louva o brilhantismo hermenêutico de Orígenes e sua relevância moderna. Em referência aos escritos de Orígenes e outros pais da igreja, ele afirma: "Trata-se da mesma sensibilidade sacramental que tem

---

23 C. H. Spurgeon, *Lectures to My Students: Complete and Unabridged* (Londres: Marshall, Morgan & Scott, s.d.; reimpr., Grand Rapids: Zondervan, 1954), p. 97-98 [edição em português: *Lições aos Meus Alunos*, 3 volumes (São Paulo: PES, s.d.)]. Ao mesmo tempo, Spurgeon advertiu: "Evite aquela banalização infantil e aquela distorção ultrajante de textos que farão de você não um sábio entre os tolos, mas um tolo entre os sábios" (ibid., p. 100).
24 www.etsjets.org/faq (acessado em 02/04/2020).

a vitalidade de renovar a vida da igreja hoje".[25] Boersma sugere que a interpretação alegórica que Orígenes faz de Josué 9 fornece uma solução para uma narrativa bíblica que ele considera moralmente objetável, a saber, a escravização dos gibeonitas por parte dos israelitas. Boersma escreve:

> Exegetas modernos que advogam uma leitura estritamente literal do texto se deparam com uma escolha severa: justificar a violência inerente ao Antigo Testamento ou abandonar o Antigo Testamento como Escritura cristã. Visto que ambas as opções me parecem prejudiciais à igreja, sugiro que uma séria avaliação do exegeta Orígenes, do século III, vale bastante a pena.[26]

Iain Provan, em seu instigante *The Reformation and the Right Reading of Scripture*, respondeu habilidosamente a esse recente desafio alegórico.[27] Como o título do livro indica, Provan convoca os protestantes evangélicos modernos a permanecerem, sem nenhum tipo de embaraço, na tradição hermenêutica dos reformadores, que se centravam no autor.

---

25 Hans Boersma, *Scripture as Real Presence: Sacramental Exegesis in the Early Church* (Grand Rapids: Baker Academic, 2017), p. 279.
26 Ibid., p. 111. Boersma observa: "[Orígenes] ... fornece uma interpretação espiritual da identidade dos gibeonitas como pessoas que agem mecanicamente na igreja, enquanto não fazem esforço algum para restringir seus vícios e cultivar hábitos virtuosos" (p. 110). Veja, de modo similar, Keith D. Stanglin, *The Letter and Spirit of Biblical Interpretation: From the Early Church to Modern Practice* (Grand Rapids: Baker Academic, 2018), p. 170-71. Craig A. Carter oferece uma abordagem com mais nuances, enxergando Calvino como um modelo interpretativo chave. Carter confessa: "Sou mais entusiasta dos pais [da igreja] do que [D. A.] Carson, embora eu seja ligeiramente menos entusiasta deles do que Boersma" (*Interpreting Scripture with the Great Tradition: Recovering the Genius of Premodern Exegesis* [Grand Rapids: Baker Academic, 2018], p. 207). Além disso, veja Peter J. Leithart, *Deep Exegesis: The Mystery of Reading Scripture* (Waco: Baylor University Press, 2009), p. 207; Stephen E. Fowl, "The Importance of a Multivoiced Literal Sense of Scripture: The Example of Thomas Aquinas", em *Reading Scripture with the Church: Toward a Hermeneutic for Theological Interpretation*, eds. A. K. M. Adam, Stephen E. Fowl, Kevin J. Vanhoozer e Francis Watson (Grand Rapids: Baker, 2006), p. 35-50; R. R. Reno, "'You Who Were Far Off Have Been Brought Near': Reflections on Theological Exegesis", *Ex Auditu* 16 (2000): 169-82.
27 Iain Provan, *The Reformation and the Right Reading of Scripture* (Waco: Baylor University Press, 2017).

O VIÉS ANTISSOBRENATURAL E O CETICISMO DA ERUDIÇÃO MODERNA (1650 D.C.–PRESENTE)

Seguindo paralelamente os passos cronológicos do retorno a uma abordagem mais fiel da Escritura, uma hermenêutica moderna de ceticismo antissobrenatural chegou a florescer na erudição secular. Essa abordagem antissobrenatural tem suas raízes no Iluminismo e em sua exaltação otimista da razão humana. O principal erudito em Novo Testamento do século XX, Rudolf Bultmann, incorporou esse antissobrenaturalismo. Em um artigo categórico, Bultmann mencionou a pressuposição necessária à exegese bíblica. Ele escreveu:

> O método histórico inclui a pressuposição de que a história é uma unidade no sentido de um *continuum* fechado de efeitos em que os eventos individuais estão conectados pela sucessão de causa e efeito... Esse fechamento significa que o *continuum* de acontecimentos históricos não pode ser rompido pela interferência de poderes sobrenaturais e transcendentes e que, portanto, não há "milagre" no sentido da palavra. Esse milagre seria um evento cuja causa não está dentro da história.[28]

Em outras palavras, Bultmann afirma que uma pressuposição necessária ao estudo acadêmico da Bíblia é sustentar que eventos sobrenaturais não acontecem. Como a Bíblia contém muitas descrições de eventos sobrenaturais, os eruditos que aceitam a premissa de Bultmann adotam um ponto de vista cético para com a confiabilidade histórica desse Livro Sagrado. Tais eruditos acabam dizendo que os autores bíblicos que descreveram eventos miraculosos estavam enganados, iludidos ou tentando comunicar algumas verdades em "termos mitológicos". Entretanto, nenhuma dessas três explicações respeita o gênero dos documentos bíblicos ou o caráter e a inteligência

---

28 Bultmann, "Is Exegesis Without Presuppositions Possible?", p. 291-92.

de seus autores.²⁹ As coisas escritas por eruditos antissobrenaturalistas se degeneram, às vezes, na investigação de supostas fontes e em reconstrução hipotética dos "eventos reais" ou situações que deram surgimento aos textos.

Outros eruditos se engajam em comparações sociais ou na aplicação de várias lentes filosóficas pelas quais avaliam o texto (marxismo, feminismo, ativismo homossexual etc.). Mais recentemente, alguns eruditos têm procurado favorecer um estudo simpático da Bíblia, ao mesmo tempo que evitam as questões desagradáveis da verdade ou da confiabilidade histórica. Essas abordagens "canônicas" ou "teológicas" à interpretação das Escrituras insistem na leitura dos documentos bíblicos como um todo acabado e inter-relacionado.³⁰ Outros eruditos têm proposto várias formas de análise de literatura ou de narrativa, procurando ver o texto como um todo.³¹ De modo semelhante, um estudo de história de recepção tenta resgatar o significado e a unidade do texto por considerar a maneira pela qual ele foi entendido no decorrer da história da igreja.³² Esses métodos de interpretação são proveitosos enquanto ajudam o leitor a ouvir o texto. No entanto, todo leitor inteligente da Bíblia tem de perguntar: "Isso é verdadeiro? Deus realmente disse...?". A Bíblia confronta o leitor com as afirmações solenes quanto à situação da raça humana (rebelião e condenação) e à natureza de Deus (santo e amoroso). Nesse sentido, nenhuma posição intermediária será possível na erudição bíblica. Jesus disse: "Quem não é por mim é contra mim; e quem comigo não ajunta espalha" (Mt 12.30).

---

29 Em referência ao evangelho de João, por exemplo, C. S. Lewis escreveu: "Tenho lido poemas, romances, ficção, lendas e mitos durante toda a minha vida. Sei o que eles são. Sei que nenhum deles é como este [evangelho]" ("Fern-seed and Elephants", em *Fern-seed and Elephants and Other Essays on Christianity by C. S. Lewis*, ed. Walter Hooper [Londres: Fontana/Collins, 1975], p. 108). Para uma defesa acadêmica dos milagres na Bíblia, veja Craig S. Keener, *Miracles: The Credibility of the New Testament Accounts*, 2 vols. (Grand Rapids: Baker, 2011).
30 Veja, por exemplo, Brevard S. Childs, *Biblical Theology in Crisis* (Filadélfia: Westminster, 1970); idem, *The New Testament as Canon: An Introduction* (Filadélfia: Fortress, 1984); Daniel J. Treier, *Introducing Theological Interpretation of Scripture: Recovering a Christian Practice* (Grand Rapids: Baker, 2008).
31 Veja, por exemplo, David G. Firth e Jamie A. Grant, eds., *Words and the Word: Explorations in Biblical Interpretation and Literary Theory* (Downers Grove: InterVarsity Press, 2009).
32 Veja, por exemplo, a série *Ancient Christian Commentary on Scripture* (Downers Grove: InterVarsity Press). Igualmente, um estudo de história eficaz traça os efeitos de um texto em vários aspectos do pensamento, da cultura e da arte.

RESUMO

Ao considerarmos como a Bíblia tem sido interpretada ao longo da história da igreja, podemos aprender com os nossos ancestrais na fé. O primeiro exemplo de interpretação cristã é o uso do Antigo Testamento pelos autores do Novo Testamento. Estes viam o Antigo Testamento como uma história confiável e uma revelação autoritativa, respeitando os contextos originais das passagens citadas. Os autores do Novo Testamento também enxergavam o Antigo Testamento através de lentes messiânicas e tipológicas.

Logo após o Novo Testamento ter sido concluído, muitos pais da igreja incorreram em erro ao proporem interpretações alegóricas e fantasiosas. Ainda que fosse uma abordagem interpretativa celebrada no antigo mundo greco-romano, a exegese alegórica distorce o significado autoral do texto. Os excessos alegóricos amplamente difundidos foram examinados pela Reforma Protestante, mas receberam o golpe final (na academia, pelo menos) pelas mãos da erudição bíblica moderna (c. 1800–presente).

Muito da erudição bíblica moderna, no entanto, introduz outro elemento que causa distorção: um ceticismo antissobrenaturalista. Ao mesmo tempo, nos últimos 60 anos, uma comunidade evangélica vibrante produziu muitas contribuições acadêmicas significativas. Ademais, nas últimas décadas, tanto eruditos liberais quanto conservadores têm empregado diversas técnicas que alegam estabelecer um "meio-termo" acadêmico — respeitar a intenção superficial do autor de um texto bíblico, sem, contudo, emitir pronunciamentos explícitos sobre sua origem ou confiabilidade.

PERGUNTAS PARA REFLEXÃO

1. Quando você lê o Novo Testamento, presta atenção à citação dos textos do Antigo Testamento? Você examina os textos citados do Antigo Testamento?

2. Você já ouviu um sermão alegórico ou leu uma interpretação alegórica num livro devocional? Na ocasião, você reconheceu o método interpretativo como alegórico?

3. Já foi dito: "Compreendemos melhor agora porque nos apoiamos no conhecimento de gigantes que vieram antes de nós". Como essa afirmação se aplicaria à interpretação bíblica?

4. Você já notou qualquer das tendências interpretativas mencionadas neste capítulo em livros de sua biblioteca pessoal?

5. Qual o valor das exposições alegóricas dos pais da igreja?

PARA ESTUDO POSTERIOR

BARTHOLOMEW, Craig G. *Introducing Biblical Hermeneutics: A Comprehensive Framework for Hearing God in Scripture.* Grand Rapids: Baker, 2015.

BEALE, G. K.; CARSON, D. A. (eds.). *Comentário do Uso do Antigo Testamento no Novo Testamento.* São Paulo: Vida Nova, 2014.

DOCKERY, David S. *Biblical Interpretation Then and Now: Contemporary Hermeneutics in the Light of the Early Church.* Grand Rapids: Baker, 1992.

GRANT, R. M.; TRACY, David. *A Short History of the Interpretation of the Bible.* 2ª ed. Filadélfia: Fortress, 1984.

HAUSER, Alan J.; WATSON, Duane F. (eds.). *A History of Biblical Interpretation: The Ancient Period.* Vol. 1. Grand Rapids: Eerdmans, 2003.

KLEIN, William W., W.; BLMOBERG, Craig L.; HUBBARD, Robert L. *Introduction to Biblical Interpretation*. Ed. rev. Nashville: Thomas Nelson, 2004. (Veja o cap. 2, "The History of Interpretation", p. 23-62.)

MCKIM, Donald K. (ed.). *Dictionary of Major Biblical Interpreters*. Downers Grove: InterVarsity Press, 2007.

PROVAN, Iain. *The Reformation and the Right Reading of Scripture*. Waco: Baylor University Press, 2017.

QUESTÃO 10

QUAIS SÃO ALGUNS PRINCÍPIOS GERAIS PARA SE INTERPRETAR A BÍBLIA? (1)

Embora uma boa interpretação bíblica seja mais bem-assimilada (ou seja, aprendida quando da leitura e da oitiva daqueles que a interpretam bem) do que ensinada, pode ser proveitoso enumerar alguns princípios gerais de interpretação. Aplicados no decorrer do tempo, esses princípios se tornarão uma segunda natureza em sua interpretação da Escritura.

APROXIME-SE DA BÍBLIA COM ORAÇÃO

As Escrituras nos dizem que o coração humano é desesperadamente ímpio e enganoso (Jr 17.9). De fato, a reação básica do coração humano à revelação natural de Deus (pela consciência ou pela natureza) é suprimi-la em idolatria (Rm 1.18-23). Até o povo de Deus, embora tenha recebido uma nova natureza e o Espírito Santo como guia, tem de se acautelar em relação às inclinações enganosas de sua natureza pecaminosa remanescente. No Salmo 119, o autor, admitido tradicionalmente como o rei Davi, serve como um bom exemplo de autoanálise honesta de sua aproximação das Escrituras. Repetidas vezes, ele ora por discernimento e redirecionamento. Em seguida, oferecemos uma lista de petições que encontramos no salmo. Orar calmamente através dos versículos selecionados no Salmo 119 é uma excelente maneira de começar uma sessão de estudo bíblico.

- *Versículo 5* [dirigindo-se ao SENHOR]: "Tomara que sejam firmes meus passos, para que eu observe teus preceitos".

- *Versículo 10*: "De todo o coração te [SENHOR] busquei; não me deixes fugir aos teus mandamentos".

- *Versículo 12*: "Bendito és tu, SENHOR; ensina-me os teus preceitos".

- *Versículos 17-20*: "Sê generoso para com teu servo, para que eu viva e observe a tua palavra. Desvenda meus olhos, para que eu contemple as maravilhas da tua lei. Sou peregrino na terra; não escondas de mim teus mandamentos. Consumida está a minha alma por desejar, incessantemente, teus juízos".

- *Versículos 34-37*: "Dá-me entendimento, e guardarei a tua lei; de todo o coração a cumprirei. Guia-me pela vereda dos teus mandamentos, pois nela me comprazo. Inclina-me o coração aos teus testemunhos, e não à cobiça. Desvia meus olhos, para que não vejam a vaidade, e vivifica-me no teu caminho".

O grande reformador Martinho Lutero reconheceu o Salmo 119 como uma instrução proveitosa para o estudo da Bíblia e comentou:

> Assim, você vê como Davi continua orando no salmo recém-mencionado: "Ensina-me, Senhor, instrui-me, guia-me e mostra-me", e muitas outras palavras como essas. Embora soubesse bem, ouvisse e lesse diariamente o texto de Moisés e outros livros, ele queria depender do verdadeiro mestre das Escrituras, para que não se beneficiasse delas precipitadamente com sua própria razão e se tornasse seu próprio mestre. Essa prática dá origem a espíritos facciosos que nutrem a ilusão de que as Escrituras estão sujeitas a eles e podem ser facilmente assimiladas com a razão, como se fossem *Marcolf* ou as

Fábulas de Esopo, para as quais nem o Espírito Santo nem orações se fazem necessários.[1]

Quando estudamos a Bíblia, precisamos compreender que o pecado afeta todo o nosso ser — nossas emoções, vontade e faculdades racionais. Podemos nos enganar facilmente ou sermos enganados por outros. Precisamos que o Espírito Santo nos instrua e nos guie. Por isso, a oração é um ponto de partida essencial para qualquer estudo da Bíblia.[2]

LEIA A BÍBLIA COMO UM LIVRO QUE MOSTRA JESUS

Em um debate com os líderes religiosos judeus em Jerusalém, Jesus disse: "Examinais as Escrituras, porque julgais ter nelas a vida eterna, e são elas mesmas que testificam de mim. Contudo, não quereis vir a mim para terdes vida" (Jo 5.39-40; cf. Lc 24.25-27). Se estudarmos a Bíblia ou ensinarmos qualquer parte da Bíblia sem referência a Jesus, não estamos sendo intérpretes fiéis.[3] É claro que nem todo texto aponta para Jesus da mesma maneira. O Antigo Testamento promete, prediz e prepara. Jesus notou essa dimensão prenunciadora de toda a revelação anterior de Deus, dizendo: "Porque todos os Profetas e a Lei profetizaram até João [Batista]" (Mt 11.13). O Novo Testamento anuncia o cumprimento em Cristo de toda a lei, história, profecias e instituições de Israel. Cada passagem da Escritura tem de ser lida como um capítulo de um livro completo. E, à medida que vamos conhecendo como a história se desenrola (na vida, na morte e na ressurreição de Cristo), devemos sempre

---

[1] Martin Luther, "Preface to the Wittenberg Edition of Luther's German Writings" (1539), em *Martin Luther's Basic Theological Writings*, ed. Timothy F. Lull, 2ª ed. (Mineápolis: Fortress, 2005), p. 72.

[2] Spurgeon aconselhou a seus pastores: "Orar é o melhor estudo. Lutero disse no passado '*Bene orasse est bene studuisse*'; e o provérbio bem conhecido merece ser repetido. Ore sobre a Escritura; é como o pisar das uvas no lagar, o debulhar do grão no assoalho do celeiro, o fundir do ouro do minério" (C. H. Spurgeon, *Lectures to My Students: Complete and Unabridged* [Londres: Marshall, Morgan & Scott, n.d.; reprint, Grand Rapids: Zondervan, 1954], p. 86 [edição em português: *Lições aos Meus Alunos*, 3 volumes (São Paulo: PES, s.d.)].

[3] Veja este útil e acessível livro: Michael Williams, *How to Read the Bible through the Jesus Lens: A Guide to Christ-Focused Reading of Scripture* (Grand Rapids: Zondervan, 2012).

indagar como os capítulos anteriores levam a essa culminação. Quanto a mais considerações sobre a natureza cristocêntrica (centrada em Cristo) da Escritura, veja a Questão 18 ("A Bíblia é totalmente sobre Jesus?").

DEIXE A ESCRITURA INTERPRETAR A ESCRITURA

A norma hermenêutica de Escritura interpretando Escritura tem sido exposta há muito por intérpretes cristãos, remontando pelo menos a Agostinho (354–430 d.C.) e Irineu (130–200 d.C.).[4] Se cremos que toda a Bíblia é inspirada por Deus e, portanto, não contraditória, as passagens da Escritura que são menos claras devem ser interpretadas com relação àquelas que são mais transparentes em significado. Seitas e grupos heréticos recorrem com frequência a textos obscuros, atribuem-lhes significado questionável e, depois, interpretam o restante da Bíblia com essas lentes aberrantes.

Outra dimensão de permitir que a Escritura interprete a Escritura significa ouvir todo o conjunto de textos que falam sobre um assunto. Por exemplo, se lêssemos as palavras de Deus faladas a Abraão em Gênesis 17.10-12, poderíamos concluir que, ainda hoje, todos os adoradores masculinos deveriam ser circuncidados.[5] Entretanto, lemos em 1Coríntios 7.19: "A circuncisão, em si, não é nada; a incircuncisão também nada é, mas o que vale é guardar as ordenanças de Deus". Por entendermos a trajetória da Escritura (promessa → cumprimento em Cristo), vemos que a circuncisão desempenhou papel preparatório para a nação israelita, porém não é mais exigida do povo de Deus. Como diz o autor de Hebreus: "A lei tem sombra dos bens vindouros, não a imagem real das coisas" (Hb 10.1). Paulo circuncidou um cooperador como um meio de acomodação mis-

---

4 Bernard Ramm, *Protestant Biblical Interpretation: A Textbook of Hermeneutics*, 3ª ed. (Grand Rapids: Baker, 1970), p. 36-37; Robert M. Grant e David Tracy, *A Short History of the Interpretation of the Bible*, 2ª ed. (Filadélfia: Fortress, 1984), p. 49-50.
5 Gênesis 17.10-12: "Esta é a minha aliança, que guardareis entre mim e vós e a tua descendência: todo macho entre vós será circuncidado. Circuncidareis a carne do vosso prepúcio; será isso por sinal de aliança entre mim e vós. O que tem oito dias será circuncidado entre vós, todo macho nas vossas gerações".

sionária estratégica aos judeus não regenerados (At 16.3); mas, quando o fundamento da salvação estava em jogo, Paulo era inflexível (Gl 2.3). Essa breve investigação demonstra como um entendimento dos vários aspectos de um assunto exige a consideração de múltiplos textos bíblicos que abordam tal assunto.

MEDITE NA BÍBLIA

A Bíblia não é um livro para leitura superficial. Embora seja benéfico ler grandes porções da Escritura de uma só vez, nenhuma dieta bíblica é completa sem a ruminação demorada numa porção menor de texto. As próprias Escrituras estão cheias de instruções sobre essa abordagem meditativa. Baseado no Salmo 119, Martinho Lutero notou esse padrão.

> Em segundo lugar [em seu estudo da Bíblia], você deve meditar, ou seja, não somente em seu coração, mas também externamente, por repetir e comparar o discurso oral com as palavras literais do livro, lendo e relendo-as com atenção e reflexão diligentes, para que você veja o que o Espírito Santo quer dizer por meio delas. E tenha cuidado para não ficar cansado e pensar que fez o bastante quando as leu, as ouviu e as falou uma vez ou duas e que tem entendimento completo. Você nunca será um teólogo especialmente bom se fizer isso, porque será como fruto extemporâneo que cai no solo antes que esteja meio maduro.
>
> Assim, você vê nesse mesmo salmo [119] como Davi afirma constantemente que conversará, meditará, falará, ouvirá e lerá, dia e noite e sempre, nada mais do que a Palavra e os mandamentos de Deus. Porque Deus não dará seu Espírito sem a Palavra externa; então, siga esse conselho. O mandamento divino de escrever, pregar, ler, ouvir, cantar, falar etc. exteriormente não foi dado em vão.[6]

---

6 Luther, "Preface", p. 72-73.

É instrutivo que muitos cristãos tenham achado melhor começar suas orações com uma reflexão tranquila e firme numa pequena porção da Escritura. Somos lembrados de que nos achegamos a Deus com as mãos vazias. Deus mesmo provê as palavras para nossas orações na Bíblia. O puritano Thomas Manton (1620–1677) escreveu:

> A meditação é um tipo de dever intermediário entre a palavra e a oração e respeita a ambas. A palavra alimenta a meditação, e a meditação alimenta a oração. Devemos ouvir para não sermos errôneos e meditar para não sermos estéreis. Esses deveres precisam andar sempre juntos. A meditação deve seguir o ouvir e preceder a oração. Ouvir e não meditar é infrutífero. Podemos ouvir e ouvir, mas isso é como colocar uma coisa numa sacola com buracos... É imprudência orar e não meditar. O que ouvimos pela palavra assimilamos por meditação e expressamos por oração. Esses três deveres precisam ser tão ordenados que um não exclua o outro. Homens são estéreis, superficiais e insípidos em suas orações por não se exercitarem em pensamentos santos.[7]

ESTUDE A BÍBLIA COM FÉ E OBEDIÊNCIA

A Bíblia não é um livro filosófico a ser debatido; é a revelação de Deus que deve ser crida e obedecida. Quando cremos na Palavra de Deus e lhe obedecemos, experimentaremos não somente alegria (Sl 119.72), mas também, acima de tudo, a bênção ou aprovação de Deus. Tiago escreveu:

> Tornai-vos, pois, praticantes da palavra e não somente ouvintes, enganando-vos a vós mesmos. Porque, se alguém é ouvinte da palavra e não praticante, assemelha-se ao homem que contempla, num

---

[7] Thomas Manton, *The Complete Works of Thomas Manton*, vol. 17, *Sermons on Several Texts of Scripture* (reimpr., Birmingham: Solid Ground Christian Books, 2008), p. 272-73. Veja Donald S. Whitney, *Praying the Bible* (Wheaton: Crossway, 2015).

espelho, o seu rosto natural; pois a si mesmo se contempla, e se retira, e para logo se esquece de como era a sua aparência. Mas aquele que considera, atentamente, a lei perfeita, lei da liberdade, e nela persevera, não sendo ouvinte negligente, mas operoso praticante, esse será bem-aventurado no que realizar. (Tg 1.22-25)

Ao mesmo tempo, devemos lembrar que obediência à Palavra de Deus nunca pode ser realizada por esforço humano aumentado. A regeneração e a capacitação divina são necessárias para crermos na Palavra de Deus e obedecermos a ela. E obediência é possível somente por meio de Cristo. Como escreveu o apóstolo João: "Este é o amor de Deus: que guardemos seus mandamentos; ora, seus mandamentos não são penosos, porque todo o que é nascido de Deus vence o mundo; e esta é a vitória que vence o mundo: a nossa fé. Quem é o que vence o mundo, senão aquele que crê ser Jesus o Filho de Deus?" (1Jo 5.3-5).

A pessoa que lê a Escritura e não obedece a ela engana-se a si mesma (Tg 1.22). Afirmar que conhece a Deus, enquanto desobedece consistente e conscientemente à sua Palavra, é demonstrar a falsidade dessa afirmação. O apóstolo João escreveu: "Aquele que diz: Eu o conheço e não guarda seus mandamentos é mentiroso, e nele não está a verdade" (1Jo 2.4).

Responder com fé e obediência, especificamente em meio a dificuldades, parece ser um dos meios escolhidos de Deus para amadurecer seu povo (Rm 5.1-11; Tg 1.1-12; 1Pe 1.1-12). Quando deparamos com provações na vida e enfrentamos essas dificuldades confiando em Deus e em sua Palavra, podemos esperar que o Senhor nos conforme mais e mais à imagem de seu Filho. Podemos ser confortados pelas palavras de Paulo em Romanos 8.28-29: "Sabemos que todas as coisas cooperam para o bem daqueles que amam a Deus, daqueles que são chamados segundo seu propósito. Porquanto, aos que de antemão conheceu, também os predestinou para serem conformes à imagem de seu Filho, a fim de que ele seja o primogênito entre muitos irmãos".

Martinho Lutero comentou que muitas referências às provações e aos inimigos de Davi no Salmo 119 são instrutivas para o cristão que enfrenta situações semelhantes. Ele escreveu:

> Você pode observar como Davi, no salmo mencionado, queixa-se frequentemente de todos os tipos de inimigos, príncipes ou tiranos arrogantes, falsos espíritos e facções, que ele consegue suportar porque medita, ou seja, porque está ocupado com a Palavra de Deus (como ele diz) de todas as maneiras. Porque, assim que a Palavra de Deus se enraizar e crescer em você, o diabo o atormentará e fará de você um doutor, ensinando-o, por meio de seus ataques, a buscar e a amar a Palavra de Deus. Eu mesmo (se você me permite, eu que sou um mero excremento de rato a ser misturado com pimenta) sou profundamente devedor aos papistas, que, por meio da fúria do diabo, me afligiram, oprimiram e entristeceram tanto. Isso significa que eles conseguiram fazer de mim um teólogo razoavelmente bom, algo que, de outro modo, eu não conseguiria fazer. E lhes dou sinceramente o que ganharam em retorno por me tornarem um teólogo — honra, vitória e triunfo —, porque era isso que eles queriam.[8]

Assim como Lutero, podemos enfrentar os problemas da vida com confiança em Deus e dependência dele para obedecermos à sua Palavra.

RESUMO

Nesta seção, começamos pelo exame das diretrizes para se interpretar a Bíblia. As que discutimos acima foram: (1) comece o estudo bíblico com oração, confessando sua inclinação ao engano e implorando a assistência do Senhor. (2) Leia a Bíblia inteira como um livro que aponta

---

8 Luther, "Preface", p. 73.

para Jesus. (3) Deixe a Escritura interpretar a Escritura, isto é, permita que passagens mais claras ajudem a interpretar textos mais obscuros. Além disso, deixe a extensão completa da Bíblia falar sobre um tópico antes que você chegue a conclusões estabelecidas. (4) Medite na porção da Escritura que você está estudando. (5) Aproxime-se da Bíblia com fé e obediência.

Nosso exame de diretrizes interpretativas gerais continuará abaixo, na Questão 11.

PERGUNTAS PARA REFLEXÃO

1. Qual papel a oração e a meditação desempenham atualmente em seu estudo da Bíblia?

2. Quais passos você pode tomar para tornar a oração e a meditação uma parte regular de sua leitura da Bíblia?

3. Você lê todas as porções da Bíblia como textos que apontam para Jesus? Quais partes apresentam maior dificuldades para serem vistas dessa maneira? Por quê?

4. O que significa deixar a Escritura interpretar a Escritura?

5. É possível entender a Bíblia e crer nela sem obedecer a ela? Você consegue apoiar sua resposta com a Escritura?

PARA ESTUDO POSTERIOR

KÖSTENBERGER, Andreas J. *Convite à Interpretação Bíblica: a Tríade Hermenêutica – História, Literatura e Teologia*. São Paulo: Vida Nova, 2015.

LUTHER, Martin. "Preface to the Wittenberg Edition of Luther's German Writings" (1539). Em *Martin Luther's Basic Theological Writings*. Editado por Timothy F. Lull. 2ª ed. Mineápolis: Fortress, 2005.

ROBERTS, Vaughan. *God's Big Picture: Tracing the Storyline of the Bible*. Downers Grove: InterVarsity Press, 2002.

WHITNEY, Donald S. *Praying the Bible*. Wheaton: Crossway, 2015.

WILLIAMS, Michael. *How to Read the Bible through the Jesus Lens: A Guide to Christ-Focused Reading of Scripture*. Grand Rapids: Zondervan, 2012.

QUESTÃO 11

QUAIS SÃO ALGUNS PRINCÍPIOS GERAIS PARA SE INTERPRETAR A BÍBLIA? (2)

Nesta seção, prosseguiremos com nossa busca pelos princípios gerais para a interpretação da Bíblia. Na seção anterior, focalizamos mais o aspecto devocional do estudo da Bíblia (oração, meditação, obediência). Nesta seção, focalizaremos mais as diretrizes técnicas ou literárias.

OBSERVE O GÊNERO BÍBLICO QUE VOCÊ ESTÁ LENDO

Se seu filho voltasse da escola e dissesse que tinha uma tonelada de tarefas para fazer em casa, você não o disciplinaria por mentir. Você entenderia que ele usou uma hipérbole para expressar suas fortes emoções. Da mesma maneira, precisamos nos aproximar da Bíblia como leitores compreensivos, que respeitam os vários gêneros e as pressuposições dos autores que acompanham esses gêneros. Por exemplo, o gênero de provérbios presume exceções. Provérbios são conselhos sábios, e não promessas infalíveis. Por exemplo, lemos em Provérbios: "O que trabalha com mão enganosa empobrece, mas a mão dos diligentes vem a enriquecer-se" (Pv 10.4). Todos nós podemos pensar em exemplos de nossa vida que confirmam esse provérbio. Ao mesmo tempo, a maioria de nós talvez conheça algumas pessoas ricas e indolentes. Essa exceção não torna falso o provérbio. Ao contrário, confirma a regra geral. O texto de Provérbios 10.4 não é uma nota promissória. O livro Provérbios oferece conselhos para ordenarmos nossa vida, mas a maioria presume exceções. Quanto a mais detalhes sobre a interpretação dos provérbios, veja a Questão 28 ("Como interpretamos provérbios?").

O gênero de narrativa histórica também inclui muitas pressuposições dos autores. Por exemplo, os autores bíblicos empregaram narrativa histórica para reportar muitos acontecimentos que eles, necessariamente, não aprovavam. O autor de Juízes não pensava que alguém sacrificar sua filha era uma coisa boa (Jz 11), embora ele não comente as ações de Jefté no contexto imediato. O ciclo repetido de desobediência em Juízes, com a afirmação resumidora ("Naqueles dias, não havia rei em Israel; cada um fazia o que achava mais reto" — Jz 21.25), sugere ao leitor que tanto Deus como o autor de Juízes não estão contentes com as ações de Jefté. De modo semelhante, muitas Escrituras ensinam que embriaguez é algo errado, embora o apóstolo João não tenha sentido a necessidade de comentar sua impropriedade em João 2.10, em que há uma referência transiente à embriaguez. (Um amigo meu apelou certa vez a essa passagem para formar um argumento "bíblico" em favor de beber com excesso!) O autor de narrativa histórica nem sempre aprova ou condena explicitamente o comportamento reportado. Uma leitura cuidadosa de toda a obra é geralmente necessária para entendermos o propósito de porções menores. O leitor precisa determinar, atenciosamente, o que é apenas relatado e o que é tencionado como normativo. Quanto a mais detalhes sobre a interpretação de narrativa histórica, veja a Questão 22 ("Como interpretamos as narrativas históricas?").

O estudo e a aplicação de diretrizes interpretativas para vários gêneros às vezes são chamados campo de hermenêutica especial. Boa parte da segunda metade deste livro é dedicada à hermenêutica especial.

COMPREENDA QUESTÕES DE CONTEXTO HISTÓRICO E CULTURAL
Os 66 livros da Bíblia presumem frequentemente certa familiaridade dos leitores com várias práticas culturais, determinantes geográficos e

personagens políticos. Assim, quando um leitor não acostumado abre o livro de Isaías e começa a ler sobre nações que não existem mais e alianças políticas obscuras, pode fechar a Bíblia e dizer: "Isso é muito difícil de entender". Como no caso de qualquer documento histórico, o leitor da Bíblia precisa estudar outros materiais para investigar as nuanças daquele contexto. É claro que alguns livros da Bíblia pressupõem pouco conhecimento por parte do leitor e são muito acessíveis. Por exemplo, o evangelho de João é, por essa razão, frequentemente distribuído como um material evangelístico independente. Se uma pessoa tem certa familiaridade com a Escritura, algumas questões de contexto histórico podem ser mais ou menos evidentes. Você sabe o que é a Páscoa? Então, não deveria ter dificuldade com a declaração de João Batista sobre Jesus como o cordeiro (de Páscoa — Jo 1.29). Você tem familiaridade com os quarenta anos de peregrinação de Israel no deserto? Então, a permanência de Jesus por quarenta dias no deserto, ocasião em que ele foi provado, mas não pecou, assume significado adicional (Mt 4.2; Lc 4.2).

À medida que você estuda cada vez mais a Bíblia, terá menos necessidade de consultar comentários ou materiais de ajuda para responder às questões básicas. Há muitas obras introdutórias do Antigo e do Novo Testamento, bem como livros que abordam, especificamente, o contexto histórico e cultural, que proverão riqueza de informação para estudantes curiosos. Quanto à eventual discussão adicional sobre como usar outros livros para estudar a Bíblia, veja a Questão 13 ("Quais são alguns livros ou materiais proveitos para se interpretar a Bíblia?").

Ao discutirmos os panos de fundo da Bíblia, devemos notar duas advertências importantes. Primeira, podemos ficar tão encantados com as questões históricas, culturais, políticas ou arqueológicas exteriores à Bíblia que acabamos usando a Bíblia como um trampolim para trivialidades não bíblicas. O estudo da cultura antiga do Oriente Próximo, embora fascinante por si mesmo, não é o propósito do estudo da Bíblia.

Muitas obras de estudo identificadas como ajuda para entendermos o contexto histórico e cultural da Bíblia são pouco mais do que compilações de fatos interessantes e especulações sobre questões culturais e históricas superficialmente relacionadas aos fatos bíblicos. Devemos sempre perguntar: o autor bíblico supôs realmente que seus leitores sabiam desse fato? E, se ele supôs que sabiam, isso era importante para o significado do que ele estava tentando comunicar? Se a resposta para ambas as perguntas for sim, então o pano de fundo histórico é realmente digno de consideração.

Recentemente, um ex-aluno me ligou para fazer perguntas sobre Marcos 3.13-19, em que Jesus chama os doze apóstolos. O aluno disse: "Li que todos os rapazes judeus eram treinados para ser rabinos e, se eles fossem muito bem nisso, tornavam-se discípulos de rabinos ou também rabinos. Então, nessa passagem, os discípulos de Jesus deveriam ser entendidos como pessoas que haviam sido rejeitadas pelo treinamento rabínico tradicional. Planejo pregar sobre essa passagem enfatizando que Jesus escolhe pessoas que falharam. Estou certo?" Eu respondi: "Há passagens na Escritura que falam sobre Deus escolhendo pessoas humildes e rejeitadas neste mundo (1Co 1.26-27), mas não penso que o autor inspirado, Marcos, estivesse enfatizando tal fato nessa passagem. Em que livro você leu essa explicação sobre o contexto histórico e cultural de Marcos 3? (O aluno responde...) Você já ouviu explicação semelhante de qualquer outra obra de referência ou algum outro comentário bíblico? (O aluno responde: "Não") Isso já seria motivo suficiente para parar e indagar se há fundamento para interpretar esse texto à luz da informação de contexto cultural que não se acha em nenhum texto da Bíblia. Parece que a fonte da qual você obteve tal informação simplificou demais e distorceu sua descrição do treinamento rabínico do século I. Segundo (e mais importante), Marcos não dá nenhuma indicação a seus leitores de que tencionava que entendêssemos a passagem como ensinando que Jesus escolheu pessoas rejeitadas por outros rabinos.

A passagem fala da chamada eficaz de Jesus, de sua exigência por um discipulado radical e de sua autoridade delegada? Sim! Então, pregue e ensine o significado do texto — não uma reconstrução distorcida de uma questão de contexto social e cultural".[1] Infelizmente, tentando provar algo novo para sua congregação, muitos pastores são prontamente enganados por interpretações forçadas. O tempo de um pastor teria melhor resultado se meditasse, em oração, sobre o texto para descobrir aplicações genuínas norteadas por esse mesmo texto.

Um segundo erro que deve ser evitado em questões de contexto histórico e cultural é negligenciá-las. A fim de entendermos e aplicarmos fielmente um texto, devemos ter algum conhecimento das pressuposições históricas e culturais do autor. Por exemplo, não podemos entender as denúncias dos Profetas Menores sem conhecermos algo da história de Israel e de suas relações com as nações vizinhas. E, embora boa parte desse contexto histórico possa ser reunida diretamente de outros documentos bíblicos, um leitor inexperiente precisará da ajuda de resumos de um leitor mais maduro. Uma Bíblia de estudo, como a *Zondervan NIV Study Bible* e a *ESV Study Bible*, pode oferecer comentários breves e úteis sobre importantes questões de pano de fundo cultural e social.[2]

PRESTE ATENÇÃO AO CONTEXTO

Qualquer porção da Escritura deve ser lida no contexto da sentença, do parágrafo, da unidade de discurso maior e de todo o livro bíblico. Quanto mais o leitor se afasta das palavras em questão, tanto menos informativo é o material considerado. Tentar entender ou aplicar uma frase ou um versículo bíblico específico sem referência ao contexto literário equivale

---

1 Esse relato de minha conversa com o aluno representa o teor e os pontos principais, e não as palavras literais.
2 N.E.: Os recursos da *Zondervan NIV Study Bible* foram traduzidos e inclusos na *Bíblia de Estudo Thomas Nelson*, enquanto os recursos da *ESV Study Bible* aparecem na *Bíblia de Estudo NAA*. Outra Bíblia de estudo em língua portuguesa que merece a análise cuidadosa do estudante das Escrituras é a *Bíblia de Estudo da Fé Reformada*, cuidadosamente elaborada sob a liderança editorial de R. C. Sproul.

a uma quase certeza de resultar em distorção. Infelizmente, na literatura e na pregação cristã popular, há muitos exemplos dessa falta de respeito ao contexto de uma passagem. Um das exibições mais dolorosas dessa falha hermenêutica é um pregador que exalta e confessa a autoridade e a inerrância da Escritura, enquanto, na prática, nega essa autoridade por meio de sua pregação negligente.

Se pedimos a alguém que pregue uma mensagem sobre 1Coríntios 11.1 ("Sede meus imitadores, como também eu sou de Cristo"), essa pessoa deve não somente meditar no versículo indicado, mas também começar por colocar o versículo no contexto do argumento de Paulo em 1Coríntios. Paulo havia falado sobre sua renúncia voluntária como apóstolo (1Co 9.1-12) e como exemplo para os coríntios, os quais ele chamou a se negarem comida permissível que poderia levar um irmão ou uma irmã em Cristo a pecar (1Co 8.9-13). O interesse de Paulo na propagação do evangelho o impeliu a encontrar todos os meios de evitar ser motivado por avareza, porque ele pregava sem pagamento (1Co 9.12-18). De modo semelhante, o interesse dos cristãos de Corinto pelo bem-estar espiritual dos outros significava que eles deveriam estar dispostos a renunciar a coisas permissíveis em favor do benefício espiritual dos outros. Na verdade, Cristo é o exemplo supremo de uma pessoa que deixa de lado seus direitos e privilégios em favor da salvação de outros (1Co 11.1; cf. Mc 10.45; Fp 2.6-11). Quando entendemos o significado original de Paulo no contexto, fica mais fácil aplicarmos o texto à nossa situação presente. Quais são as coisas permissíveis que estamos sendo chamados a renunciar, para não levarmos nosso irmão ou nossa irmã em Cristo a pecar? Como podemos dar prioridade ao bem-estar espiritual e à salvação de outros, e não aos nossos próprios direitos e privilégios? Em que áreas estamos sendo chamados à autorrenúncia motivados por amor aos outros, como foram Paulo, os coríntios e, em última análise, Cristo?

Diz-se com frequência: "Um texto sem contexto é um pretexto", o que significa que um pregador será inclinado a encher um texto com suas próprias ideias preconcebidas se não permitir que o contexto o conduza à intenção do autor. Descobri a veracidade disso em minha própria vida. Quando me oferecem a oportunidade de selecionar um texto para um sermão, às vezes já tenho uma ideia do que quero dizer. Mas, quando vou ao texto e o estudo em seu contexto, meditando em oração sobre ele, a direção de minha passagem muda. Prender-me firmemente ao texto me reconduz ao significado do autor inspirado. Digo aos meus alunos que se prendam ao texto bíblico como um peão se prende a um touro num rodeio. Quando eu prego a Bíblia, quero poder apontar para palavras e frases específicas do texto que justificam minhas exortações. Quero que a congregação seja convencida por palavras da Escritura, e não por minha capacidade retórica. O poder de um sermão ou de uma aula bíblica está na fidelidade ao texto inspirado.

LEIA A BÍBLIA EM COMUNIDADE

Vivemos numa época individualista. Mas Deus nos criou para vivermos, adorarmos e crescermos espiritualmente juntos, em comunidade. O autor de Hebreus diz: "Não deixemos de nos congregar, como é costume de alguns; antes, façamos admoestações e tanto mais quanto vedes que o Dia se aproxima" (Hb 10.25). Somente quando vivemos juntos a nossa fé em Cristo, chegamos realmente a entender em profundidade e com clareza o que Deus tem feito em e por meio de nós (Fm 6). De modo semelhante, vemos que Deus instrui a igreja como um corpo e que cada membro desse corpo não tem a mesma função (Rm 12.4-5). Alguns são mestres bem capacitados (Rm 12.7). Outros são mais dotados em mostrar misericórdia ou em servir de alguma maneira (Rm 12.8). Embora todo o povo de Deus seja chamado a ler a Palavra e a meditar nela (Sl 119.9, 105), alguns são especialmente habilidosos em explicá-la e exortar os outros a crerem nela e obedecerem a ela (Ef 4.11-13). Se negligenciarmos a graça que Deus nos deu na capacitação de outros crentes, quão pobres seremos! Ler a Bíblia com irmãos em Cristo nos ajuda a ganhar um discernimento que perderíamos de outras maneiras. Além disso, nossos irmãos e irmãs em Cristo podem guardar-nos de seguir falsas interpretações e aplicações erradas.

Há alguns anos, visitei uma igreja em que um aluno-pastor estava pregando. Sinceramente, o sermão não foi muito bom. Mas esse pastor tinha o costume de pedir a pessoas confiáveis da igreja que lhe dessem retorno sobre sua mensagem a cada semana. Quando visitei aquela igreja meses depois, o sermão do pastor foi surpreendentemente bom. Embora isso possa ser desagradável, quando um pastor se abre para críticas construtivas de seu ensino e pregação, o fruto de sua humildade pode ser uma safra de mensagens frutíferas e cativantes. Muitos pregadores medíocres continuarão a pregar os mesmos sermões monótonos e errados por toda a sua vida, porque são muito orgulhosos para buscar opiniões construtivas.

Se um pastor não sente que os membros de sua igreja podem oferecer-lhe opiniões construtivas suficientes, talvez esteja subestimando o grau em que o Espírito Santo distribuiu dons em sua congregação. Apesar disso, ele pode consultar os comentários de pastores e teólogos confiáveis como parceiros de diálogo, em sua busca pelo significado e a aplicação de um texto bíblico. Quando alguém está bem alicerçado em doutrinas cristãs essenciais, talvez lhe seja benéfico ler pessoas que não sejam do rebanho evangélico e ortodoxo. No que diz respeito à aquisição de comentários e como usá-los, veja a Questão 13.

COMECE A JORNADA DE SE TORNAR UM INTÉRPRETE MAIS FIEL

Nenhum de nós pode afirmar ser intérprete inerrante. Não importa quantos graus acadêmicos ou quanta experiência tenhamos, todos nós estamos diante da Bíblia como aprendizes. Alguns estão mais à frente na jornada, mas isso não deve intimidar aqueles que estão apenas começando a viagem.

Uma boa maneira de iniciar uma jornada em direção a uma interpretação mais fiel é começar com humildade. Ao escolher um livro específico da Bíblia e dedicar tempo focalizado nele, por um período de várias semanas ou meses, podemos começar a ver a importância e o benefício do estudo cuidadoso da Bíblia. Estabeleça alvos atingíveis de leitura e estudo da Bíblia. Se possível, convide um amigo ou amigos para o acompanharem nessa jornada. O estudo da Bíblia, como o treinamento de um atleta, é frequentemente fortalecido por camaradagem e responsabilidade de um grupo.

Roma não foi edificada em um único dia. E um conhecimento harmônico da Bíblia não é atingido pela leitura de um único livro. Lembro-me de um aluno de seminário que me disse que meu curso de grego, que durava um semestre, era muito mais difícil do que o curso que ele poderia fazer num centro de extensão durante cinco fins de semana. "Sim", respondi, "porque em minha classe você está aprendendo realmente o conteúdo".

Às vezes, as coisas são dignas de que oremos por elas. Para adquirir um rico conhecimento da Escritura, precisamos estar dispostos a dedicar tempo e energia ao estudo. De fato, como o salmista, o estudante moderno da Escritura chegará a dizer: "Para mim, vale mais a lei que procede de tua boca do que milhares de ouro ou de prata" (Sl 119.72). Quanto a mais considerações a respeito de como se aprimorar na interpretação da Bíblia, veja a Questão 12.

RESUMO

Nesta seção, demos continuidade ao nosso exame dos princípios gerais de interpretação bíblica. Na seção anterior (Questão 10), cobrimos cinco diretrizes. Mais cinco foram oferecidas na presente seção: (1) aperceba-se do gênero bíblico que você está lendo. (2) Esteja ciente do pano de fundo histórico e cultural. (3) Preste atenção ao contexto imediato e mais amplo de uma passagem. (4) Leia a Bíblia em comunidade. (5) Inicie a jornada de se tornar um intérprete mais fiel.

PERGUNTAS PARA REFLEXÃO

1. Quando você lê a Bíblia, leva em conta, consciente ou inconscientemente, o gênero do livro que está lendo?

2. Com quem você está lendo e discutindo a Bíblia? Como você se beneficia de estudar a Bíblia com outras pessoas? Se você não está estudando a Bíblia em comunidade, conhece algum grupo pequeno de estudo bíblico que você pode integrar?

3. Você pode pensar em que grau informações adicionais de contexto histórico e cultural o ajudaram no entendimento de um texto bíblico?

4. Você já mudou sua opinião sobre o que um texto da Bíblia quer dizer, por estudar mais cuidadosamente o contexto? "Um texto sem contexto é um pretexto." Você pode pensar num exemplo ou ilustração dessa máxima?

5. Que próximo passo você pode dar na jornada para se tornar um intérprete mais fiel?

PARA ESTUDO POSTERIOR

Carson, D. A. *New Testament Commentary Survey*. 7ª ed. Grand Rapids: Baker, 2013.

Fee, Gordon D.; Stuart, Douglas. *Entendes O que Lês? Um Guia para Entender a Bíblia com Auxílio da Exegese e da Hermenêutica*. 4ª ed. rev. São Paulo: Vida Nova, 2022.

FERGUSON, Everett. *Backgrounds of Early Christianity*. 3ª ed. Grand Rapids: Eerdmans, 2003.

GLYNN, John. *Commentary and Reference Survey: A Comprehensive Guide to Biblical and Theological Resources*. 10ª ed. Grand Rapids: Kregel, 2007.

GRUPTA, Nijay K. *The New Testament Commentary Guide: A Brief Handbook for Students and Pastors*. Bellingham: Lexham, 2020.

KÖSTENBERGER, Andreas J. *Convite à Interpretação Bíblica: a Tríade Hermenêutica – História, Literatura e Teologia*. São Paulo: Vida Nova, 2015.

LONGENECKER, Bruce W. *The Lost Letters of Pergamum*. 2ª ed. Grand Rapids: Baker, 2016.

LONGMAN, Tremper. *Old Testament Commentary Survey*. 5ª ed. Grand Rapids: Baker, 2013.

QUESTÃO 12

COMO POSSO MELHORAR COMO INTÉRPRETE DA BÍBLIA?

Na seção anterior, uma das orientações interpretativas que recomendei foi iniciar a jornada de se tornar um intérprete mais fiel. Mas que passos específicos você precisa dar que o tornarão um intérprete mais fiel?

LEIA A BÍBLIA

Quando eu tinha 13 anos, minha mãe me deu uma fotocópia de um guia escrito à mão para ler a Bíblia toda em um ano. Assim, começou a parte mais importante de minha educação teológica: a imersão nas Escrituras.

Para entendermos a Bíblia, temos de lê-la. E, para lermos as partes individuais da Bíblia, precisamos ler o todo. Portanto, é essencial que todo intérprete fiel da Bíblia tenha lido a Bíblia toda e continue a lê-la regularmente. Você pode imaginar um professor que dê aulas sobre Milton admitir ter lido apenas partes de *Paraíso Perdido*? Quão insensato é um ministro do evangelho buscar fidelidade na exposição da Palavra de Deus enquanto permanece ignorante dos conteúdos da revelação!

Durante meu ano de calouro na faculdade, eu participava de um estudo bíblico realizado por um ministério universitário. O grupo estava discutindo João 3.14: "E do modo por que Moisés levantou a serpente no deserto, assim importa que o Filho do Homem seja levantado". O líder do estudo bíblico disse que esse versículo se referia a Moisés pegando a serpente, que era seu bordão, pela cauda na sarça ardente (Êx 4.1-4). É claro que eu já havia lido a Bíblia várias vezes e sabia que essa passagem se referia à serpente de bronze aludida em Números 21.9. Decidi não voltar àquela reunião no campus. Infelizmente, nessa fase de minha vida, meu conhecimento mental da Bíblia excedia em muito a minha obediência.

Para a leitura de grandes seções da Bíblia, recomendo uma tradução moderna dinamicamente equivalente, como a *Nova Bíblia Viva* (veja a Questão 7: "Qual é a melhor tradução da Bíblia?"). Você pode começar por Gênesis 1 e ler três ou quatro capítulos por dia. No final de um ano, terá lido toda a Bíblia. Outra opção é ler porções tanto do Antigo como do Novo Testamento. O famoso pregador escocês Robert Murray M'Cheyne desenvolveu um plano de leitura em que se leem todo o Antigo Testamento uma vez e o Novo Testamento e Salmos duas vezes no decurso de um ano — lendo cerca de quatro capítulos por dia. Atualmente, estou seguindo esse plano, que pode ser encontrado na seção introdutória da obra devocional de D. A. Carson, *For the Love of God: A Daily Companion for Discovering the Riches of God's Word* (reimpr., Wheaton: Crossway, 2006).[1] Esse livro tem uma página devocional para cada dia do ano. O topo de cada página contém uma lista de capítulos da Bíblia que devem ser lidos naquele dia, de acordo com o plano de leitura de M'Cheyne. Carson, um importante erudito evangélico em Novo Testamento, também completou um segundo volume de *For the Love of God*, que segue o mesmo formato.[2] Aprecio a maneira como ele interpreta fielmente as passagens, enquanto mostra como as pequenas peças se encaixam no panorama geral da Escritura e se cumprem em Cristo. Os líderes de nossa igreja têm conversado a respeito de usarmos o devocional de Carson para treinar novos presbíteros. No decorrer de um ano ou dois, porções adequadas de teologia bíblica, digeridas paulatinamente, podem causar efeito benéfico no leitor meditativo.

---

1 Para uma cópia gratuita e legalizada deste devocional (vol. 1), veja este link fornecido por The Gospel Coalition: https://media.thegospelcoalition.org/wp-content/uploads/2024/01/08221950/ForTheLoveOfGodVol1.pdf.

2 Para uma cópia gratuita e legalizada deste devocional (vol. 2), veja este link fornecido por The Gospel Coalition: https://media.thegospelcoalition.org/wp-content/uploads/2024/01/08222329/ForTheLoveOfGodVol2.pdf

LEIA E OUÇA PREGAÇÃO E ENSINO FIÉIS

Como mencionei na Questão 10, a interpretação fiel é mais facilmente assimilada do que ensinada. Por lermos e ouvirmos exposições fiéis da Escritura, nossa mente e nosso coração são envolvidos. Assim como uma pessoa que bebe regularmente café de alta qualidade, a pessoa que se alimenta de uma dieta regular de ensino fiel desenvolve uma mente e um coração capazes de reconhecer boa interpretação, bem como distorções.

Uma das perguntas mais importantes que você precisa fazer a si mesmo é: "Estou ouvindo a Bíblia sendo pregada e ensinada fielmente em minha igreja local?" Em caso negativo, a segunda pergunta que deve fazer a si mesmo é: "Por que sou membro de uma igreja em que a Palavra de Deus não está sendo ensinada corretamente?" Se você não está experimentando os efeitos santificadores e edificantes do ensino bíblico, é provável que esteja murchando e se tornando ineficaz em sua vida espiritual (Cl 1.28-29; 2Pe 1.3-8). Se você recebe uma dieta regular de edificação bíblica apenas de fora de sua igreja, isso é uma boa indicação de que você precisa procurar uma nova igreja — em que os pastores pastoreiem fielmente o rebanho, alimentando-o com a Palavra de Deus (At 20.28).

Embora uma igreja local em que a Bíblia é ensinada fielmente seja uma necessidade absoluta, as pessoas podem crescer ao lerem e ouvirem sermões e ensino bíblico fora de sua igreja local. Sermões gratuitos em áudio estão disponíveis na internet. Três podcasts que recomendo são Truth for Life (de Alistair Begg),[3] Gospel in Life (de Timothy Keller) e os sermões de John Piper.[4] Há, sem dúvida, muitos outros pregadores fiéis e competentes que você pode ouvir.

Uma pessoa pode aprender também ao ler sermões, comentários e devocionais produzidos por exegetas fiéis. Certamente, a Bíblia é *o* Livro,

---

[3] N.E.: Para acessar o devocional diário de Alistair Begg em português ou em libras, acesse: fiel.in/devocional.
[4] N.E.: Muitas pregações, palestras e podcasts de John Piper foram legendados ou dublados e podem ser acessados em: https://voltemosaoevangelho.com/blog/?s=John+Piper.

mas a capacitação de Deus outorgada a outros de seus servos exige que admitamos também a utilidade dos livros de outros. O famoso pregador britânico Charles Spurgeon (1834–1892) escreveu:

> Alguns, sob o pretexto de serem ensinados pelo Espírito de Deus, recusam-se a serem instruídos por livros ou por homens vivos. Isso não é honrar o Espírito de Deus; é desrespeitá-lo, porque ele dá a alguns servos mais luz do que a outros, usando-a para o bem da igreja. Mas, se a outra parte da igreja se recusa a receber essa luz, com que finalidade o Espírito de Deus a outorgou? Isso significaria que há um erro em alguma parte da economia dos dons e da graça de Deus, que é realizada pelo Espírito Santo.[5]

Uma maneira de descobrirmos livros úteis é perguntarmos a irmãos em Cristo maduros. Talvez exista alguém em sua igreja que tem demonstrado conhecimento maduro das Escrituras. Por que não lhe perguntar: "Que bons livros você leu recentemente? Você tem recomendações de livros?" Quanto a conselhos adicionais sobre livros que o ajudarão em seu estudo da Bíblia, veja a Questão 13 ("Quais são alguns livros ou materiais proveitosos para interpretarmos a Bíblia?"

COMPREENDA AS RELAÇÕES ENTRE FÉ E ENTENDIMENTO

Agostinho (354–430 d.C.), um líder da igreja, aconselhou: "*Crede, unt intelligas*" ("Creia para que possa entender").[6] De modo semelhante, Anselmo (c. 1033–1109) disse: "Pois não procuro entender para crer; eu creio para entender. Pois também creio que, 'se não creio, não

---

5 Charles Spurgeon, *Words of Counsel for Christian Workers* (Pasadena: Pilgrim Publications, 1985), p. 112-13.
6 Agostinho, *Homilia* 43.7, 9.

entenderei'".⁷ Deus exige que nos aproximemos dele com fé e recebamos sua revelação com confiança. Na verdade, rejeitar a revelação de Deus é nada mais do que chamar a Deus mentiroso (1Jo 1.10); é abraçar a idolatria, a exaltação de algo ou alguém acima de Deus (Rm 1.18-32).

Isso não significa que você não possa achegar-se a Deus com a honestidade de suas emoções e perguntas. Os salmos de lamento (Sl 13, 74, 142, entre outros) são ótimos exemplos desse tipo de honestidade diante de Deus. De fato, quase um terço dos salmos expressa lamento. Entretanto, mesmo em meio a trevas, dúvidas e provações, o salmista afirma: "Eu, todavia, confiarei em ti" (Sl 55.23).

As Escrituras exigem que os homens se aproximem de Deus numa atitude humilde de dependência. Que outra postura criaturas finitas poderiam assumir diante de seu Criador infinito e todo-poderoso? O autor de Hebreus adverte: "De fato, sem fé, é impossível agradar a Deus, porquanto é necessário que aquele que se aproxima de Deus creia que ele existe e que se torna galardoador dos que o buscam" (Hb 11.6). Como o pai que levou a Jesus seu filho possesso de demônios, para ser curado, talvez tenhamos de clamar com honestidade: "Eu creio! Ajuda-me na minha falta de fé!" (Mc 9.24).

Quando buscamos a ajuda de Deus para entendermos as Escrituras, crermos nelas e lhes obedecermos, uma postura de fé humilde é absolutamente essencial. Tiago escreveu:

> Se, porém, algum de vós necessita de sabedoria, peça-a a Deus, que a todos dá liberalmente e nada lhes impropera; e ser-lhe-á concedida. Peça-a, porém, com fé, em nada duvidando; pois o que duvida é semelhante à onda do mar, impelida e agitada pelo vento. Não suponha

---

7 Anselmo, *Proslógio* 1.1. A tradução para o inglês foi tirada de Anselm, *Basic Writings*, ed. e trad. Thomas Williams (Indianápolis: Hackett, 2007), p. 81. No fim desta citação, Anselmo cita antiga versão latina de Isaías 7.9.

esse homem que alcançará do Senhor alguma coisa; homem de ânimo dobre, inconstante em todos os seus caminhos. (Tg 1.5-8)

De modo semelhante, visto que a obediência é o fruto da fé genuína (Tg 2.14-26), Deus espera que seus filhos andem diante dele de maneira digna de sua vocação (Ef 4.1). De fato, se um cristão professo não tem um estilo de vida de obediência (e de arrependimento por seus fracassos), seu relacionamento com o Senhor será interrompido. Um estilo de vida marcado por consistente falta de arrependimento do pecado mostra que a profissão de fé da pessoa não é verdadeira (1Jo 1.6).

Pedro adverte: "Maridos, vós, igualmente, vivei a vida comum do lar com discernimento; e, tendo consideração para com a vossa mulher como parte mais frágil, tratai-a com dignidade, porque sois, juntamente, herdeiros da mesma graça de vida, para que não se interrompam as vossas orações" (1Pe 3.7). Um pastor que é insensível e não se sacrifica por sua esposa e seus filhos pode esperar pouca iluminação da parte do Espírito Santo no estudo ou no púlpito. "Segui a paz com todos e a santificação, sem a qual ninguém verá o Senhor" (Hb 12.14), adverte o autor de Hebreus.[8] Sem vidas de fé e de obediência (e certamente cheias de fracasso e arrependimento — 1Jo 1.8-10), podemos esperar pouca ajuda divina para entendermos e explicarmos as Escrituras. De fato, quando Paulo lista as qualificações de um pastor, todas, exceto uma, dizem respeito ao caráter — viver com integridade diante da igreja e do mundo (1Tm 3.1-7; Tt 1.5-9).[9] Os homens que explicam a Palavra de Deus para a igreja reunida têm de ser pessoas que vivem de acordo com essa Palavra.

Depois de ensinar a seus discípulos uma oração modelo (o Pai-Nosso), Jesus advertiu: "Porque, se perdoardes aos homens as suas ofensas,

---

8 Embora pareça que o autor de Hebreus esteja se referindo à posição de alguém diante do Senhor no julgamento final, a afirmação é igualmente verdadeira nesta vida.
9 A única capacidade ou qualidade listada que não se refere a caráter é ter a habilidade de ensinar (1Tm 3.2; Tt 1.9).

também vosso Pai celeste vos perdoará; se, porém, não perdoardes aos homens [as suas ofensas], tampouco vosso Pai vos perdoará as vossas ofensas" (Mt 6.14-15). Podemos ser capazes de citar de memória um texto de teologia sistemática, mas, se nossas vidas estão destituídas do amor e da fé que professamos, somos nada mais que bronze que ressoa ou címbalo que retine — matracas vazias e inquietantes (1Co 13.1).

Quando Paulo começou sua carta a Filemom, escreveu: "Dou graças ao meu Deus, lembrando-me, sempre, de ti nas minhas orações, estando ciente do teu amor e da fé que tens para com o Senhor Jesus e todos os santos" (Fm 4-5). Aqui estão os pré-requisitos essenciais para um estudo bíblico que agrada a Deus: fé no Senhor Jesus e amor para com todos. Agostinho de Hipona (354–430 d.C.) famosamente disse: "Se alguém julga ter entendido as Escrituras divinas ou parte delas, mas se com esse entendimento não edifica a dupla caridade — a de Deus e a do próximo —, é preciso reconhecer que nada entendeu."[10]

NÃO SOMENTE AFIRME PRINCÍPIOS INTERPRETATIVOS CORRETOS; APLIQUE-OS

No seminário em que ensino, há um enorme e denso gramado no meio do campus. Décadas atrás, duas calçadas paralelas seguiam até o meio desse gramado. Embora as calçadas tenham sido removidas há vários anos, duas listras marrons ainda reaparecem no gramado. Por que a grama continua a se tornar marrom? Talvez porque se tenha acumulado sujeira debaixo das calçadas ou talvez por causa dos produtos químicos usados nas calçadas para controlar as pragas. Apesar disso, é difícil apagar a lembrança dessas calçadas. De modo semelhante, os estudantes podem chegar a afirmar princípios corretos de interpretação numa aula de hermenêutica, mas antigos padrões continuam a se manifestar na paixão do ministério regular.

---

10 Agostinho, *A Doutrina Cristã*, Coleção Patrística 17 (São Paulo: Paulus, 2002), p. 77 (1.36).

Pastores modernos não são os únicos que lutam por consistência em seus métodos hermenêuticos teóricos e práticos. Historiadores de interpretação bíblica notam que, no decorrer da história da igreja, os proponentes de interpretação correta deixaram muitas vezes de aplicar, de modo consistente, seu próprio conselho. Apesar de todas as denúncias contra a exegese alegórica, Martinho Lutero se tornava, às vezes, presa desse método.[11] De maneira semelhante, Agostinho enumerou vários princípios proveitosos de exegese que ele mesmo nunca empregou consistentemente.[12]

Um aluno que está fazendo um curso de interpretação bíblica pode obter excelentes notas em todas as provas e tarefas, mas, apesar disso, falhar em interpretar fielmente a Bíblia em seu ministério. Quando o aluno estiver fora do ambiente artificial de sala de aula, descobrirá o que muitos ministros descobriram antes dele: que é muito mais difícil trabalhar para preparar um estudo bíblico ou um sermão fiel do que falar espontaneamente sobre o que ele acha que as pessoas precisam ouvir.

Um dos legados mais tristes de um ministério que não manuseia corretamente a Palavra de Deus é uma congregação que está espiritualmente faminta e confusa. Com o passar do tempo, em vez de aprender como entender a Bíblia, uma congregação que recebe ensino de um intérprete infiel aprenderá como interpretar mal a Bíblia. Quando filhos e netos são afetados, potencialmente centenas, se não milhares, de pessoas são levadas ao erro e ao mal-estar espiritual. Ao considerarmos a devastação que um mau pregador pode causar, não é surpreendente que Tiago nos advirta: "Meus irmãos, não vos torneis, muitos de vós, mestres, sabendo que havemos de receber maior juízo" (Tg 3.1).

Um intérprete infiel também pode criar dependência espiritual — uma situação em que as pessoas sentem que devem sempre ir ao pastor

---

11 Robert H. Stein, *The Method and Message of Jesus'Teachings*, ed. rev. (Louisville: Westminster John Knox, 1994), p. 48.
12 Assim pensa Bernard Ramm, *Protestant Biblical Interpretation: A Textbook on Hermeneutics*, 3ª ed. (Grand Rapids: Baker, 1970), p. 37.

para entender o texto, porque não são capazes de ver, por si mesmas, as coisas que ele enfatiza em seu ensino. Esses pobres e famintos infantes que deveriam ter sido alimentados com o leite puro da Palavra (1Pe 2.2) fixam os olhos no púlpito, a cada semana, à espera de que o maná caia do céu.

ACEITE E RECEBA OPINIÕES GRACIOSAMENTE

O principal pastor e mestre de minha igreja tem o costume de enviar seu sermão por e-mail para cinco ou seis pessoas de confiança no sábado à noite. Temos a responsabilidade de lhe oferecer correção e encorajamento em relação à sua mensagem. Com frequência, tenho pouco a dizer, mas, em algumas ocasiões, minhas palavras o guardaram de erro.

Quando comecei a pregar, sempre pedia à minha esposa que lesse meu sermão. Às vezes, suas críticas eram bastante desmotivadoras, e eu não queria ouvi-las; mas, depois de pensar melhor, com frequência eu concordava com ela.

Se você quer saber a verdade sobre o seu ensino — tanto no nível de interpretação como no nível de apresentação —, terá de perguntar. É provável que você tenha de perguntar várias vezes e deixar claro que não vai revidar ou usar a crítica contra as pessoas, se elas lhe disserem a verdade. Talvez seja melhor decidir de antemão quais palavras exatas você dirá. Você pode imaginar o discurso em sua mente. Por exemplo, eis algumas palavras que você pode adaptar ao seu contexto.

> Estou um pouco ansioso para lhe pedir isso, porque sei que preciso melhorar; mas você poderia me enviar por e-mail sua opinião sincera sobre o meu sermão? Quero ser um intérprete mais fiel e um melhor comunicador da mensagem, e creio que você pode me ajudar nisso. Por favor, sinta-se à vontade para oferecer qualquer conselho. Não tenha receio de oferecer críticas. Isso é o que eu quero.

Além disso, decida de antemão não defender a si mesmo. Responda somente com agradecimentos — ainda que você ache que algum tipo de conselho foi desorientado ou incorreto. Se você procurar defender-se, não espere ter de novo opiniões sinceras da pessoa a quem está respondendo.

Se você se sente embaraçado a respeito de se abrir a críticas de outra pessoa em seu ambiente atual, talvez possa enviar por e-mail seu sermão ou lição bíblica para um velho amigo de faculdade ou do seminário. Idealmente, você deve mover-se em direção a pessoas de seu ambiente atual. Com o passar do tempo, você pode formar um grupo de conselheiros confiáveis e se regozijar em ver a capacidade de interpretação deles se desenvolvendo com a sua própria. Talvez Deus levante outros líderes para compartilharem o ministério de ensino por meio desses relacionamentos.

Quando você procurar a ajuda de outros para crescer como intérprete, eis dois provérbios para sua meditação:

- *Provérbios 27.17*: "Como o ferro com o ferro se afia, assim o homem, ao seu amigo".

- *Provérbios 24.26*: "Como beijo nos lábios, é a resposta com palavras retas".

ADQUIRA E EMPREGUE FERRAMENTAS DE ESTUDO BÍBLICO

Erasmo, um líder da igreja no século XVI, disse: "Quando consigo um pouco de dinheiro, compro livros; e, quando sobra algum dinheiro, compro comida e roupas".[13] Podemos ser agradecidos pelo fato de que não vivemos naqueles dias de escassez, mas um estudante diligente da

---

13 Essa afirmação é atribuída a Erasmo. A declaração mais parecida que pude localizar em suas obras publicadas diz: "A primeira coisa que farei, logo que o dinheiro chegar, é comprar alguns autores gregos; depois disso, comprarei roupas" (Letter 24, "To Jacob Batt, Paris, 12 April [1500]", em *The Correspondence of Erasmus, Letters 1 to 141, 1484 to 1500*, trad. R. A. B. Mynors e D. F. S. Thomson [Toronto: University of Toronto Press: 1974], 1:252).

Bíblia terá como prioridade a compra de livros que o ajudem em seu estudo das Escrituras.

Além de adquirir várias traduções modernas da Bíblia (veja a Questão 7: "Qual é a melhor tradução da Bíblia?"), sua primeira aquisição talvez deva ser uma boa Bíblia de estudo. A Bíblia de estudo não somente lhe dará um visão geral proveitosa de cada livro, como também proverá comentários de versículos que o ajudarão a entender afirmações mais obscuras. Evidentemente, os comentários numa Bíblia de estudo exibirão as inclinações doutrinárias das pessoas que escreveram as notas. Por essa razão, recomendo a *Zondervan Study Bible* e a *ESV Study Bible* (Crossway). Ambas são obras respeitadas, cujas notas representam o amplo consenso da erudição evangélica.[14]

Enquanto você continua em seu estudo das Escrituras e busca mais obras de estudo, consulte a Questão 13: "Quais são alguns livros ou materiais proveitosos para interpretarmos a Bíblia?"

PASSE ADIANTE O QUE VOCÊ ESTÁ APRENDENDO

Na vida espiritual, ou você é um poço estagnado ou uma fonte de águas que fluem. Se você está aprendendo, mas não compartilha esse conteúdo, será como um tanque coberto de algas. A maior parte do conselho dado neste capítulo pressupôs que os leitores deste livro estão envolvidos em — ou aspiram a — algum ministério público. Talvez você não veja a si mesmo num ministério público. Mas, no que diz respeito à Bíblia, todo o povo de Deus deve transbordar com as verdades que estão aprendendo. Ainda que suas conversas sobre a Bíblia sejam travadas com seus filhos, cônjuge ou vizinhos, você deve procurar compartilhar novos discernimentos que está aprendendo de Deus.

---

14 N.E.: Para Bíblias de estudo em português, veja a bibliografia ao fim deste capítulo.

RESUMO

Ninguém chega ao mundo como um intérprete da Bíblia. Todos estamos em uma jornada em direção a uma fidelidade maior. Nesta seção, ofereci sete sugestões de como crescer na habilidade hermenêutica: (1) Leia a Bíblia. (2) Leia e ouça ensinos e pregações fiéis. (3) Entenda o relacionamento entre fé e obediência. (4) Não apenas afirme princípios interpretativos saudáveis; aplique-os de fato. (5) Acolha e receba opiniões de maneira graciosa. (6) Adquira e empregue Bíblias de estudo. (7) Passe adiante o que está aprendendo.

PERGUNTAS PARA REFLEXÃO

1. Ler a Bíblia é sua prática diária? Se não, por que não começar hoje?

2. A Bíblia está sendo ensinada fielmente em sua igreja? Você e sua família estão sendo edificados e desafiados pela Escritura em sua igreja?

3. Se você ensina a Bíblia presentemente, tem um método para receber as opiniões de outros quanto a seu ensino?

4. Você possui uma Bíblia de estudo? Em caso positivo, quem a publicou? Qual é o alvo declarado dos comentários de sua Bíblia de estudo?

5. Quais relacionamentos você tem que lhe permitem compartilhar o que está aprendendo da Bíblia?

PARA ESTUDO POSTERIOR

Bíblia de Estudo da Fé Reformada. 2ª ed. São José dos Campos: Editora Fiel, 2022.

Bíblia de Estudo NAA. Barueri: Sociedade Bíblica do Brasil, 2018.

Bíblia de Estudo Thomas Nelson. Rio de Janeiro: Thomas Nelson, 2023.

KÖSTENBERGER, Andreas J; PATERSON, Richard D. *Convite à Interpretação Bíblica: A Tríade Hermenêutica - História, Literatura e Teologia*. São Paulo: Vida Nova, 2015.

OSBORNE, Grant R. A *Espiral Hermenêutica: Uma Nova Abordagem à Interpretação Bíblica*. São Paulo: Vida Nova, 2009.

QUESTÃO 13

QUAIS SÃO ALGUNS LIVROS OU MATERIAIS PROVEITOSOS PARA SE INTERPRETAR A BÍBLIA?

Como professor de Novo Testamento, às vezes as pessoas me pedem conselho sobre materiais de estudo e comentários. Certamente, sou um defensor de possuirmos excelente material que ajude no estudo da Bíblia; mas, a fim de orientarmos a nós mesmos apropriadamente antes de investigarmos esse assunto, comecemos com duas citações do pastor puritano Richard Baxter (1615-1691):

> Faça uma escolha cuidadosa dos livros que você lerá. *Deixe as Escrituras Sagradas terem a preeminência*; e, ao lado delas, os tratados que expõem e aplicam melhor as Escrituras; e, ao lados destes, as histórias confiáveis, em especial da igreja... mas tenha cuidado com o veneno dos escritos de falsos mestres, que corromperia seu entendimento.[1]
>
> *Não é a leitura de muitos livros que é necessária para tornar um homem sábio ou bom, e sim a boa leitura de uns poucos livros,* se ele estiver certo de que tem os melhores. E não é possível ler muitos livros sobre o mesmo assunto, sem uma grande quantidade de perda de tempo precioso.[2]

---

[1] Richard Baxter, "A Christian Directory", parte I ("Christian Ethics"), cap. II, Direct XVI, em *The Pratical Works of Richard Baxter* (Londres: George Virtue, 1846; reimpr., Morgan: Soli Deo Gloria, 2000), 1:56 (ênfase minha).
[2] Richard Baxter, "A Christian Directory", parte III ("Christian Ecclesiastics"), "Ecclesiastical Cases of Conscience", Question 174, em *The Pratical Works of Richard Baxter* (Londres: George Virtue, 1846; reimpr., Morgan: Soli Deo Gloria, 2000), 1:731 (ênfase minha).

Duas coisas se destacam nessas citações: a preeminência da Escritura e a necessidade de termos discernimento a respeito de quais livros consultar. Nessa questão, admitiremos a prioridade da Escritura e avançaremos para dar conselho sobre quais livros específicos adquirir nas várias categorias.

BÍBLIA DE ESTUDO

Uma Bíblia de estudo proporciona comentários sobre o texto da Escritura. Em geral, essas Bíblias defendem determinada perspectiva teológica (por exemplo, *a Bíblia de Estudo da Fé Reformada*), ou um interesse em questões de um subgrupo demográfico específico (por exemplo, a *Bíblia da Mulher*), ou uma investigação de questões à luz de certa disciplina teológica (por exemplo, *Bíblia Apologética, Bíblia de Estudo Arqueológica*), ou a influência de certo mestre cristão proeminente (*Bíblia de Estudo MacArthur*). Para um cristão jovem, uma Bíblia de estudo pode ser bastante proveitosa por oferecer resumos e pano de fundo histórico de cada livro da Bíblia, suprindo a discussão de textos difíceis e debatidos, bem como oferecendo referências correlatas e índices. Usada erroneamente, uma Bíblia de estudo pode prover uma espécie de apoio que desestimula os cristãos a pensarem sozinhos sobre os textos e a labutarem com eles. Além disso, se uma pessoa compra uma Bíblia de estudo de uma perspectiva teológica específica, depara com o risco de deixar as predileções teológicas assumirem prioridade sobre o texto da Escritura.

Se você está buscando uma Bíblia de estudo que representa o consenso geral da erudição evangélica, é difícil superar a *Zondervan NIV Study Bible* e a *ESV Study Bible*.[3]

CONCORDÂNCIAS

Uma concordância é um índice para a Bíblia. Uma concordância exaustiva lista cada ocorrência de cada palavra na Bíblia. Muitas pessoas que

---

3 N.E.: Para Bíblias de estudo em português, veja a bibliografia da Questão 12 (p. 182-83).

cresceram usando a King James Version (KJV) estão familiarizadas com a *Strong's Concordance* (Concordância de Strong), uma concordância exaustiva da KJV compilada por James Strong (1822-1894) e publicada inicialmente em 1890. Concordâncias estão disponíveis para todas as principais traduções da Bíblia em inglês e, se você comprar uma concordância, deve obter uma para a tradução que você usa regularmente. Por causa da tentativa de traduzir, de forma coerente, as palavras gregas e hebraicas do texto bíblico, traduções formalmente equivalentes (palavra por palavra) são mais fáceis de usar com uma concordância. Empregada corretamente, uma concordância permite ao leitor não somente encontrar a repetição da mesma palavra na tradução, como também determinar a palavra grega ou hebraica por trás dela. (Atribuem-se números às palavras gregas e hebraicas para que aqueles que não conhecem essas línguas possam seguir a repetição das palavras em toda a Escritura.)

Ao usar uma concordância, aqueles que têm pouco conhecimento de linguística podem fazer suposições erradas sobre como aplicar seu reconhecimento de palavras repetidas. Por exemplo, um princípio básico de linguística é que as palavras têm um campo semântico e que o contexto imediato é o mais importante determinador do significado. Com uma concordância, um intérprete iniciante poderia forçar as nuanças contextuais de uma palavra numa passagem e aplicá-las em outra passagem. Com as cautelas apropriadas, uma concordância pode ser uma ferramenta muito útil. Quaisquer softwares e sites de Bíblia aceitáveis terão também um recurso de pesquisa que funciona como uma concordância exaustiva (veja abaixo para softwares).

OBRAS DE ESTUDO DE PALAVRAS

Nunca antes na história do cristianismo, houve menos necessidade de estudo das palavras. Com a multiplicação de excelentes e modernas traduções da Bíblia, seus leitores têm o fruto da meticulosa pesquisa dos eruditos. Ao mesmo tempo, é um desejo saudável o cristão querer acessar a essência de cada palavra da Escritura. No entanto, como já dissemos, uma euforia linguística mal instruída pode resultar em distorções do texto, e não em maior entendimento. Em seguida, apresentamos os dois perigos comuns em referência ao estudo de palavras.

1. *Transferência ilegítima de totalidade.* Todas as palavras têm um campo semântico, e as nuanças de cada uso específico não podem ser atribuídas a todos os outros usos da palavra. Ou seja, se o leitor pega a totalidade do que uma palavra *pode* significar e entende essa potencialidade como uma realidade em cada ocorrência da palavra, terá transferido ilegitimamente a totalidade do que a palavra significa para cada ocorrência (por isso, a designação "transferência ilegítima de totalidade"). Pessoas toleram abordagens linguísticas errôneas da Bíblia que elas nunca aceitariam na fala comum. Por exemplo, imagine a admiração com que uma pessoa seria vista se dissesse: "Você acabou de usar a palavra *celular* para descrever seu telefone. Mas, por essa palavra, entendo que seu telefone é um aparelho de comunicação sem fio e um objeto formado de microscópicas bolhas de protoplasma". É evidente que somente um dos potenciais significados é intencionado. Mas quantas vezes ouvimos potenciais significados serem dados por um pregador como "o real significado" de uma palavra na Bíblia? Pode-se ver o perigo de ferramentas como a *Amplified Bible*, que fornece muitos significados possíveis para a maioria das palavras.[4] Sem melhor instrução, esses materiais podem levar algumas pessoas pelo caminho da transferência ilegítima de totalidade.

---

4 N.E.: A *Amplified Bible* (AMP), cuja primeira edição foi publicada em 1965, busca oferecer leituras alternativas ou amplificações que, supostamente, ajudam o leitor a entender o que realmente foi escrito pelo autor original. A título de exemplo, Gênesis 1.1-2 é assim vertido na AMP: "No princípio, Deus (*Elohim*) criou [formando a partir do nada] os céus e a terra. A terra era sem forma e vazia ou um deserto e vaguidão, e as trevas estavam sobre a face do abismo [oceano primevo que cobria a terra não formada]. O Espírito de Deus estava se movendo (pairando, incubando) sobre a face das águas."

2. *Falácia etimológica.* Etimologia é o estudo da ancestralidade das palavras. Portanto, a falácia etimológica é acreditar erroneamente que conhecer a história de uma palavra nos dá discernimento mais profundo quanto ao seu significado corrente. Tem havido períodos na erudição bíblica em que eruditos muito bem instruídos foram tomados pelo encanto da etimologia. Mais comumente, na pregação popular, ouvimos a etimologia de uma palavra sendo dada como "o que a palavra realmente significa". Para ilustrar a tolice da falácia etimológica aos meus alunos, dou exemplos de nossa língua. Vejamos:

- Quando você pensa na palavra inglesa *tuxedo* (ou seja, um *smoking*), pensa na palavra dos índios algonquinos para "lobo", da qual *tuxedo* se derivou. Inconscientemente, você quase se ouve falando: "Lá vai aquele lobo elegante!"
- Quando você ouve seu vizinho falar em lançar herbicida nos dentes-de-leão no jardim, pensa nas palavras francesas *dent de lion*. Você pode perguntar: "Aquelas pragas rugidoras estão cravando de novo seus incisivos agudos em seu jardim, não estão?".
- Sua esposa diz que está cozinhando lasanha para a janta. Você pode lembrar que a palavra *lasanha* deriva, em última instância, da palavra grega que significa "urinol do quarto" (*lasonon*). "Vai nos servir outra vez do toalete?", pergunta você inocentemente.

A realidade é que as palavras significam o que os escritores tencionavam que elas significassem no contexto histórico em que foram escritas. O uso comum do idioma (o potencial campo semântico de uma palavra) restringe a possibilidade de significado, a menos que o autor indique claramente que está usando uma palavra de maneira diferente de como seria entendida normalmente. Assim, no começo do século XXI, dizer, em inglês, que alguém está usando uma roupa "gay" (sem especificação adicional) significa algo bem diferente do que significava quando os tradutores da KJV escolheram essa expressão ao traduzirem Tiago 2.3 no século XVII.

Apesar de todas essas advertências contra o mau uso de estudos de palavras, eles podem ser úteis para esclarecer as nuanças de palavras importantes. No caso de uma palavra muito rara, da qual temos poucas outras ocorrências no mesmo período, pode ser legítimo apelar à etimologia para nos ajudar a determinar seu significado. Também os nomes próprios (os nomes de pessoas e lugares) são apresentados muitas vezes na Escrituras como instruídos por sua etimologia.[5] O mais confiável e disponível material de estudo de palavras para aqueles que não têm familiaridade com o grego e o hebraico pode ser *Mounce's Complete Expository Dictionary of Old and New Testament Words*. Quanto a mais detalhes, veja *New International Dictionary of Old Testament Theology* e *New International Dictionary of New Testament Theology*.

COMENTÁRIOS

Comentários são livros que explicam o texto da Escritura, geralmente segundo um método de versículo por versículo ou parágrafo por parágrafo. Há comentários de toda a Bíblia de um único volume,[6] porém as reflexões mais abrangentes e mais prudentes sobre as Escrituras podem ser encontradas em monografias dedicadas a livros individuais da Bíblia. Comentários individuais são também focalizados em livros relacionados, como as Epístolas de João (1, 2 e 3 João) ou as Epístolas Pastorais (1, 2 Timóteo e Tito).

Se um professor cuidadoso tivesse de ensinar sobre Romanos, deveria obter vários bons comentários para ler em sua preparação semanal.

---

5 Veja Robert S. Stein, *A Basic Guide to Interpreting the Bible: Playing by the Rules*, 2ª ed. (Grand Rapids: Baker, 2011), p. 194.
6 Um dos melhores comentários bíblicos de um único volume é *Comentário Bíblico Vida Nova*, ed. D. A. Carson, R. T. France, J. A. Motyer e G. J. Wehnam (São Paulo: Vida Nova, 2009).

No mínimo, os comentários funcionam como uma comunidade virtual de outros crentes dialogando com o professor sobre o texto. Um professor cristão não deve trabalhar em isolamento ou rejeitar as informações benéficas de outros professores dotados e colocados na igreja pelo Espírito Santo. No nível mais fundamental, um comentário protege um professor de interpretações idiossincráticas. De fato, se você é a única pessoa que entende uma passagem bíblica de determinada maneira, é quase certo que você esteja errado.

Algumas cautelas sobre os comentários devem ser notadas:

1. Pastores ou leigos diligentes são, às vezes, pessoas ansiosas por obter uma série completa de comentários, ou seja, um conjunto produzido sob o mesmo título por uma única publicadora. Embora esse jogo de comentários tenha ótima aparência na estante de seu possuidor (e proporcione um ar de erudição), é melhor comprar volumes individuais baseados na qualidade da erudição. Comentários dentro da mesma série podem variar muito em qualidade. Dinheiro gasto na aquisição de obras medíocres ou de baixa qualidade é dinheiro desperdiçado. Eu possuo várias séries completas de comentários, mas foram todas compradas com grande desconto.

2. Cristãos estudiosos são atraídos por softwares que prometem centenas de comentários e/ou a capacidade de obter eletronicamente outros comentários. No entanto, se a pessoa não aprecia ler livros no computador, deveria ser alertado, de antemão, sobre comprar uma biblioteca digital. Além disso, muitos dos títulos que vêm, por padrão, em alguns softwares de Bíblia são volumes que já estão em domínio público (talvez disponíveis para download gratuito em websites) ou são obras de limitado valor de erudição. Para conseguirmos realmente os melhores comentários, temos de pagar — ou por uma cópia digital ou por

um livro encadernado. Tenho uma série completa de comentários da Bíblia no disco rígido de meu laptop, *The Expository Bible Commentary* (Zondervan). Essa série existe também em cópias físicas, com 12 volumes. Gosto de ter essa série em formato digital por duas razões. Primeiro, quando estou viajando com meu laptop, asseguro-me de ter pelo menos um comentário geral proveitoso sobre os livros da Bíblia. Segundo, ao dar respostas rápidas aos e-mails sobre passagens específicas da Bíblia, às vezes ganho tempo por apenas "colar" uma porção do comentário (com a citação adequada, é claro).

3. Os cristãos são aconselhados a formar sua biblioteca devagar e prudentemente. Toda vez que você começa o estudo detalhado de um novo livro da Bíblia, deve consultar um destes dois livros orientadores para determinar quais comentários individuais comprar: *Old Testament Commentary Survey*, de Tremper Longman, ou *New Testament Commentary Survey*, de D. A. Carson.[7] Essas obras estão cheias de conselhos excelentes e também dignas de averiguação rápida devido às sugestões gerais sobre adquirir e usar comentários. Embora forneçam menos detalhes, também são úteis as recomendações que se acham no site bestcommentaries.com.

4. Muitos pastores e professores têm as estantes cheias de volumes que nunca leram e nunca lerão. Dinheiro para adquirir livros que nunca serão lidos tem melhor destinação em coisas mais produtivas. Há muitas maneiras de adquirirmos livros necessários a um custo acessível. Seja criativo e diligente. Você será recompensado pelo fruto de sua frugalidade.

---

[7] Tremper Longman, *Old Testament Commentary Survey*, 5ª ed. (Grand Rapids: Baker, 2013); D. A. Carson, *New Testament Commentary Survey*, 7ª ed. (Grand Rapids: Baker, 2013). Veja também John Glynn, *Commentary and Reference Survey: A Comprehensive Guide to Biblical and Theological Resources*, 10ª ed. (Grand Rapids: Kregel, 2007).

SOFTWARES

Softwares são úteis para o estudo da Bíblia em duas áreas:

1. *Manejar o texto da Bíblia.* Se você tem algum treinamento em grego ou hebraico, alguns softwares têm recursos incríveis e poupadores de tempo — ligando os léxicos, diagramando os textos, permitindo buscas morfológicas etc. Em minha opinião, os melhores programas são o Logos (meu favorito) e o Accordance. Se você não está habilitado a usar o grego e o hebraico, mas quer um texto bíblico em inglês que possa ser pesquisado digitalmente, confira biblearc.com ou biblegateway.com.

2. *Prover textos secundários úteis.* Pessoalmente, prefiro os volumes encadernados, mas, se você é um leitor de livros digitais, o melhor software para uma biblioteca digital é o Logos Bible Software, da Faithlife Corporation. Praticamente todos os livros das principais editoras teológicas estão agora disponíveis no Logos.

WEBSITES

Sem endossar todo o conteúdo deles, alguns websites que considero proveitosos para pesquisa bíblica e teológica são:

- www.biblegateway.com: para encontrar versículos e comparar traduções bíblicas.
- 40Questions.net: recursos gratuitos ligados aos livros da série 40 Questions.
- www.biblearc.com: acesso gratuito ao AT hebraico, NT grego e diversas traduções para o inglês. Fornece treinamento e ferramentas para representar visualmente a estrutura do texto bíblico.

- www.dailydoseofgreek.com: recursos gratuitos para aprender e ler o grego bíblico.
- beginninggreek.com: recursos gratuitos para começar a aprender o grego bíblico.
- deepergreek.com: recursos gratuitos para o estudo intermediário do grego bíblico.
- www.dailydoseofhebrew.com: recursos gratuitos para aprender e ler o hebraico bíblico.
- www.dailydoseoflatin.com: recursos gratuitos para aprender e ler o latim.
- albertmohler.com: comentário cristão sobre a cultura e eventos atuais.
- www.bible.org: para consultar uma variedade de materiais bíblicos e teológicos.
- www.desiringgod.org: site do ministério de John Piper, com uma variedade de materiais disponíveis.[8]
- www.monergism.com: para acessar materiais de perspectiva calvinista.
- www.theopedia.com: enciclopédia online para teologia.
- equip.sbts.edu: muitos recursos gratuitos do The Sourther Baptist Theological Seminary.
- www.watchman.org: um ministério que provê materiais sobre seitas.
- www.namb.net/resources: site apologético conduzido pela Junta de Missões Norte-Americana da Convenção Batista do Sul dos Estados Unidos.
- www.ntgateway.com: um "índice erudito" de websites relacionados ao Novo Testamento.

---

8 N.E.: Para conteúdos de John Piper em português, veja a nota de rodapé 4, na p. 173.

A quantidade de material disponível no clique de um mouse é quase intoxicante. A sabedoria de verdade apreendida é, porém, o mais difícil de achar. O teólogo neófito deve acautelar-se dos perigos de plágio, de leitura superficial e de repetir os erros e as incompreensões de outros.

ESTUDO AVANÇADO

À medida que for crescendo em habilidade como intérprete da Bíblia, o estudioso também desejará debruçar-se sobre outras áreas, como teologia sistemática, ministério prático, história da igreja, missões etc. Os clássicos cristãos (obras de gerações anteriores) não devem ser negligenciados. Há uma razão pela qual essas obras sobreviveram. Ler um resumo moderno de um texto clássico nunca se compara com ruminar o original. Um trampolim para o estudo mais avançado é ouvir uma das muitas palestras de alta qualidade proferidas por importantes eruditos evangélicos nos seguintes websites: www.biblicaltraining.org e equip.sbts.edu.

RESUMO

Começamos esta seção notando a prioridade da Bíblia e a importância de escolher recursos secundários com cuidado. Em seguida, consideramos sete áreas das ferramentas de estudo bíblico: (1) uma Bíblia de estudo é uma Bíblia com extensas notas acerca do significado da Escritura. A *Zondervan NIV Study Bible* ou a *ESV Study Bible* pode ser uma das primeiras ferramentas que um estudante iniciante da Bíblia deve adquirir. (2) Uma concordância é um livro que consiste num índice das palavras da Bíblia. Uma concordância exaustiva lista toda ocorrência de cada palavra da Bíblia. (3) Ferramentas de estudo de palavras ajudam a entender as nuances de palavras específicas nos textos grego e hebraico subjacentes. Com as apropriadas advertências (veja acima), um recurso como *Mounce's Complete Expository Dictionary of Old and New Testament Words* pode ser de ajuda para o intérprete diligente. (4) Comentários são livros que explicam o texto da Escritura, geralmente verso por verso ou parágrafo por parágrafo. Para obter conselho sobre quais comentários adquirir, consulte *Old Testament Commentary Survey*, de Tremper Longman, e *New Testament Commentary Survey*, de D. A. Carson. (5) Softwares podem fornecer muitas ferramentas digitais úteis, como uma coleção de versões bíblicas, Bíblias de estudo, concordâncias, comentários etc. Para aqueles que têm conhecimento de grego e hebraico, recomendo o Logos como o melhor software bíblico. (6) Sites podem ser úteis para o estudo bíblico. Uma lista de sites recomendados aparece acima. (7) Para estudos bíblicos e teológicos avançados, o estudante curioso nunca esgotará o prospecto de novas leituras e pesquisas (p. ex., história da igreja, ministério prático, teologia sistemática etc.).

PERGUNTAS PARA REFLEXÃO

1. Quais materiais, além da Bíblia, você usa presentemente em seu estudo da Escritura?

2. Você dispõe de algumas ferramentas de estudo bíblico que não está usando? Por quê?

3. Das obras de estudo citadas neste capítulo, quais são as primeiras em sua lista de aquisições futuras?

4. Você já se envolveu em qualquer das falácias de estudo de palavras discutidas neste capítulo? Você acha que entende suficientemente as falácias para evitá-las no futuro?

5. Se alguém lhe perguntasse: "Que livro você pode me recomendar que me ajudaria a entender Eclesiastes?", onde procuraria conselho confiável sobre obras relevantes?

PARA ESTUDO POSTERIOR

CARSON, D. A. *Os Perigos da Interpretação Bíblica*. São Paulo: Vida Nova, 2001.

GLYNN, John. *Commentary and Reference Survey: A Comprehensive Guide to Biblical and Theological Resources*. 10ª ed. Grand Rapids: Kregel, 2007.

LONGMAN, Tremper. *Old Testament Commentary Survey*. 5ª ed. Grand Rapids: Baker, 2013.

MOUNCE, William D. (ed.). *Mounce's Complete Expository Dictionary of Old and New Testament Words*. Grand Rapids: Zondervan, 2006.

SILVA, Moisés (ed.). *New International Dictionary of New Testament Theology and Exegesis*. 5 vols. Grand Rapids: Zondervan, 1997.

VANGEMEREN, Willem A. (ed.). *Novo Dicionário Internacional de Teologia e Exegese do Antigo Testamento*. 5 vols. São Paulo: Cultura Cristã, 2019.

PARTE 2

ABORDANDO A BÍBLIA DE MANEIRA GERAL

SEÇÃO B
QUESTÕES RELACIONADAS AO SIGNIFICADO

QUESTÃO 14

QUEM DETERMINA O SIGNIFICADO DE UM TEXTO?

Em qualquer ato de comunicação (uma fala, uma conversa, uma carta escrita à mão ou um e-mail), há três elementos: um escritor ou falante, um texto ou palavras faladas e um leitor ou ouvinte.[1] De que maneira essas três partes diferentes do processo de comunicação afetam ou determinam o significado? O que ou quem é o árbitro final de significado, admitindo que exista um árbitro? Os eruditos têm chegado a conclusões altamente divergentes para essas questões. Examinaremos as principais abordagens em seguida, argumentando em favor do autor como o determinante supremo do significado.

O LEITOR COMO DETERMINANTE DO SIGNIFICADO

A abordagem predominante na academia secular para interpretar literatura enfatiza o leitor como o determinante supremo do significado. De acordo com essa abordagem, ainda que o autor se levantasse e dissesse: "Não foi isso que eu quis dizer", o leitor responderia: "Quem se importa com o que você quis dizer? Esse é o significado para *mim*". Esse significado determinado pelo leitor é, às vezes, também chamado abordagem de resposta do leitor à literatura. (Ou seja, cada leitor responde à literatura na criação do significado.) Esses significados criados pelo leitor são,

---

1   É claro que esse é o principal paradigma da comunicação, mas há permutas relacionadas — por exemplo, no caso de duas pessoas surdas, seria quem faz os sinais, os próprios sinais usados e aquela que vê os sinais. Ou, no caso de espias, poderia haver um codificador, o código usado e o decodificador.

às vezes, norteados conscientemente pelos vários interesses filosóficos ou sociais (por exemplo, a leitura marxista, a leitura feminista, a leitura homossexual, a leitura ambientalista, a leitura liberalista). Outras vezes, o leitor pode simplesmente apelar para seu ponto de vista singular sem qualquer referência a uma agenda social mais ampla. Devemos notar que a abordagem de resposta do leitor à literatura *não* é o leitor descobrindo o significado do autor ou aplicando esse significado à sua própria vida. O leitor é o verdadeiro determinador ou criador do significado, com a exclusão de qualquer juiz externo.[2]

Essa abordagem interpretativa resulta, inevitavelmente, em leitores que propõem uma variedade de significados contraditórios. Adeptos da abordagem de resposta do leitor à literatura afirmariam várias interpretações irreconciliáveis, em vez de sugerirem que uma interpretação é mais válida do que outra. Uma rejeição de afirmações absolutas está por trás da abordagem de resposta do leitor. Uma sentença indesejável seria: "*O* significado do texto é..." Admissível é: "*Para mim*, este texto significa..." Numa sociedade pluralista e multicultural, afirmar legitimidade final para uma única interpretação é algo visto como arrogância.

Outro assunto que está frequentemente por trás da abordagem de resposta do leitor à literatura é a suposição de que a linguagem é um instrumento de opressão ou de libertação.[3] Ou seja, os textos são usados, primariamente, para asseverar poder, e não para transmitir ou receber informação. Embora seja verdadeiro que textos, incluindo a Bíblia, realizam ação e mudança, uma pessoa tem de ser bastante cínica para reduzir a leitura e a escrita de textos a estratégias de poder.

---

[2] Robin Parry oferece esta advertência proveitosa: "A teoria de resposta do leitor não é uma teoria singular, e sim uma família de teorias hermenêuticas diversas que compartilham de um foco no *papel ativo* do leitor (ou comunidade de leitores) na interpretação. Os vários teóricos discordam em vários tópicos: quanto controle o texto exerce na interpretação, o papel das comunidades em que os leitores vivem, o papel das histórias interpretativas dos textos, se os leitores dos quais elas falam são leitores experts ou comuns, e assim por diante" ("Reader-Response Criticism", em *Dictionary for Theological Interpretation of the Bible*, ed. Kevin J. Vanhoozer [Grand Rapids: Baker; Londres: SPCK, 2005], p. 658-59).

[3] Tecnicamente, essa suposição pertence mais ao desconstrucionismo, mas as abordagens se sobrepõem.

Visto que a América moderna está impregnada da abordagem de resposta do leitor à literatura e das pressuposições que a fundamentam, é difícil não ser influenciado por ela. De fato, muitos escritores e eruditos que se declaram cristãos adotaram a abordagem de resposta do leitor da mesma maneira que a igreja primitiva adotou a abordagem alegórica da cultura greco-romana que a rodeava (veja a Questão 9: "Como a Bíblia foi interpretada no decorrer da história da igreja?"). Oferecerei dois exemplos da abordagem de resposta do leitor à Bíblia a partir de minhas experiências diárias.

1. Numa Bíblia infantil que foi dada à minha filha, a história de José é seguida por estas perguntas: "Alguém já lhe deu algo como um novo casaco ou um novo suéter? Como você se sentiu quando usou a nova roupa?"[4] É claro que o autor da Bíblia infantil valoriza autoestima e afirmação. Embora o autor do texto bíblico não esteja relatando a história de José para causar reflexão sentimental sobre como os outros nos têm afirmado, o autor moderno da Bíblia usou a história com esse propósito. Ele criou um significado estranho à intenção do autor bíblico. A questão não é se o objetivo do intérprete é válido (ou seja, encorajar reflexões sentimentais para edificar autoestima). A questão é: quais eram o propósito, a intenção ou o significado *do autor bíblico inspirado*?

2. Pouco tempo atrás, minha esposa e eu nos encontramos com uma senhora que chegara recentemente à fé por meio de um ministério paraeclesiástico, mas ainda frequentava uma igreja histórica amplamente não regenerada. Ela ficou admirada porque seu pastor pregara sobre Mateus 13.24-30 (a parábola do joio e do trigo), incentivando

---

[4] Essas são as perguntas conforme as lembro. Não mantivemos a Bíblia conosco.

as pessoas a removerem o joio de sua vida e cuidarem do trigo. "Mas", a senhora disse, consternada, "quando olho a minha Bíblia, o próprio Jesus explica a parábola e diz que o joio são as pessoas ímpias, as quais são lançadas no inferno!" (Mt 13.37-43). O pastor da igreja dessa senhora talvez tenha achado que a doutrina do inferno é ofensiva; por isso, reinterpretou a parábola para oferecer uma mensagem mais agradável.

O TEXTO COMO DETERMINANTE DO SIGNIFICADO

Outra abordagem à comunicação que era popular nos círculos literários desde os anos 1930 a 1960 é olhar para o texto como o determinante de significado.[5] Ao contrário da abordagem de resposta do leitor, a abordagem de texto como determinante aceita realmente um árbitro objetivo de significado, mas não é o autor. Depois que o autor termina sua obra, o texto é visto como assumindo vida em si mesmo — contendo significados além do tencionado e talvez contrários ao desejo do compositor original. Assim, conhecer o ambiente histórico e os destinatários originais de um documento não tem importância nenhuma, de acordo com essa abordagem.

É necessário ressaltar alguns potenciais mal-entendidos sobre a abordagem de texto como determinante do significado. Em primeiro lugar, a maioria das pessoas que afirmam "A Bíblia diz" não está advogando uma abordagem de texto como determinante do significado. Ao afirmar: "a Bíblia diz", quem fala quer dizer geralmente o mesmo que "o autor bíblico inspirado diz". Em segundo lugar, a visão determinada pelo

---

[5] Essa abordagem interpretativa é chamada a Nova Crítica ou Formalismo. Michael E. Traers comenta: "Filosoficamente, as versões modernas de formalismo se desenvolveram de Immanuel Kant e esteticamente dos poetas românticos do início do século XIX... Nos Estados Unidos, o formalismo recebeu sua expressão clássica na Nova Crítica em meados do século XX, nas obras de autores como Cleanth Brooks, John Crowe Ransom, Robert Penn Warren e William Wimsatt. A designação 'Nova Crítica' deve ser entendida no contexto do desejo deles de avançarem do estudo de literatura biográfica e histórica, nas salas de aula das universidades americanas da época, para uma crítica literária baseada mais em texto" ("Formalism", em *Dictionary for Theological Interpretation of the Bible*, p. 230).

texto não deve ser confundida com o pensamento consciente do autor. Por exemplo, em Provérbios 23.10, o autor inspirado proíbe o roubo da propriedade de um vizinho pela remoção dos marcos delimitadores. Por implicação, qualquer outro método enganoso para defraudar seu próximo da propriedade dele também é proibido. Embora o antigo autor de Provérbios não estivesse pensando na falsificação de uma medição de terra usando um escâner de computador, esse comportamento também é proibido, por inferência. Essas implicações fluem do canal de significado tencionado pelo autor no momento de sua composição original.

Uma crítica importante do significado determinado pelo texto é que textos são objetos inanimados — tinta em papel ou ranhuras em pedras.[6] Significado, por outro lado, é uma construção de pensamento inteligente. Textos podem transmitir significado, mas não podem construir significado. Construir significado é papel do autor. Em última análise, o significado está no domínio do autor.

O AUTOR COMO DETERMINANTE DO SIGNIFICADO

A teoria final de comunicação (e aquela que eu defendo) é que o autor de um texto é o árbitro supremo de seu significado.[7] Em consequência, é importante que estudemos, tanto quanto possível, o ambiente histórico e os destinatários originais de um documento, para entendermos melhor a intenção do autor e seu propósito em escrever. Às vezes, pode ser difícil determinar o significado do autor, mas esse é o alvo que toda interpretação válida busca. O papel do leitor de um texto é, portanto, descobrir o significado intencional e consciente do autor.

Um dos principais argumentos em favor da abordagem de significado determinado pelo autor é que esse método é a abordagem lógica

---

6 Robert H. Stein, "The Benefits of an Author-Oriented Approach to Hermeneutics", *JETS* 44, n°. 3 (2001): 53.
7 E. D. Hirsch, *Validity in Interpretation* (New Haven: Yale University Press, 1967).

para toda a comunicação. Se seu amigo dissesse: "Eu gostaria de comer hambúrguer no almoço", e você respondesse: "Por que você odeia caucasianos?", a pessoa replicaria imediatamente: "Você é doido? Não ouviu o que eu disse?" Qualquer ato de comunicação só pode continuar com base na suposição de que alguém está tentando nos transmitir significado e de que desejamos, portanto, responder ao significado tencionado pelo falante ou pelo escritor.

OBJEÇÕES À ABORDAGEM DE AUTOR COMO DETERMINANTE DO SIGNIFICADO

Em seguida, apresentamos uma lista de objeções à abordagem do autor como determinante do significado.

1. *Nunca podemos acessar os pensamentos do autor; por isso, o significado do autor do texto é inacessível para nós.*[8] É verdade que nunca podemos acessar os pensamentos privados de um autor. Agora mesmo, enquanto estou digitando no teclado de meu laptop, mostro-me ambivalente ou estou engajado em escrever este livro? Sou motivado por dever, devoção ou pelo desejo de ter dinheiro ou fama? Você nunca saberá. Mas, se eu não for um escritor incompetente, você será capaz de entender o significado e a intenção do que escrevo. As multidões de pensamentos e sentimentos que tenho, enquanto escrevo este livro, não têm importância para a real intenção de minha comunicação.[9] Buscar o significado do autor não é buscar seus pensamentos ou sentimentos privados.

---

8 William K. Wimsatt e Monroe C. Beardsley, "The Intentional Fallacy", *Sewanee Review* 54 (1946): 468-88. Hirsch escreve: "O argumento de que o entendimento de um intérprete é necessariamente diferente porque ele é diferente presume uma concepção psicológica de significado que identifica erroneamente significado com processo mental, e não com o objeto desses processos" (*Validity in Interpretation*, p. 32).

9 Um argumento muito bem desenvolvido por C. S. Lewis em seu ensaio "Fern-seed and Elephants", em *Fern-seed and Elephants and Other Essays on Christianity by C. S. Lewis*, ed. Walter Hooper (Londres: Fontana/Collins, 1975), p. 104-25.

2. *Uma cosmovisão do autor pode estar tão distante de nossa própria que nunca podemos afirmar que entendemos seu significado.*[10] Essa crítica pode ser dirigida especialmente contra a Bíblia, cujas obras mais recentes têm quase 2.000 anos de idade. O que essa crítica não reconhece é a natureza comum compartilhada por todas as pessoas humanas. Como criaturas feitas à imagem de Deus, os humanos nunca são tão culturalmente diferentes uns dos outros que o entendimento seja impossível. Culturas e tempos variam, mas o intelecto humano racional é capaz de perceber e explicar essas diferenças.

3. *Buscar o significado tencionado pelo autor torna o documento irrelevante para os leitores modernos.* Essa crítica deixa de entender a relação entre significado e suas implicações (veja a Questão 15: "Um texto pode ter mais do que um significado?"). O significado é o propósito do documento tencionado pelo autor. As implicações são aquelas aplicações modernas do princípio afirmado pelo autor em tempos e culturas mutáveis. Definir claramente o significado do autor cria um canal pelo qual as implicações do intérprete podem fluir seguramente.

4. *Delimitar o significado ao intento consciente do autor humano é negar a autoria divina das Escrituras.* Duas respostas podem ser oferecidas a essa crítica. Primeiro, em sua vasta maioria, o significado consciente do autor humano e o significado tencionado por Deus são indistinguíveis. Quando Paulo disse: "Fazei tudo sem murmurações nem contendas" (Fp 2.14), não podemos imaginar uma diferença entre intenção divina e intenção humana.
Segundo, o problema de distinguir intenção divina e intenção humana surge apenas nos textos proféticos, especialmente naqueles poucos

---

10 Hirsch escreve: "Somente a forma absoluta de historicismo radical ameaça o empreendimento de interpretação recognitiva, ao afirmar que os significados do passado são intrinsecamente alheios para nós, que não temos acesso 'autêntico' a esses significados e, portanto, nunca podemos entendê-los 'verdadeiramente'" (*Validity in Interpretation*, p. 40).

textos que parecem ser usados de maneiras que diferem do intento original explicitamente distinguível do autor humano. Por exemplo, Mateus 2.15 cita Oseias 11.1 com referência ao retorno de Jesus do Egito. Em Oseias, porém, o contexto parece estar se referindo apenas à saída de Israel do Egito (como paradigma aplicado ao exílio da Assíria nos dias de Oseias). Essas citações do Antigo Testamento feitas pelos autores do Novo Testamento constituem o maior desafio para sustentarmos o compositor original humano como o determinante final do significado de um texto. Eu argumentaria, porém, que a intenção divina pode e deve ser inserida dentro de uma abordagem da interpretação da Bíblia orientada ao autor. Os autores humanos da Escritura compartilharam do entendimento de que estavam numa trajetória de salvação histórica que culminaria na vida do Messias. Deus agiu de modo salvífico na história de maneiras repetidas e progressivamente culminantes. Os escritores do Antigo Testamento que recorreram às intervenções divinas anteriores para entender seus próprios dias (por exemplo, a alusão de Oseias ao êxodo do Egito [Os 11.1]) endossam implicitamente que autores posteriores proponham uma intervenção divina como a contraparte culminante para seus próprios dias. Os autores bíblicos estavam conscientes de que faziam parte de uma história divina mais ampla e esperavam que os capítulos posteriores desenvolvessem e intensificassem o que já haviam relatado. Quanto a mais discussão sobre esse tipo de profecia bíblica, veja a Questão 24 ("Como interpretamos profecia? [Tipologia]").

RESUMO

Diferentes abordagens quanto à interpretação propõem que o determinante final de significado é o leitor, o texto ou o autor. Neste livro, contudo, eu argumento que o propósito conscientemente pretendido do autor humano original é o árbitro final de significado. No entanto, afirmar uma abordagem centrada no autor para a interpretação bíblica não é negar nem a autoria dual da Escritura (isto é, uma autoria simultaneamente humana e divina), nem a necessidade de se buscarem implicações para os dias de hoje, das quais o autor humano original não estava ciente.

PERGUNTAS PARA REFLEXÃO

1. Você consegue lembrar-se de alguém que interpretou a Bíblia de acordo com uma abordagem de resposta do leitor?

2. Em sua opinião, por que a abordagem de resposta do leitor à literatura é tão popular no tempo presente?

3. Você vê qualidades positivas nas abordagens de leitor como determinante do significado e de texto como determinante do significado?

4. A inspiração divina da Escritura (e, portanto, a autoria dual da Escritura) pode ser inserida genuinamente dentro de uma abordagem do significado orientada para o autor?

5. Das quatro objeções ao autor como determinante do significado apresentadas, qual parece ter mais validade para você? Por quê?

PARA ESTUDO POSTERIOR

BARTHOLOMEW, Craig G. *Introducing Biblical Hermeneutics: A Comprehensive Framework for Hearing God in Scripture.* Grand Rapids: Baker Academic, 2015.

HIRSCH, E. D. *Validity in Interpretation.* New Haven: Yale University Press, 1967.

STEIN, Robert H. *A Basic Guide to Interpreting the Bible: Playing by the Rules.* 2ª ed. Grand Rapids: Baker, 2011. (Veja o cap. 1: "Who Makes Up the Rules? An Introduction to Hermeneutics", p. 5-29).

QUESTÃO 15

UM TEXTO PODE TER MAIS DE UM SIGNIFICADO?

Essa pergunta está diretamente relacionada com a anterior ("Quem determina o significado de um texto?"). Se estamos certos de que a intenção consciente do autor humano inspirado por Deus é o determinante do significado, então a resposta óbvia para essa pergunta é: "Sim, um texto pode ter mais de um significado, *se* o autor humano tencionava conscientemente atribuir significados múltiplos em sua obra".

A confusão em se discutir "significado" pode ser causada por aqueles que usam a mesma palavra de maneiras diferentes. Por exemplo, alguém pode falar dos "significados" do texto, mas, na realidade, pode estar se referindo às implicações para os dias modernos. Quando pensamos mais detalhadamente sobre se um texto pode ter vários significados, é importante começarmos por esclarecer nossos termos.

UM VOCABULÁRIO PARA INTERPRETAÇÃO
Ao ensinar interpretação bíblica a alunos de seminário, começo por definir os termos básicos que usamos repetidamente no decorrer do semestre. Em seguida, oferecemos alguns termos importantes para a interpretação, com definições de Robert Stein.

- *Significado:* "O paradigma ou princípio que o autor quis comunicar conscientemente pelos símbolos compartilháveis (escrita) que ele usou".[1]

- *Implicação:* "Aqueles significados secundários de um texto que se enquadram legitimamente no paradigma ou princípio desejado pelo autor, quer o autor estivesse ciente deles, quer não".[2]

- *Importância*: "Como os leitores respondem ao significado desejado do autor".[3] Ao ser confrontado com essas implicações, o leitor/ouvinte moderno responderá com aceitação (obediência) ou rejeição (desobediência).

- *Assunto*: "O conteúdo ou a matéria sobre os quais o texto fala (ou seja, os detalhes textuais em e por si mesmos sem referência ao seu uso para comunicar o significado do autor).[4]

Podemos ilustrar esses termos olhando para um texto. Consideremos Provérbios 11.1: "Balança enganosa é abominação para o SENHOR, mas o peso justo é o seu prazer". Qual é o significado desse texto? O autor tenciona ensinar a seus leitores que Deus se agrada quando alguém usa balanças honestas em transações comerciais, e, portanto, os leitores devem usar tais balanças. De modo semelhante, Deus não se agrada quando alguém usa balanças corrompidas para trapacear os outros. Os leitores desse provérbio são advertidos implicitamente a não se envolverem nesse artifício. O significado original do autor, expresso talvez em referência à medição de metais preciosos ou produtos agrícolas, é evidente.

---

[1] Robert H. Stein, "The Benefits of an Author-Oriented Approach to Hermeneutics", *JETS* 44, nº. 3 (2001): 457.
[2] Ibid., p. 458.
[3] Ibid., p. 460.
[4] Ibid., p. 461.

Quais são as implicações? Dependendo do contexto do leitor moderno, várias implicações são possíveis. As implicações podem fluir dentro do canal de significado determinado pela intenção consciente do autor; devem ser "significados secundários" do paradigma original. Por exemplo, um trabalhador diarista que bate ponto de entrada e de saída pode dizer, por analogia, que Deus se agrada quando ele bate o ponto honestamente, quando ele entra e sai do trabalho. De modo semelhante, Deus se desagrada quando o trabalhador pede a amigos que batam o ponto dez minutos depois do horário de sua saída (sendo, portanto, pago por um tempo em que não trabalhou). Quando ouve essas implicações, o trabalhador diarista responderá, então, com obediência ou desobediência (importância). O escritor de Provérbios não estava pensando num relógio de ponto, mas o paradigma de prática de negócios honestos e desonestos tem muitas implicações modernas das quais o autor não estava nem um pouco ciente. Se o autor original fosse consultado (obviamente, isso é apenas uma possibilidade hipotética), concordaria em que as implicações modernas fluiriam legitimamente de seu significado. O autor original é o determinante do significado, que, por sua vez, limita as implicações. Às vezes, pode ser proveitoso imaginarmos um diálogo com o autor original sobre prováveis implicações, numa tentativa de nos assegurarmos de que resultam diretamente do propósito tencionado conscientemente pelo autor.

Qual é o "assunto" em Provérbios 11.1? A "balança" e o "peso" (a "matéria" mencionada no texto) são exemplos de assunto. Em e por si mesmos, balança e peso não são o propósito da instrução do autor. Pode-se imaginar um pregador mal orientado entrando em grandes detalhes quanto à composição de pesos antigos e à construção de balanças antigas. Nenhuma dessas coisas tem real importância para o significado do autor (ou seja, honestidade nas transações comerciais). Balanças e pesos, em e por si mesmos, não são o significado do texto, mas o autor de

Provérbios os menciona para comunicar um ensino sobre honestidade no que diz respeito a atividades regulares dos leitores originais. O assunto é essencial para comunicar significado, mas não contém significado em e por si mesmo sem levar em consideração o propósito do autor.

TEXTOS DESAFIADORES E SIGNIFICADOS MÚLTIPLOS

O texto que escolhemos antes (Pv 11.1) é relativamente claro, mas o que devemos fazer com textos mais difíceis — textos que autores bíblicos posteriores parecem encher de significado adicional que vai além da intenção consciente dos autores originais? Vamos considerar um texto e várias maneiras de interpretá-lo.

Em Isaías 7.14, lemos: "Portanto, o Senhor mesmo vos dará um sinal: eis que a virgem conceberá e dará à luz um filho e lhe chamará Emanuel". No contexto original, esse texto se refere a um filho que nasceria para a esposa do profeta como um sinal para o rei Acaz, de Judá, que reinou de 732 a 716 a.C. Isaías diz que, antes de a criança ter poucos anos de idade, os adversários de Acaz (os reis da Síria e de Israel) seriam derrotados pela Assíria (Is 7.11-17; 8.1-4).

Mais de setecentos anos depois, Mateus cita Isaías 7.14 como uma profecia que se cumpriu no nascimento de Jesus (Mt 1.23). Como o texto de Isaías pode aplicar-se legitimamente aos próprios dias do profeta (722 a.C.) e aos dias de Mateus (c. 4 a.C.)? Em seguida, apresentamos várias abordagens possíveis.

1. Uma abordagem a esse texto desafiador é afirmar que Mateus entendeu mal e/ou usou ilegitimamente Isaías 7.14. Ou seja, Mateus citou aleatoriamente o texto sem referência à intenção original de Isaías. Embora alguns eruditos não cristãos adotem essa opinião, os cristãos não devem considerá-la uma opção válida, porque Mateus foi inspirado por Deus e não citaria ilegitimamente o Antigo Testamento (2Tm

3.16). Além disso, quão provável é que o autor de uma das obras mais belas e influentes já escritas fosse incompetente ou enganador? Como um judeu que escrevia para judeus que conheciam as Escrituras hebraicas, Mateus não poderia ser descuidado em suas citações do Antigo Testamento.

2. Outra abordagem a Isaías 7.14 afirma que o Espírito Santo tinha um significado adicional e oculto para a profecia de Isaías. Isaías não estava ciente de um cumprimento posterior, mas o autor inspirado pelo Espírito, Mateus, aplicou o texto a Jesus em seus dias — mostrando que Deus tinha um sentido mais completo e mais profundo para a profecia original, que ele revelou num tempo posterior. Esse último significado é chamado *sensus plenior* (latim, "sentido mais pleno"). A abordagem *sensus plenior* apela para a intenção secreta e divina como a explicação trunfo, não vendo necessidade de justificar o uso posterior do contexto original. Mas, se um texto do Antigo Testamento tem de ser aplicado legitimamente a Jesus, parece natural esperarmos que o autor humano original tivesse intencionado conscientemente esse uso, em algum nível.

3. Robert Stein propôs que entendamos textos difíceis, como Mateus 1.23, como implicações do texto original. Ou seja, o uso de Mateus não é o significado original de Isaías 7.14, mas um significado secundário do texto que se enquadra legitimamente no princípio desejado pelo autor. Pelo que sei, Robert Stein não comentou esse texto específico ao escrever, mas provavelmente argumentaria isto: "No contexto original, Acaz deparou com certa destruição nas mãos de seus inimigos. Deus lhe deu o sinal de um nascimento iminente para significar a vinda de livramento divino. Nos dias de Mateus, com inimigos de morte ainda maiores e pecado encarando o povo de Deus (os quais eles tiveram por tanto tempo), Deus não os deixou sem o livramento supremo, mas sinalizou sua culminante intervenção vindoura em uma criança nascida

sobrenaturalmente". Mas, em última análise, por causa da particularidade histórica da profecia original de Isaías, parece difícil explicar o uso de Mateus como uma implicação. Como pode haver uma implicação para um evento prometido singularmente que se cumprira muito tempo antes?

4. Outra abordagem para textos difíceis como esse é entender que Mateus está empregando Isaías 7.14 tipologicamente. Os autores do Antigo Testamento compartilhavam do entendimento de que Deus intervinha progressiva e repetidamente, operando em direção a uma intervenção final e culminante. Os autores do Antigo Testamento entendiam que o livramento de seus dias estava prefigurado nos livramentos anteriores operados por Deus. Por sua referência a intervenções divinas anteriores para explicarem a obra de Deus em seus próprios dias e sua expectativa de livramento maior no futuro, os autores do Antigo Testamento concordavam implicitamente com o uso tipológico futuro de seus próprios escritos.[5] Portanto, se pudéssemos voltar no tempo para pouco depois que Isaías escreveu seu texto em 7.14 (relatando a conversa anterior do profeta com o rei Acaz), o diálogo seria mais ou menos assim:

Plummer: "Perdoe-me, Isaías. Sou do futuro distante e voltei para conversar com você. Estou observando o que você faz e notei que você escreveu aquela profecia sobre o menino prometido. Essa profecia é sobre Jesus?"

Isaías: "Quem é Jesus?"

---

[5] Jared M. Compton advoga uma abordagem semelhante ("Shared Intentions? Reflections on Inspiration and Interpretation in Light of Scripture's Dual Authorship", *Themelios* 33, n. 3 [2008]: 23-33). Para uma defesa mais detalhada da reconciliação entre a intenção autoral e a tipologia bíblica, o leitor pode reportar-se ao meu artigo, Robert L. Plummer, "Righteousness and Peace Kiss: The Reconciliation of Authorial Intent and Biblical Typology", *SBJT* 14/2 (2010: 54-61). Uma pesquisa no Google do título do artigo deve facilmente localizar uma cópia gratuita na internet.

Plummer: "Jesus é o Messias vindouro que vence o pecado e a morte para sempre".

Isaías: "Aleluia! Eu não conheço este nome, mas sei que ele virá. O que você está querendo dizer ao perguntar: 'Este texto é sobre Jesus?'"

Plummer: "Bem, no futuro, antes de o Messias nascer, Deus prometeu por meio de seu anjo que uma virgem daria à luz, de modo semelhante aos eventos de seus dias. Mateus, um dos mensageiros de Jesus nos seus dias, disse que esse texto escrito por você apontava para o Messias".

Isaías: "Sim, entendo. Assim como Deus estava indicando sua intervenção vindoura com o nascimento sobrenatural de um filho em meus dias, assim também, no livramento final, ele promete o nascimento sobrenatural de um filho. Os paralelos históricos mostram as intenções coerentes de Deus! É claro que, não sabendo exatamente como Deus repetiria seu livramento, eu não tinha plena consciência da correspondência tipológica final, até que você me disse. Mas eu sabia que viriam livramentos posteriores. Eu escrevi esse texto sabendo conscientemente que se repetiria num evento salvífico posterior, semelhante e intensificado. Sim, sim, é claro que esse é um uso válido. Isso é o que se chama tipologia bíblica, uma correspondência entre eventos anteriores (os tipos) e eventos posteriores (os antítipos)".

Plummer: "Obrigado por conversar comigo, Isaías!"

Isaías: "Shalom".

Quanto a mais discussão sobre tipologia na Bíblia, veja a Questão 24 ("Como interpretamos profecia? [Tipologia]").

Embora eu pense que a abordagem tipológica talvez seja a melhor maneira de explicar o uso de Isaías 7.14 por Mateus, esse texto específico apresenta algumas características adicionais que devemos observar. Alguém pode argumentar que Isaías tencionava referências múltiplas em sua profecia original. Ou seja, Isaías tencionava, conscientemente, que a profecia da "virgem" (Is 7.14) fosse aplicada à história de seus dias, mas também a algum outro filho prometido no futuro distante.

Quais detalhes podem indicar que Isaías tinha em mente outro filho além daquele que seria um sinal para o rei Acaz, em seus dias? Há, de fato, várias descrições do filho no contexto imediato que parecem apontar para além de qualquer coisa que foi cumprida pelo filho dos dias de Acaz. Por exemplo, logo depois de nosso texto debatido, em Isaías 9.6-7, lemos:

> Porque um menino nos nasceu, um filho se nos deu; o governo está sobre os seus ombros; e o seu nome será: Maravilhoso Conselheiro, Deus Forte, Pai da Eternidade, Príncipe da Paz; para que se aumente o seu governo, e venha paz sem fim sobre o trono de Davi e sobre o seu reino, para o estabelecer e o firmar mediante o juízo e a justiça, desde agora e para sempre. O zelo do SENHOR dos Exércitos fará isso.

Essa descrição exaltada certamente seria estranha para "Rápido-Despojo-Presa-Segura" (o filho de Isaías), o filho dos dias de Acaz que não tem nenhuma aparição adicional no texto bíblico (Is 8.1-4). Além disso, em Isaías 8.18 o profeta escreve: "Eis-me aqui, e os *filhos* que o SENHOR me deu, para *sinais* e para *maravilhas* em Israel da parte do Senhor dos Exércitos, que habita no monte Sião" (ênfase minha). É interessante que o filho-sinal original (singular) foi ampliado aqui para se referir a "filhos", "sinais" e "maravilhas" — com todas as palavras no plural.

É provável que Isaías tenha tido uma visão profética de dois filhos, da mesma maneira como vemos duas montanhas a distância. Vistas de longe, as duas montanhas aparecem lado a lado como uma estrutura monolítica. Não podemos dizer quão distantes estão uma da outra ou se são formações distintas. Apenas quando nos aproximamos da montanha inicial, vemos que a outra montanha está separada da primeira por alguma distância. De modo semelhante, tem-se argumentado que alguns dos profetas antigos tiveram visões de múltiplos eventos vindouros de um modo que não podiam distinguir a uma distância cronológica entre eles. O termo técnico que se refere a uma variedade de eventos futuros vistos juntos (sem sequência cronológica estrita) é *condensação profética*. Tem sido salientado que a primeira e a segunda vinda de Jesus são descritas no Antigo Testamento por condensação profética. Ou seja, somente com a realização da primeira vinda de Jesus somos capazes de ver claramente que o reino visível e universal do Messias (o reino consumado) virá depois de um intervalo de tempo.

RESUMO

Conforme a argumentação ao longo deste livro, o intento consciente do autor humano é o determinante final do significado do texto bíblico. Assim, um texto pode ter mais de um significado se essa era a intenção do autor. Por óbvio, os textos têm muitas implicações das quais o autor original não estava ciente, mas que legitimamente emanam do(s) princípio(s) que ele enumerou. Visto que muitas pessoas não definem claramente os termos quando discutem a Bíblia, propusemos uma pequena lista de vocabulário interpretativo. Quando se lida com textos proféticos complexos, mais nuances são, às vezes, necessárias (veja a discussão acima).

PERGUNTAS PARA REFLEXÃO

1. A distinção entre significado e implicação está clara para você? Explique a diferença com suas próprias palavras.

2. No que diz respeito a Efésios 5.18, discuta o significado, as implicações, a importância e o assunto.

3. Não é incomum ouvirmos alguém falar de aplicar um texto bíblico à sua vida (ou da aplicação de um texto). Usando o vocabulário interpretativo apresentado neste capítulo, explique o que as pessoas querem dizer por aplicação.

4. Qual das quatro abordagens a Isaías 7.14 parece mais convincente a você?

5. Considere Mateus 2.15. Examine o texto que Mateus cita (Os 11.1), observando o contexto original. Das quatro abordagens para textos difíceis vistas neste capítulo, qual delas se encaixa melhor no uso que Mateus faz de Oseias? Quanto a mais discussão sobre este texto, veja a Questão 24 ("Como interpretamos profecia? [Tipologia]").

PARA ESTUDO POSTERIOR

BARTHOLOMEW, Craig G. *Introducing Biblical Hermeneutics: A Comprehensive Framework for Hearing God in Scripture*. Grand Rapids: Baker Academic, 2015.

STEIN, Robert H. *A Guide to Interpreting the Bible: Playing by the Rules*. 2ª ed. Grand Rapids: Baker, 2011. (Veja o cap. 2: "Defining the Rules: A Vocabulary for Interpretation", p. 30-55).

VIRKLEY, Henry A.; AYAYO, Karelynne Gerber. *Hermeneutics: Principles and Processes of Biblical Interpretation*. 2ª ed. Grand Rapids: Baker, 2007.

QUESTÃO 16

QUAL É O PAPEL DO ESPÍRITO SANTO EM DETERMINAR O SIGNIFICADO?

Quando os cristãos estudam a Bíblia e falam sobre ela, não é incomum alguns apelarem à orientação sobrenatural do Espírito Santo em determinar o significado ou a aplicação de um texto. A Bíblia apresenta, de fato, o Espírito Santo como quem age dessa maneira? Ou seja, o Espírito Santo guia os crentes a um verdadeiro significado ou aplicação do texto bíblico?

A PESSOA E A OBRA DO ESPÍRITO SANTO

Antes de considerarmos o papel do Espírito Santo na interpretação, devemos ser claros quanto à identidade do Espírito. Quem é o Espírito Santo? O Espírito Santo é a terceira pessoa do Deus trino. De acordo com a Escritura, Deus é Pai, Filho e Espírito Santo (Mt 28.19) — três "pessoas" distintas em um Ser.[1] O Pai é Deus. O Filho é Deus. O Espírito é Deus. Mas há apenas um único Deus. E o Pai não é o Filho, nem o Espírito é o Filho, nem o Pai é o Espírito. Mas, no que diz respeito à natureza divina, o Pai, o Filho e o

---

1 Embora *pessoa* seja a palavra que os teólogos cristãos têm usado tradicionalmente para se referir ao Pai, ao Filho e ao Espírito, devemos notar que a personalidade divina e a personalidade humana diferem. Uma pessoa humana tem intelecto, cultura e perspectiva diferentes. As pessoas divinas da Trindade compartilham exatamente dos mesmos atributos divinos (sabedoria, santidade etc.).

Espírito compartilham da mesma bondade, sabedoria, santidade, conhecimento, poder etc.[2]

O Espírito Santo é enviado pelo Pai e pelo Filho ao mundo (Jo 14.26; 15.26). Ele habita todos os verdadeiros seguidores de Jesus (Rm 8.9; 1Jo 2.20) e os capacita a viverem em arrependimento e fé (Rm 8.1-17). O Espírito Santo capacita o povo de Deus com dons espirituais para a edificação do corpo de Cristo, a igreja (Ef 4.11-16; 1Co 12.4-11). Além disso, o Espírito intercede em favor do povo de Deus (Rm 8.26) e nos lembra nossa posição de filhos (Rm 8.15; Gl 4.6).

O Espírito Santo inspirou os autores da Escritura de tal modo que cada palavra que eles escreveram, embora escritas por autores humanos pensantes, era também inspirada divinamente e livre de todo erro. Como Pedro comenta: "Nenhuma profecia da Escritura provém de particular elucidação, porque jamais qualquer profecia foi dada por vontade humana; entretanto, homens [santos] falaram da parte de Deus, movidos pelo Espírito Santo" (2Pe 1.20-21). De modo semelhante, Paulo escreve: "Toda a Escritura é inspirada por Deus e útil para o ensino, para a repreensão, para a correção, para a educação na justiça" (2Tm 3.16). Depois da ascensão de Jesus, o Espírito lembrou aos apóstolos o ensino do Senhor e lhes ensinou outras coisas, que, depois de escritas, resultaram em nosso Novo Testamento (Jo 14.25-26; 16.13-15).

Deve haver pouca dúvida de que a Bíblia apresenta-se a si mesma como o produto da inspiração do Espírito, mas a Bíblia também apresenta o Espírito como quem dá aos crentes ajuda especial para entenderem o conteúdo das Escrituras?

---

2 Quanto a mais reflexões sobre a Trindade, veja Wayne Grudem, *Systematic Theology: An Introduction to Biblical Doctrine*, 2ª ed. (Grand Rapids: Zondervan Academic, 2020), p. 269-337 [edição em português: *Teologia Sistemática: Completa e Atual*, 2ª ed. rev. ampl. (São Paulo: Vida Nova: 2022)]; Fred Sanders, *The Deep Things of God: How the Trinity Changes Everything*, 2ª ed. (Wheaton: Crossway, 2017).

A ILUMINAÇÃO DO ESPÍRITO SANTO

A maioria dos teólogos protestantes afirma que o Espírito Santo ilumina o crente. Ou seja, o Espírito Santo traz ao cristão maior entendimento cognitivo do texto bíblico.[3] Os teólogos também afirmam a obra do Espírito em trazer convicção, ou seja, imprimir na consciência do crente o fato de que os ensinos da Escritura são realmente verdadeiros, aplicáveis e imperativos sobre o leitor.

Também é importante notar o que a iluminação não é. Grant Osborne oferece esta instrução proveitosa:

"O Espírito não cochicha para nós razões especiais que, de outra maneira, não estariam disponíveis; em vez disso, ele abre nossos olhos para reconhecermos essas razões que estão disponíveis" (1986:234). Em outras palavras, o Espírito torna possível que o leitor use cada faculdade para discernir a Palavra e aplicá-la. Como isso explica o fato de eruditos igualmente espirituais interpretarem uma mesma passagem de maneiras bem distintas? O Espírito torna possível vencermos nosso entendimento preestabelecido a fim de discernirmos a Palavra, mas não garante que faremos isso. Em passagens difíceis, devemos usar todo instrumento de que pudermos dispor e ainda frequentemente entenderemos um texto da maneira como nossa experiência e nossas tendências teológicas ditam... Algumas passagens são tão ambíguas que é possível mais de uma

---

3 Em sua tese de PhD sobre iluminação do Espírito, Kevin D. Zuber escreveu: "Os resultados da iluminação são vistos como primariamente cognitivos. Desse primeiro resultado, a iluminação também pode produzir uma apreciação e uma aplicação da informação cognitivamente obtida. A iluminação divina capacita o crente a ganhar compreensão e assimilação mais profunda do conteúdo de uma revelação divina. Uma pessoa iluminada é realmente capacitada a 'ver', assimilar mentalmente, mais do conteúdo do que uma pessoa que não é iluminada. O discernimento conceitual proporcionado pela iluminação é como o discernimento ao qual alguém chega quando uma linha traçada em que 've' um objeto é repentinamente 'vista como' outro objeto. O contemplador experimenta apenas uma gestalt conceitual que capacita mais do conteúdo a ser visto" ("What is Illumination? A Study in Evangelical Theology Seeking a Biblically Grounded Definition of the Illuminating Work of the Holy Spirit" [tese de doutorado, Trinity Evangelical Divinity School, 1996], resumo).

interpretação. Devemos fazer nossa escolha hermenêutica e permanecer abertos à orientação posterior do Espírito e à confrontação da parte de nossos irmãos. O Espírito nos capacita a liberarmos nossa mente para o texto, mas não sussurra para nós a resposta certa.[4]

Agora, oferecerei uma analogia para ajudar a explicar como o Espírito Santo auxilia os cristãos na leitura da Bíblia. Comparemos estudar a Bíblia com caçar um tesouro. Imagine dois barcos: em um dos barcos, está um caçador de tesouros vestido de camiseta verde (o cristão com o Espírito Santo); no outro barco, um caçador de tesouro vestido de camiseta marrom (não cristão sem o Espírito Santo). Ambos os aventureiros começam pelas mesmas águas turvas. Ambos veem algo cintilando no fundo do mar. O caçador de camiseta verde diz: "Vejo algo pequeno e me parece ouro. Vou mergulhar". O aventureiro de camiseta marrom diz: "Vejo apenas luz refletindo na areia, no fundo do mar. Não vou mergulhar". De modo semelhante, o crente é capacitado a avaliar mais exatamente a evidência que tem diante de si e, por consequência, experimenta a compulsão íntima para agir que vem com o reconhecimento do verdadeiro estado das coisas. Isso não quer dizer, porém, que o crente sempre vê as coisas corretamente por causa da obra iluminadora do Espírito Santo. Muitos outros fatores afetam a interpretação, como a inteligência inata do crente, as capacidades, predisposições e, não menos, sua intimidade com Deus e obediência a ele.

Falando biblicamente, a cognição (entendimento mental) e a volição (escolhas da vontade humana) são duas faces da mesma moeda. Os autores bíblicos não concebem uma situação em que alguém possa afirmar o significado correto da Bíblia e, ao mesmo tempo, recusar-se a

---

[4] Grant R. Osborne, *The Hermeneutical Spiral: A Comprehensive Introduction to Biblical Interpretation*, ed. rev. (Downers Grove: InterVarsity Press, 2006), p. 436-37 [edição em português: *A Espiral Hermenêutica: Uma Nova Abordagem à Interpretação Bíblica* (São Paulo: Vida Nova, 2009)]. A citação de Osborne é de John Frame, "The Spirit in the Scriptures", em *Hermeneutics, Authority and Canon*, eds. D. A. Carson e John D. Woodbridge (Grand Rapids: Zondervan, 1986), p. 234.

obedecer a ela. De modo análogo, não podemos imaginar uma pessoa normal sentada numa sala repleta de fumaça e dizendo: "Afirmo cognitivamente que o alarme de incêndio está soando, mas, no que diz respeito à minha volição, não sou capaz nem desejoso de agir sobre esse fato".

A mente e a vontade humana estão unidas em interdependência pecaminosa. O coração humano é propenso a autoengano, distorção, impiedade, ilusão e autojustificação (Jr 17.9). A pessoa que não se submete a Deus distorcerá, inevitavelmente, o ensino da Bíblia e/ou sua percepção da realidade, para justificar seu comportamento ímpio. Como adverte o autor de Provérbios: "Diz o preguiçoso: Um leão está lá fora; serei morto no meio das ruas" (Pv 22.13). Observe que o preguiçoso não diz: "Eu sou preguiçoso, não quero sair e trabalhar".[5] O coração desse homem pecaminoso fabrica evidências para justificar sua perspectiva distorcida. Além disso, quando rejeitamos a verdade, Deus envia maior cegueira e, como punição, remove sua restrição divina. Como Paulo explicou aos cristãos de Roma: "E, por haverem desprezado o conhecimento de Deus, o próprio Deus os entregou a uma disposição mental reprovável, para praticarem coisas inconvenientes" (Rm 1.28). Nesse versículo, a interdependência entre pensamento entenebrecido e obras ímpias fica evidente. De modo semelhante, em 2Tessalonicenses 2.10-12, Paulo afirma: "[Incrédulos] pereçam porque não acolheram o amor da verdade para serem salvos. É por esse motivo, pois, que Deus lhes manda a operação do erro, para darem crédito à mentira, a fim de serem julgados todos quantos não deram crédito à verdade; antes, pelo contrário, deleitaram-se com a injustiça". A punição por abraçarem as trevas do pecado é uma mente ainda mais entenebrecida e uma vida ímpia que resulta dessas trevas mais intensas.

---

5 Veja a proveitosa meditação de John Piper sobre Provérbios 22.13 em seu livro *Taste and See: Savoring the Supremacy of God in All of Life* (Sisters: Multnomah, 2005), p. 27-29.

Alguns poucos eruditos cristãos conservadores têm procurado negar ou redefinir a obra iluminadora do Espírito, afirmando que a Bíblia ensina somente que o Espírito afeta a vontade, trazendo convicção, mas não ajuda na cognição.[6] Infelizmente, essa opinião recém-proposta não leva a sério os efeitos mentais da queda (ou seja, como o pecado distorce os processos de pensamento humano) ou as indicações bíblicas de que o Espírito Santo objetará quanto às inclinações pecaminosas de nossa mente. Como já notamos, o Espírito não sussurra algum significado secreto inacessível a outras pessoas,[7] mas nos capacita a percebermos os fatos e a julgarmos a plausibilidade de argumentos com maior clareza. Se cremos que Deus dá a um médico sabedoria para diagnosticar uma doença (como indicam as orações dos crentes), ou uma concentração mental aumentada a um aluno de universidade numa prova de Cálculo, por que Deus não daria também ajuda à nossa mente fraca quando estudamos a Bíblia? Na verdade, se a Bíblia diz que Deus dá mestres à igreja (Ef 4.11-16), isso não indica, pelo menos, que alguns na igreja são iluminados pelo Espírito Santo?

O fato de que não crentes podem entender partes da Escritura não nega a obra iluminadora do Espírito, mas indica a graça comum de Deus em dar a todos os humanos (regenerados e não regenerados) mentes racionais. (De modo semelhante, os incrédulos feitos à imagem de Deus podem agir com amor sem chegarem a amar verdadeiramente a Deus e aos outros.) Além disso, as intermitentes leituras corretas da Bíblia feitas pelos incrédulos dão testemunho da clareza da revelação de Deus. Nem mesmo corações em rebelião obstinada

---

6 Daniel P. Fuller, "The Holy Spirit's Role in Biblical Interpretation", em *Scripture, Tradition, and Interpretation*, ed. W. Ward Gasque e Wiliam Sanford LaSor (Grand Rapids: Eerdmans, 1978), p. 189-98; Robert H. Stein, *A Basic Guide to Interpreting the Bible: Playing by the Rules*, 2ª ed. (Grand Rapids: Baker Academic, 2011), p. 56-57.
7 Podemos rejeitar facilmente a afirmação de Alan F. Johnson, que escreveu: "Visto que o Espírito Santo, e não os autores humanos, é o autor final da Escritura, é possível descobrir os significados de texto desconhecidos e não tencionados pelos autores humanos por meio da contínua obra reveladora do Espírito Santo aos crentes, tanto em sua leitura da Bíblia como sem a Escritura" (apresentação de *Beyond the Obvious: Discover the Deeper Meaning of Scripture*, por James DeYoung e Sarah Hurty [Gresham: Vision House, 1995], p. 13).

contra Deus podem ignorar isso. Finalmente, o fato de eruditos sinceros, que creem na Bíblia, amam a Jesus e são piedosos continuarem a discordar quanto à interpretação de alguns textos não nega a obra iluminadora do Espírito. A quantidade de discordância entre os eruditos que creem na Bíblia é facilmente superestimada e, nos casos em que essa discordância continua (o significado apropriado do batismo, por exemplo), isso aponta apenas para os vieses que ainda permanecem entre o povo de Deus, apesar da obra do Espírito. As próprias Escrituras indicam que, até a volta de Jesus, os crentes continuarão a discordar em assuntos secundários. Paulo escreveu:

> Um faz diferença entre dia e dia; outro julga iguais todos os dias. *Cada um tenha opinião bem definida em sua própria mente.* Quem distingue entre dia e dia para o Senhor o faz; e quem come para o Senhor come, porque dá graças a Deus; e quem não come para o Senhor não come e dá graças a Deus. Porque nenhum de nós vive para si mesmo, nem morre para si. Porque, se vivemos, para o Senhor vivemos; se morremos, para o Senhor morremos. Quer, pois, vivamos ou morramos, somos do Senhor. (Rm 14.5-8, ênfase minha)

Somente Deus sabe quanto de nossas opiniões teológicas são verdadeiramente motivadas por interesse próprio, preconceito e apego eclesiástico ou denominacional, e não pela convicção genuína norteada pelo Espírito. Devemos orar como o salmista:

> Quem há que possa discernir as próprias faltas? Absolve-me das que me são ocultas. Também da soberba guarda o teu servo, que ela não me domine; então, serei irrepreensível e ficarei livre de grande transgressão. As palavras dos meus lábios e o meditar do meu coração sejam agradáveis na tua presença, SENHOR, rocha minha e redentor meu. (Sl 19.12-14)

TEXTOS BÍBLICOS QUE APOIAM A ILUMINAÇÃO

Listamos, em seguida, alguns textos bíblicos que apoiam a doutrina da iluminação:

- *Salmo 119.17-20 [o salmista orando a Deus]: Sê generoso para com o teu servo, para que eu viva e observe a tua palavra. Desvenda os meus olhos, para que eu contemple as maravilhas da tua lei. Sou peregrino na terra; não escondas de mim os teus mandamentos. Consumida está a minha alma por desejar, incessantemente, os teus juízos.* Os autores dos Salmos oram repetidamente para que Deus os ajude a entender e aplicar a Palavra de Deus (veja, por exemplo, as muitas petições no Sl 119).

- *Mateus 13.11-16:* "*[Jesus] respondeu: Porque a vós outros é dado conhecer os mistérios do reino dos céus, mas àqueles não lhes é concedido. Pois ao que tem se lhe dará, e terá em abundância; mas, ao que não tem, até o que tem lhe será tirado. Por isso, eu lhes falo por parábolas; porque, vendo, não veem; e, ouvindo, não ouvem, nem entendem. De sorte que neles se cumpre a profecia de Isaías: Ouvireis com os ouvidos e de nenhum modo entendereis; vereis com os olhos e de nenhum modo percebereis. Porque o coração deste povo está endurecido, de mau grado ouviram com os ouvidos e fecharam os olhos; para não suceder que vejam com os olhos, ouçam com os ouvidos, entendam com o coração, se convertam e sejam por mim curados. Bem-aventurados, porém, os vossos olhos, porque veem; e os vossos ouvidos, porque ouvem*". Nessa passagem, Jesus diferencia seus seguidores das demais pessoas. Seus seguidores são capazes de ver, ouvir e entender verdadeiramente o ensino de Jesus, porque isso lhes foi "dado" por Deus (ou seja, eles receberam assistência divina).

- *1Coríntios 2.14:* "*Ora, o homem natural não aceita as coisas do Espírito de Deus, porque lhe são loucura; e não pode entendê-las, porque se discernem espiritualmente*". Nessa passagem, "as coisas do Espírito de Deus" são as proclamações verbais e escritas do evangelho por Paulo. A rejeição volitiva da mensagem de Deus por não crentes está integralmente relacionada à sua cognição pecaminosamente distorcida.

- *2Coríntios 3.13-16:* "*E não somos como Moisés, que punha véu sobre a face, para que os filhos de Israel não atentassem na terminação do que se desvanecia. Mas os sentidos deles se embotaram. Pois até o dia de hoje, quando fazem a leitura da antiga aliança, o mesmo véu permanece, não lhes sendo revelado que, em Cristo, é removido. Mas até hoje, quando é lido Moisés, o véu está posto sobre o coração deles. Quando, porém, algum deles se converte ao Senhor, o véu lhe é retirado*". Aqui Paulo fala de judeus não crentes que têm a mente embotada e o coração velado — linguagem metafórica para descrever a dureza e a cegueira que eles demonstram em não reconhecer como as Escrituras apontam para o Messias, Jesus (veja também Rm 11.7-8).

- *Lucas 24.44-45:* "*Jesus lhes disse: São estas as palavras que eu vos falei, estando ainda convosco: importava se cumprisse tudo o que de mim está escrito na Lei de Moisés, nos Profetas e nos Salmos. Então, abriu-lhes o entendimento para compreenderem as Escrituras*". João 20.22: "*E, havendo dito isso, soprou sobre eles e disse-lhes: Recebei o Espírito Santo*". Essas passagens correlatas descrevem a mesma aparição de Jesus após a ressurreição sob perspectivas diferentes. É interessante que aquilo que Lucas descreve como o abrir da mente dos discípulos para entenderem as Escrituras, João descreve como a recepção do

Espírito Santo. Somente por meio da ajuda do Espírito podemos entender corretamente Cristo como o significado final da Bíblia.

IMPLICAÇÕES PRÁTICAS DA ILUMINAÇÃO

Se a Bíblia ensina que o Espírito Santo ajuda os crentes a entenderem e a aplicarem as Escrituras e a lhes prestarem obediência (como argumentamos antes), há implicações claras na maneira como devemos abordar a Bíblia. Embora o crente mostre o devido zelo enquanto estuda, lê, pesquisa e medita as Escrituras, ele deve, acima de tudo, prostrar-se diante do autor divino da Escritura, para confessar sua pecaminosidade e buscar ajuda sobrenatural. Estudar a Bíblia deve começar com oração e adoração. Conselhos práticos sobre como estudar Bíblia com reverência se encontram na Questão 10 ("Quais são alguns princípios gerais para se interpretar a Bíblia? [1]").

RESUMO

O Espírito Santo é a terceira pessoa do Deus triúno. Ele inspirou os autores da Escritura (2Tm 3.16), além de ajudar os crentes a entenderem a Bíblia e obedecerem a ela — dois lados da mesma moeda, segundo o pensamento bíblico (Sl 119.17-20; Mt 13.11-16; 1Co 2.14; 2Co 3.13-16; Lc 24.44-45; Jo 20.22). Os teólogos protestantes, tradicionalmente, têm chamado essa assistência divina para o entendimento da Bíblia de "a iluminação do Espírito Santo".

No trabalho normal de iluminação, o Espírito Santo não sussurra para o intérprete significados adicionais ou dados que não estejam disponíveis no texto. Ao contrário, o Espírito capacita o intérprete a trabalhar diligentemente, a perceber fatos com precisão e a pesar cuidadosamente a plausibilidade de dados ou opiniões conflitantes. Como humanos caídos, nossas mentes e corações estão propensos ao engano e a autojustificação (Jr 17.9). Devemos, com regularidade, buscar a ajuda do Espírito Santo para que entendamos a Bíblia e lhe obedeçamos.

PERGUNTAS PARA REFLEXÃO

1. Você já ouviu alguém apelar ao Espírito Santo para apoiar um significado da Escritura que lhe pareceu uma interpretação ilegítima?

2. Das duas opiniões sobre o papel do Espírito Santo na interpretação bíblica apresentadas neste capítulo (iluminação tradicional *versus* o Espírito ajuda somente na volição), qual você considera correta? Por quê? (Ou há outra opinião que você sustenta sobre essa obra do Espírito?)

3. Se a opinião sobre a iluminação que apresentamos neste capítulo está correta, como isso deve afetar a maneira de você estudar pessoalmente a Bíblia?

4. Se a opinião sobre a iluminação que apresentamos neste capítulo está correta, como isso deve afetar a maneira de você falar sobre a Bíblia com os outros?

5. Faça esta oração com calma e diligência antes de ler a sua Bíblia:

> **Uma Oração por Iluminação**
> Deus vivo,
> Ajuda-nos a ouvir tua santa Palavra com os corações abertos
> Para que possamos entender verdadeiramente,
> E, entendendo,
> Possamos crer;
> E, crendo,
> Possamos seguir com toda fidelidade e obediência,
> Buscando tua honra e tua glória em tudo que fazemos.
> Por meio de Cristo, nosso Senhor. Amém.[8]

---

8 Huldrych Zwingli (1484–1531), alterado, conforme coletado em *The Worship Sourcebook*, ed. Emily R. Brink e John D. Witvliet (Grand Rapids: Baker; Calvin Institute of Worship; Faith Alive Christian Resources, 2004), p. 12.

PARA ESTUDO POSTERIOR

Cary, Philip. "Historical Perspectives on Trinitarian Doctrine", https://www.academia.edu/185280/Historical_Perspectives_on_Trinitarian_Doctrine.

_____. "The Logic of Trinitarian Doctrine", https://www.academia.edu/185279/The_Logic_of_Trinitarian_Doctrine.

Ferguson, Sinclair B. *O Espírito Santo*. Recife: Os Puritanos, 2014.

Sanders, Fred. *The Deep Things of God: How the Trinity Changes Everything*. 2ª ed. Wheaton: Crossway, 2017.

Thompson, Mark D. *A Clear and Present Word: The Clarity of Scripture*. New Studies in Biblical Theology. Vol. 21. Downers Grove: InterVarsity Press, 2006.

QUESTÃO 17

QUAL É A MENSAGEM PREDOMINANTE DA BÍBLIA?

Constituída de 66 livros distintos, escritos em mais de 1.500 anos, a Bíblia pode ser um livro intimidador. Há uma mensagem predominante na Bíblia? Como as partes aparentemente díspares se harmonizam? Qual é o grande quadro que devemos ter em mente quando olhamos as porções menores da Escritura?

A PESSOA E A OBRA SALVADORA DE JESUS CRISTO

Não importa qual porção da Bíblia alguém esteja estudando, é importante lembrar que a pessoa e a obra salvadora de Jesus são o foco supremo da revelação de Deus. Aos seus contemporâneos, Jesus disse: "Examinais as Escrituras, porque julgais ter nelas a vida eterna, e são elas mesmas que testificam de mim" (Jo 5.39). De modo semelhante, o evangelho de Lucas nos diz que Jesus, ao falar com dois discípulos na estrada para Emaús, "começando por Moisés, discorrendo por todos os Profetas, expunha-lhes o que a seu respeito constava em todas as Escrituras" (Lc 24.27). O autor de Hebreus escreve:

> Havendo Deus, outrora, falado, muitas vezes e de muitas maneiras, aos pais, pelos profetas, nestes últimos dias, nos falou pelo Filho, a quem constituiu herdeiro de todas as coisas, pelo qual também fez o universo. Ele, que é o resplendor da glória e a expressão exata de seu Ser, sustentando todas as coisas pela palavra de seu poder, depois de ter

feito a purificação dos pecados, assentou-se à direita da Majestade, nas alturas, tendo-se tornado tão superior aos anjos quanto herdou mais excelente nome do que eles (Hb 1.1-4).

Desde o início, a Bíblia estabelece que, embora Deus houvesse criado um mundo perfeito, os seres humanos destruíram essa perfeição por meio de sua rebelião (Gn 1–3). Somente por meio do Messias prometido (Cristo), a criação seria restaurada à perfeita comunhão com seu Criador (Gn 3.15). A linha de história da Bíblia revela a necessidade de Jesus, a promessa de Jesus, a prenunciação de Jesus, a encarnação/chegada de Jesus, os ensinos de Jesus, a crucificação de Jesus, a ressurreição de Jesus, a ascensão de Jesus e o retorno prometido de Jesus. A Bíblia é um livro sobre Jesus. Quanto a mais considerações sobre a natureza cristocêntrica (centrada em Cristo) da Bíblia, veja a Questão 18 ("A Bíblia é totalmente sobre Jesus?").

Admitida essa base cristocêntrica da Escritura, indicaremos agora algumas categorias organizadoras que podem ser proveitosas para que vejamos o quadro maior da mensagem da Bíblia.

PROMESSA-CUMPRIMENTO

No Sermão do Monte, Jesus disse: "Não penseis que vim revogar a Lei ou os Profetas; não vim para revogar, vim para cumprir" (Mt 5.17). Ao falar da Bíblia, Jesus usou as categorias de profecia/promessa (para o Antigo Testamento) e cumprimento (para sua vida, morte e ressurreição). Vemos uma estrutura semelhante em Mateus 11.12-13, em que Jesus esclarece a natureza preparatória do Antigo Testamento e a inauguração das promessas aguardadas, por meio da pregação do precursor messiânico, João Batista. Jesus diz: "Desde os dias de João Batista até agora, o reino dos céus é tomado por esforço, e os que se esforçam se apoderam dele. Porque todos os Profetas e a Lei profetizaram até João".

Mais uma vez, embora as palavras *promessa* e *cumprimento* não sejam usadas explicitamente em 1Pedro 1.9-12, a passagem contém essas ideias. O apóstolo Pedro escreveu aos crentes de Roma:

> Obtendo o fim da vossa fé: a salvação da vossa alma. Foi a respeito desta salvação que os profetas indagaram e inquiriram, os quais profetizaram acerca da graça a vós outros destinada, investigando, atentamente, qual a ocasião ou quais as circunstâncias oportunas, indicadas pelo Espírito de Cristo, que neles estava, ao dar de antemão testemunho sobre os sofrimentos referentes a Cristo e sobre as glórias que os seguiriam. A eles foi revelado que, não para si mesmos, mas para vós outros, ministravam as coisas que, agora, vos foram anunciadas por aqueles que, pelo Espírito Santo enviado do céu, vos pregaram o evangelho, coisas essas que os anjos anelam perscrutar.

Assim, ao lermos a Bíblia, devemos fazer esta pergunta básica: estou lendo a parte da promessa ou do cumprimento da Escritura? De que maneira Cristo é predito nesse texto ou de que maneira sua chegada é anunciada?

REINO PROFETIZADO–REINO INAUGURADO–REINO CONSUMADO

Quando Jesus começou seu ministério itinerante de ensino, anunciou a chegada do reino de Deus (Mc 1.15).[1] Jesus não estava anunciando que havia um reino, e sim que o reino esperado fora inaugurado na vida e no ministério dele.[2] Em todo o Antigo Testamento, Deus é referido, repetidas vezes, como um rei sobre toda a criação, especialmente sobre

---
[1] As expressões "reino dos céus", "reino de Deus" e "reino", embora apresentem pequenas nuanças de diferença, são usadas de maneira intercambiável no Novo Testamento.
[2] Leonhard Goppelt, *Theology of the New Testament*, ed. Jürgen Roloff, trad. John E. Alsup (Grand Rapids: Eerdmans, 1981), 1:45.

Israel (1Cr 29.11; Dn 4.32; Ob 21; Sl 22.27-28; 103.19; 145.11-13). O reinado de Deus é mediado a Israel por meio de profetas, juízes e reis humanos (1Sm 8.4-9; Sl 2.6-7), mas foi predito que haveria um dia em que o reinado de Deus seria reconhecido universalmente (Sl 67). Jesus declarou que nele acontece a introdução do reino de Deus final, decisivo e escatológico (Mt 12.28). Mas Jesus também falou da consumação do reino de Deus no futuro, quando o povo de Deus descansará na presença de Deus e os inimigos de Deus serão subjugados (Mt 8.11). Às vezes, os eruditos falam das dimensões "já" e "ainda não" do reino de Deus no Novo Testamento. O reino já chegou na vida, morte e ressurreição de Jesus, mas o reino ainda não está totalmente presente.[3] Embora esteja avançando forçosamente e seja admiravelmente produtivo, o reino ainda não está instituído plena e universalmente (Mt 11.12-13; Mc 4.26-32).

Vários eruditos bíblicos têm oferecido estruturas detalhadas com base no tema de reino da Bíblia.[4] Também uma influente Bíblia infantil que tenta ensinar às crianças o grande quadro da Bíblia, usando "reino" como um importante princípio organizador, foi publicada recentemente. Convenientemente, essa Bíblia infantil é intitulada *The Big Picture Story Bible* (A Bíblia do Grande Quadro Histórico). Embora eu veja muita coisa boa em abordarmos a Bíblia com base no tema do reino (veja a Figura 11), oferecerei três palavras de cautela. (1) Há um risco em ignorarmos a natureza cristocêntrica da Escritura quando nos focalizamos no reino. Em última análise, Cristo é o Rei, e o reino está presente nele. "O reino avança na terra *onde se acham a fé e a obediência a Cristo*."[5] (2)

---

[3] George E. Ladd, *A Theology of the New Testament*, ed. Donald A. Hagner, ed. rev. (Grand Rapids: Eerdmans, 1974), p. 61-67 [edição em português: *Teologia do Novo Testamento*, ed. rev. (São Paulo: Hagnos, 2003)]; *Jesus and the Kingdom: The Eschatology of Biblical Realism* (Nova York: Harper & Row, 1964) [edição em português: *A Presença do Futuro: A Escatologia do Realismo Bíblico* (São Paulo: Shedd, 2021)].
[4] E.g., Graeme Goldsworthy, *Gospel and Kingdom: A Christian Interpretation of the Old Testament*, 2ª ed. (Carlisle: Paternoster, 1994).
[5] Mark Seifrid, "Introduction to the New Testament: Historical Background and Gospels, Course Number NT 22200" (notas não publicadas, Southern Baptist Theological Seminary, outono de 1998), p. 54.

Algumas tentativas de explicar determinadas porções da Escritura com a linguagem do reino, embora muito inteligentes, vão além das referências explícitas ao reino no texto bíblico atual. (3) Numa tentativa de sistematizar a Bíblia sob o tema do reino, alguns detalhes importantes do texto podem ser ignorados. Por exemplo, depois de ler para minha filhinha de 4 anos o relato da *The Big Picture Story Bible* sobre a conquista de Jericó, a reação dela foi: "Onde está a mulher? Por que eles deixaram a mulher fora?". O autor da Bíblia infantil havia deixado Raabe e sua fé heroica fora da história.

FIGURA 11: O REINO DE DEUS NA BÍBLIA	
ESTÁGIOS DO REINO	PERÍODO BÍBLICO/HISTÓRICO
O padrão do reino	Gênesis 1–2
O reino perdido	Gênesis 3
O reino prometido	Gênesis 12.1-3
O reino parcial	Gênesis 12–2Crônicas (Patriarcas, Êxodo, Lei, Conquista, Monarquia)
O reino profetizado	Esdras–Malaquias
O reino presente	Os evangelhos (nascimento, vida, morte e ressurreição de Cristo)
O reino proclamado	Atos–Apocalipse
O reino consumado	Inaugurado na segunda vinda de Jesus

Fonte: Vaughan Roberts, *God's Big Picture: Tracing the Storyline of the Bible* (Downers Grove: InterVarsity Press, 2002), p. 157.

ANTIGA ALIANÇA–NOVA ALIANÇA

Outra maneira de pensarmos sobre a Bíblia como um todo é empregarmos a ideia de aliança. Uma aliança estabelece as bases de um relacionamento e as expectativas das partes envolvidas. Biblicamente, o relacionamento entre Deus e os seres humanos está fundamentado numa aliança (Gn 17.1-14; Êx 2.23-25; 20.1–24.18; Jr 31.31-34; Lc 22.20; 1Co 11.25). Como os seres humanos estão em rebelião ativa contra Deus e são indignos de um relacionamento com ele, as alianças entre Deus e os seres humanos são sempre baseadas na bondade e na autorrevelação graciosas de Deus.

As bases pactuais que fundamentam a revelação bíblica são expressas em Jeremias 31.31-34. O texto diz:

> Eis aí vêm dias, diz o SENHOR, em que firmarei nova aliança com a casa de Israel e com a casa de Judá. Não conforme a aliança que fiz com seus pais, no dia em que os tomei pela mão, para os tirar da terra do Egito; porquanto eles anularam a minha aliança, não obstante eu os haver desposado, diz o SENHOR. Porque esta é a aliança que firmarei com a casa de Israel, depois daqueles dias, diz o SENHOR: Na mente, lhes imprimirei as minhas leis, também no coração lhas inscreverei; eu serei o seu Deus, e eles serão o meu povo. Não ensinará jamais cada um ao seu próximo, nem cada um ao seu irmão, dizendo: Conhece ao SENHOR, porque todos me conhecerão, desde o menor até ao maior deles, diz o SENHOR. Pois perdoarei as suas iniquidades e dos seus pecados jamais me lembrarei.

Deus descreve o relacionamento entre ele mesmo e Israel como baseado em uma aliança feita no Sinai (cf. Êx 20–24). Mas, de acordo com o texto que acabamos de citar, a aliança foi quebrada pelo pecado repetido de Israel. Mas Deus promete uma nova aliança vindoura que será radicalmente diferente da anterior. A nova aliança resulta num povo perdoado que conhece o Senhor e tem as leis do Senhor inscritas em seus corações. Jesus declarou que sua morte expiatória instituiu essa nova aliança prometida (Lc 22.20; Hb 8.6-13; 12.24).

A teologia pactual, uma abordagem reformada às Escrituras, tenta ver todo o relacionamento pós-queda entre Deus e seu povo sob o toldo de uma aliança de graça. Entretanto, a distinção entre a antiga e a nova aliança presente na Escritura nos leva a evitar a expressão "aliança de graça" em favor de categorias bíblicas mais explícitas.

Conceitualmente análogo à distinção entre a velha e a nova aliança, o apóstolo João escreveu: "Porque a lei foi dada por intermédio de Moisés; a graça e a verdade vieram por meio de Jesus Cristo" (Jo 1.17). Não devemos entender as estipulações da antiga aliança como se tencionassem salvar ou transformar (e, assim, não subordinadas à aliança da graça), mas como estipulações cuja intenção primária era profetizar e preparar as coisas para a necessidade da nova aliança instituída pelo Messias. O sistema teológico que tenta estruturar a Bíblia pelas lentes de antiga e nova alianças, focalizando especialmente a "novidade" trazida por Jesus, é chamado "teologia da nova aliança".[6]

Notando as bases bíblicas para as distinções das alianças (por exemplo, Jr 31.31-34), uma pergunta importante a fazermos, quando lemos as Escrituras, é se a passagem reflete a antiga ou a nova aliança. Durante a vigência da antiga aliança, havia muitas instituições e leis que eram de natureza preparatória. Como diz o autor de Hebreus: "Ora, visto que a lei tem sombra dos bens vindouros, não a imagem real das coisas, jamais pode tornar perfeitos os ofertantes, com os mesmos sacrifícios que, ano após ano, perpetuamente, eles oferecem" (Hb 10.1). Na antiga aliança, o povo de Deus descobriu, por experiência própria, que era incapaz de guardar as leis de Deus e que tinha necessidade de uma solução mais radical — um renascimento espiritual e uma justiça que vinha de fora, uma justiça de Deus mesmo (Jo 1.9-13; Rm 3.19-26).

---

6 Veja Tom Wells e Fred Zaspel, *New Covenant Theology: Description, Definition, Defense* (Frederick: New Covenant Media, 2002). Peter J. Gentry e Stephen J. Wellum, de maneira habilidosa, mostram o relacionamento entre os temas bíblicos da aliança e do reino em *O Reino de Deus através da Alianças de Deus* (São Paulo: Vida Nova, 2021).

LEI–EVANGELHO

De modo similar às distinções de antiga e nova aliança, alguém pode ver a Bíblia pelo parâmetro de lei e evangelho. Parece que Paulo traçou uma distinção entre a lei e o evangelho em seus escritos. Em Gálatas 3.23-25, o apóstolo escreveu:

> Mas, antes que viesse a fé, estávamos sob a tutela da lei e nela encerrados, para essa fé que, de futuro, haveria de se revelar. De maneira que a lei nos serviu de aio para nos conduzir a Cristo, a fim de que fôssemos justificados por fé. Mas, tendo vindo a fé, já não permanecemos subordinados ao aio.

Parece, então, que um pré-requisito essencial da teologia bíblica é a distinção entre a lei preparatória e o evangelho prometido.

Um dos mais sinceros defensores da distinção entre a lei e o evangelho foi o reformador Martinho Lutero (1483–1546). Com referência à sua conversão, ele declarou:

> Aprendi a distinguir entre a justiça da lei e a justiça do evangelho. Antes eu não fazia nenhuma distinção entre a lei e o evangelho. Eu considerava ambos a mesma coisa e afirmava que não havia nenhuma diferença entre Cristo e Moisés, exceto os tempos em que viveram e seus graus de perfeição. Mas, quando descobri a distinção — ou seja, que a lei é uma coisa e o evangelho é outra —, tornei-me livre.[7]

A diferença ente a lei e o evangelho é explicada brevemente nestas sentenças:

---

[7] Martin Luther, *Table Talk*, em *Luther's Works*, eds. J. Pelikn, H. Oswald e H. Ledmann (Filadélfia: Fortress, 1967), 54:442 [edição em português: *Conversas à Mesa de Lutero* (Brasília: Monergismo, 2017)].

A lei diz: "Faça isto, e você viverá".
O evangelho diz: "Está feito. Agora, viva".[8]

Qualquer porção da Escritura pode ser dividida em "exigência" (lei) ou "dom gratuito" (graça). As exigências da Escritura são imperativas sobre nós, mas, por causa de nosso coração, mente e vontade contaminados de pecado, até nossos atos mais justos são como trapos de imundície aos olhos de Deus (Is 64.6). Como Paulo escreveu: "Visto que ninguém será justificado diante dele por obras da lei, em razão de que pela lei vem o pleno conhecimento do pecado" (Rm 3.20). As exigências de Deus revelam nossa enfermidade moral incurável e nos impelem às graciosas promessas de Deus no evangelho. Podemos, então, nos apegar às palavras de Jesus em João 6.37: "Todo aquele que o Pai me dá, esse virá a mim; e o que vem a mim, de modo nenhum o lançarei fora". De modo semelhante, Paulo escreveu:

> Mas agora, sem lei, se manifestou a justiça de Deus testemunhada pela lei e pelos profetas; justiça de Deus mediante a fé em Jesus Cristo, para todos [e sobre todos] os que creem; porque não há distinção, pois todos pecaram e carecem da glória de Deus, sendo justificados gratuitamente, por sua graça, mediante a redenção que há em Cristo Jesus. (Rm 3.21-24)

Todos os cristãos bíblicos concordariam em que pelo menos uma das funções das leis do Antigo Testamento era mostrar a ruína moral humana e levar o pecador a Cristo (Gl 3.23-25). Mas o que pode ser dito sobre as exigências morais do Novo Testamento? Embora pareça claro

---

8 Lutero escreveu: "Tenho de ouvir o evangelho, que me ensina não o que eu devo fazer (pois esse é o ofício da lei), e sim o que Jesus Cristo, o Filho de Deus, fez por mim: ou seja, ele sofreu e morreu para me libertar do pecado e da morte" (Martin Luther, *A Commentary on St. Paul's Epistle to the Galatians* [Londres: James Clarke, 1953], p. 101).

que os escritores do Novo Testamento esperavam que os seguidores de Jesus tivessem um comportamento verdadeiramente mudado por serem habitação do Espírito (1Co 6.9-11; 1Jo 2.24), também é verdadeiro que os seguidores de Jesus continuam a ser pessoas que tropeçam "em muitas coisas" (Tg 3.2). Um cristão que diz que não tem pecado é um mentiroso (1Jo 1.8-10). Sem dúvida, no tempo da nova aliança, há um novo poder que capacita o povo do Senhor a refletir sua justiça e a ansiar por seu retorno e pela prometida transformação de nosso corpo (1Jo 3.2). Somente no estado final, quando permaneceremos eternamente mudados na presença de Jesus, seremos totalmente livres do pecado.

HISTÓRIA DA SALVAÇÃO

"História da salvação" é a tradução usual do termo alemão *Heilsgeschichte* (lit., em alemão, "história santa"), um termo cunhado por Oscar Culmann (1902–1999). História de salvação é uma expressão usada para resumir toda a revelação bíblica, culminando no evento central da vida, morte e ressurreição de Cristo. Ou seja, a Bíblia é a história de Deus intervindo na história para salvar um povo para si mesmo. Embora essa afirmação seja obviamente verdadeira, a categorização de toda a Bíblia como "história da salvação" (ou "história redentora") é tão ampla que se pode questionar quão proveitosa ela é em explicar como as peças da Bíblia se encaixam. Mas talvez seja benéfico perguntar: "De que maneiras esta passagem mostra a humanos corrompidos a revelação progressiva e salvadora que Deus faz de si mesmo?" Ou: "Onde esta passagem se encaixa no plano salvador de Deus — é antecipatória, culminante ou olha para trás, para a intervenção suprema de Deus em Cristo" (veja Hb 1.1-3)?

DISPENSACIONALISMO

Embora não defendido neste livro, o dispensacionalismo é outro método de explicar a unidade da Bíblia. O dispensacionalismo é uma abordagem da Bíblia caracterizada por uma distinção entre os planos de Deus para o Israel étnico e o plano de Deus para a igreja. Além disso, os dispensacionalistas tendem a entender a Bíblia, em especial as profecias, tão literalmente quanto possível. Abordagens simbólicas ou figuradas à profecia do Antigo Testamento, especialmente as profecias referentes a Israel, são vistas com grande suspeita.[9]

Há grande diversidade entre os dispensacionalistas, mas o dispensacionalismo tradicional — tornado popular pelas notas da Bíblia de referência de Scofield — divide a história bíblica em sete arranjos ou dispensações entre Deus e o homem. A maioria das dispensações consiste de autorrevelação divina, fracasso humano e consequente julgamento. As sete dispensações classicamente ensinadas são:

1. Dispensação da inocência (Gn 1.3–3.6, da Criação à Queda).
2. Dispensação da consciência (Gn 3.7–8.14, da Queda ao Dilúvio).
3. Dispensação do governo civil (8.15–11.9, da Aliança do Arco-Íris, com Noé, à Torre de Babel).
4. Dispensação do governo patriarcal (Gn 11.10–Êx 18.27, de Abraão até o Êxodo).
5. Dispensação da lei mosaica (Êx 19.1–At 1.26, de Moisés à morte de Cristo).
6. Dispensação da graça (At 2.1–Ap 19.21, de Pentecostes à segunda vinda de Cristo. O período da tribulação é o julgamento de pessoas que rejeitaram a Cristo nessa dispensação).
7. Dispensação do milênio (Ap 20.1-15, reino de Cristo, de mil anos, após sua vinda, terminando no julgamento do Grande Trono Branco).[10]

---

9 Charles C. Ryrie, um proeminente erudito dispensacionalista, escreveu: "A essência do dispensacionalismo é (1) o reconhecimento de uma distinção consistente entre Israel e a igreja, (2) o uso regular e consistente de um princípio de interpretação literal e (3) uma concepção básica e primária do propósito de Deus como a sua própria glória, e não a salvação da humanidade" (*Dispensacionalism*, ed. rev. [Chicago: Moody Press, 1995], p. 45).
10 A lista é extraída de Ryrie, *Dispensacionalism*, p. 51-57.

Dispensacionalistas são bem conhecidos por ensinarem o "arrebatamento secreto" da igreja, uma ideia difundida inicialmente nos anos 1830 pelo pai do dispensacionalismo, J. N. Darby (veja a Questão 36: "O que a Bíblia nos diz sobre o futuro?"). Muitos membros de igrejas evangélicas da América adotaram inconscientemente pontos de vista dispensacionalistas — em especial, sobre assuntos dos fins dos tempos. Essa influência veio por meio de livros como *A agonia do grande planeta Terra* e dos livros e filmes *Deixados para trás*.

Ao reconhecer as fraquezas no dispensacionalismo tradicional, um novo e influente movimento chamado dispensacionalismo progressivo surgiu dentro do evangelicalismo. Como os dispensacionalistas tradicionais, os progressivos mantêm uma distinção entre Israel e a igreja e a expectativa de um reino milenar. Mas existem algumas diferenças significativas. Os eruditos dispensacionalistas progressivos costumam defender um número menor de dispensações ou períodos na história da salvação — permitindo que as alianças explícitas da Escritura (abrâmica, davídica, nova aliança) tenham maior influência hermenêutica. Às vezes, os progressivos são acusados de haverem criado uma posição intermediária entre o dispensacionalismo tradicional e a teologia pactual. Com a desaprovação da maioria dos dispensacionalistas tradicionais, os progressivos são também mais prontos a reconhecer cumprimentos não literais de algumas das profecias do Antigo Testamento no Novo Testamento, bem como a presença emergente do reino davídico de Jesus na era presente.[11]

RESUMO

Por vezes, é difícil ter em vista o "quadro geral" da mensagem abrangente da Bíblia enquanto se olham suas diversas partes individuais. O enredo da Bíblia revela a necessidade de Jesus, a promessa de Jesus, a

---

11 Veja Craig A. Blaising e Darrell L. Bock, *Dispensacionalismo Progressivo*, 2ª ed. (Niterói: Concílio, 2022).

antecipação de Jesus, a encarnação/chegada de Jesus, os ensinos de Jesus, a crucificação de Jesus, a ressurreição de Jesus, a ascensão de Jesus e o retorno prometido de Jesus. No entanto, além dessa fundação cristocêntrica, alguns esquemas hermenêuticos abrangentes podem ser úteis para que se entenda a estrutura da Bíblia. Em particular, advogamos o valor de se notarem os seguintes arcabouços: (1) promessa–cumprimento; (2) reino antecipado–reino inaugurado–reino consumado; (3) velha aliança–nova aliança; (4) lei–evangelho; e (5) história da salvação.

PERGUNTAS PARA REFLEXÃO

1. Qual é a mensagem predominante da Bíblia?

2. Enquanto você lia as seções apresentadas neste capítulo, reconheceu um sistema teológico ou uma estrutura que lhe foi apresentada no passado?

3. Você reconheceu alguma estrutura que o ajudou a ver com mais clareza o grande quadro da Bíblia?

4. Qual das estruturas interpretativas parece mais fiel à linguagem explícita da Escritura?

5. Leia em voz alta este hino de Isaac Watts ("A Lei nos Manda e nos Faz Saber). Pergunte a si mesmo: "Já experimentei pessoalmente a liberdade do evangelho falada neste hino"?

> A lei manda e nos faz saber
> Que deveres temos para com Deus;
> Mas o evangelho tem de revelar
> Onde está o poder para fazer a vontade de Deus.
> A lei descobre a culpa e o pecado

E mostra quão vil tem sido nosso coração;
Somente o evangelho pode expressar
Amor perdoador e graça purificadora.
Que maldições a lei denuncia
Contra o homem que falha uma só vez!
Mas no evangelho Cristo aparece
Perdoando a culpa de inúmeros anos.
Minha alma, não tente mais obter
Tua vida e conforto da lei;
Foge à esperança que o evangelho dá;
O homem que confia na promessa vive.

PARA ESTUDO POSTERIOR

Gentry, Peter J.; Wellum, Stephen J. *O Reino de Deus através das Alianças de Deus*. São Paulo: Vida Nova, 2021.

Golsdworthy, Graeme. *Introdução à Teologia Bíblica: o Desenvolvimento do Evangelho em Toda a Escritura*. São Paulo: Vida Nova, 2018.

_____. *Christ-Centered Biblical Theology: Hermeneutical Foundations and Principles*. Downers Grove: IVP Academic, 2012.

_____. *Gospel and Kingdom: A Christian Interpretation of the Old Testament*. 2ª ed. Carlisle: Paternoster, 1994.

_____. *Gospel-Centered Hermeneutics: Foundations and Principles of Evangelical Biblical Interpretation*. Downers Grove: InterVarsity Press, 2006.

HELM, David. *The Big Picture Story Bible*. Ilustrada por Gail Schoonmaker. Wheaton: Crossway, 2004. (Bíblia infantil, mas útil para adultos verem o tema cristológico da Escritura.)

KENNEDY, Jared. *The Beginner's Gospel Story Bible*. Ilustrado por Trish Mahoney. Greensbro: New Growth Press, 2017. (Essa Bíblia é para crianças de três a seis anos.)

LLOYD-JONES, Sally. *The Jesus Storybook Bible*. Ilustrado por Jago. Grand Rapids: ZonderKidz, 2007. (Outra Bíblia infantil, mas útil para adultos verem o tema cristológico da Escritura.)

MERKLE, Benjamin L. *Discontinuity to Continuity: A Survey of Dispensational and Covenantal Theologies*. Bellingham: Lexham, 2020

ROBERTS, Vaughan. *God's Big Picture: Tracing the Storyline of the Bible*. Downers Grove: InterVarsity Press, 2002.

SEIFRID, Mark A. "Rightly Dividing the Word of Truth: An Introduction to the Distinction Between Law and Gospel". SBJT 10, n. 2 (2006): 56-68.

QUESTÃO 18

A BÍBLIA É TOTALMENTE SOBRE JESUS?

Os cristãos sabem que Jesus é o Filho de Deus e o clímax da revelação de Deus mesmo (Hb 1.1-3). Na verdade, Jesus desconsiderou qualquer estudo das Escrituras que não aponte para ele (Jo 5.39). Mas, se alguém abre aleatoriamente uma página da Bíblia, em especial algumas partes do Antigo Testamento, pode encontrar dificuldade para discernir a natureza cristocêntrica de certos eventos ou estipulações. De que maneira a Bíblia é totalmente sobre Jesus? O que significa dizer que nossa interpretação da Bíblia deve ser centrada em Cristo ou cristocêntrica?

O NOVO TESTAMENTO

O Novo Testamento tem essa designação porque é um testemunho sobre o cumprimento da promessa de Deus de uma nova aliança (latim: *testamentum*), instituída e centrada na pessoa de Jesus (Jr 31.31-34; Lc 22.20). Em comparação ao Antigo Testamento, a natureza cristocêntrica do Novo Testamento é imediatamente evidente.

1. *Jesus como o assunto da revelação.* O Novo Testamento começa com quatro evangelhos ou biografias teológicas sobre a vida de Jesus. Quase toda sentença nos evangelhos relata algo que Jesus disse ou fez, ou alguma outra coisa que as pessoas disseram ou fizeram em relação a Jesus. O quinto livro do Novo Testamento, Atos dos Apóstolos, relata

o Espírito Santo impelindo a igreja primitiva a sair e testemunhar de Jesus. Aonde quer que os apóstolos e seus convertidos fossem, proclamavam a nova vida e o perdão disponíveis em Jesus. Atos dos Apóstolos é a continuação da história de Jesus, agora exaltado, mas vivendo e reinando por meio de seu Espírito e da Palavra revelada no avanço contínuo da igreja (At 1.1-8).

2. *Jesus como a fonte da revelação.* Enquanto esteve fisicamente presente com seus discípulos, Jesus disse, de forma explícita, que enviaria o seu Espírito, o qual traria à memória deles os ensinos de Jesus e os instruiria em mais coisas (Jo 14.25-26; 16.13-25). Assim, no Novo Testamento, temos a lembrança capacitada pelo Espírito das palavras e das obras de Jesus (primariamente, no evangelho), bem como a instrução contínua de sua igreja por meio de testemunhas oculares especialmente designadas (primariamente, na literatura epistolar). Não devemos ler as epístolas como reflexões morais e éticas desconexas que foram anexadas à história de Jesus. Antes, todo o conteúdo do Novo Testamento é integral e organicamente relacionado à pessoa e à obra de Cristo. Às vezes, essa conexão é bem evidente no texto, quando, por exemplo, o apóstolo prefacia seus comentários de modo cristológico ou pneumatológico (por exemplo: "Digo a verdade em Cristo, não minto, testemunhando comigo, no Espírito Santo, a minha própria consciência" [Rm 9.1]).

3. *Jesus como a subestrutura sustentadora da revelação.* De que maneira devemos entender as várias exortações éticas no Novo Testamento como cristocêntricas? Esses conselhos (encorajamentos morais) não

podem ser lidos apenas como exigências morais e eternas de um Deus santo, sem referência específica à vida e à obra de Jesus? Não, não podem. Em sua pessoa e obra, Jesus provê o fundamento (a subestrutura teológica) para a resposta esperada do povo de Deus. Note como Paulo começa a seção de exortação moral em sua carta aos cristãos de Éfeso: "Rogo-vos, pois, eu, o prisioneiro no Senhor, que andeis de modo digno da vocação a que fostes chamados" (Ef 4.1). Os cristãos efésios foram "chamados", ou escolhidos, pela intervenção graciosa de Deus em Cristo.[1] Eles haviam sido perdoados de uma dívida que jamais poderiam pagar. Agora, o apóstolo inspirado os exorta a viverem vidas transformadas em dependência consciente de seu Salvador (cf. Mt 6.14-15; 18.23-35). Ou seja, os cristãos de Éfeso deviam viver dignamente de seu chamado. Onde há um afastamento da fé pura na suficiência da morte expiatória de Jesus, o resultado inevitável é o conflito na comunidade e o comportamento imoral. (Veja a epístola de Paulo aos Gálatas, na qual problemas morais e doutrinários devem ser entendidos como interconectados.)[2] Muitos autores e pregadores cristãos caem no erro do moralismo ("Faça isto! Não faça aquilo!") quando não conectam a obra consumada de Cristo e a capacitação subsequente de seu povo. Um elemento definidor de nossa condição caída é que somos pecaminosamente inclinados a justificar a nós mesmos diante de Deus (Rm 10.3-4). Gostamos de ser melhores do que

---

[1] L. Coenen escreve: "Paulo entende o chamado como o processo pelo qual Deus chama aqueles que já elegeu e designou para fora de sua servidão a este mundo, para que os santifique e os justifique (Rm 8.29, ss.), trazendo-os ao seu serviço. Isso significa que chamar é parte da obra de Deus de reconciliação e paz (1Co 7.15)" ("Call", "καλέω", em *NIDNTT*, 1:275). K. L. Schmidt escreve: "Se Deus ou Cristo chama um homem, esse chamado é um *verbum efficax*" ("καλέω", em *TDNT*, 3:489). Note o significado 4 de καλέω em BDAG: "Escolher para receber um benefício ou experiência especial" (503). Cf. Jost Eckert, "καλέω", em *EDNT*, 2:242-43.

[2] John M. G. Barclay mostra essa interconexão em seu excelente estudo *Obeying the Truth: Paul's Ethics in Galatians* (Mineápolis: Fortress, 1988).

os outros e somos especialmente conscientes daqueles que superamos em nossa aparência de justiça (Gl 1.14).

4. *Jesus como a solução e o salvador suficiente da revelação.* Pessoas que afirmam ter um relacionamento com Deus em Cristo, mas não demonstram convicção de pecado ou comportamento justo, contradizem sua afirmação vazia (Mt 7.15-27; Tg 2.14-26; 1Jo 2.4). Ao mesmo tempo, a Bíblia ensina, de modo consistente, que todas as pessoas, cristãs e não cristãs, falham em guardar os mandamentos de Deus (Sl 130.3-4; Rm 3.9-20; Tg 3.2; 1Jo 1.8-10). Quando confrontados com o padrão de Deus, no Antigo ou no Novo Testamento, somos sempre lembrados de nossa indignidade inerente e remetidos para a suficiência de Cristo. Nosso pecado é o problema. Jesus é a solução. Nesse sentido, Martinho Lutero estava certo ao falar sobre dividirmos toda a Escritura em categorias de "lei" e "evangelho".[3] Cada passagem da Bíblia é uma moeda de duas faces: um lado (a lei) nos mostra nossa necessidade; e o outro lado (o evangelho) nos mostra a provisão de Deus em Cristo. Quando confrontados com uma natureza pecaminosa que não podemos remover, clamamos com o apóstolo Paulo: "Desventurado homem que sou! Quem me livrará do corpo desta morte? Graças a Deus por Jesus Cristo, nosso Senhor" (Rm 7.24-25).

O diálogo entre o Inimigo e Cristão, em *O peregrino*, ilustra essa tensão constante na vida cristã.[4]

---

3 Veja Mark A. Seifrid, "Rightly Dividing the Word of Truth: An Introduction to the Distinction between Law and Gospel", *SBJT* 10, n. 2 (2006): 56-68. Uma versão gratuita e digital desse artigo pode ser encontrada ao se pesquisar no Google o título completo.

4 *O peregrino* é um livro em forma de alegoria, com personagens simbólicos que ilustram a vida cristã. Escrito por John Bunyan (1628–1688), *O peregrino* foi publicado pela primeira vez em 1678.

Apoliom: Você tem sido infiel em seu serviço para ele. Como acha que receberá salário dele?

Cristão: Em que, o Apoliom, tenho sido infiel a ele?

Apoliom: Você desanimou no princípio de sua jornada, quando estava quase se afogando no Pântano do Desânimo. Você experimentou maneiras erradas para se livrar de seu fardo, quando deveria ter esperado até que o Príncipe o retirasse. Você dormiu pecaminosamente e perdeu seus objetos preciosos. Também foi quase persuadido a voltar, quando viu os leões. E, quando estava falando sobre sua viagem e sobre o que ouviu e viu, em seu íntimo você desejava vangloriar-se de tudo que falou ou fez.

Cristão: Tudo isso é verdade, e muito mais, que você omitiu; mas o Príncipe a quem sirvo e honro é misericordioso e disposto a perdoar. Além disso, essas fraquezas me possuíram no seu país, pois foi lá que eu as adquiri; tenho gemido e me arrependido por causa delas e já obtive o perdão de meu Príncipe.[5]

O ANTIGO TESTAMENTO

A maioria dos cristãos tem conhecimento de algumas promessas messiânicas do Antigo Testamento que apontam para Jesus. Igrejas recitam esses versículos pelo menos na época do Natal. E o que podemos dizer sobre outros textos que parecem lidar com assuntos não relacionados a Jesus e sua obra salvadora — coisas como as regulações de purificação

---

5 John Bunyan, *O Peregrino* (São José dos Campos: Fiel, 2005), p. 106-107.

do Antigo Testamento e relatos de batalhas obscuras e reis abandonados? Como podemos dizer que todos esses textos apontam para Jesus?

1. *Jesus como o Messias prometido assertivamente.* Vários textos do Antigo Testamento prometem explicitamente a vinda de Jesus de uma maneira que a passagem se aplica apenas a ele. Em Isaías 53.3-6, por exemplo, lemos:

> Era desprezado e o mais rejeitado entre os homens; homem de dores e que sabe o que é padecer; e, como um de quem os homens escondem o rosto, era desprezado, e dele não fizemos caso. Certamente, ele tomou sobre si as nossas enfermidades e as nossas dores levou sobre si; e nós o reputávamos por aflito, ferido de Deus e oprimido. Mas ele foi traspassado pelas nossas transgressões e moído pelas nossas iniquidades; o castigo que nos traz a paz estava sobre ele, e pelas suas pisaduras fomos sarados. Todos nós andávamos desgarrados como ovelhas; cada um se desviava pelo caminho, mas o SENHOR fez cair sobre ele a iniquidade de nós todos.[6]

A maioria dos cristãos admite que toda citação messiânica do Antigo Testamento feita no Novo Testamento recai nessa categoria. Na realidade, a maioria das citações messiânicas do Antigo Testamento não são predições assertivas. Muito mais comum é a categoria seguinte.

2. *Jesus como o Salvador predito tipologicamente.* Muitos autores do Novo Testamento citam textos do Antigo Testamento aplicando-os a Jesus, os quais tinham originalmente referências distintas, porém

---

6 Outros exemplos incluem Salmo 22; 110.1; Is 11.1; Jr 23.5; Mq 5.2.

relacionadas a ele. Os autores da Bíblia compartilhavam da visão comum da história da redenção. Ou seja, eles viam a Deus como o Senhor providencial da história, que intervém de maneira crescentemente culminante. O clímax das intervenções de Deus é a vida, a morte e a ressurreição do Messias, Jesus. Por exemplo, o entendimento dos autores bíblicos sobre a história da redenção se desenvolveu da seguinte maneira: a libertação que Deus operou para tirar Israel do Egito (Êx 1-15) prefigurava trazê-los de volta do exílio na Assíria (Os 11.1-12). Além disso, se, com base na promessa inabalável de Deus, ele não permitiu que Israel, seu "Filho" eleito, perecesse na escravidão ou no exílio (Êx 4.22-23), quanto mais quando seu único Filho (Jesus) enfrenta o perigo de morte e exílio, Deus, o Pai, o preservará e o trará de volta à Terra Prometida (Mt 2.13-15). Do contrário, como o Filho poderá cumprir sua missão para as ovelhas perdidas de Israel (Mt 10.6; 15.24)? Ver essa intencionalidade divina nas intervenções históricas e crescentemente culminantes de Deus é chamado interpretação tipológica (veja a Questão 24: "Como interpretamos profecia? [Tipologia]").

Embora devamos permitir que as explícitas reflexões tipológicas dos autores bíblicos nos guiem, quase todos os textos do Antigo Testamento podem ser vistos legitimamente dessa maneira. Os sacrifícios do Antigo Testamento lembravam o pecado aos israelitas, mas o sacrifício de Jesus realizado de uma vez por todas remove o pecado (Hb 10.1-10). As leis alimentares do Antigo Testamento apontavam para a necessidade de um povo santo e puro para Deus, mas Jesus faz o cumprimento das regras de pureza por purificar o coração (Mc 7.14-23). Davi foi um grande rei e libertador de Israel, mas Jesus, o Filho de Davi, é o verdadeiro Rei eterno e o grande Libertador do pecado e da morte (Lc 20.41-44; At 2.22-36). O humilde Moisés guiou o povo de Deus como profeta, mas agora um profeta sem precedentes fala o que viu e ouviu diretamente do Pai (Jo 6.46; 8.38; At 3.22; 7.37). Quase todas as intervenções e revelações divinas anteriores a Jesus podem ser seguidas das palavras "quanto mais em Jesus...". Isso é tipologia bíblica.[7]

3. *Jesus como solução e salvador.* Como notamos antes, deveríamos ver todas as exigências das Escrituras como impossíveis de serem cumpridas por seres humanos caídos. Nosso fracasso constante à luz da santidade de Deus aponta para nossa necessidade de um salvador. Em suas epístolas, Paulo falou repetidas vezes sobre esse assunto. Por exemplo, em Romanos 3.20, o apóstolo escreveu: "Ninguém será justificado diante dele por obras da lei, em razão de que pela lei vem o pleno conhecimento do pecado". De modo semelhante, em Gálatas 3.23-24, Paulo escreveu: "Mas, antes que viesse a fé, estávamos sob a tutela da lei e nela encerrados, para essa fé que, de futuro, haveria de se revelar. De maneira que a lei nos serviu de aio para nos conduzir a Cristo, a fim de que fôssemos justificados por fé".

RESUMO

Se cremos em Jesus e nos autores do Novo Testamento, a Bíblia é, de fato, totalmente sobre Jesus. Vemos isso com muita clareza no Novo Testamento, que tem Jesus como o assunto, a fonte e a subestrutura da

---

[7] Pascal escreveu: "Todo autor tem um significado em que todas as passagens contraditórias concordam, ou ele não tem significado nenhum. Não podemos fazer essa última afirmação em relação à Escritura e aos profetas. Eles são, indubitavelmente, cheios de bom sentido. Devemos, então, procurar um significado que reconcilie todas as discrepâncias. O verdadeiro significado não é o dos judeus; mas em Jesus Cristo todas as contradições são reconciliadas. Os judeus não podiam reconciliar a cessação da realeza e do principado, predito por Oseias, com a profecia de Jacó. Se tomamos a lei, os sacrifícios e o reino como realidades, não podemos reconciliar todas as passagens. Portanto, eles devem ser necessariamente apenas tipos. Não podemos nem mesmo harmonizar a passagem do mesmo autor, nem do mesmo livro, tampouco, às vezes, do mesmo capítulo, que indica abundantemente qual era o significado do autor, como Ezequiel, cap. 20, que diz que o homem não viverá pelos mandamentos de Deus e que viverá por eles" (*Pensées*, fragmento 684, em *Great Books of the Western World: Pascal*, ed. Mortimer J. Adler, 2ª ed. (Chicago: Encyclopedia Britannica, 1990), 30:299. No volume, *Pensées* foi traduzido por W. F. Trotter.

revelação. Com bastante frequência, os intérpretes cristãos erroneamente desconectam a exortação ética ou questões doutrinárias da pessoa e obra de Cristo. O Antigo Testamento, da mesma forma, é um livro que prepara o povo de Deus para o aparecimento de Jesus e aponta para ele. No Antigo Testamento, Jesus é tanto o Messias proposicionalmente prometido quanto o Salvador tipologicamente antecipado. Ao longo de toda a Bíblia, cada texto pode ser visto como uma demanda de Deus (lei) ou uma promessa/dom de Deus (evangelho). Em última análise, cada demanda contida na Escritura nos mostra nossa necessidade desesperada diante de um Deus completamente santo, remetendo-nos, assim, de volta para Jesus como o suficiente Salvador e a solução para o problema do pecado.

PERGUNTAS PARA REFLEXÃO

1. Você tem uma abordagem cristocêntrica ao ler a Escritura? Ou seja, quando você lê a Bíblia, espera que cada texto o faça provar mais profundamente da obra salvadora de Cristo, na cruz?

2. Se você é um pregador, suas mensagens tendem a ser mais moralistas ("Faça isto! Não faça aquilo!") ou mais cristocêntricas ("Cristo fez tudo!")?

3. Quais passos alguém pode dar para evitar uma leitura moralista das Escrituras?

4. Como você convenceria um opositor de que a pessoa de Cristo é realmente o tema central e unificador da Escritura?

5. A discussão neste capítulo o ajudou a ver Cristo como o eixo unificador em torno do qual gira a roda da Bíblia? Se ajudou, como isso se deu?

PARA ESTUDO POSTERIOR

GOLDSWORTHY, Graeme. *Introdução à Teologia Bíblica: o Desenvolvimento do Evangelho em Toda a Escritura*. São Paulo: Vida Nova, 2018.

_____. *Gospel and Kingdom: A Christian Interpretation of the Old Testament*. 2ª ed. Carlisle: Paternoster, 1994.

_____. *Gospel-Centered Hermeneutics: Foundations and Principles of Evangelical Biblical Interpretation*. Downers Grove: InterVarsity Press, 2006.

HUNTER, Trent; WELLUM, Stephen. *Christ from Beginning to End: How the Full Story of Scripture Reveals the Full Glory of Christ*. Grand Rapids: Zondervan, 2018.

SEIFRID, Mark A. *"Rightly Dividing the Word of Truth: An Introduction to the Distinction Between Law and Gospel"*. SBJT 10, n. 2 (2006): 56-68.

WILLIAMS, Michael. *How to Read the Bible through the Jesus Lens: A Guide to Christ-Focused Reading of Scripture*. Grand Rapids: Zondervan, 2012.

* Os leitores são encorajados a dar uma olhada no canal do BibleProject no YouTube, que apresenta cada livro da Bíblia à luz da totalidade da história centrada em Cristo.

QUESTÃO 19

TODOS OS MANDAMENTOS DA BÍBLIA SE APLICAM HOJE?

"Por que você insiste em que o comportamento homossexual é errado quando a Bíblia também manda que pessoas não usem roupas feitas de dois materiais diferentes (Lv 19.19)? Você escolhe da Bíblia a moralidade que você quer". Essas acusações contra os cristãos não são incomuns hoje. Como podemos, realmente, determinar quais mandamentos bíblicos são atemporais em sua aplicação? Temos uma base bíblica para obedecermos a alguns mandamentos da Escritura, enquanto negligenciamos outros?

MANDAMENTOS VINCULADOS À ALIANÇA

Ao considerarmos essa questão importante, precisamos, em primeiro lugar, fazer distinção entre mandamentos vinculados à antiga aliança que foram abolidos em Cristo e mandamentos que ainda devem ser vividos diariamente pelo povo de Deus. Embora seja um pouco de simplificação, pode ser útil pensarmos nos mandamentos de Deus no Antigo Testamento como divididos em civis (sociais), cerimoniais (religiosos) e morais (éticos). As leis que se relacionavam aos aspectos civis e cerimoniais (por exemplo, leis alimentares, sacrifícios, circuncisão, cidades de refúgio etc.) encontram seu cumprimento em Cristo e não têm mais aplicação. A ideia de que os cristãos não devem obedecer às leis civis e cerimoniais do Antigo Testamento está em todo o Novo Testamento. Por exemplo, em Marcos 7, lemos:

Convocando ele, de novo, a multidão, disse-lhes: Ouvi-me, todos, e entendei. Nada há fora do homem que, entrando nele, o possa contaminar; mas o que sai do homem é o que o contamina... Quando entrou em casa, deixando a multidão, seus discípulos o interrogaram acerca da parábola. Então, lhes disse: Assim vós também não entendeis? Não compreendeis que tudo o que de fora entra no homem não o pode contaminar, porque não lhe entra no coração, mas no ventre, e sai para lugar escuso? *E, assim, ele considerou puros todos os alimentos.* E dizia: O que sai do homem, isso é o que o contamina. Porque de dentro, do coração dos homens, é que procedem os maus desígnios, a prostituição, os furtos, os homicídios, os adultérios, a avareza, as malícias, o dolo, a lascívia, a inveja, a blasfêmia, a soberba, a loucura. Ora, todos esses males vêm de dentro e contaminam o homem. (Mc 7.14-23, ênfase minha)

De modo semelhante, no livro de Atos, lemos:

Então, reuniram-se os apóstolos e os presbíteros para examinar a questão. Havendo grande debate, Pedro tomou a palavra e lhes disse: Irmãos, vós sabeis que, desde há muito, Deus me escolheu dentre vós para que, por meu intermédio, ouvissem os gentios a palavra do evangelho e cressem. Ora, Deus, que conhece os corações, lhes deu testemunho, concedendo o Espírito Santo a eles, como também a nós nos concedera. E não estabeleceu distinção alguma entre nós e eles, purificando-lhes pela fé o coração. Agora, pois, *por que tentais a Deus, pondo sobre a cerviz dos discípulos um jugo que nem nossos pais puderam suportar, nem nós?* Mas cremos que fomos salvos pela graça do Senhor Jesus, como também aqueles o foram. (At 15.6-11, ênfase minha)[1]

---

1 Como uma acomodação missionária (para não ofender os judeus), os primeiros cristãos se abstiveram de algumas comidas permitidas (At 15.20; 1Co 8–10).

Não somente as leis civis e cerimoniais, mas também as exigências morais atemporais de Deus têm seu cumprimento em Cristo. Mas esses mandamentos morais continuam a achar sua expressão nas vidas capacitadas pelo Espírito do corpo de Cristo, a igreja (Rm 3.31).

Alguns especulam sobre a razão de alguns dos mandamentos mais incomuns no Antigo Testamento. Por que tocar no cadáver de alguém tornava uma pessoa impura por sete dias (Nm 19.11-13)? Por que comer bagre foi proibido (Lv 11.9-11)? Às vezes, razões pseudocientíficas são apresentadas, como as que encontramos nos livros que incentivam as pessoas a comerem como os israelitas antigos.[2] Em outras obras, pastores e comentaristas falam amplamente de significados simbólicos em vários mandamentos. Reconhecemos que há instruções divinas carregadas de simbologia; o fermento, por exemplo, parece ter conotação negativa na Bíblia (Êx 12.8-20; 23.18; Lv 10.12; Lc 12.1; 1Co 5.6-8; Gl 5.9).[3] Indo muito além das evidentes indicações bíblicas, os supostos significados simbólicos para as regulações do Antigo Testamento se tornam logo muito fantasiosos. Independentemente da razão para os vários mandamentos (alguns deles *são*, francamente, difíceis), é claro que uma das principais funções era manter o povo de Deus como um grupo distinto, não contaminado e separado das culturas pagãs ao redor deles (Êx 19.6; Ed 9.1; 10.11). Além disso, alguns dos mandamentos bíblicos sugerem que as nações vizinhas se envolviam, aparentemente com conotação religiosa (Lv 19.26-28), nas próprias práticas que Deus proibira. Deus preservou os judeus como seu povo eleito, por meio do qual ele revelaria seu plano salvador e traria, por fim, o Salvador na plenitude do tempo (Gl 4.4).

---

2 P. ex., Jordan Rubin, *The Maker's Diet: The 40 Day Health Experience That Will Change Your Life Forever* (Lake Mary: Siloam, 2004).
3 Fermento pode referir-se a orgulho, hipocrisia, falsa doutrina etc. Mas note como ele simboliza uma influência crescente em Lc 13.21.

Muitas das supostas incoerências da moralidade cristã (por exemplo, a acusação de que os cristãos usam a Bíblia para escolher a moralidade que querem) são explicadas ao entendermos a natureza provisional e preparatória das leis civis e cerimoniais do período da antiga aliança. A analogia não é exata, mas imagine quão tolo seria alguém levantar a seguinte acusação:

> Milhões de pessoas em cada estado da União estão ignorando a Constituição! Vocês não obedecem realmente à Constituição, que afirma claramente na Emenda XVIII:
>> A fabricação, venda ou transporte de líquidos intoxicantes, a importação para ou a exportação a partir dos Estados Unidos e de todos os territórios sujeitos à sua jurisdição, para os propósitos de bebida, é proibida por esta emenda.[4]

Responderíamos a isso: "Sim, a emenda já foi lei em vigor no país, mas foi abolida pela Emenda XXI, que diz: 'O artigo 18 da emenda à Constituição dos Estados Unidos é revogado por esta emenda'".[5]

A Bíblia não é um livro de normas, em que cada página apresenta instruções igualmente atemporais. Sim, "Toda palavra de Deus é pura" (Pv 30.5). No entanto, a Bíblia parece mais uma narrativa em vários volumes, em que os capítulos posteriores esclarecem o significado final e, às vezes, a natureza temporária e complacente de regras e acontecimentos anteriores (veja Mt 19.8). Os mandamentos do Antigo Testamento que são repetidos no Novo Testamento (por exemplo, mandamentos morais, como a proibição da homossexualidade [Lv 18.22; 1Co 6.9]) ou que não são explicitamente revogados (como as leis civis e cerimoniais

---

4 A Emenda XVIII foi aprovada em 16 de janeiro de 1919.
5 A Emenda XXI foi aprovada em 5 de dezembro de 1933.

o são [Mc 7.19; Hb 10.1-10]) têm importância permanente na vida do povo de Deus, guiado pelo Espírito.

PRESCRITIVO *VERSUS* DESCRITIVO

Quando pensamos sobre quais textos da Bíblia são aplicáveis hoje, também é importante considerarmos se um texto é prescritivo ou descritivo. Ou seja, um texto prescreve (ordena) certa ação ou descreve aquele comportamento? Essa pergunta pode ser complexa, porque alguns comportamentos são descritos de maneira louvável para que tenham, em essência, uma função prescritiva secundária. Lucas, por exemplo, relata repetidas vezes Jesus em oração (veja Lc 3.21; 5.15-16; 6.12; 9.18-22, 29; 10.17-21; 11.1; 22.39-46; 23.34, 46). Essas passagens descritivas complementam as exortações mais explícitas quanto à oração no evangelho de Lucas (Lc 11.2-13; 18.1-8; 22.40, 46). Portanto, uma boa regra geral é que um comportamento relatado no texto pode ser considerado prescritivo somente se houver ensino explícito subsequente para apoiá-lo.

Outra situação em que devemos considerar a natureza prescritiva e descritiva do texto é o batismo cristão no Novo Testamento. Alguns cristãos afirmam que o batismo tem de ser realizado imediatamente após a profissão de fé inicial do convertido. Em apoio a isso, eles citam vários textos narrativos do Novo Testamento que descrevem batismos que aconteceram de imediato ou pouco depois de alguém crer (veja At 2.41; 8.12, 38; 9.18; 10.48; 16.15, 33; 18.8). Entretanto, em nenhuma passagem do Novo Testamento encontramos uma prescrição explícita nestes termos: "Batizem pessoas imediatamente após elas crerem". É claro que todos os crentes devem ser batizados (Mt 28.19; Rm 6.3-4; 1Co 1.13-16), mas o tempo exato desse batismo em relação à conversão não é explicitamente afirmado.

Ao pensarmos mais sobre o tempo do batismo, devemos notar que muitas das conversões relatadas em Atos aconteceram dentro de famílias ou grupos que eram impregnados das Escrituras do Antigo Testamento. Sim, a igreja primitiva foi rápida em obedecer ao mandamento de Jesus para os discípulos serem batizados, mas as condições e o ambiente daqueles primeiros crentes diferem consideravelmente das condições e do ambiente de muitos convertidos hoje. Além disso, a evidência da conversão que acompanhava a pregação apostólica em Atos era frequentemente dramática e/ou miraculosa. Visto que não temos um mandamento explícito sobre o tempo do batismo, devemos aplicar sabedoria em discernir a realidade da fé de nossos convertidos. Por isso, concluímos: o batismo imediato pode ser aconselhável; tempos posteriores de ensino e observação podem ser necessários.

CULTURA, TEMPO E MANDAMENTOS BÍBLICOS
Em relação à cultura e ao tempo, os mandamentos *morais* da Escritura podem ser divididos em duas categorias.

1. Mandamentos que se transferem de cultura para cultura com nenhuma ou pouca alteração.

2. Mandamentos que incorporam princípios atemporais que acham expressões variadas em culturas diferentes.

Muitos mandamentos da Escritura são imediatamente aplicáveis em outras culturas com nenhuma ou pouco alteração. Por exemplo, em Levítico 19.11, lemos: "Não furtareis". Embora muitas culturas possam ter entendimentos diferentes de propriedade privada e bens públicos, todos os humanos estão igualmente obrigados a esse mandamento supracultural. É errado furtar a propriedade privada de outras pessoas.

Outros mandamentos da Escritura, embora sejam imediatamente aplicáveis em várias culturas, têm implicações mais amplas dependendo da cultura em que acham expressão. Por exemplo, em Efésios 5.18, lemos: "E não vos embriagueis com vinho". Esse mandamento se aplica de maneira atemporal a todas as culturas. Sempre é errado ficar bêbado com vinho, em qualquer tempo, em qualquer cultura. Numa aplicação mais detalhada, o estudante da Escritura deve também perguntar quais outras substâncias uma cultura pode oferecer que têm efeito semelhante ao do vinho (por exemplo, embebedar-se com vodca, ficar dopado de maconha etc.). Ao buscarmos essas implicações em novas culturas, o mandamento inicial, embora imediatamente compreensível, recebe aplicação mais ampla. Uma maneira de desenvolvermos aplicações é destilarmos o *princípio* do mandamento original; por exemplo, "Não introduza uma substância estranha em seu corpo no grau em que você perde o controle das funções normais de seu corpo ou as restrições morais". Depois, você pode avançar e discutir quais substâncias em diferentes culturas apresentam esse risco e, portanto, devem ser proibidas da ingestão humana no grau em que possam causar efeitos prejudiciais à saúde.[6]

A semelhança íntima entre embriaguez por cerveja, vodca e vinho é relativamente transparente para muitos leitores. Mas o que podemos dizer sobre um mandamento de natureza mais cultural? Em 1Coríntios 11.5, por exemplo, Paulo escreveu: "Toda mulher, porém, que ora ou profetiza com a cabeça sem véu desonra a sua própria cabeça, porque é como se a tivesse rapada". Hoje as mulheres devem cobrir a cabeça quando oram em público? Outra vez, é importante indagarmos o *propósito* por trás da ordem de Paulo. Era realmente o ato de colocar uma peça de vestuário sobre a cabeça de uma mulher que preocupava Paulo? Não era, em vez disso, a submissão da mulher ao seu

---

[6] Stein usa Efésios 5.18 para ilustrar implicações (Robert H. Stein, *A Basic Guide to Interpreting the Bible: Playing by the Rules*, 2ª ed. [Grand Rapids: Baker Academic, 2011], p. 39).

marido que esse cobrir a cabeça expressava na cultura para a qual Paulo escreveu (veja 1Co 11.1-16)?[7] Se era isso, podemos perguntar: "Em nossa cultura, uma mulher cobrindo a cabeça expressa submissão a seu marido?". Evidentemente, não. Quais comportamentos expressam a submissão de uma mulher ao seu marido? Dois exemplos do sudeste dos Estados Unidos são o uso do anel de casamento no dedo anelar esquerdo e o ato de tomar o sobrenome do marido (sem hifenização). Embora o fato de uma mulher manter seu sobrenome de solteira possa não expressar independência não bíblica em algumas culturas (na China, por exemplo), nos círculos em que cresci, uma mulher manter seu sobrenome depois do casamento era uma rejeição implícita em relação aos papéis de gênero biblicamente definidos.

Finalmente, devemos notar que existem alguns mandamentos não morais que não são aplicáveis fora do contexto original. São mandamentos que o autor tencionava que fossem cumpridos apenas pelos destinatários originais, não os vendo como paradigmáticos de maneira alguma. A lista desses mandamentos é muito pequena. Um exemplo seria 2Timóteo 4.13, em que Paulo pede a Timóteo: "Quando vieres, traze a capa que deixei em Trôade, em casa de Carpo, bem como os livros, especialmente os pergaminhos". Timóteo obedeceu a essa ordem, presumimos, e isso não tem aplicação posterior em nossa cultura ou em nosso tempo.

Em seguida, oferecemos uma lista de diretrizes que ajudam a determinar de que maneira um mandamento bíblico pode ter expressões distintas em outras culturas.

1. Reescreva o mandamento bíblico em termos mais teológicos e abstratos. A exortação é uma aplicação culturalmente específica de um

---

7 Veja Benjamin L. Merkle, "Paul's Argument from Creation in 1 Corinthians 11:8-9 e 1 Timothy 2:13-14: An Apparent Inconsistency Answered", *JETS* 49, n. 3 (2006): 527-48.

princípio teológico que a fundamenta? Ou o mandamento e a aplicação cultural são inseparáveis?

2. Uma aplicação *literal* moderna do mandamento cumpriria o objetivo tencionado da afirmação original do autor bíblico (supondo que você possa determinar o objetivo do mandamento do autor bíblico)?

3. No texto, há detalhes que podem levar alguém a concluir que as instruções são apenas para um tempo e um lugar específicos?

4. No texto, há detalhes que podem levar alguém a concluir que as instruções têm uma aplicação supracultural (ou seja, o mandamento se aplica inalteradamente em diferentes culturas)?

5. Suas conclusões sobre a passagem debatida são coerentes com as outras afirmações do autor e com o contexto canônico mais amplo?

6. Há uma mudança da história da salvação (antiga aliança → nova aliança) que explicaria a aparente contradição com outras instruções bíblicas?

7. Acautele-se de um coração enganoso que usaria princípios hermenêuticos para racionalizar a desobediência às Escrituras. Princípios interpretativos, à semelhança de uma faca afiada, podem ser usados para o bem ou para o mal.

RESUMO

A maioria dos cristãos não tenta obedecer a todos os mandamentos contidos na Bíblia (por exemplo, o mandamento de não vestir roupas de dois tecidos distintos, Lv 19.19). Por mais estranho que isso possa parecer, há boas razões bíblicas para negligenciarmos algumas injunções escriturísticas. Na qualidade de participantes da nova aliança, os cristãos devem fazer distinção entre os mandamentos morais, que possuem autoridade permanente, e as regulações civis e cerimoniais da antiga aliança, as quais são cumpridas em Cristo (Mc 7.14-23; At 15.6-11). Os mandamentos morais atemporais tanto do Antigo quanto do Novo Testamento, embora cumpridos em Cristo, encontram expressão contínua por intermédio da vida conduzida pelo Espírito do corpo de Cristo, a igreja.

Quando se interpreta a Bíblia, também é importante ter em mente a diferença entre os escritos prescritivos e os descritivos. A Escritura descreve muitas coisas que não são especificamente ordenadas. Por fim, na busca por aplicar os mandamentos que chegam a nós com um "verniz cultural", devem-se determinar os princípios teológicos subjacentes e suas aplicações envolvidas para nosso ambiente hoje. Os princípios para se determinar em que grau um mandamento pode estar culturalmente condicionado são listados acima.

PERGUNTAS PARA REFLEXÃO

1. Alguém já o acusou de escolher da Bíblia a moralidade que você quer? Como você respondeu?

2. Você se sente confiante para explicar por que os cristãos não devem obedecer às leis alimentares e às leis sacrificiais do Antigo Testamento? Tente dar uma explicação breve. Cite as Escrituras para apoiar suas afirmações.

3. Leia Juízes 11. O comportamento de Jefté é prescritivo ou descritivo? Como você sabe?

4. Em Romanos 16.16, Paulo escreveu: "Saudai-vos uns aos outros com ósculo santo". De que maneira esse mandamento é aplicável hoje? Explique.

5. Nas Escrituras, há mandamentos sobre os quais você tem dúvidas e perguntas interpretativas?

PARA ESTUDO POSTERIOR

CROTEAU, David A. *Urban Legends of the New Testament: 40 Common Misconceptions.* Nashville: B&H Academic, 2015.

SCHREINER, Thomas R. *Interpreting the Pauline Epistles.* 2ª ed. Grand Rapids: Baker, 2011. (Veja o cap. 9, "Delineating the Significance of Paul's Letters", p. 151-59.)

VAN VOORST, Robert E. *Commonly Misunderstood Verses of the Bible: What They Really Mean.* Eugene: Cascade, 2017.

VIRKLER, Henry A.; AYAYO, Karelynne Gerber. *Hermeneutics: Principles and Processes of Biblical Interpretation.* 2ª ed. Grand Rapids: Baker, 2007. (Veja o cap. 8, "Applying the Biblical Message: A Proposal for the Transcultural Problem", p. 193-216.)

QUESTÃO 20

POR QUE AS PESSOAS NÃO CONSEGUEM CONCORDAR SOBRE O QUE A BÍBLIA SIGNIFICA?

A diversidade de interpretações bíblicas pode tentar um cristão à resignação cínica: "Se todos esses eruditos bíblicos não conseguem concordar sobre (*preencha o espaço em branco*), o que me faria pensar que eu sou capaz de descobrir o significado?". Cristãos fiéis discordam quanto ao que a Bíblia ensina sobre assuntos como batismo, divórcio e predestinação, mas essa falta de unanimidade não nos leva ao desespero hermenêutico. A própria Bíblia nos dá discernimento para lidarmos com as discordâncias interpretativas com que, inevitavelmente, deparamos.

PODEMOS ESPERAR QUE NÃO CRISTÃOS NÃO ENTENDAM E DISTORÇAM A BÍBLIA

Muitas vezes, os eruditos que aparecem na televisão ou são citados nos meios de comunicação são realmente não cristãos que se opõem à ortodoxia cristã. O apóstolo Paulo nos adverte que essas pessoas foram entregues a mentes corrompidas e enganadas como punição por sua contínua rejeição da verdade (Rm 1.18-32; 2Ts 2.11-12). Portanto, não deveríamos ficar surpresos com as interpretações bíblicas erradas de não cristãos e com suas representações equivocadas de Cristo. Também não deveríamos ficar surpresos com o fato de que o mundo aplaude opiniões que confirmam essas pessoas em sua rebelião (1Jo 4.5).

Eruditos não cristãos começam frequentemente com a suposição de que Deus não intervém miraculosamente no mundo. Não é surpresa, então, que eles acabem negando eventos sobrenaturais como o nascimento virginal. É desonesto, porém, não admitir que a pressuposição inicial de alguém ("milagres não acontecem") seja essencialmente idêntica à sua conclusão ("esse milagre não aconteceu"). Uma pergunta reveladora que deve ser feita ao cético é: "Que evidência o convenceria de que a Bíblia está relatando um evento real aqui?".

Ao descrever o período entre sua primeira e sua segunda vinda, Jesus advertiu: "Levantar-se-ão muitos falsos profetas e enganarão a muitos" (Mt 24.11). Esses falsos profetas aparecem frequentemente vestidos de religiosidade. Jesus advertiu: "Acautelai-vos dos falsos profetas, que se vos apresentam disfarçados em ovelhas, mas por dentro são lobos roubadores" (Mt 7.15). Em linguagem semelhante, Paulo advertiu os presbíteros de Éfeso:

> Atendei por vós e por todo o rebanho sobre o qual o Espírito Santo vos constituiu bispos, para pastoreardes a igreja de Deus, a qual ele comprou com o seu próprio sangue. Eu sei que, depois da minha partida, entre vós penetrarão lobos vorazes, que não pouparão o rebanho. E que, dentre vós mesmos, se levantarão homens falando coisas pervertidas para arrastar os discípulos atrás deles. Portanto, vigiai, lembrando-vos de que, por três anos, noite e dia, não cessei de admoestar, com lágrimas, a cada um. (At 20.28-31)

Não cristãos têm discernimentos corretos a respeito do significado da Bíblia? É claro que têm. Em sua graça comum, Deus deu mentes racionais tanto a redimidos como a não redimidos. Em um nível fundamental, porém, a mente do incrédulo permanece velada para o evangelho, sendo incapaz de perceber ou superar seus julgamentos distorcidos sobre assuntos espirituais (2Co 4.3).

A QUANTIDADE DE DISCORDÂNCIA ENTRE OS CRENTES GENUÍNOS É SUPERESTIMADA

Ao considerarmos interpretações bíblicas debatidas, devemos ter certeza de que estamos considerando casos reais de discordância, e não opiniões vagas de incongruência. Sobre quais assuntos interpretativos os cristãos estão discordando? Quais são as várias posições? Quem apoia cada posição? E quais são os argumentos deles?

Se você está perturbado com um texto ou um assunto específico, pode ser proveitoso escrever respostas às perguntas do parágrafo anterior. Talvez você descubra que há realmente um grande volume de concordância entre pessoas que se submetem à autoridade das Escrituras. Isso é um fato importante. Se você encontrar alguém argumentando: "Sim, a Bíblia diz que _____, mas... [seguido por alguma razão que sugira que você deve desconsiderar o ensino da Bíblia]", então reconheça essa opinião interpretativa como o que ela realmente é: desobediência à Palavra de Deus e distorção dela. Ao mesmo tempo, não devemos acusar cristãos de negarem a fé ou de enfraquecerem a autoridade bíblica por discordarem em questões secundárias. De fato, sempre devemos permanecer abertos a sermos persuadidos pelas Escrituras a mudarmos nossas opiniões. Do contrário, a Palavra de Deus revelada, a Bíblia, não é mais nossa autoridade.

Consideremos brevemente como alguém pode lidar com o debate sobre o tema do divórcio. Uma lista parcial de anotações poderia incluir:

Cristãos concordam: o divórcio é mau. Deus não gosta do divórcio (Ml 2.16; Mc 10.2-9).

Cristãos discordam: há razões válidas para o divórcio (por exemplo, abandono, adultério etc.)? Considere Mateus 5.32; 19.9 e 1Coríntios 7.15.

Cristãos concordam: Deus perdoa pessoas divorciadas que se arrependem (1Jo 1.9).

Cristãos discordam: Pessoas divorciadas podem ser líderes de igreja? Pessoas divorciadas podem casar-se de novo, e, se podem, sob quais circunstâncias? Considere Deuteronômio 24.1-4; Mateus 1.19; 19.3-9 e 1Timóteo 3.2 etc.

Obviamente, um estudo completo sobre o divórcio vai além do escopo deste livro, mas envolveria vários textos relevantes que teriam de ser cuidadosamente considerados.[1]

Também é importante reconhecermos que nenhum de nós chegou a uma conclusão final. Estamos todos numa jornada hermenêutica (veja a Questão 12, "Como posso melhorar como intérprete da Bíblia?"). Ao se submeter à autoridade da Escritura, você se verá mudando seus pontos de vista e comportamentos, à medida que for descobrindo o que Deus revelou sobre vários assuntos.[2]

DEUS NÃO REVELOU TODOS OS ASSUNTOS COM A MESMA CLAREZA

Uma doutrina tradicionalmente aceita na teologia cristã protestante é a perspicuidade (clareza) da Escritura. Simplesmente afirmar que a Bíblia é clara significa ser menos do que claro. De fato, como já notamos, a Bíblia não é clara para os não crentes, que são cegos por seu pecado. Além disso, a obra sobrenatural do Espírito Santo é necessária para trazer maior clareza

---

1 Veja, por exemplo, Craig S. Keener, *And Marries Another: Divorce and Remarriage in the Teaching of the New Testament* (Peabody: Hendrickson, 1991).
2 Por exemplo, veja William A. Heth, "Jesus on Divorce: How My Mind Has Changed", *SBJT* 6, n. 1 (2002): 4-29.

ao povo de Deus, quando eles estudam as Escrituras (veja a Questão 16, "Qual é o papel do Espírito Santo em determinar o significado?"). Wayne Grudem está certo ao definir a doutrina da perspicuidade: "A clareza da Escritura significa que a Bíblia foi escrita de tal maneira que pode ser compreendida, mas o correto entendimento requer tempo, esforço, o uso de meios ordinários, disposição para obedecer e a ajuda do Espírito Santo; além disso, nosso entendimento permanecerá imperfeito durante o nosso tempo de vida."[3]

Parece que algumas qualificações adicionais podem ser necessárias. De fato, alguns textos da Bíblia indicam que Deus não tencionava que todas as coisas ficassem claras. Por exemplo, em Romanos 14.5, Paulo considera a discordância entre cristãos sobre se alguns dias têm importância especial para a adoração cristã. Paulo não diz: "Vocês não sabiam: As Escrituras são claras sobre isso. Todos deveriam...". Em vez disso, Paulo diz: "Cada um tenha opinião bem definida em sua própria mente". Portanto, parece que a discordância permanente sobre alguns assuntos secundários não é uma questão de não se submeter às Escrituras ou uma evidência de falta de habilidade interpretativa. Por alguma razão, Deus não tencionou esclarecer todas as coisas.

Deus também não intentou tornar fáceis todas as coisas. O apóstolo Pedro escreveu:

> Tende por salvação a longanimidade de nosso Senhor, como igualmente o nosso amado irmão Paulo vos escreveu, segundo a sabedoria que lhe foi dada, ao falar acerca destes assuntos, como, de fato, costuma fazer em todas as suas epístolas, nas quais há certas coisas difíceis de entender, que os ignorantes e instáveis deturpam,

---

3 Wayne Grudem, *Systematic Theology: An Introduction to Biblical Doctrine*, 2ª ed. (Grand Rapids: Zondervan Academic, 2020), p. 109 [edição em português: *Teologia Sistemática: Completa e Atual*, 2ª ed. rev. ampl. (São Paulo: Vida Nova, 2022)]. Veja também Mark D. Thompson, *A Clear and Present Word: The Clarity of Scripture*, New Studies in Biblical Theology 21 (Downers Grove: InterVarsity Press, 2006).

como também deturpam as demais Escrituras, para a própria destruição deles. (2Pe 3.15-16)

Notamos que as cartas de Paulo, bem como outras partes da Escritura, contêm alguns trechos que são "difíceis de entender", embora esse entendimento não seja impossível. Alguns textos são desafiadores, e, quando abordados de maneira errada (pelos falsos mestres), levam as pessoas a heresia e condenação. Vale a pena ressaltarmos que ninguém poderá culpar Deus por não entender a Bíblia corretamente. Assim como todos são indesculpáveis quando veem a glória de Deus revelada na criação (Rm 1.20), assim também os intérpretes são indesculpáveis por distorcerem a revelação especial que Deus faz de si mesmo na Escritura (Mt 22.29). Em sua obra *A escravidão da vontade*, Lutero censurou Erasmo por sugerir que as Escrituras não eram claras, quando, na realidade, era a mente pecaminosa e vacilante de Erasmo que devia receber a culpa.[4] A Bíblia promete que os verdadeiros crentes têm a garantia de Deus de que, apesar de sua fraqueza inata e de seus desafios de interpretação, o Espírito Santo os guardará de negarem a fé (Fp 1.6; 1Pe 1.5; 1Jo 2.20-27). Essas promessas deveriam levar-nos à humildade, e não ao orgulho.

Embora a revelação de Deus para nós seja suficiente (dando-nos tudo de que precisamos), não é exaustiva. Moisés disse: "*As coisas encobertas pertencem ao* Senhor, *nosso Deus*, porém as reveladas nos pertencem, a nós e a nossos filhos, para sempre, para que cumpramos todas as palavras desta lei" (Dt 29.29). De modo semelhante, falando na terceira pessoa,

---

4 Lutero escreveu: "Apresente-se, e todos os sofistas com você, e cite um único mistério que ainda é obscuro na Escritura. Sei que para muitas pessoas muitas coisas permanecem obscuras; mas isso se deve não a qualquer falta de clareza na Escritura, e sim à cegueira e à ignorância delas mesmas, porque não fazem nenhum esforço para ver a verdade, que, em si mesma, não poderia ser mais clara... Eles são como homens que cobrem os olhos ou saem da luz para as trevas e ali se escondem; depois, culpam o sol ou as trevas por sua incapacidade de ver. Então, que os homens ímpios repudiem essa perversidade blasfema, que culpa as Escrituras de Deus pelas trevas de seu próprio coração!" (Martin Luther, *The Bondage of the Will*, trad. J. I. Packer e O. R. Johnston [Westwood: Fleming H. Revell, 1957], p. 72).

Paulo descreve uma experiência reveladora que teve: "Sei que o tal homem... foi arrebatado ao paraíso e ouviu palavras inefáveis, as quais não é lícito ao homem referir" (2Co 12.3-4). Evidentemente, Deus não falou sobre cada assunto nas Escrituras. Na sabedoria divina, a Bíblia provê paradigmas bastante claros para quaisquer implicações éticas e teológicas de que precisemos em nossos dias. Não temos a promessa de discernimento dos mistérios de toda a obra de Deus. "Porque, agora, vemos como em espelho, obscuramente", mas um dia veremos Cristo face a face (1Co 13.12).

Alguns conselhos finais sobre textos difíceis de entender se fazem apropriados. (1) Às vezes, é aconselhável retermos o julgamento sobre textos ou assuntos debatidos. Lembro-me de um pastor importante que me disse haver interrompido sua série de exposição sobre Apocalipse no capítulo 11 até que tivesse mais confiança em seu entendimento do restante do livro. (2) Também é aceitável ter uma opinião provisional sobre questões debatidas. Um intérprete honesto pode dizer: "Estou 70% convencido dessa opinião". Dependendo da situação, também pode ser conveniente instruir seus ouvintes sobre as fraquezas e as virtudes das alternativas propostas. Num sermão tradicional, em geral é melhor apresentar o fruto de seu estudo do que arregimentar trabalhadores para colherem atrás de você nos campos da exegese. (3) Se você é o único defensor de uma interpretação, é quase certo que esteja errado. Interpretações estranhas e inusitadas devem ser reconhecidas pelo que realmente são.

INTÉRPRETES TÊM DIFERENTES NÍVEIS DE CONHECIMENTO E HABILIDADE

Embora seja verdadeiro que alguns argumentos técnicos relacionados aos textos gregos e hebraicos de nossa Bíblia só podem ser manuseados por experts em linguística, é interessante constatar que a Bíblia não leva em conta nem ignora características que alguém poderia listar como pré-requisitos para interpretações competentes. Os apóstolos são descritos como não instruídos teologicamente pelos padrões culturais de seus dias (At 4.13). Ninguém escolheria normalmente um pescador como o líder de um novo movimento religioso (Mt 16.18). De fato, a exaltação da inteligência humana é vista como uma barreira ao entendimento da revelação de Deus. O apóstolo Paulo escreveu:

> Ninguém engane a si mesmo: se alguém dentre vós se tem por sábio neste século, faça-se estulto para se tornar sábio. Porque a sabedoria deste mundo é loucura diante de Deus; porquanto está escrito: Ele apanha os sábios na própria astúcia deles. E outra vez: O Senhor conhece os pensamentos dos sábios, que são pensamentos vãos. (1Co 3.18-20)

De modo semelhante, Jesus orou: "Graças te dou, ó Pai, Senhor do céu e da terra, porque ocultaste estas coisas aos sábios e instruídos e as revelaste aos pequeninos. Sim, ó Pai, porque assim foi do teu agrado" (Mt 11.25-26).

O que, então, torna uma pessoa verdadeiramente sábia aos olhos de Deus? No Salmo 119, Davi nos diz que a pessoa sábia tem amplo conhecimento da Palavra de Deus e resposta de obediência a ela. Referindo-se a Deus, o salmista escreveu:

> Os teus mandamentos me fazem mais sábio que os meus inimigos; porque, aqueles, eu os tenho sempre comigo. Compreendo mais do que todos os meus mestres, porque medito nos teus testemunhos. Sou mais prudente que os idosos, porque guardo os teus preceitos. (Sl 119.98-100)

Devemos notar que é possível alguém ter um conhecimento imenso e não ter a resposta obediente que o salmista descreve. Nesses casos, o conhecimento é vazio e morto, como um corpo sem espírito (Mt 7.15-20; Tg 2.14-26; 1Jo 2.24). Sem amor e boas obras, um professor altamente instruído pode ser bronze que ressoa ou címbalo que retine (1Co 13.1-3).

Embora algumas pessoas na igreja sejam dotadas de mensagens oportunas da parte de Deus ou da habilidade de ensinar sua Palavra (1Co 12.8; Rm 12.7), o cristianismo não tem nenhuma elite intelectual suprema. Deus tornou sua Palavra acessível ao seu povo, para que eles possam, pelo poder do Espírito Santo, crer nela, obedecer-lhe e ensiná-la aos outros (Dt 6.6-7; Mt 28.20).

INTÉRPRETES APRESENTAM NÍVEIS DIFERENTES DE ILUMINAÇÃO E DILIGÊNCIA ESPIRITUAL

Independentemente de seus dons, todos os cristãos são assegurados da presença sobrenatural do Espírito Santo, que os ensinará e os protegerá do erro (1Jo 2.20-27; cf. Jo 16.13). Ao mesmo tempo, os crentes são chamados à responsabilidade, sendo exortados à diligência. Paulo escreveu a Timóteo: "Procura apresentar-te a Deus aprovado, como obreiro que não tem de que se envergonhar, que maneja bem a palavra da verdade" (2Tm 2.15).

Deus nos chama a nos aproximarmos de sua Palavra com oração, meditação, arrependimento, fé e obediência (Sl 119). O Espírito Santo trabalha para corrigir nossos preconceitos pecaminosos e nos dá clareza de observação e julgamento (veja a Questão 16, "Qual é o papel do Espírito Santo em determinar o significado?"). Se, porém, aproximamo-nos das Escrituras causalmente e com desobediência, não devemos esperar que o Espírito Santo nos ajude. Se estamos vivendo em pecado do qual não nos arrependemos, estamos entristecendo o Espírito Santo e não abrindo os ouvidos para escutá-lo e segui-lo (Ef 4.30; 1Pe 3.7).

Martinho Lutero falou sobre a necessidade de estudarmos a Escritura com reverência e meditação:

> E tenha cuidado para não ficar cansado ou pensar que já fez o bastante quando leu, ouviu e falou uma ou duas vezes [as palavras da Escritura] e que tem entendimento completo. Você não será um

teólogo particularmente bom se fizer isso; porque será como fruto extemporâneo que cai no chão antes de ficar maduro.[5]

No entanto, quando discutimos um texto bíblico, nunca devemos apelar para nossa preparação espiritual como base para a certeza de sua interpretação (por exemplo, "Orei sobre este texto por três horas, por isso sei que estou certo!"). Também não podemos acusar nossos oponentes de erro por causa de perceptíveis negligências espirituais. Argumentos e apelos sempre devem ser feitos com o dedo no texto, apontando para a evidência que está disponível a todos. Apolo pode servir como modelo, "porque, com grande poder, convencia publicamente os judeus, provando, por meio das Escrituras, que o Cristo é Jesus" (At 18.28).

INTÉRPRETES TÊM VÁRIOS PRECONCEITOS

Todos os intérpretes se aproximam de um texto com preconceitos, percebidos ou não. A família em que fomos criados, a educação na igreja (ou a falta dela), nossa própria educação, nosso trabalho, nossas experiências de vida — tudo isso influencia nosso pensamento. Podemos orar como o salmista: "Quem há que possa discernir as próprias faltas? Absolve-me das que me são ocultas" (Sl 19.12). Mas, até que estejamos na presença de Cristo, teremos de lutar contra o pecado remanescente e suas permanentes distorções mentais e espirituais (Gl 5.17).

Nasci em uma família batista, fui criado numa igreja batista, estudei num seminário batista e agora ensino numa faculdade batista. Sou firmemente convicto de que a Bíblia ensina o batismo do crente por imersão, mas não sou tão ingênuo para pensar que minha criação e meu emprego não influenciaram meu julgamento. Falando hipoteticamente, o que envolveria convencer-me do ponto de vista pedobatista (batismo infantil)?

---

5 Martin Luther, "Preface to the Wittenberg Edition of Luther's German Writings" (1539), em *Martin Luther's Basic Theological Writings*, ed. Timothy F. Lull, 2ª ed. (Mineápolis: Fortress, 2005), p. 66.

O custo de mudar minha situação (renúncia da escola em que ensino e da igreja que pastoreio) provavelmente exerceria poderosa influência inconsciente sobre mim. O mesmo poderia ser dito a respeito de pastores e professores pedobatistas que teriam de renunciar às suas posições e mudar para um ponto de vista credobatista (ou seja, o batismo do crente).

RESUMO

Até que Cristo volte, viveremos num mundo onde as pessoas discordam quanto ao significado da Bíblia. Nesse ambiente, é importante que nos lembremos de que muitos dos chamados "experts" que falam ou escrevem publicamente acerca da Bíblia são, na verdade, não cristãos, os quais devemos esperar que compreendam erroneamente a verdade ou a distorçam (Mt 7.15; Rm 1.28-32; 2Ts 2.11-12). Além disso, a quantidade de discórdia entre crentes genuínos é facilmente superestimada. Também se deve mencionar que a Bíblia deixa claro que Deus não pretendeu revelar todos os assuntos com a mesma clareza (Rm 14.5; 2Pe 3.15-16).

Ainda que os intérpretes tenham níveis distintos de habilidades e conhecimento, a inteligência mundana não torna dotado um intérprete. Um conhecimento profundo da Palavra de Deus e a obediência íntima dela, no entanto, tornam uma pessoa verdadeiramente sábia (Sl 119.98-100). Por fim, observamos que o Espírito Santo guarda o povo de Deus do erro e o ajuda a entender e aplicar sua Palavra (1Jo 2.20-27). Contudo, essa assistência divina prometida não absolve o cristão de sua responsabilidade de ser diligente (2Tm 2.15).

PERGUNTAS PARA REFLEXÃO

1. Você tem labutado para chegar a uma opinião sobre determinado texto bíblico ou uma questão teológica específica? Qual é o próximo passo que você deve tomar ao lidar com essa questão?

2. Quem é o perito religioso atual que mais tem sido citado nos meios de comunicação? Você poderia dizer se ele ou ela é cristão?

3. Você consegue pensar num assunto de interpretação sobre o qual mudou de opinião? O que o convenceu a mudar?

4. Como citamos antes, Wayne Grudem define a perspicuidade da Escritura: "A clareza da Escritura significa que a Bíblia foi escrita de tal maneira que pode ser compreendida, mas o correto entendimento requer tempo, esforço, o uso de meios ordinários, disposição para obedecer e a ajuda do Espírito Santo; além disso, nosso entendimento permanecerá imperfeito durante o nosso tempo de vida."[6] Com base na discussão deste capítulo e em suas reflexões, você acrescentaria alguma qualificação?

5. Há algum tema sobre o qual você já desejou que o Senhor tivesse feito um comentário adicional na Escritura?

PARA ESTUDO POSTERIOR

CARSON, D. A. Collected *Writings on Scripture.* Compilado por Andrew David Naselli. Wheaton: Crossway, 2010.

GRUDEM, Wayne. *Teologia Sistemática: Completa e Atual.* 2ª ed. rev. ampl. São Paulo: Vida Nova, 2022.

THOMPSON, Mark D. *A Clear and Present Word: The Clarity of Scripture.* New Studies in Biblical Theology 21. Downers Grove: InterVarsity Press, 2006.

---

6 Grudem, *Systematic Theology*, p. 109.

PARTE 3

ABORDANDO TEXTOS ESPECÍFICOS

SEÇÃO A
GÊNEROS COMPARTILHADOS
(QUESTÕES QUE SE APLICAM IGUALMENTE AO
ANTIGO E AO NOVO TESTAMENTO)

QUESTÃO 21

COMO IDENTIFICAMOS O GÊNERO LITERÁRIO — E POR QUE ISSO É IMPORTANTE?

Ao pegar um novo texto, o leitor identificará rapidamente o gênero. Ou seja, o leitor decidirá (consciente ou inconscientemente, correta ou incorretamente) se o texto deve ser entendido como ficção ou não ficção, científico ou poético etc. A determinação exata do gênero de uma obra é essencial à sua interpretação correta.

DEFININDO "GÊNERO"

De acordo com o dicionário *Merriam-Webster*, gênero é "uma categoria de composição artística, musical ou literária caracterizada por um estilo, uma forma e um conteúdo específico".[1] Neste livro, é claro, estamos interessados primariamente nos gêneros literários e, mais especificamente, nos gêneros literários da Bíblia.

Ao escolher expressar suas ideias por meio de um gênero literário específico, o autor se submete a várias convenções associadas a ele. Por exemplo, se eu começasse uma história dizendo: "Era uma vez", indicaria a meus leitores que eu narraria um conto de fadas. Essa história provavelmente teria criaturas fantásticas (por exemplo, dragões, unicórnios), um desafio a ser vencido e um final feliz. Os leitores esperariam que a história

---

1 Versão online (acessada em 03/10/2024).

fosse destinada a crianças, principalmente com o propósito de entretenimento, mas talvez, igualmente, de instrução moral.

Muitas vezes, todos os dias, tomamos decisões sobre como entender uma composição literária com base em nossa avaliação consciente do gênero correspondente. Por exemplo, se recebo uma correspondência que diz: "Sr. Plumer (observe a grafia errada), o senhor pode ter ganhado dez milhões de dólares!", compreendo que estou segurando algum tipo de anúncio que não tem interesse em me dar dez milhões de dólares, e sim, em vez disso, que eu compre algo. De modo semelhante, se recebo uma carta oficial da Companhia de Água de Louisville, com a seguinte expressão estampada em letras vermelhas: "Notificação de Prazo de Pagamento", entendo que tenho em mãos uma informação importante relacionada a um débito evidente. E, quando dirijo para casa, compreendo que uma placa que diz "Velocidade Máxima 60 km" não é apenas para decorar ou oferecer uma sugestão, e sim um fato, uma notificação legalmente obrigatória.

IDENTIFICANDO O GÊNERO DOS ESCRITOS BÍBLICOS

Na vida cotidiana, familiarizamo-nos com os gêneros que vamos encontrando. Inicialmente, a carta de anúncio descrita já pode ter-nos empolgado no passado com a possibilidade de ganhar dez milhões de dólares, mas, depois de vários anos de inscrições fracassadas, chegamos a reconhecer o verdadeiro gênero dessa espécie de material. De modo semelhante, crianças novas podem ter dificuldade para fazer distinção entre o noticiário da noite, um filme de ficção científica e um documentário. Mas um adulto instruído deve ser não somente capaz de reconhecer um filme e um documentário, como também de identificar algumas das tendências e objetivos dos produtores.

Certos livros na Bíblia são escritos em gêneros que nos são familiares, enquanto outros são estranhos ao leitor moderno. E mesmo os gêneros familiares incluem, às vezes, pressuposições que o leitor moderno talvez não espere. Uma maneira de identificar o gênero de um livro da Bíblia é lê-lo e notar os detalhes literários significativos e os comentários dos autores que sugerem ao leitor como o livro deve ser entendido. Por exemplo, o gênero mais comum na Bíblia é a narrativa histórica, que constitui mais da metade de seu conteúdo. O gênero bíblico de narrativa histórica é semelhante ao relato de história real que lemos hoje em um jornal ou em livros de história. Mas existem algumas diferenças: (1) as narrativas históricas da Bíblia são frequentemente entremeadas com subgêneros familiares, como genealogias (Mt 1.1-17), cânticos (Êx 15.1-18), provérbios (Mt 26.52), profecias (Mc 13.3-37) ou alianças (Js 24.1-28). (2) As narrativas históricas da Bíblia não se preocupam geralmente com os mesmos detalhes que os leitores modernos desejariam que fossem abordados (por exemplo, identificação cronológica estrita ou detalhes biográficos sequenciais de toda a vida de uma pessoa etc.). (3) As narrativas históricas da Bíblia, embora exatas, nunca reivindicam objetividade. Os autores bíblicos têm um propósito ao escrever:onvencer os leitores da mensagem reveladora de Deus e da necessidade de responderem a Deus com arrependimento, fé e obediência (por exemplo, Jo 20.30-31). Quanto a mais orientações sobre a interpretação de narrativas históricas, veja a Questão 22 ("Como interpretamos as narrativas históricas?").

Uma maneira de identificar e aprender sobre os gêneros dos livros da Bíblia é consultar uma Bíblia de estudo, um comentário ou outra obra de referência teológica (veja a Questão 13, "Quais são alguns livros ou materiais proveitosos para se interpretar a Bíblia?"). A segunda metade deste livro também proverá ajuda útil, visto que contém uma breve introdução a vários gêneros bíblicos, bem como as suposições e cautelas específicas que devemos ter em mente quando os abordamos.

A Figura 12 oferece uma lista de gêneros literários que se encontram frequentemente na Bíblia, bem como exemplos de livros ou passagens classificadas em cada gênero.

FIGURA 12: GÊNEROS LITERÁRIOS NA BÍBLIA	
GÊNERO	EXEMPLOS DE TEXTOS
Narrativa histórica	Gênesis, Marcos
Genealogia	1Crônicas 1–9; Mateus 1.1-17
Exagero/hipérbole	Mateus 5.29-30; 23.24
Profecia	Isaías, Malaquias
Poesia	Joel, Amós (também profecia)
Aliança	Gênesis 17.1-4; Josué 24.1-28
Provérbios/literatura de sabedoria	Provérbios, Jó
Salmos e cânticos	Êxodo 15.1-18; Salmos
Cartas	1Coríntios, 2Pedro
Revelação	Daniel, Apocalipse

DESLIZES INTERPRETATIVOS

Vários deslizes interpretativos se avultam no campo minado dos gêneros. Três importantes que devemos notar são os seguintes.

1. *Entender incorretamente o gênero de uma obra pode resultar em interpretação distorcida.* Juízes 11.39 relata que Jefté cumpriu o voto que fizera ao Senhor, ao sacrificar sua filha. O gênero de narrativa histórica, ao qual pertence o livro de Juízes, não nos diz *por si mesmo* se as ações relatadas são boas ou más. Indicações adicionais do autor são necessárias para que o leitor saiba como o escritor inspirado avaliou o acontecimento ou a pessoa relatada. Como é evidente na espiral decrescente de pecado em Juízes (3.7–16.31), bem como nas afirmações resumidoras do autor (17.6; 18.1; 19.1; 21.25), a ação de Jefté

não deve ser elogiada nem imitada.² A suposição de que os comportamentos de personagens importantes em narrativas históricas devem sempre ser copiados poderia resultar em aplicação horrível nesse caso.

2. *Classificar erroneamente um gênero bíblico pode ser uma maneira desonesta de negar a veracidade do texto.* É comum vermos eruditos religiosos proeminentes nos meios de comunicação afirmando que grandes porções da Bíblia devem ser entendidas como mito, e não como narrativa histórica.³ Ou seja, os textos não devem ser entendidos como relatando informações históricas factuais, e sim como textos que pintam quadros mitológicos para nos inspirar e nos desafiar. Mas afirmações desse tipo negam indicações claras do autor em sentido contrário (veja Lc 1.1-4), bem como evidências de fora da Bíblia que confirmam a historicidade de seus conteúdos.⁴ Em referência àqueles que rotulavam os evangelhos como mito em seus dias, C. S. Lewis, autor renomado e crítico literário, comentou:

> Não importa o que esses homens sejam como críticos da Bíblia, não confio neles como críticos. Parece-me que não têm julgamento literário nem percepção quanto à própria qualidade dos textos que estão lendo. Parece uma acusação estranha que trazem contra homens que investiram nesses livros toda a sua vida. Mas esse pode

---

2 Note os seis principais ciclos conectados com Juízes: Otniel, Eúde, Débora, Gideão, Jefté e Sansão. Uma nota na *The New Oxford Annotated Bible* observa: "No relato sobre cada importante juiz, o ciclo se desenrola. Por sua vez, esse desenrolar acentua a comunicação da deterioração que estava acontecendo no período dos juízes. De fato, no tempo de Sansão, o ciclo está quase acabado. O ciclo de Sansão serve como clímax literário e como o ponto moral mais baixo da seção de ciclos" (*The New Oxford Annotated Bible*, ed. Michael D. Coogan, 3ª ed. [Nova York: Oxford University Press, 2001], p. 354).
3 P. ex., John Dominic Crossan, *The Historical Jesus: The Life of a Mediterranean Jewish Peasant* (São Francisco: HarperSanFrancisco, 1991); John Shelby Spong, *Resurrection: Myth or Reality? A Bishop's Search for the Origins of Christianity* (Nova York: HarperCollins, 1994).
4 Veja Walter Kaiser, *Documentos do Antigo Testamento: Sua Relevância e Confiabilidade* (São Paulo: Cultura Cristã, 2007); F. F. Bruce, *Merece Confiança o Novo Testamento?*, 3ª ed. rev. (São Paulo: Vida Nova, 2010); Peter J. Williams, *Podemos Confiar nos Evangelhos?* (São Paulo: Vida Nova, 2022).

ser exatamente o problema. Um homem que gastou sua juventude e maturidade no estudo minucioso dos textos do Novo Testamento e dos estudos de outras pessoas sobre esses textos, cuja experiência literária desses textos não segue um padrão de comparação que se desenvolva de uma experiência ampla, profunda e agradável da literatura em geral, muito provavelmente, devo pensar, ignorará as coisas óbvias desses textos. Se ele me diz que algo num evangelho é lenda ou romance, quero saber quantas lendas ou romances ele já leu, como seu gosto é treinado em detectá-los pelo sabor, e não quantos anos ele já gastou nesse evangelho.[5]

De modo semelhante, é comum encontrarmos eruditos que afirmam que Jonas é uma histórica fictícia. De fato, um idoso colega meu (agora aposentado) confidenciou-me, certa vez, que dissera à sua classe que pensava que Jonas era ficcional. "Depois", o professor me falou, "um aluno veio até mim e disse: 'Dr. _____, você não deveria ter dito aquilo publicamente. Gostamos de você e queremos que continue ensinando aqui'".[6]

A intuição do aluno estava correta, porque não somente o livro de Jonas relata pessoas e lugares sem qualquer artifício ficcional, como também Jesus se refere a Jonas como uma pessoa histórica que esteve, literal e historicamente, na barriga de um grande peixe (Mt 12.40-41).

3. *Princípios para a interpretação de gêneros podem ser mal-usados para eximir alguém das exigências da Escritura.* Kierkegaard comentou ironicamente: "A erudição cristã é a prodigiosa invenção da raça humana

---

[5] C. S. Lewis, "Fern-Seed and Elephants", em *Fern-Seed and Elephants and Other Essays on Christianity*, ed. Walter Hooper (Londres: Fontana/Collins, 1975), p. 106-07.
[6] A escola passou por uma mudança recentemente, e a maioria dos alunos se tornou mais conservadora do que os docentes mais antigos.

para se defender do Novo Testamento, para garantir que alguém continue a ser cristão sem permitir que o Novo Testamento lhe seja muito íntimo".[7] Essa verdade apresentada com ironia pode ser especialmente verdadeira na aplicação acadêmica de vários princípios de interpretação relacionados ao gênero. Por exemplo, ao considerar Mateus 5.42 ("Dá a quem te pede e não voltes as costas ao que deseja que lhe emprestes"), o intérprete pode notar corretamente que o ensino de Jesus aqui é classificado como exagero. Pode continuar e, depois, notar acertadamente que ninguém está obrigado a dar uma arma a uma pessoa suicida. Ao entendermos as qualificações implícitas do exagero, erramos quando não ouvimos a chamada radical em Mateus 5.42 para nos desprendermos dos bens mundanos. Alguém pode atenuar e racionalizar o texto até que a consciência fique insensível e se envolva em desobediência. Como Pascal comentou: "Os homens nunca fazem mal tão completa e alegremente como quando o fazem motivados por convicção religiosa".[8] Intérpretes modernos precisam temer o julgamento de Deus quando procuram racionalizar o texto como os oponentes de Jesus fizeram (Mc 7.13).

RESUMO

O gênero de uma obra é uma forma literária específica adotada pelo autor. Ao submeter seu escrito a um gênero em particular, o autor, de maneira implícita, comunica certas suposições quanto à maneira como a composição deve ser entendida. Diversos gêneros bíblicos são prontamente reconhecíveis (p. ex., a narrativa histórica), mas mesmo esses gêneros frequentemente têm suposições compartilhadas que diferem de

---

7 Søren Kierkegaard, *Søren Kierkegaard's Journals and Papers*, ed. e trad. Howard V. Hong e Edna H. Hong (Bloomington: Indiana University Press, 1975), 3:270.
8 Pascal, *Pensées*, fragmento 895 em *Great Books of the Western World: Pascal*, ed. Mortimer J. Adler, 2ª ed. (Chicago: Encyclopedia Britannica, 1990), 30:347. No volume, *Pensées* foi traduzido por W. F. Trotter.

obras modernas formalmente similares. A última metade deste livro, ao lado de outros recursos recomendados acima, pode ajudar o leitor moderno a entender a importância de vários gêneros bíblicos.

É preciso nos acautelarmos de três equívocos interpretativos: (1) entender erroneamente o gênero de uma obra pode resultar em uma interpretação enviesada. (2) Classificar de modo impróprio um gênero pode ser uma maneira dissimulada de negar a confiabilidade do texto. (3) Os princípios de interpretação dos gêneros podem ser pervertidos com o fim de liberar o intérprete das demandas da Escritura.

PERGUNTAS PARA REFLEXÃO

1. Faça um lista dos diferentes gêneros que você encontra num dia normal. Quais são algumas das pressuposições que você faz consciente ou inconscientemente sobre esses gêneros?

2. Observe o índice de conteúdo nas primeiras páginas de sua Bíblia. Você consegue identificar os gêneros literários contidos nos vários livros?

3. Dos diferentes gêneros literários incluídos na Bíblia (veja a Figura 12, se necessário), em sua opinião qual deles é o mais incomum para os leitores modernos?

4. Você já ouviu um sermão ou uma lição bíblica que estava errada porque o intérprete entendeu incorretamente o gênero da passagem bíblica?

5. Você consegue pensar numa ocasião em que alguém apelou para os princípios interpretativos como desculpa para desconsiderar o claro ensino da Escritura?

PARA ESTUDO POSTERIOR

DeRouchie, Jason S. *How to Understand and Apply the Old Testament: Twelve Steps from Exegesis to Theology*. Phillipsburg: P&R Publishing, 2017.

Naselli, Andrew David. *How to Understand and Apply the New Testament: Twelve Steps from Exegesis to Theology*. Phillipsburg: P&R Publishing, 2017.

Osborne, Grant R. *A Espiral Hermenêutica: Uma Nova Abordagem à Interpretação Bíblica*. São Paulo: Vida Nova, 2009. (Veja a Parte 2, "Análise do Gênero".)

QUESTÃO 22

COMO INTERPRETAMOS NARRATIVAS HISTÓRICAS?

Narrativas históricas recontam eventos factuais em formato de história. Um exemplo moderno seria o livro *Unbroken: A World War II Story of Survival, Resilience, and Redemption* (2010), em que Lauren Hillenbrand narra a história cativante do tenente Louis Zamperini. Narrativas históricas podem ser contadas somente para a vantagem do próprio narrador da história (por exemplo, a fim de registrar memórias) ou por causa da audiência — para ensinar, entreter, convencer etc. Na realidade, todas as narrativas históricas incluem alguma mistura de motivos por parte do narrador.

Uma grande porção do Antigo e do Novo Testamento é narrativa histórica — mais da metade. No Antigo Testamento, por exemplo, encontramos longas narrativas históricas em Gênesis, Êxodo, Números, Josué, Juízes, Rute, 1 e 2 Samuel, 1 e 2 Reis, 1 e 2 Crônicas, Esdras, Neemias e Ester. No Novo Testamento, temos os evangelhos (Mateus, Marcos, Lucas e João) e Atos. Somente a obra de dois volumes Lucas-Atos constitui 25% do Novo Testamento. Vale a pena destacarmos que a narrativa histórica raramente é um gênero puro, porque, com frequência, está mesclada com outros gêneros, como genealogias (Mt 1.1-17), cânticos (Êx 15.1-8), provérbios (Mt 25.52), profecias (Mc 13.3-37), cartas (At 23.25-30) ou alianças (Js 24.1-28).

A NATUREZA, O PROPÓSITO E A EFICÁCIA DA NARRATIVA BÍBLICA
Às vezes, o valor de verdade da narrativa bíblica é diminuído ao receber o rótulo de "mitológica" ou "tendenciosa". Quanto a uma discussão mais

geral acerca da confiabilidade da Escritura, veja a Questão 4 ("A Bíblia contém erros?"), mas alguns comentários são apropriados aqui. Assim como os escritores modernos dão a seus leitores indicações a respeito de suas próprias atitudes para com a veracidade de sua informação, os escritores antigos faziam o mesmo. É evidente, a partir da menção de datas e pessoas específicas, bem como do estilo de redação, que os próprios autores bíblicos acreditavam estar apresentando informação histórica factualmente exata. Como em qualquer narrativa, não queremos pressionar os autores a serem mais específicos do que tencionavam. Por exemplo, quando Marcos usa introduções cronológicas para suas histórias, elas são bem indistintas (por exemplo: "Aconteceu atravessar Jesus, em dia de sábado, as searas" [Mc 2.23]). Uma pesquisa de sua obra mostra que Marcos não tencionava fazer um relato cronológico estrito do ministério de Jesus.[1]

Embora a narrativa bíblica relate muitos fatos (os lugares por onde os israelitas peregrinaram no deserto ou os nomes dos discípulos de Jesus, por exemplo), o propósito da narrativa é levar o leitor a se submeter a Deus em Cristo. Os escritores das narrativas bíblicas queriam que os leitores se alinhassem com os personagens que honravam a Deus e amavam a verdade na história narrada. O propósito de toda a Escritura, incluindo as narrativas históricas, é tornar as pessoas sábias, levando-as a um conhecimento salvífico de Cristo, como Paulo disse que aconteceu na vida de Timóteo (2Tm 3.15).

Narrativas históricas podem ser uma forma especialmente eficaz de comunicação. Alguns dos mais bem-sucedidos palestrantes enfatizam regularmente seus discursos com histórias. Histórias são mais

---

[1] Esse fato é confirmado pelo entendimento que a igreja primitiva tinha da intenção de Marcos. Papias (c. 130 d.C.) escreveu: "E o presbítero [o apóstolo João?] costumava dizer: 'Marcos, havendo-se tornado o intérprete de Pedro, escreveu acuradamente o que lembrou, embora não em ordem, das coisas feitas ou ditas por Cristo. Ele não ouviu, nem seguiu o Senhor, mas, depois, como eu disse, seguiu a Pedro, que adaptou seus ensinos conforme necessário, mas não tinha a intenção de oferecer um relato ordenado das afirmações do Senhor. Consequentemente, Marcos não fez nada errado em escrever algumas coisas conforme as lembrou, porque seu interesse não era omitir qualquer coisa que ouvira ou fazer qualquer afirmação mentirosa em seus escritos'" (*Fragments of Papias* 3.15, em *The Apostolic Fathers: Greek Texts and English Translations*, ed. e trad. Michael W. Holmes, 3ª ed. [Grand Rapids: Baker, 2007], p. 739-41).

memoráveis do que outros gêneros (em comparação com a exortação epistolar, por exemplo). Leitores e ouvintes são atraídos aos relatos e até querem, por si mesmos, entrar nas narrativas. Há uma forte dimensão afetiva na narrativa: dimensão que a torna admiravelmente eficaz em persuadir. Além disso, no presente estado de nossa cultura, a natureza indireta de uma narrativa é, às vezes, mais aceitável no caso de ouvintes espiritualmente estafados. Além disso, posso dar testemunho de que as crianças são mais abertas a ouvir uma história que ilustra a graça de Deus do que a ouvir uma discussão abstrata formada de proposições e termos.

ORIENTAÇÕES PARA INTERPRETAR NARRATIVAS HISTÓRICAS

Narrativas históricas também apresentam alguns desafios interpretativos singulares. Em geral, os propósitos do escritor bíblico estão escondidos no texto, em vez de transparecerem inequivocamente. Por isso, intérpretes pouco habilitados estão propensos a erros, levando tanto a si mesmo como a seus ouvintes para longe do verdadeiro significado do texto. Muitos detalhes em histórias não são apresentados como normativos. Ou seja, o autor não tencionava apresentar todas as pessoas e todas as ações como lições morais. Por exemplo, certa vez, minha esposa e eu estávamos ouvindo algumas fitas cassetes para novos pais. O palestrante exortava os pais a colocarem seus filhos em berços (em vez de colocarem na própria cama), porque Maria colocou Jesus na manjedoura (Lc 2.7). Evidentemente, a principal pergunta interpretativa é: por que Lucas nos diz que Jesus foi colocado numa manjedoura? Foi para nos ensinar como devemos colocar nossos filhos para dormir ou foi para enfatizar a origem humilde do Salvador? Eu sempre quis dizer àquele palestrante que Jesus contou uma parábola em que os filhos de um homem são descritos como estando na cama com ele (Lc 11.7), talvez a convenção de sono mais normal naqueles dias, mas esse é apenas um detalhe vívido numa história memorável, e não um princípio normativo.

É importante entendermos que a interpretação de narrativas não deve ser simplesmente a reiteração dos fatos. Fatos são inclusos, agrupados e comentados pelo escritor com o propósito de convencer o leitor de alguma verdade. Portanto, a busca do intérprete deve ser direcionada à questão "por quê?". Robert Stein recomenda o seguinte tipo de exercício para chegarmos ao "porquê" da narrativa. "Eu, *Marcos*, lhes contei esta história sobre *o endemoninhado geraseno* (Mc 5.1-20) porque..." As partes em itálico dessa afirmação, é claro, devem ser substituídas por qualquer autor ou relato que o intérprete esteja considerando. O objetivo desse exercício é impedir o intérprete de apenas repetir a história e levá-lo a se focar na *intenção* do relato. No caso do endemoninhado, a história ocorre em uma sequência de relatos que demonstram a autoridade de Jesus sobre diferentes elementos: natureza (4.35-41), demônios (5.1-20), enfermidade (5.23-34) e morte (5.21-24, 35-43). Para Marcos, a história do endemoninhado demonstra, uma vez mais, que Jesus é o Filho de Deus (Mc 1.1; 15.39), que tem autoridade completa sobre a esfera espiritual. Detalhes como a grandeza da força do homem (Mc 5.3-5) e quantos porcos os demônios impeliram para o mar (Mc 5.13) servem apenas para ressaltar quão poderoso é aquele que os venceu.

Em seguida, oferecemos algumas orientações que ajudam na interpretação de narrativas históricas.[2]

1. *Contexto.* Embora o contexto seja importante para toda interpretação, é especialmente importante no gênero mais indireto da narrativa histórica. O autor do livro bíblico tencionava realmente que sua audiência lesse todo o relato; por isso, cada seção menor precisa ser lida à luz do todo e vice-versa. Em Marcos 1.1, o evangelista nos diz que o propósito de sua

---

[2] Essas orientações são adaptadas de Robert H. Stein, *A Basic Guide to Interpreting the Bible: Playing by the Rules*, 2ª ed. (Grand Rapids: Baker Academic, 2011), p. 87-96.

narrativa é relatar as boas-novas sobre o Messias, Jesus, o Filho de Deus. Todo o material seguinte deve ser lido à luz dessa afirmação inicial.

2. *Comentários editoriais.* Às vezes, o autor faz comentários editoriais explícitos quanto ao significado ou à importância de um evento. Isso é especialmente proveitoso para o leitor e não deve ser ignorado. Em Marcos 7.19, por exemplo, Marcos nota que os comentários de Jesus sobre comida e pureza devem ser entendidos como declarando "puros todos os alimentos". Além disso, Marcos observa que, ao se retirarem da presença de Jesus com expressões como "Tu és o Filho de Deus" (Mc 3.11-12; cf. Mc 1.23-24; 5.7), os espíritos malignos estavam identificando acuradamente quem Jesus é. No relato do homem endemoninhado antes referido, esse ensino é significativo porque o homem endemoninhado exclamou: "Que tenho eu contigo, Jesus, Filho do Deus Altíssimo? Conjuro-te por Deus que não me atormentes!" (Mc 5.7). Nessa afirmação, a identidade e a autoridade de Jesus são ressaltadas, visto que Marcos nos prepara para "crer" nas palavras desses porta-vozes demoníacos.[3] Devemos nos acautelar de interpretações muito sutis para as quais o autor não preparou seus leitores.

3. *Afirmações temáticas.* Às vezes, o autor começa sua obra ou uma seção dela com uma afirmação temática que nos ajuda a entender o restante. Um exemplo disso pode ser Atos 1.8: "Mas recebereis poder, ao descer sobre vós o Espírito Santo, e sereis minhas testemunhas tanto em Jerusalém como em toda a Judeia e Samaria e até aos confins da terra". Como podemos ver, o restante do livro de Atos descreve o Espírito

---

3 Em suas palestras, Stein recomenda que destaquemos (por exemplo, com um marcador amarelo) todos esses comentários editoriais e resumos do autor bíblico, a fim de encontrarmos padrões repetidos.

Santo impelindo a igreja a dar testemunho do evangelho de Cristo em áreas geográficas que aumentam cada vez mais (por exemplo, At 2.14-42; 8.1-25, 26-40; 10.1-48; 11.19-21; 13.1-3; 28.28-31).

4. *Repetição.* Os autores bíblicos não tinham o luxo da escrita em negrito nem recursos gráficos espetaculares. Quando eles queriam enfatizar algo, usavam a repetição. Como resta evidente nas afirmações de Marcos, ele queria enfatizar que grandes multidões eram atraídas a Jesus, bem como a admiração das multidões com o ensino e os milagres de Jesus (por exemplo, Mc 1.27-28, 45; 2.12; 3.7-12; 4.1).

5. *Personagens confiáveis.* Direta ou indiretamente, o autor dá aos leitores sugestões quanto às pessoas que devem ser cridas ou imitadas. Por exemplo, quando um anjo de Deus fala com uma pessoa, não há dúvida de que o anjo está transmitindo informação confiável (por exemplo, Mt 1.20-25). Como notamos antes, até demônios podem ser considerados confiáveis quando estão impactados pela poderosa presença de Jesus e, em reflexão espiritual submissa, declaram a verdadeira identidade dele (por exemplo, Mc 5.7).

Uma das maneiras mais proveitosas para se aprender a interpretar narrativas históricas é ouvir ou ler vários exemplos de interpretação criteriosa. O intérprete sábio está sempre à procura do significado do autor do texto e não usa detalhes estranhos para seus voos de imaginação. Com frequência, essa criteriosa habilidade de interpretação é mais aprendida do que ensinada. Por essa razão, é proveitoso ler comentários feitos por intérpretes habilidosos.[4] Ao se lerem tais comentários, começa-se a absorver tanto o toque artístico como a mente analítica, os quais são

---

[4] Veja os comentários recomendados na seção "Para Estudo Posterior".

essenciais à interpretação criteriosa. O intérprete de narrativas iniciante também é encorajado a achar um leitor mais sábio e mais experiente que possa oferecer críticas e correções. Essas críticas solicitadas, embora desagradáveis no momento, serão saudáveis em longo prazo.

RESUMO

As narrativas históricas, que constituem aproximadamente 60% da Bíblia, são a narração de eventos factuais em formato de história. Esse gênero é, com frequência, temperado com subgêneros, tais como as genealogias (Mt 1.1-17), cânticos (Êx 15.1-18), provérbios (Mt 26.52) etc. Os autores bíblicos pretendiam que as suas narrativas fossem entendidas como relatos precisos e factuais, ainda que seu estilo e organização difiram, por vezes, das obras históricas modernas.

Sendo uma forma especialmente eficaz de comunicação, as narrativas históricas não são isentas de desafios interpretativos. De maneira mais relevante, o significado autoral raramente está "na superfície" do texto. O leitor deve prestar muita atenção às dicas sutis, como o contexto, os comentários editoriais, as afirmações temáticas, a repetição e as falas de "personagens confiáveis". O objetivo do intérprete não é simplesmente parafrasear a história, mas determinar por que o autor a contou aos leitores. O que ele estava tentando lhes ensinar ou comunicar por meio de seu relato? Por que ele incluiu essa história, com esses detalhes? Decifrar as dicas sutis do autor em narrativas históricas é uma habilidade mais "captada" do que "ensinada".

PERGUNTAS PARA REFLEXÃO

1. Você já ouviu alguém usar uma história como forma especialmente eficaz de comunicação? Se sim, quando?

2. Você lembra um sermão ou uma lição bíblica em que o autor/professor interpretou ilegitimamente uma narrativa bíblica?

3. Você conhece um intérprete confiável (um amigo mais experiente, por exemplo) que estaria disposto a oferecer críticas sobre seus sermões ou lições bíblicas?

4. No próximo sermão que você ouvir sobre uma passagem narrativa, faça a si mesmo as seguintes perguntas: o pregador chegou ao significado correto do texto? Se ele não interpretou corretamente o texto, quais dos princípios interpretativos comentados neste capítulo ajudariam em seu entendimento correto?

5. Escolha um livro narrativo da Bíblia, faça fotocópias de suas páginas e destaque todas as afirmações que são comentários ou resumos do autor. No final, olhe de novo as porções destacadas. O que o autor estava enfatizando?

PARA ESTUDO POSTERIOR

CARSON, D. A. *O Comentário de Mateus*. São Paulo: Shedd Publicações, 2011.

FREI, Hans W. *The Eclipse of Biblical Narrative: A Study in Eighteenth and Nineteenth Century Hermeneutics*. New Haven: Yale University Press, 1974.

STEIN, Robert H. *Mark*. BECNT. Grand Rapids: Baker, 2008.

_____. *Luke*. BECNT. Grand Rapids: Baker, 1992.

VANG, Preben; CARTER, Terry G. *Telling God's Story: The Biblical Narrative from Beginning to End*. Nashville: B&H Academic, 2006.

WILLIAMS, Peter J. *Podemos Confiar nos Evangelhos?* São Paulo: Vida Nova, 2022.

QUESTÃO 23

COMO INTERPRETAMOS PROFECIA? (ORIENTAÇÕES GERAIS)

Para muitas pessoas, a palavra *profecia* traz à mente a imagem de um anunciante de condenação que caminha pelas ruas com uma placa que diz: "ARREPENDAM-SE! O MUNDO ACABARÁ AMANHÃ!". Entretanto, devemos colocar de lado nossas ideias preconcebidas e nos voltar às Escrituras para que tenhamos um verdadeiro entendimento da profecia. De fato, o que é profecia *bíblica*? E quais são alguns princípios que nos ajudam a entendê-la? Nesta questão, apresentaremos uma análise geral da profecia e, em seguida, oferecemos orientações que ajudarão na interpretação da maior parte delas. Na questão seguinte, discutiremos uma subseção da profecia conhecida como tipologia.

DEFININDO PROFETA E PROFECIA

As palavras *profeta* e *profecia* têm uma variedade de significados dentro da Bíblia. No nível mais fundamental, um profeta é alguém enviado por Deus com uma profecia, ou seja, uma mensagem da parte dele (Jr 1.4-10; Mt 23.34). À medida que formos explicando essas palavras, transitaremos, inevitavelmente, entre falar sobre o agente (o profeta) e sobre sua mensagem divina (profecia).

O uso da palavra *profeta* no Antigo Testamento exibe uma variedade de significados. Moisés disse: "Tomara que todo o povo do

SENHOR fosse profeta, que o SENHOR lhes desse o seu Espírito!" (Nm 11.29). Mas isso não aconteceu. O autor de Hebreus descreve todos os porta-vozes divinos anteriores e autores inspirados da época da antiga aliança como "profetas" (Hb 1.1). Parece que existiam "escolas" ou comunidades de profetas (veja 1Rs 18.4, 19; 20.35; 2Rs 2.3-7, 15; 4.1, 38; 5.22; 6.1; 9.1), e esses grupos eram conhecidos por sua adoração itinerante acompanhada de música (1Sm 10.5), comportamento excêntrico (1Rs 20.35-43; 2Rs 9.11; Ez 4–5), proclamação destemida da verdade ao Israel desobediente (1Rs 22.6-28) e da capacidade dada por Deus de predizer o futuro, explicar sonhos e ter acesso a outras informações ocultas (1Sm 9.19-20; Ez 8; Dn 2.27-28). Os profetas denunciaram Israel e/ou nações vizinhas por sua desobediência a Deus. O julgamento é ameaçado; bênçãos são prometidas. Algumas vezes, profecias específicas relacionadas a batalhas (Dn 11), a governantes (Is 45.1) e ao Messias vindouro (Mq 5.2-3) descreviam eventos que ocorreriam dezenas ou centenas de anos depois.

Na época da nova aliança (inaugurada por Jesus), todo o povo de Deus é considerado profeta em algum sentido, porque todos têm a Palavra do Senhor em seu coração e falam dela a seu próximo (Jl 2.28-29; Hb 8.11; At 2.16-18; cf. Mt 5.12). Mesmo nesta época de cumprimento, permanece um dom singular de profecia que é dado somente a alguns do povo de Deus (Rm 12.6; 1Co 12.10, 29; 14.29-32). Aparentemente, essa profecia inclui tanto predição de eventos vindouros como exortações oportunas que demonstram discernimento além do que é natural (1Co 14.25-30; At 2.30; 11.27-28). Tanto homens como mulheres são descritos como detentores do dom de profecia (Lc 2.36; At 2.17; 11.27-28; 21.9).

Profecia é pronunciamento guiado pelo Espírito. Por isso, os autores do Antigo Testamento descrevem o Espírito tanto vindo sobre pessoas como saindo de pessoas, quando a atividade profética é, respectivamente, habilitada ou cessada (1Sm 10.10-13; 19.20-23; Sl 51.11). Em contraste, o Novo Testamento enfatiza que os crentes da nova aliança têm a posse eterna do Espírito Santo (Jo 14.16-17; Rm 8.9). Mas, mesmo na época da nova aliança, os crentes podem, dependendo de sua resposta a Deus, ser cheios do Espírito (At 4.31; Ef 5.18) ou entristecer o Espírito (Ef 4.30).

Uma passagem paradigmática de profecia na Bíblia é Deuteronômio 18.15-22. Nessa passagem, Moisés diz:

> O SENHOR, teu Deus, te suscitará um profeta do meio de ti, de teus irmãos, semelhante a mim; a ele, ouvirás, segundo tudo o que pediste ao SENHOR, teu Deus, em Horebe, quando reunido o povo: Não ouvirei mais a voz do SENHOR, meu Deus, nem mais verei este grande fogo, para que não morra. Então, o SENHOR me disse: Falaram bem aquilo que disseram. Suscitar-lhes-ei um profeta do meio de seus irmãos, semelhante a ti, em cuja boca porei as minhas palavras, e ele lhes falará tudo o que eu lhe ordenar. De todo aquele que não ouvir as minhas palavras, que ele falar em meu nome, disso lhe pedirei contas. Porém, o profeta que presumir de falar alguma palavra em meu nome, que eu lhe não mandei falar, ou o que falar em nome de outros deuses, esse profeta será morto. Se disseres no teu coração: Como conhecerei a palavra que o SENHOR não falou? Sabe que, quando esse profeta falar em nome do SENHOR, e a palavra dele se não cumprir, nem suceder, como profetizou, esta é palavra que o SENHOR não disse; com soberba, falou-a o tal profeta; não tenhas temor dele.

Embora essa passagem descreva uma sucessão de profetas depois de Moisés, também deve ser entendida como se referindo a um Profeta dos profetas, Jesus de Nazaré, que, como o unigênito Filho de Deus, falava as próprias palavras de Deus (Jo 3.34; At 3.22-23).

É significativo que, em Deuteronômio 18.15-22, Moisés também preveja o aparecimento de falsos profetas que procurariam afastar Israel para outros deuses ou declarariam falsas profecias em nome do Deus verdadeiro. A história subsequente de Israel provou que a profecia de Moisés era verdadeira (veja 1Rs 22.6-22; Jr 23.9-21; Mq 3.5-12). De modo semelhante, Jesus predisse que, antes de sua segunda vinda, muitos falsos profetas apareceriam (Mc 13.22; Mt 24.23-24), e a passagem dos anos tem mostrado que as palavras de Jesus são verdadeiras (1Jo 4.1). Muitas pessoas continuam a reivindicar que falam em nome de Deus (ou seja, que são profetas), quando, na realidade, blasfemam de Deus por meio das mentiras que declaram sobre ele.

ORIENTAÇÕES PARA INTERPRETAR PROFECIA

Abrir um livro de profecia numa passagem aleatória pode deixar o leitor confuso. Em seguida, oferecemos algumas orientações que ajudam na interpretação de profecia.

1. *Investigue o pano de fundo, a data e o autor do livro.* A quem a mensagem profética é dirigida? Há um tema unificador no livro? Quando as profecias foram proclamadas ou escritas? Como os ouvintes originais teriam entendido as profecias? Para ajudá-lo a responder a essas perguntas, consulte uma boa Bíblia de estudo (p. ex., a *Zondervan NIV Study Bible* ou a *ESV Study Bible*)[1] ou uma boa introdução evangélica ao Antigo Testamento (p. ex., *Panorama do Antigo Testamento*, de Gleason L. Archer Jr.; *Introduction to the Old Testament*, de R. K. Harrison; ou *Introdução ao Antigo Testamento*, de Raymond B. Dillard e Tremper Longman III).[2]

---

1 N.E.: Para Bíblias de estudo em português, veja a bibliografia da Questão 12 (p. 182-83).
2 Para ver as referências bibliográficas completas, veja a seção "Perguntas para Reflexão" abaixo. [N.E.: Para uma das mais recentes e atualizadas introduções ao Antigo Testamento, veja Miles V. Van Pelt, ed., *Introdução Bíblico-Teológica ao Antigo Testamento* (São José dos Campos: Editora Fiel, 2024).]

É claro que, à medida que você for trabalhando no próprio texto bíblico em maiores detalhes, deve ajustar seu entendimento original conforme o texto assim o exija. Embora possamos dispor de muitas obras de estudo excelentes, temos sempre de lembrar que somente o texto bíblico inspirado tem autoridade divina.

2. *Preste atenção ao contexto.* Permita que o parágrafo e as divisões em seções de uma Bíblia moderna o ajudem a guiar seu pensamento. Edições modernas da Bíblia vêm, em geral, com títulos e subtítulos no texto, para que os leitores possam seguir mais facilmente a mensagem do autor. Ao fazer um estudo mais profundo de uma passagem, é aconselhável comparar várias segmentações do texto das traduções modernas. Se as principais traduções modernas discordarem acerca das divisões do texto, o intérprete deve investigar as razões para a discrepância e julgar as questões por si mesmo.

3. *Espere linguagem figurada.* Profecia é a linguagem de julgamento, angústia, anseio e celebração. Como um gênero emotivo, a profecia está cheia de quadros poéticos e expressões exageradas. De fato, muitos livros bíblicos de profecia estão escritos em métrica poética hebraica. Algumas Bíblias modernas indicam esse fato ao leitor ao exibirem o texto em linhas poéticas (ou seja, deixando muito espaço em branco ao redor do texto, em vez de apenas terem colunas de texto em preto, como em outras partes da Bíblia). O uso de métrica poética pelo profeta é uma indicação adicional de que devemos esperar linguagem figurada, expressões poéticas e simbolismo. Se o autor tencionava que sua linguagem fosse entendida literalmente, queremos entendê-la literalmente. Se ele tencionava que suas palavras fossem entendidas figuradamente, de modo semelhante, queremos entendê-las dessa maneira. Enquanto estudamos a Bíblia, estamos buscando a intenção

consciente do autor divino inspirado. A maioria das pessoas modernas tende a ler toda linguagem de maneira literal. Sem dúvida, a língua hebraica das Escrituras deve conter hipérbole e linguagem figurada com muito mais probabilidade do que o tipo de literatura que a maioria das pessoas modernas lê regularmente (por exemplo, jornais e revistas).

4. *Faça distinção entre profecia condicional e profecia incondicional.* Profecias podem ser dadas como propósitos inalteráveis de Deus (Gn 12.1-3; Gl 3.15-18) ou podem ser dadas como promessas ou advertências condicionais (Jn 3.4). Somente as afirmações adicionais no contexto podem esclarecer se a profecia é condicional ou incondicional. Às vezes, profecias condicionais não afirmam as condições implícitas. Apesar disso, uma condição profética fundamental, pelo menos quanto a julgamento e bênção nacional, encontra-se no livro de Jeremias:

> No momento em que eu falar acerca de uma nação ou de um reino para o arrancar, derribar e destruir, se a tal nação se converter da maldade contra a qual eu falei, também eu me arrependerei do mal que pensava fazer-lhe. E, no momento em que eu falar acerca de uma nação ou de um reino, para o edificar e plantar, se ele fizer o que é mau perante mim e não der ouvidos à minha voz, então me arrependerei do bem que houvera dito lhe faria. (18.7-10)

Se essas condições implícitas de julgamento não existissem, o profeta Jonas teria sido um mentiroso, porque anunciou: "Ainda quarenta dias, e Nínive será subvertida" (Jn 3.4). Mas, quando a cidade se arrependeu, o Senhor não enviou o juízo (Jn 3.10). De fato, a consciência de Jonas sobre a misericordiosa disposição de Deus foi a razão pela qual ele não quis ir inicialmente para Nínive. Esperava evitar que os ninivitas tivessem qualquer chance de arrependimento (Jn 4.1-2).

Essa profecia condicional demonstra as maneiras misteriosas pelas quais o Deus soberano e onisciente interage com criaturas finitas. Se Deus sabia que os ninivitas se arrependeriam, por que enviou Jonas para anunciar a destruição deles? Porque ouvir a condenação que mereciam era o meio designado por Deus para realizar o arrependimento deles. Nos propósitos soberanos de Deus, o anúncio de julgamento por parte do profeta serve às vezes para abrir as fontes da misericórdia divina. Em outros casos, o anúncio profético serve apenas para aumentar a culpabilidade de seres humanos rebeldes (Is 6.9-13; Mt 11.21-24; Mc 4.11-12).[3]

5. *Procure entender o que o autor inspirado está tentando comunicar à sua audiência original antes de procurar determinar as implicações para nós hoje.* O intérprete precisa ser cuidadoso para fazer distinção entre, de um lado, profecia de acontecimentos específicos e não repetíveis e, de outro, padrões fundamentais dos lidares de Deus com a humanidade. Deus não é caprichoso. Por isso, as características manifestadas por Deus nos textos proféticos podem ser ligadas a situações semelhantes hoje (por exemplo, o julgamento de nações pecaminosas, a preservação de um remanescente fiel, a aparente demora em Deus julgar os ímpios etc.). Um exemplo específico é a repetida declaração profética da fidelidade de Deus para com Israel, embora houvessem abandonado a Deus constantemente. Que situação análoga vemos hoje? A igreja visível fracassa em demonstrar consistentemente a verdade do evangelho, mas sabemos que Jesus prometeu que edificará a sua igreja e que nada poderá deter o avanço da igreja e a consumação vindoura de seu reino (Mt 16.18).

---

3 Outros exemplos claros de profecia condicional incluem a destruição de Jerusalém (Mq 3.12; Jr 26.18-19), o julgamento de Acabe e sua família (1Rs 21.20-29) e a enfermidade de Ezequias (2Rs 20.1-5).

6. *Determine se as predições proféticas já se cumpriram ou não.* Se há um referente escatológico no texto, em alguns casos pode ser difícil determinar o estado do cumprimento. Quando possível, permita que o Novo Testamento seja seu guia no cumprimento de profecias messiânicas e escatológicas do Antigo Testamento. Às vezes, os autores do Novo Testamento nos informam que as profecias do Antigo Testamento se cumpriram da maneira esperada, achando expressão final em Jesus e na igreja (por exemplo, At 2.17-21; 15.16-18; Hb 8.8-12).

7. *Note o valor apologético da profecia.* Nas primeiras pregações cristãs, os apóstolos apelaram para o cumprimento das profecias como a aprovação divina do evangelho cristão (At 2.17-21). Séculos depois, o matemático e filósofo francês Blaise Pascal (1623–1662) apelou para o cumprimento de profecias como prova da veracidade do cristianismo.[4] Até hoje, quando os cristãos apelam aos de fora que os ouçam, apontam para o cumprimento miraculoso das predições bíblicas.[5]

Lembro a conversa que tive com um professor de religião na faculdade. Como ele admitia uma data posterior para o livro de Daniel, eu perguntei: "Os eruditos não atribuem uma data posterior ao livro de Daniel por presumirem que as profecias de várias batalhas são muito precisas para terem sido anunciadas centenas de anos antes desses eventos?". Ele admitiu que sim. Eruditos céticos rotulam essa profecia com a expressão latina *vaticinium ex eventu*, que significa "predição depois do evento", afirmando que as profecias teriam sido elaboradas

---

4 Pascal escreveu: "Vejo muitas religiões contraditórias e, consequentemente, todas falsas, exceto uma. Cada uma delas quer ser crida com base em sua própria autoridade, e todas ameaçam os incrédulos. Por isso, não creio nelas. Cada um pode dizer isso; cada um pode se chamar de profeta. Mas eu vejo a religião cristã, na qual as profecias são cumpridas; e isso é o que cada uma das religiões não pode fazer" (*Pensées*, fragmento 693, em *Great Books of the Western World: Pascal*, ed. Mortimer J. Adler, 2ª ed. [Chicago: Encyclopedia Britannica, 1990], 30:301-2). No volume, *Pensées* foi traduzido por W. F. Trotter.
5 Josh McDowell, *Evidence for Christianity: Historical Evidences for the Christian Faith* (Nashville: Thomas Nelson, 2006), p. 193-243.

para parecer predições, mas foram escritas realmente depois dos eventos descritos.

Lembro outra situação em que eu estava sentado com uma jovem senhora turca (muçulmana) no pátio da faculdade. Tivéramos uma aula sobre islamismo juntos e continuávamos uma conversa que começara na sala de aula. Eu lhe pedi que lesse Isaías 53. Depois que ela terminou a leitura, perguntei: "Sobre o que o profeta fala?". E ela respondeu: "Bem, é sobre Jesus, obviamente".

"Foi escrito mais de setecentos anos antes de Jesus nascer", informei-lhe.

Ela ficou chocada.

8. *Entenda a diferença entre profecia da época do Antigo Testamento e profecia da época do Novo Testamento.* Uma vez que os profetas, às vezes, falavam sobre fatos diários comuns na época do Antigo Testamento (por exemplo, a perda de jumentas, 1Sm 9.20), há sem dúvida muitas profecias que nunca foram escritas. As que foram registradas e preservadas são reconhecidas como inspiradas "por Deus" (2Tm 3.16). De modo semelhante, os escritos cristãos originais dos apóstolos e seus companheiros/associados são recebidos como singularmente inspirados e autoritários (veja a Questão 6, "Quem determinou quais livros deveriam ser inclusos na Bíblia?"). Visto que as profecias continuaram durante e depois da escrita do Novo Testamento (e até hoje), precisamos notar que o dom permanente de profecia cristã é diferente das profecias que temos gravadas na Bíblia. Toda a profecia posterior ao Novo Testamento tem de ser avaliada e filtrada pela igreja, de acordo com o padrão da Escritura (1Co 14.29; 1Jo 4.1). Paulo escreveu: "Não desprezeis as profecias; julgai todas as coisas, retende o que é bom"

(1Ts 5.20-21).[6] Cristãos que creem na Bíblia discordam quanto à continuidade e forma do dom de profecia. Alguns prensam que o dom sobrenatural de profecia cessou com o fim da era apotólica.

RESUMO

Profecia e *profeta* são termos que podem vir com uma boa dose de bagagem cultural moderna. Devemos retornar às Escrituras para obtermos um entendimento bíblico da profecia. Em seu nível mais fundamental, a profecia é a proclamação de um profeta, uma pessoa enviada da parte de Deus com uma mensagem. Muitas outras nuances escriturísticas da profecia são descritas acima.

As seguintes orientações para se interpretar a profecia foram sugeridas: (1) investigue o pano de fundo, a data e o autor do livro. (2) Preste atenção ao contexto. (3) Espere o uso de linguagem figurada. (4) Faça distinção entre profecia condicional e incondicional. (5) Busque entender o que o autor inspirado está tentando comunicar ao seu público original antes de buscar determinar o significado do texto para nós hoje. (6) Determine se as predições proféticas já se cumpriram ou não. (7) Observe o valor apologético da profecia. (8) Entenda a diferença entre a profecia da era do Antigo Testamento e a profecia da era do Novo Testamento.

PERGUNTAS PARA REFLEXÃO

1. Como a profecia bíblica é estilisticamente diferente da linguagem normal que você usa na conversa diária?

---

[6] Para obter mais informações sobre o dom de profecia, veja Wayne Grudem, *Systematic Theology: An Introduction to Biblical Doctrine*, 2ª ed. (Grand Rapids: Zondervan Academic, 2020), p. 1293-1313 [edição em português: *Teologia Sistemática: Completa e Atual*, 2ª ed. (São Paulo: Vida Nova, 2022)]; idem, *The Gift of Prophecy in 1 Corinthians* (Laham: University Press of America, 1982); idem, *O Dom de Profecia: No Novo Testamento e Hoje* (São Paulo: Editora Carisma, 2022); idem, "Prophecy – Yes, but Teaching – No; Paul's Consistent Advocacy of Women's Participation Without Governing Authority", *JETS* 30, nº. 1 (1987): 1-23.

2. Há profecias na Escritura que fortaleceram sua fé na origem divina da Bíblia?

3. Você se sente confiante para determinar uma linguagem figurada na profecia? Se não, o que o ajudaria a fazer isso?

4. Em que você crê acerca do dom de profecia mencionado no Novo Testamento? Ainda está atuante hoje? Como ele é?

5. Você já apelou à profecia bíblica para recomendar ou defender a confiabilidade da Bíblia?

PARA ESTUDO POSTERIOR

ARCHER, Gleason L. *Panorama do Antigo Testamento*. Ed. rev. ampl. São Paulo: Vida Nova, 2012.

DILLARD, Raymond B.; LONGMAN III, Tremper. *Introdução ao Antigo Testamento*. São Paulo: Vida Nova, 2006.

GENTRY, Peter J. *How to Read & Understand the Biblical Prophets*. Wheaton: Crossway, 2017.

HARRISON, R. K. *Introduction to the Old Testament*. Grand Rapids: Eerdmans, 1969; reimpr. Peabody: Prince (Hendrickson), 1999.

McDOWELL, Josh. *Evidence for Christianity: Historical Evidences for the Christian Faith*. Nashville: Thomas Nelson, 2006.

QUESTÃO 24

COMO INTERPRETAMOS PROFECIA? (TIPOLOGIA)

Na pergunta anterior, examinamos os vocábulos *profeta* e *profecia*, e eu ofereci oito orientações para a interpretação de profecia. Há, porém, um subconjunto de profecia conhecido como tipologia, que merece atenção especial. Nesta questão, focalizaremos como interpretar a tipologia bíblica.

O QUE É TIPOLOGIA?

Em passagens do Novo Testamento, o Antigo Testamento é citado de maneiras inesperadas. Por exemplo, em Mateus 2.13-15 lemos:

> Tendo eles [os magos] partido, eis que apareceu um anjo do Senhor a José, em sonho, e disse: Dispõe-te, toma o menino e sua mãe, foge para o Egito e permanece lá até que eu te avise; porque Herodes há de procurar o menino para o matar. Dispondo-se ele, tomou de noite o menino e sua mãe e partiu para o Egito; e lá ficou até à morte de Herodes, para que se cumprisse o que fora dito pelo Senhor, por intermédio do profeta: Do Egito, chamei meu Filho.

A última frase citada nessa passagem é de Oseias 11.1. A maioria dos cristãos presume que, se examinasse Oseias 11.1, deveria encontrar algo assim:

> Um dia, o Senhor promete, enviarei o Messias, o Cristo, o Filho de Deus. E, já em seu nascimento, os governantes se levantarão contra ele, e ele fugirá para o Egito. Mas eu o chamarei de volta para cumprir meus propósitos. Sim, então, será dito: "Do Egito, chamei meu Filho".

De fato, no contexto de Oseias, a passagem é dirigida ao desobediente Israel. Oseias proclama que, como Israel (o "filho" de Deus) foi "exilado" para a servidão no Egito, também nos dias do profeta a nação seria exilada para a Assíria por causa de seus pecados. Entretanto, da mesma maneira que Deus libertou os israelitas de uma servidão que parecia nunca acabar, também nos dias de Oseias Deus os libertaria novamente da servidão na Assíria.

Ao contrário das aparências iniciais, Mateus não está citando aleatoriamente um texto do Antigo Testamento. Acompanhado de outros autores do Novo Testamento e dos judeus de seus dias, Mateus afirmava um entendimento providencial da história. Além disso, ele acreditava que a história registrava uma série de sucessivos eventos salvadores correspondentes que se moviam em direção à intervenção culminante de Deus em Cristo. As intervenções divinas anteriores serviam como tipos (antecipações correspondentes) para o antítipo final (cumprimento). Porque Deus é totalmente soberano sobre a história, *todos* os eventos salvíficos, instituições, pessoas, ofícios, feriados e cerimônias da época do Antigo Testamento serviram para prenunciar o evento salvador final, a pessoa salvadora final, a cerimônia salvadora final etc. Esse estilo de citação do Antigo Testamento é conhecido como interpretação tipológica. Ocorre com frequência em Mateus e Hebreus, ambos dirigidos originalmente a leitores judeus, que compartilhavam das pressuposições dos autores. Para as audiências originais, Mateus e o autor de Hebreus revelaram a estereoscópica profundeza cristológica da história do Antigo

Testamento. Não somente predições específicas, mas também a história de Israel apontava para Jesus. A história bidimensional de Israel se tornou uma realidade viva tridimensional porque encontrava sua realização culminante no Messias.

PRESSUPOSIÇÕES DA INTERPRETAÇÃO TIPOLÓGICA

Para entendermos melhor o uso tipológico dos autores do Novo Testamento, é importante tornarmos explícitas as pressuposições que os autores bíblicos e suas audiências originais compartilhavam. Em seguida, oferecemos uma lista dessas pressuposições com breves comentários.

1. Os autores da Escritura tinham um conceito de solidariedade corporativa. Klyne Snodgrass explica:

> [A expressão "solidariedade corporativa"] se refere à oscilação ou à relação recíproca entre o indivíduo e a comunidade que existia na mente semítica. O ato do indivíduo não é meramente um ato individual, porque afeta a comunidade e vice-versa. O indivíduo é frequentemente representante da comunidade e vice-versa. Acã pecou e toda a nação sofreu [Js 7].[1]

Os cristãos não deveriam ter dificuldade com o conceito de solidariedade corporativa, porque é a base de nossa salvação! Como Paulo afirmou: "Um [ou seja, Jesus] morreu por todos; logo, todos morreram" (2Co 5.14). Snodgrass comenta mais:

> O caráter representativo do ministério de Jesus, que está intimamente relacionado com a solidariedade corporativa, é uma das

---

[1] Klyne Snodgrass, "The Use of the Old Testament in the New", em *New Testament Cristicism and Interpretation*, ed. David Alan Black e David S. Dockery (Grand Rapids: Zondervan, 1991), p. 416.

chaves mais importantes para entendê-lo e a maneira como os textos do Antigo Testamento são aplicados a ele. Os títulos cristológicos "Servo", "Filho do Homem" e "Filho de Deus" eram, todos, títulos representativos que foram aplicados primeiramente a Israel. Jesus adotou esses títulos porque havia adotado a tarefa de Israel. Ele era representante de Israel e estava em solidariedade com Israel. Os propósitos de Deus para Israel foram assumidos no ministério de Jesus. Se isso era verdadeiro, o que fora usado para descrever Israel poderia ser usado legitimamente para falar de Jesus.[2]

Na citação de Oseias 11.1 por Mateus, vemos que o Filho, Jesus, é comparado com a nação de Israel (também chamada "filho"). Embora Israel, o filho, tenha procurado ídolos estranhos (Os 11.2), o Filho incomparável foi fiel em todas as coisas. Apesar disso, como as promessas feitas a Israel pareceram ameaçadas pela servidão no Egito e pelo exílio na Assíria, também o papel do Filho pareceu ameaçado. Como Jesus poderia cumprir sua vocação messiânica se permanecesse refugiado no Egito? Por isso, as promessas e os propósitos de Deus para seu filho/Filho (Israel e, em última instância, Jesus) prevalecem.

2. *Os autores bíblicos presumiam "uma continuidade nos lidares de Deus com Israel, de modo que os eventos anteriores prefiguraram os posteriores".*[3] Podemos comparar a visão de Israel sobre a história com uma escada parcamente iluminada. À medida que vamos subindo os degraus (talvez tateando e nos apoiando na parede), esperamos que esses degraus sigam um padrão reconhecível e repetido. E, embora esteja muito escuro para vermos com clareza, sabemos que estamos avançando

---

2 Ibid.
3 Mark Seifrid, "Introduction to the New Testament: Historical Background and Gospels, Course Number NT 22.200" (notas não publicadas, Southern Baptist Theological Seminary, outono de 1998), p. 73.

em direção ao topo, ainda que não saibamos quão perto estamos até chegarmos realmente. De modo semelhante, os judeus esperavam que as intervenções divinas posteriores refletissem suas intervenções anteriores, sabendo que, por fim, o clímax da história salvífica, o Messias, viria. A essa altura, os judeus esperavam olhar para trás, para toda a salvação anterior, e ver os padrões prenunciadores que haviam levado àquele libertador — o Cristo. De fato, essa é a própria abordagem que os autores do Novo Testamento seguem em suas citações tipológicas do Antigo Testamento.

Para ilustrar esse conceito para meus alunos, às vezes pergunto: "Quem aqui se tornou cristão depois dos 20 anos?". Poucos levantam a mão. Depois, escolho um deles e pergunto: "Quando você tinha 6 anos, chegou a pensar: 'Deus está fazendo isto acontecer em minha vida para que eu o busque um dia?'. Ou, quando tinha 18 anos, pensou: 'Deus está me trazendo para esta faculdade para que eu ouça a mensagem de salvação'? Não, não pensou, mas, quando chegou a conhecer Cristo, você olhou para sua vida no passado e viu como Deus esteve agindo para levá-lo à salvação? A interpretação tipológica é semelhante a isto: olhar para trás a fim de ver a prefiguração providencial de Deus".

3. *Os autores do Novo Testamento viam a si mesmos como pessoas que viviam em dias de cumprimento escatológico.* Em outras palavras (dando prosseguimento à analogia antes proposta), os autores do Novo Testamento acreditavam que estavam no topo da escada. O clímax havia chegado. O ápice da salvação, Jesus, o Messias, fora revelado. Portanto, era hermeneuticamente apropriado e, também, interpretativamente necessário olhar para trás, para as anteriores intervenções salvadoras de Deus, e ver como esse clímax fora predito.

4. *Os autores do Novo Testamento acreditavam que todas as Escrituras eram sobre Cristo* (Lc 24.27; 2Co 1.20; 1Pe 1.10-12). A salvação havia

chegado, e todas as promessas de Deus foram cumpridas em Jesus. Porque a salvação de Deus se acha em uma única pessoa (o Cristo, Jesus), toda a obra salvadora e todas as revelações anteriores de Deus previam, de alguma maneira, a vinda do Messias.

5. *Para os autores bíblicos, o conceito de cumprimento era muito mais amplo do que nosso uso normal dessa palavra.* Henry Virkler lista o conjunto de significados das palavras hebraicas e gregas que fundamentam a palavra "cumprir" em nossas versões.

- Extrair todas as implicações de algo (Mt 5.17; cf. versos 14-18).

- Conclusão de um tempo fixado (Mc 1.15; Lc 21.24).

- Atender a um pedido ou desejo (Et 5.8; Sl 145.19; Pv 13.19).

- Realizar o que foi prometido (Lc 22.21).

- Conformar-se ou obedecer a um requerimento (Gl 5.14; Tg 2.8; Mt 3.15).

- Correspondência de frases, ilustrações ou acontecimentos entre um período histórico e outro (Mt 2.23; cf. Is 11.1; Jr 31.15; cf. Mt 2.17-18; Is 9.1-2; cf. Mt 4.13-16).[4]

Quando um leitor comum moderno lê uma passagem de Mateus e diz que Jesus cumpriu a profecia do Antigo Testamento, essa pessoa presume que Mateus está se referindo ao cumprimento de uma

---

4 Henry Virkler, *Hermeneutics: Principles and Processes of Biblical Interpretation*, 1ª ed. (Grand Rapids: Baker, 1981), p. 204-05. Tal informação não está na edição revisada dessa obra.

predição proposicional única e não repetível. Na realidade, Mateus poderia estar dizendo isso ou poderia estar usando a palavra de outra maneira — talvez se referindo mais amplamente ao cumprimento de padrões tipológicos na história de Israel (o último significado na lista de Virkler). Se temos dificuldade para entender esse conceito, o problema não está na Bíblia, e sim em nosso entendimento restrito da profecia, que precisa ser apropriadamente instruído pelos vocábulos bíblicos.

A INTERPRETAÇÃO TIPOLÓGICA É UM MODELO REPRODUZÍVEL?

Numa famosa palestra (que se tornou um artigo publicado posteriormente), o erudito em Novo Testamento Richard Longenecker perguntou: "Podemos reproduzir a exegese do Novo Testamento?".[5] Ele estava perguntando se, como intérpretes modernos, podemos aplicar métodos de interpretação tipológica a passagens que não são muito citadas pelos autores do Novo Testamento. Cristãos que creem na Bíblia já chegaram a várias conclusões sobre esse assunto. Em minha opinião, é necessário perguntar como qualquer parte da Escritura aponta para Cristo. Devemos ser cautelosos em propor quaisquer correspondências tipológicas que não sejam explicitamente mencionadas na Escritura. Em outras palavras, devemos manter o primeiro significado do texto como o foco primário de nossa exposição e expressar advertências interpretativas apropriadas quando sugerimos uma aplicação cristológica que não se encontra explicitamente na Bíblia. Interpretações simbólicas obscuras das leis do Antigo Testamento devem ser evitadas. É sábio pedir que um amigo mais experimentado em Antigo Testamento critique qualquer tipologia cristológica recém-proposta, antes de proclamá-la publicamente.

---

5 R. N. Longenecker, "Can We Reproduce the Exegesis of the New Testament?", *TynBul* 21 (1970): 3-38. Longenecker questiona não somente se os intérpretes modernos podem interpretar tipologicamente o Antigo Testamento, mas também, de forma ainda mais ampla, se podem aplicar vários dos antigos métodos hermenêuticos dos judeus.

OUTRAS OPÇÕES PARA INTERPRETAR PROFECIAS DIFÍCEIS

Às vezes, os autores do Novo Testamento citam predições proposicionais inequívocas do Antigo Testamento (Mt 8.17; cf. Is 53.4). Outras vezes, suas citações são mais bem explicadas como tipologia (Mt 2.13-15; cf. Os 11.1). E outras citações podem ser mais bem explicadas por uma das seguintes opções:

1. *Os autores do Novo Testamento citam o Antigo Testamento de forma retórica, não tencionando afirmar qualquer cumprimento profético.* Por exemplo, não é claro que, por citar uma frase de Números 16.5 em 2Timóteo 2.19 ("O Senhor conhece os que lhe pertencem"), Paulo tencionava que seus leitor(es) presumissem o contexto de Números 16.5 para entender essa frase.

2. *Às vezes, uma única profecia inclui múltiplos eventos.* Com frequência, a distância cronológica entre vários eventos não é clara na predição original. Por exemplo, a primeira e a segunda vinda de Cristo (para salvar e para julgar) estão fundidas em Isaías 61.1-1. Somente com revelação adicional na primeira vinda de Cristo ficamos cientes de que uma distância temporal separará sua vinda para salvar de sua vinda para julgar (Lc 4.18-19; Mt 25.31-46). Essa fusão de eventos múltiplos em uma profecia é chamada condensação profética. Esse estilo de profecia tem sido comparado a várias transparências sobrepostas num retroprojetor. A imagem projetada na parede parece um todo unificado, embora seja formada de várias camadas. De modo semelhante, uma cadeia de montanhas pode ser vista a distância como bidimensional. Somente quando nos aproximamos da primeira montanha, vemos que existem outras montanhas estendidas diante de nós ao fundo.

3. *Vários intérpretes afirmam que a única maneira para entendermos algumas citações do Antigo Testamento no Novo Testamento é apelarmos ao*

sensus plenior (latim para "sentido pleno"). Ou seja, o Espírito Santo revelou um significado oculto do qual nenhum autor humano tinha conhecimento até que o Espírito o revelou. Um exemplo disso seria a explicação de John Broadus sobre Mateus 1.22-23. Ele escreveu:

> É frequentemente desnecessário, e às vezes impossível, supor que o próprio profeta tinha em mente aquilo que o escritor do Novo Testamento chama de cumprimento de suas predições. Algumas predições foram involuntárias, como a de Caifás (Jo 11.50). Muitas profecias tiveram um cumprimento que o profeta parecia não ter contemplado de maneira alguma. Mas, como a providência de Deus realizou muitas vezes o cumprimento, apesar de os atores humanos serem desatentos e ignorarem as predições que eles mesmos cumpriam (e.g., Jo 19.24), também o Espírito de Deus contemplava frequentemente cumprimentos dos quais o profeta não tinha nenhuma concepção, mas que os evangelistas tornaram conhecidos. E faz parte do desenvolvimento geral da revelação que a inspiração posterior explique os relatos da inspiração anterior e que, somente depois de os eventos haverem ocorrido, sejam as predições anteriores plenamente entendidas.[6]

Embora muitos intérpretes capacitados apelem para o *sensus plenior*, creio que as citações do Antigo Testamento feitas no Novo Testamento podem ser explicadas sem recorrermos a esse recurso.

RESUMO

Nesta segunda seção sobre profecia, nós nos concentramos num subgrupo da profecia chamado *tipologia*. A interpretação tipológica cita "tipos"

---

6 John A. Broadus, *Commentary on the Gospel of Matthew. An American Commentary on the New Testament* (Londres: Baptist Tract and Book Society; Filadélfia: American Baptist Publication Society, 1886), p. 11-12.

(antecipações correspondentes) do Antigo Testamento para demonstrar a preparação de Deus para o "antítipo" culminante (cumprimento), Cristo. Todos os eventos, instituições, pessoas, ofícios, feriados e cerimônias salvíficos do Antigo Testamento serviam para antecipar o evento salvífico final, a pessoa salvífica final, a cerimônia salvífica final etc.

Já que a tipologia é estranha para a maioria dos leitores modernos, discutimos algumas de suas pressuposições subjacentes: (1) O autor da Escritura tinha um conceito de "solidariedade corporativa". (2) Os autores bíblicos assumiam uma continuidade nas formas como Deus lidava com Israel, de maneira que intervenções divinas anteriores antecipavam as posteriores. (3) Os autores do Novo Testamento se entendiam como pessoas que viviam em dias de cumprimento escatológico. (4) Os autores do Novo Testamento criam que todas as Escrituras diziam respeito ao Cristo. (5) Para os autores bíblicos, o conceito de "cumprimento" era mais amplo do que o nosso uso moderno do termo.

Por fim, com respeito a outros textos proféticos intrincados que não podem ser classificados como predições proposicionais diretas ou correspondência tipológica, três opções interpretativas adicionais foram mencionadas: (1) os autores do Novo Testamento ocasionalmente citam as palavras do Antigo Testamento de maneira retórica, e não para afirmar algum cumprimento profético. (2) Por vezes, as profecias combinam as predições de múltiplos eventos. (3) Muitos intérpretes alegam que a única maneira de entender algumas citações neotestamentárias do Antigo Testamento é apelar para o *sensus plenior*.

PERGUNTAS PARA REFLEXÃO
1. Quando você lê o Novo Testamento, examina os versículos do Antigo Testamento que são citados?

2. Qual é a maneira mais convincente de se entender Mateus 2.13-15: tipologia ou *sensus plenior*? Por quê?

3. Você já ouviu ou já leu uma interpretação tipológica que considerou inválida?

4. Explique o uso de Jeremias 31.15 em Mateus 2.18. (Você pode precisar consultar uma Bíblia de estudo ou um comentário para entender o contexto de Jeremias 31.)

5. O entendimento de tipologia apresentado neste capítulo o desafia a ler sua Bíblia de maneira diferente? Em caso positivo, como?

PARA ESTUDO POSTERIOR

BEALE, G. K.; CARSON, D. A. (orgs.). *Comentário do Uso do Antigo Testamento no Novo Testamento*. São Paulo: Vida Nova, 2014.

FAIRBAIRN, Patrick. *Typology of Scripture: Two Volumes in One*. Nova York: Funk & Wagnalls, 1900; reimpr., Grand Rapids: Kregel, 2000.

GOPPLET, Leonhard. *Typos: The Typological Interpretation of the Old Testament in the New*. Traduzido por Donald H. Madvig. Grands Rapids: Eerdmans, 1982.

HAMILTON, James M., Jr. *O que É Teologia Bíblica? Um Guia para a História, o Simbolismo e os Modelos da Bíblia*. São José dos Campos: Editora Fiel, 2016.

HUNTER, Trent; WELLUM, Stephen. *Christ from Beginning to End: How the Full Story of Scripture Reveals the Full Glory of Christ*. Grand Rapids: Zondervan, 2018.

JOHNSON, S. Lewis. *The Old Testament in the New*. Grand Rapids: Zondervan, 1980.

MOO, Douglas J. "The Problem of *Sensus Plenior*". Em *Hermeneutics, Authority, and Canon*, 175-211. Grand Rapids: Zondervan, 1986; reimpr., Eugene: Wipf & Stock, 2005.

SNODGRASS, Klyne. "The Use of the Old Testament in the New". Em *New Testament Criticism and Interpretation*, p. 408-31. Editado por David Alan Black e David S. Dockery. Grand Rapids: Zondervan, 1991.

WILLIAMS, Michael. *How to Read the Bible through the Jesus Lens: A Guide to Christ-Focused Reading of Scripture*. Grande Rapids: Zondervan, 2012.

QUESTÃO 25

COMO INTERPRETAMOS LITERATURA APOCALÍPTICA?

A palavra *apocalíptica* vem da palavra grega *apokaluptō*, que significa "revelar" ou "descobrir". A literatura apocalíptica é um gênero de literatura judaica caracterizada pelo uso de imagens simbólicas para revelar as operações providenciais e misteriosas de Deus por trás do cenário histórico e seus planos vindouros quanto ao futuro. Em geral, a literatura apocalíptica aparece num espaço de quatrocentos anos, desde o século II a.C. até o século II d.C. (embora Daniel tenha sido escrito antes desse tempo e, com frequência, seja classificado como apocalíptico). A maioria, se não todos, os apocalipses não bíblicos são pseudônimos (ou seja, escritos sob um nome falso).

CARACTERÍSTICAS DA LITERATURA APOCALÍPTICA

Ainda que exista uma grande variedade entre os escritos apocalípticos, algumas características comuns incluem as seguintes:

1. A expectativa da invasão de Deus na era presente para proclamar uma existência qualitativamente diferente na era vindoura.

2. O uso de um mediador ou de mediadores angélicos para comunicar a mensagem de Deus a um porta-voz/receptor escolhido.

3. A locomoção do receptor humano escolhido até às esferas celestiais, com comunicação e interação constantes com os mediador(es) angélico(s).

4. Visões ou sonhos altamente simbólicos que descrevem tanto as invisíveis realidades espirituais do presente como as futuras intervenções divinas.

5. Visões de julgamento divino e final.

6. Advertências de aflições e provações vindouras a serem enfrentadas pelos fiéis.

7. Encorajamentos para os fiéis perseverarem à luz das verdadeiras realidades espirituais e das intervenções divinas vindouras.

No conteúdo da Bíblia, há elementos isolados que podem ser classificados como apocalípticos (por exemplo, Is 24–27; Ez 38–39; Zc 1–6; Mc 13), mas os únicos livros canônicos com bastante conteúdo relevante que devem ser considerados parte do gênero apocalíptico são Daniel e Apocalipse. A palavra *revelação* é sinônimo de *apocalipse*, que é, em si mesma, a transliteração de uma palavra do título grego do livro *Apokalupsis Iōannou* ("O Apocalipse/Revelação de João"). Embora boa parte do livro de Apocalipse se encaixe na descrição padrão de apocalipse, é, de fato, mais uma obra composta. Parte do livro é constituída de cartas (Ap 2.1–3.22), enquanto outras partes parecem refletir profecia do Antigo Testamento (cf. Ap 1.3).[1] De modo semelhante, a primeira metade de Daniel é constituída de narrativas sobre os judeus fiéis no exílio babilônico, enquanto a segunda metade registra as visões apocalípticas de Daniel sobre batalhas terrenas vindouras e, finalmente, a consumação da era. Sem algum entendimento do gênero apocalíptico, tanto

---

1 J. J. Collins observa: "É óbvio que há continuidade entre os apocalipses judaico e cristão e os profetas hebreus em seu interesse pela história e pela expectativa da intervenção e do julgamento divinos" ("Apocaliptic Literature", em *DNTB*, 42).

Daniel como Apocalipse permanecerão como enigmas para os leitores modernos.

Também é importante notar como Daniel e Apocalipse diferem de outras obras apocalípticas de uma maneira fundamental. Como cristãos, reconhecemos os livros de Daniel e de Apocalipse como Escritura inerrante. Nenhum outro apocalipse pode reivindicar esse status.

INTERPRETANDO DANIEL

Transcritas, inicialmente, no século VI a.C., as visões de Daniel nos capítulos 7 a 12 descrevem grandes mudanças de poder internacional nos séculos vindouros, com ênfase especial para as batalhas no século II a.C.[2] Além disso, as visões de Daniel profetizam o clímax da história e a ressurreição dos mortos (Dn 12.1-4). Uma boa Bíblia de estudo ou comentário sobre Daniel ajudará o leitor moderno a entender as imagens às vezes obscuras e as alusões históricas (veja a Questão 13, "Quais são alguns livros ou materiais proveitosos para se interpretar a Bíblia?").

INTERPRETANDO O LIVRO DE APOCALIPSE

Reconhecer o livro de Apocalipse como literatura apocalíptica nos reconduz à principal advertência interpretativa: devemos ser cuidadosos para interpretar as imagens simbólicas de acordo com a intenção do autor. Por causa da dificuldade em entendermos algumas partes de Apocalipse, não devemos adotar qualquer interpretação que esteja em desarmonia com o restante da Bíblia. Devemos ter grande humildade. Certa vez, um pastor piedoso e experiente me disse que estava pregando

---

2 Por causa dessas predições detalhadas, alguns eruditos afirmam que Daniel foi escrito por um pseudônimo durante o século II a.C. Essa abordagem não é, porém, necessária, a menos que excluamos a intervenção divina *a priori*. Veja Gleason L. Archer, *A Survey of Old Testament Introduction*, rev. ed. (Chicago: Moody Press, 1994), p. 421-47 [edição em português: *Panorama do Antigo Testamento*, ed. rev. ampl. (São Paulo: Vida Nova, 2012)].

o livro de Apocalipse em sua igreja, mas, quando chegou a Apocalipse 11, sentiu que não deveria prosseguir. Não estava seguro quanto à verdadeira interpretação do texto. Ele explicou humildemente a situação à sua igreja e disse que retornaria quando sentisse que poderia proclamar a mensagem do texto com autoridade.

Há várias abordagens interpretativas ao livro de Apocalipse:

1. *Preterista.* De acordo com os preteristas, embora porções de Apocalipse pudessem estar olhando para frente quando foram escritas inicialmente, quase todos os eventos descritos em Apocalipse já aconteceram; a maioria deles no século I ou logo depois. Os preteristas associam muitos dos símbolos cataclísmicos em Apocalipse à destruição do templo dos judeus em Jerusalém, no ano 70 d.C.

2. *Historicista.* Os historicistas abordam Apocalipse como uma planta de toda a extensão da história da igreja. Assim, porções do livro descrevem o passado, enquanto outras olham para o futuro.[3]

3. *Idealista.* Os idealistas veem Apocalipse como descrevendo as realidades espirituais que reaparecem no decorrer da história da igreja até à consumação final. É errado, então, procurar governantes e acontecimentos específicos que correspondam às bestas, às figuras e aos eventos de Apocalipse. Muitos eventos no decorrer da história correspondem a esses mesmos símbolos.

---

3 L. L. Morris comenta: "Essas opiniões [historicistas] foram mantidas pela maioria dos reformadores, que identificaram o papa de Roma com a besta. Mas as dificuldades parecem insuperáveis, e é significativo que, embora mantenham que toda a história é apresentada aqui, os historicistas não têm sido capazes de concordar entre si a respeito de quais episódios precisos na história as várias visões simbolizam" ("Revelation, Book of", em *The Illustrated Bible Dictionary*, ed. J. D. Douglas [Leicester: InterVarsity Press, 1980], 3:1338).

4. *Futurista.* O ponto de vista futurista vê a maior parte do livro de Apocalipse como se aplicando aos futuros eventos dos finais dos tempos que ocorrem imediatamente antes do retorno de Cristo.

Às vezes, os eruditos adotam também uma combinação dessas abordagens. Em minha opinião, algumas partes de Apocalipse são mais bem compreendidas com as lentes preteristas (por exemplo, Ap 2-3). Entretanto, a maior parte do livro deve ser entendida de acordo com a abordagem idealista. Ainda de acordo com as interpretações futuristas, algumas porções de Apocalipse esperam por um cumprimento de uma única vez no final do tempo (por exemplo, Ap 20.7-22.21). Independentemente da abordagem adotada, a maioria dos intérpretes deve ser capaz de concordar com estas orientações proveitosas.

1. As passagens apocalípticas do Antigo Testamento proporcionam o mais proveitoso pano de fundo para entendermos Apocalipse (veja Is 24-27; Ez 38-39; Zc 1-6; Dn 7-12). Dos 405 versículos de Apocalipse, 278 contêm alusões ao Antigo Testamento.

2. O livro de Apocalipse deve ser lido com a perspectiva da audiência original. Como aqueles cristãos da Ásia Menor, referidos em Apocalipse 1-3, entenderam as porções posteriores do livro?

3. De acordo com os padrões de literatura apocalíptica, as imagens simbólicas de Apocalipse não devem ser tomadas literalmente. Isso não significa, porém, que elas não sejam descrições da realidade importantes, significativas e portadoras de autoridade. Mas os símbolos apontam para a realidade de maneira figurada. Por exemplo, as muralhas de espessura inimaginável em Apocalipse

21.17 apontam para o esplendor da cidade celestial e a segurança plena de todos os que habitam nela.

4. Apocalipse não tem a intenção de ser lido cronologicamente. Isso fica claro pelo fato de que o nascimento de Cristo é relatado apenas em Apocalipse 12 e de que várias sequências de visões repetem linguagem de julgamento quase idêntica (veja Ap 6.12-17; 11.19; 16.18-21). A certeza e a verdade do julgamento vindouro de Deus são enfatizadas nessas recapitulações proféticas.

LITERATURA APOCALÍPTICA NÃO BÍBLICA

Também é benéfico examinar obras apocalípticas não bíblicas, a fim de obter melhor entendimento de um gênero que é muito estranho para a maior parte dos leitores modernos. Tanto os judeus como os cristãos primitivos produziram obras apocalípticas. Em seguida, apresentamos uma lista de algumas obras apocalípticas não bíblicas, com breves descrições de seu conteúdo.

1. *Livro de Enoque (1 Enoque)*. Escrito entre 200 a.C. e 50 d.C., esse livro é uma das obras apocalípticas não bíblicas mais conhecidas. É composta de cinco partes distintas: (a) o Livro dos Vigilantes, caps. 1–36; (b) o Livro das Similitudes, caps. 37–71; (c) o Livro dos Escritos Astronômicos, caps. 72–82; (d) o Livro de Sonhos, caps. 83–90; (e) o Livro da Epístola de Enoque, caps. 91–107.[4]

2. *Baruque (Apocalipse Siríaco de Baruque)*. Escrita no início do século II d.C., essa obra tenta entender por que aos romanos foi permitido conquistar Jerusalém em 70 d.C. Embora um julgamento futuro dos ímpios seja esperado, os leitores também

---

4 Para ler uma versão em inglês de 1Enoque, veja *OTP* 1:13-89.

podem ser assegurados de que "a Jerusalém real ainda está intacta no céu".[5]

3. *Apocalipse de Abraão*. Escrita em algum momento entre 70 e 200 d.C., essa obra relata a conversão de Abraão do paganismo, seguida por uma "visão apocalíptica dada posteriormente a Abraão que expande em detalhes a visão do patriarca relatada em Gênesis 15 e lhe acrescenta uma riqueza de detalhes teológicos, cosmológicos e escatológicos".[6]

4. *Apocalipse de Sofonias*. Escrita entre 100 a.C. e 100 d.C., essa obra afirma relatar as experiências visionárias do profeta Sofonias, do Antigo Testamento.[7] "Este livro é típico do tema de jornada celestial em que o contemplador testemunha o julgamento e a punição de pecadores e a vindicação dos justos".[8] A obra está apenas parcialmente preservada.

5. *Pastor de Hermas*. Fazendo parte dos pais apostólicos (ou seja, os primeiros escritos cristãos da época posterior ao Novo Testamento), o Pastor de Hermas é constituído de duas seções principais: (a) visões 1–4, e (b) os mandados e as parábolas, tendo a visão 5 como introdução. Parece que essa obra foi composta e editada durante algum tempo, talvez de 100 a 160 d.C.[9] A primeira parte da obra (visões 1–4) é especialmente típica do gênero apocalíptico.

---

5 J. J. Collins, "Apocaliptic Literature", p. 44. Para ler essa obra (ou as obras seguintes listadas nesta seção) em inglês, veja *OTP*.
6 S. E. Robinson, "Apocalipse of Abraham", em *DNTB*, p. 37.
7 Ibid., p. 39.
8 Craig A. Evans, *Ancient Texts for New Testament Studies: A Guide to the Background Literature* (Peabody: Hendrickson, 2005), p. 33.
9 *The Apostolic Fathers: Greek Texts and English Translations*, ed. e trad. Michael W. Holmes, 3ª ed. (Grand Rapids: Baker, 2007), p. 445-47.

RESUMO

A literatura apocalíptica emprega imagens simbólicas para revelar as obras providenciais presentes e as intervenções futuras de Deus. Diversos livros bíblicos ocasionalmente exibem características apocalípticas, mas apenas os livros de Daniel (especialmente os capítulos 7–12) e Apocalipse são classificados como "apocalipses". Umas das advertências hermenêuticas mais importantes quanto às obras apocalípticas é buscar a intenção autoral dos sonhos e visões que, com frequência, são altamente simbólicos. Ainda que os apocalipses extrabíblicos não sejam Escritura inspirada, pode ser útil ler alguns deles, a fim de que se entenda melhor o gênero.

Daniel, Apocalipse e outras porções apocalípticas da Bíblia nos lembram que, em última análise, o povo de Deus está aguardando uma era completamente nova, a qual terá início segundo o tempo e controle de Deus.

PERGUNTAS PARA REFLEXÃO

1. Desafio: se você nunca leu todo o livro de Daniel ou o livro de Apocalipse, faça isso na próxima semana.

2. Desafio: escolha um dos apocalipses não bíblicos, ache-o numa biblioteca local ou na internet e leia-o. Em que ele é semelhante a Daniel e ao livro de Apocalipse? Em que é diferente?

3. Você já conheceu alguém que defende a opinião de que Daniel não foi escrito antes do século II d.C.? Como você responderia a essa opinião? (Quanto a materiais adicionais recomendados, veja as notas de rodapé.)

4. Das quatro principais abordagens ao livro de Apocalipse (preterista, historicista, idealista, futurista), qual parece mais convincente para você? Por quê?

5. Dos vários gêneros literários que as pessoas leem hoje, qual deles está mais próximo do gênero apocalíptico?

PARA ESTUDO POSTERIOR

DeSilva, David A. *Unholy Allegiances: Heeding Revelation's Warning*. Peabody: Hendrickson, 2013.

Evans, Craig A. *Ancient Texts for New Testament Studies: A Guide to the Background Literature*. Peabody: Hendrickson, 2005.

Schreiner, Thomas R. "Revelation", em *Hebrews–Revelation* (p. 527-754), vol. 12, ESV Expository Commentary. Wheaton: Crossway, 2018.

QUESTÃO 26

COMO INTERPRETAMOS LINGUAGEM EXAGERADA OU HIPERBÓLICA?

Se a sua filha, ao voltar da escola, chegasse em casa e murmurasse: "Estou morrendo de fome", você não se apressaria em levá-la ao hospital e exigiria cuidado de emergência por desnutrição. Compreendemos a afirmação "Estou morrendo de fome" como uma linguagem hiperbólica para expressar um desejo forte. Personagens e autores bíblicos também usaram linguagem exagerada; é importante reconhecermos isso, para que entendamos corretamente o significado do texto.

A FORMA E O PROPÓSITO DO EXAGERO

O exagero ocorre dentro de vários gêneros literários na Bíblia. É especialmente comum em poesia, provérbios e narrativas históricas de Jesus. Jesus foi um mestre por excelência. Multidões se prendiam a cada palavra dele (Mc 2.13; Mt 7.28-29). Um dos recursos literários que ele usou para tornar seus ensinos memoráveis e enfáticos foi o exagero. Entender o gênero de exagero não nos deveria imunizar contra ele, e sim desafiar-nos a apresentar essas verdades com ênfase apropriada. Por exemplo, ao ensinar sobre a lascívia, Jesus disse: "Se o teu olho direito te faz tropeçar, arranca-o e lança-o de ti" (Mt 5.29). Visto que os seguidores de Jesus não ficaram conhecidos como "A Congregação de Discípulos Caolhos", é claro que Jesus tencionava que essa linguagem fosse hiperbólica.[1] Jesus estava chamando seus discípulos a agirem de modo radical ao negarem a si mesmos para evitar a lascívia. Por isso, ao ensinarmos sobre Mateus 5.29 hoje, podemos desafiar aqueles que se sentem perturbados com pornografia a cortarem (literalmente!) o cabo de internet, cancelarem o serviço de streaming, esmagarem o smartphone etc. Em outras palavras, chamamos as pessoas não a uma automutilação literal, e sim a uma genuína e severa inconveniência pessoal para ficarem longe do pecado.

Há dois perigos de interpretação que devem ser evitados aqui. Um é o perigo de entender literalmente a linguagem exagerada. Obedecer *literalmente* à linguagem exagerada é, na verdade, desobedecer. Por exemplo, se uma pessoa que estivesse lutando contra a lascívia arrancasse seu olho direito, seu olho esquerdo ainda seria igualmente lascivo! Um segundo perigo é apelar para o entendimento da natureza hiperbólica do ensino como uma racionalização para a desobediência. "Ora, isso é linguagem hiperbólica! Jesus não quer realmente que eu arranque meu olho. Estou contente por haver estudado hermenêutica", o pecador lascivo pode dizer isso enquanto continua alegremente no caminho para a destruição.

PRINCÍPIOS PARA RECONHECERMOS O EXAGERO

Para qualificarmos um ensinamento da Escritura como "exagero", devemos ter uma clara justificativa textual. Em seguida, apresentamos oito princípios que auxiliam o intérprete no reconhecimento do exagero. Os exemplos são limitados principalmente ao ensino de Jesus, mas aplicam-se facilmente a outros gêneros.[2]

---

[1] Aqui estou usando um exemplo de aula de Robert Stein.
[2] Nessas orientações, baseio-me diretamente em Robert H. Stein, *A Basic Guide to Interpreting the Bible: Playing by the Rules*, 2ª ed. (Grand Rapids: Baker Academic, 2011), p. 174-88.

1. *A afirmação é literalmente impossível.* Se um texto descreve algo que é literalmente impossível, mas o autor parece assumir que o evento é, de fato, uma possibilidade real, somos inclinados a entendê-lo como hipérbole.[3] Por exemplo, em Mateus 19.24, Jesus diz: "E ainda vos digo que é mais fácil passar um camelo pelo fundo de uma agulha do que entrar um rico no reino de Deus". (Sim, caso você não soubesse, é impossível um camelo passar pelo fundo de uma agulha.) Jesus emprega linguagem hiperbólica para enfatizar quão difícil é para as pessoas abrigadas no conforto do mundo serem salvas (cf. 1Tm 6.10). Em última análise, Jesus está dizendo que a graça de Deus pode vencer até mesmo um coração incrustado em riquezas (Mt 19.26; cf. 1Co 1.26; 1Tm 6.17-19).

    Há uma longa tradição de intérpretes que falam de um portão chamado Fundo de Agulha em Jerusalém que era tão pequeno que somente camelos descarregados poderiam passar espremidos por ele. Embora seja uma ilustração memorável, o portão Fundo de Agulha não tem nenhum fundamento histórico. Outros exemplos de exagero literalmente impossíveis incluem Mateus 6.3 ("ignore a tua mão esquerda o que faz a tua mão direita") e Mateus 7.3-5 ("a trave no teu olho").

2. *A afirmação entra em conflito com o que Jesus diz em outras ocasiões.* Jesus disse: "A ninguém sobre a terra chameis vosso pai; porque só um é vosso Pai, aquele que está nos céus" (Mt 23.9). Mas, em outra ocasião, Jesus instruiu um jovem: "Honra a teu pai e a tua mãe" (Mt 19.19). Note que Jesus não disse: "Honra teu progenitor e tua mãe". Jesus não hesitou em chamar o progenitor do jovem de "pai".

    O objetivo do ensino de Jesus em Mateus 23.9 não é impedir nossos lábios de pronunciarem a palavra "pai" quando nos referimos

---

3 No caso da lei do Antigo Testamento, porém, encontramos uma exigência literalmente impossível (santidade perfeita, Lv 11.45) que aponta para além de si mesma, para a divina provisão de retidão em Cristo (Rm 3.9-31).

ou nos dirigimos ao nosso progenitor. Em Mateus 23.7-12, Jesus denuncia o uso de títulos que exaltam os líderes religiosos de uma maneira que reduz a glória de Deus e cria uma classe sumo sacerdotal de profissionais religiosos. Como um homem a quem as pessoas se dirigem frequentemente com os títulos "doutor" e "professor", eu preciso prestar atenção a esse ensinamento. Os títulos à frente de meu nome são apenas convenções sociais respeitosas e educadas ou exaltações idólatras?

Quando fui contratado inicialmente como professor assistente no seminário em que ensino, a secretária do reitor descobriu que eu estava frequentemente em meu escritório. Minha disponibilidade e meu baixo status profissional resultaram em transferências frequentes de chamadas telefônicas vindas de fora.[4] Uma dessas pessoas estava tendo dificuldade em entender um texto hiperbólico. Por isso, apelei para o que julgava ser um exemplo inconfundível de exagero. Eu disse: "Veja em Mateus 23.9 como Jesus disse para não chamarmos ninguém de 'pai'. Ora, certamente você permite que seus filhos o chamem de 'pai', não permite? Você consegue perceber que o verdadeiro interesse de Jesus era o uso de títulos que exaltam a nós mesmos pecaminosamente, acima dos outros?".

A resposta dele foi: "Nunca permito que meus filhos me chamem 'pai'". Fiquei chocado. Podemos, pelo menos, dizer que esse homem era coerente em sua hermenêutica literalista. Não lhe perguntei se ainda tinha seu olho direito e sua mão direita (Mt 5.29-30)! Outros exemplos de exageros que conflitam com o ensinamento de Jesus em ocasiões diversas incluem: Mateus 6.6 ("Quando orares, entra no teu quarto e, fechada a porta, orarás a teu Pai" [cf. Mt 6.9-13]) e Lucas 14.26 ("Se alguém vem a mim e não aborrece a seu pai, e mãe... não pode ser meu discípulo" [cf. Lc 6.27]).

---

4 Com base em algumas dessas ligações telefônicas, eu poderia escrever outro livro intitulado *40 Questões Incomuns sobre a Bíblia*.

3. *A afirmação entra em conflito com as ações de Jesus em outras passagens.* Em Lucas 14.26, Jesus diz: "Se alguém vem a mim e não aborrece a seu pai, e mãe, e mulher, e filhos, e irmãos, e irmãs e ainda a sua própria vida, não pode ser meu discípulo". Então, devemos odiar nossa própria família? Evidentemente, essa afirmação conflita com o que Jesus ensina em outra passagem (Mc 7.9-13). Além disso, Jesus não agiu de forma odiosa para com Maria, sua mãe. De fato, na cruz, em seus momentos de morte, ele agiu para garantir que Maria tivesse provisão (Jo 19.26-27). O fato de que a afirmação de Jesus em Lucas 14.26 (sobre odiar a família) entra em conflito com suas palavras e ações em outras passagens indica que devemos entender Lucas 14.26 como hipérbole. Jesus está dizendo categoricamente que nossa dedicação a ele deve ser muito maior do que a qualquer outro relacionamento. Outros exemplos de exagero que conflitam com o comportamento de Jesus incluem Mateus 5.33-37 ("De modo algum jureis" [cf. Mt 26.63-64]) e Mateus 10.34 ("Não vim trazer paz, mas espada" [cf. Mc 14.43-50; Lc 23.14; Mt 5.9]).

4. *A afirmação entra em conflito com o ensino mais amplo da Escritura.* Olhando de novo o mesmo versículo (Lc 14.26), notamos que a ordem de Jesus para odiar a família está em confronto com o ensino do Antigo Testamento sobre honrar, amar e obedecer aos pais (Êx 20.12; Dt 5.16; Pv 23.22). É claro que, em algumas instâncias, Jesus intensificou ou modificou o ensino do Antigo Testamento (Mt 5.33-37), mas, nesse tema específico, as palavras de Jesus em outras passagens afirmam, inequivocamente, os mandamentos do Antigo Testamento sobre honrar os pais (Mt 15.3-6; 19.19). Portanto, o conflito entre um entendimento literal das palavras de Jesus (odiar os pais) e as palavras do Antigo Testamento (honrar os pais) oferece evidência de que Jesus tencionava que seu ensino fosse entendido como hipérbole.

Um entendimento literal de Lucas 14.26 (a ordem para odiar a família) também conflita com o ensino mais amplo do Novo Testamento. Paulo escreveu: "Mas, se alguma viúva tem filhos ou netos, que estes aprendam primeiro a exercer piedade para com a própria casa e a recompensar seus progenitores; pois isso é agradável diante de Deus" (1Tm 5.4). Paulo, um apóstolo inspirado, não entendia que Jesus nos tivesse instruído a literalmente odiarmos nossa família. Como mensageiros comissionados pessoalmente por Jesus, os apóstolos são os melhores guias para entendermos o significado do ensino de Jesus. Além disso, como cristãos, cremos que as palavras escritas dos apóstolos são inspiradas e preservadas de todo erro (veja a Questão 4, "A Bíblia contém erros?").

Às vezes, os autores dos evangelhos, como sintetizadores, comunicadores e tradutores inspirados do ensino de Jesus, dão-nos indicações de suas intenções não literais. É importante lembrar que Jesus ensinou na maioria das vezes, se não sempre, em aramaico.[5] Os evangelhos, porém, foram escritos em grego, a *língua franca* da época. Às vezes, os autores dos evangelhos nos dão uma tradução mais literal (palavra por palavra) do ensino aramaico de Jesus; e, outras vezes, eles nos dão uma tradução mais dinâmica (pensamento por pensamento). O relato de Lucas da ordem de Jesus para odiar a família, em 14.26, é uma tradução palavra por palavra, correlata de uma tradução pensamento por pensamento em Mateus 10.37, que diz: "Quem ama seu pai ou sua mãe mais do que a mim não é digno de mim; quem ama seu filho ou sua filha mais do que a mim não é digno de mim". Como vemos nessa tradução pensamento por pensamento, Mateus não entendeu que Jesus estivesse ordenando ódio literal em relação à família.

---

[5] M. O. Wise oferece uma análise conservadora do(s) idioma(s) de Jesus. Ele escreveu: "Baseado em Marcos 5.41, pode-se dizer que certamente Jesus falava aramaico ocasionalmente. Isso deveria ser esperado com base em nosso conhecimento da língua predominante entre os judeus da Galileia. Só se pode responder se ele sabia hebraico e grego de maneira hipotética" ("Languages of Palestine", em *DJG*, 442).

Outro exemplo em que o entendimento literal das palavras de Jesus conflita com o ensino mais amplo do Novo Testamento diz respeito a fazer juramentos. Jesus proíbe o ato de fazer qualquer juramento (Mt 5.33-37), mas, em outras passagens, o apóstolo faz juramento para afirmar a veracidade de seu escrito (2Co 11.31; Gl 1.20; Fp 1.8). Jesus dá testemunho sob juramento em seu julgamento (Mt 26.63); e Deus é descrito, pelo autor de Hebreus, como fazendo um juramento (Hb 6.13-14). Olhando Mateus 23.16-20, parece que a preocupação de Jesus com juramentos era o mau uso pecaminoso deles para justificar a desonestidade (por exemplo: "Eu não tenho de cumprir minha palavra porque tinha meus dedos cruzados quando disse aquilo". Considerando a evidência de todo o Novo Testamento, não parece que Jesus tencionasse proibir categoricamente os juramentos, mas sim proibir a utilização insincera deles.

Então, se lhe fosse pedido que jurasse num tribunal, o que você faria? Se quisesse ser dramático, você poderia dizer: "Como um seguidor de Jesus, todas as minhas palavras são totalmente verdadeiras. Colocar a mão sobre a Bíblia e fazer um juramento não me torna mais verdadeiro, porque Deus sempre requer minha completa honestidade. Se, porém, agrada à corte que eu faça este juramento, como um registro público de minha intenção de falar honestamente, eu o farei".

5. *A afirmação nem sempre é cumprida literalmente na prática.* Às vezes, o fato de que uma afirmação não se cumpre literalmente nos mostra que ela deve ser entendida hiperbolicamente. Por exemplo, em referência ao templo, Jesus disse: "Vês estas grandes construções? Não ficará pedra sobre pedra que não seja derribada" (Mc 13.2). É claro que, se hoje alguém visita as ruínas do antigo templo dos judeus em Jerusalém, ainda pode ver uma grande porção de pedras assentadas umas sobre as outras, como estavam há dois mil anos. Olhando para essa

evidência, os cristãos que creem na Bíblia deparam com duas opções: (1) Eles podem entender a linguagem de Jesus como hiperbólica. De modo semelhante, se, em 10 de setembro de 2001, um profeta moderno houvesse declarado em Nova Iorque: "As torres do World Trade Center serão aplainadas amanhã", ninguém o acusaria de falsidade porque uma pequena parcela de escadas ainda permanecia de pé no fim do dia 11 de setembro. De fato, teria sido um pouco estranho Jesus dizer: "Vês estas grandes construções? Apenas 0,97% das pedras serão deixadas umas sobre as outras". (2) Outra opção é ver a afirmação como não incluindo o muro antigo restante (cujos restos formam o Muro Ocidental ou das Lamentações). Esse significado é possível, embora eu não veja que o fato de adotar a opção 1 infrinja, de qualquer maneira, a veracidade da profecia de Jesus. Na verdade, a profecia de Jesus se cumpriu tão impressionantemente que os eruditos céticos acusam-na de haver sido escrita depois do fato (um *vaticinium ex eventu*; veja a Questão 23 sobre profecia). Outro exemplo de uma afirmação exagerada não cumprida literalmente na prática é Marcos 11.22-24 ("Se alguém disser a este monte: Ergue-te e lança-te no mar, e não duvidar no seu coração, mas crer... assim será com ele".

6. *O cumprimento literal da afirmação não atingiria o alvo desejado.* No ensino sobre cobiça, Jesus disse:

> Se o teu olho direito te faz tropeçar, arranca-o e lança-o de ti; pois te convém que se perca um dos teus membros, e não seja todo o teu corpo lançado no inferno. E, se a tua mão direita te faz tropeçar, corta-a e lança-a de ti; pois te convém que se perca um dos teus membros, e não vá todo o teu corpo para o inferno. (Mt 5.29-30)

A cobiça é, em última análise, uma questão do coração (Mc 7.20-23), e a remoção de um olho ou de um membro do corpo não purificará o coração. Passos radicais de autonegação demonstram um coração que responde à graça de Deus em arrependimento. Jesus chama seus discípulos a esse tipo de negação.

7. *A afirmação usa uma forma literária específica propensa ao exagero.* Alguns gêneros de literatura carregados de emoção, como provérbios, poesia e profecia, são especialmente propensos a usar linguagem exagerada. Por exemplo, no lamento de Davi sobre a morte de Saul e de Jônatas, ele disse: "Eram mais ligeiros do que as águias, mais fortes do que os leões" (2Sm 1.23). Davi não tencionava dizer que Saul e Jônatas podiam superar águias ou que fossem literalmente mais fortes que leões. A poesia não funciona dessa maneira. Alguém poderia comparar um poema de amor moderno em que o poeta declara que tem pensado em sua amada "cada segundo do dia". Esperamos exagero em poemas; por isso, a mulher aludida por esses versos não protestaria: "Eu não acredito que você pense em mim 86.400 segundos por dia".

Expressões idiomáticas são termos cujo significado não literal se tornou costumeiro numa língua. Temos expressões idiomáticas. Por exemplo, se alguém lhe dissesse: "Fulano dormiu no ponto", você entenderia que a pessoa referida não agiu com a devida presteza ou perdeu uma oportunidade. De modo semelhante, os autores da Escritura usaram várias expressões idiomáticas correntes na língua e na cultura de seus dias. Muitas vezes, essas expressões idiomáticas foram traduzidas "pensamento por pensamento" nas versões modernas, para que não nos deparemos com uma potencial incompreensão (por exemplo, 1João 3.17 traduz a palavra grega que significa "entranhas" [a sede das emoções] pela palavra moderna *coração*). Nos dias de Jesus, vários textos judeus falavam de "mover montanhas" como uma proeza realizada por pessoas de grande fé (cf. Zc 14.4; 1Co 13.2).⁶ Portanto, não devemos entender Jesus no sentido literal quando ele disse: "Em verdade vos digo que, se tiverdes fé como um grão de mostarda, direis a este monte: Passa daqui para acolá, e ele passará. Nada vos será impossível" (Mt 17.20). Jesus não estava preparando seus seguidores para trabalharem para empresas de mineração — para moverem o topo de montanhas físicas. Em vez disso, pela fé em Deus, os seguidores de Jesus venceriam obstáculos aparentemente impossíveis.

Certa vez, ouvi uma palestra em que a natureza idiomática dessa expressão "mover montanhas" não foi claramente entendida. O professor discutiu em detalhes a suposta alusão de Jesus a uma grande remoção do topo de um monte feita por Herodes para construir o Heródio, um de seus palácios. A palestra, embora interessante, pareceu não assimilar bem a intenção da expressão idiomática de Jesus.

8. *A afirmação usa linguagem universal ou abrangente.* Às vezes, a palavra *todo* significa literalmente "todo". Vejamos um exemplo de fora dos evangelhos. Em Colossenses 1.23, Paulo escreveu: "Não vos deixando afastar da esperança do evangelho que ouvistes e que foi pregado a toda criatura debaixo do céu". Proclamado a *toda criatura* debaixo do céu? Pássaros? Répteis? Insetos? Talvez todas as criaturas humanas? Se é assim, por que Paulo tornou sua ambição continuar pregando onde Cristo era desconhecido (Rm 15.20)? Claramente, Paulo estava usando linguagem universal de maneira hiperbólica. Você pode dizer algo semelhante em língua moderna, tal como: "Esta igreja está influenciando toda parte da cidade". Ou: "Em nossos dias, o evangelho está chegando a toda parte da China".

---

6 Quanto a expressões rabínicas análogas, veja J. B. Lightfoot, *A Commentary on the New Testament from Talmud and Hebraica* (Oxford: Oxford University Press, 1859; reimpr., Peabody: Hendrickson, 1997), 2:283. D. A. Carson escreveu: "Remoção de montanhas era uma expressão proverbial que se referia a vencer grandes dificuldades (cf. Is 40.4; 49.11; 54.10; Mt 21.21-22; Mc 11.23; Lc 17.6; 1Co 13.2)" (*Matthew, Chapters 13-28*, EBC [Grand Rapids: Zondervan, 1995], p. 391).

Também podemos pensar nas palavras "todos" e "todo" como expressando "todos sem distinção", mas não "todos sem exceção". No caso de Paulo, o evangelho estava chegando a todos os tipos de pessoas sem distinção: escravos, livres, homens, mulheres, pobres, ricos, judeus, gentios. Não houve classes ou raças que o evangelho tenha deixado de alcançar.

RESUMO

O exagero é uma forma memorável de enfatizar um ponto e se encontra frequentemente em alguns trechos da Bíblia (por exemplo, em provérbios, na poesia, no ensino de Jesus). Ao classificar um texto como hiperbólico, um intérprete deve ter uma justificativa clara. Oito princípios que auxiliam na identificação de hipérboles foram delineados acima.

É preciso nos precavermos de dois perigos interpretativos relacionados à hipérbole: (1) a leitura literal de uma linguagem tencionada para ser entendida como exagero, bem como (2) a rejeição desobediente do ensino bíblico porque "é só uma hipérbole". A linguagem do exagero, urgente e emotiva como é, nos chama a uma ênfase e obediência mais radicais.

PERGUNTAS PARA REFLEXÃO

1. Você já ouviu uma afirmação hiperbólica da Escritura sendo ensinada erroneamente como linguagem literal? Relate o incidente.

2. Há afirmações hiperbólicas na Escritura que, inicialmente, você entendeu de maneira errada e, depois, chegou a entender corretamente como exagero?

3. Você pode pensar em dois ou três exemplos de linguagem exagerada usada comumente no português moderno?

4. Em qual dos dois perigos de interpretação da linguagem exagerada apresentados neste capítulo (aplicação exageradamente literal *versus* ignorar o ensino) você sente maior risco de cair?

5. Escolha uma das afirmações exageradas de Jesus e pergunte a várias pessoas o que elas acham que o ensino significa.

PARA ESTUDO POSTERIOR

BULLINGER, E. W. *Figures of Speed Used in the Bible*. London: Eyre and Spttiswoorde, 1898; reimpr., Grand Rapids: Baker, 2003. (Veja "Hyperbole or Exaggeration", p. 423-28.) Esse volume clássico está disponível gratuitamente em formato digital no Internet Archive (archive.org).

EFIRD, James M. *How to Interpret the Bible*. Atlanta: John Knox, 1984. (Veja "Hyperbole", p. 69-72.)

STEIN, Robert H. *A Basic Guide to Interpreting the Bible: Playing by the Rules*. 2ª ed. Grand Rapids: Baker Academic, 2011. (Veja cap. 9, "The Game of Exaggeration – Hyperbole", p. 174-88.)

QUESTÃO 27

COMO INTERPRETAMOS FIGURAS DE LINGUAGEM?

Uma figura de linguagem é uma expressão que, em sua base, deve ser entendida não literalmente. Palestrantes e autores empregam figuras de linguagem para "ênfase, clareza e originalidade de pensamento".[1] Por exemplo, esta sentença usa uma figura de linguagem: "Ele está morrendo de fome" (a menos que, é claro, queiramos dizer que alguém passou extrema necessidade de alimento e está prestes a morrer de inanição, o que seria uma linguagem literal). Essa expressão figurada transmite mais ênfase dessa forma do que quando comparada com "ele está sentindo necessidade de se alimentar".

Todas as línguas e culturas têm figuras de linguagem. Algumas vezes, é difícil os falantes não nativos entenderem essas figuras, por causa de nossa propensão natural a entendermos literalmente as novas expressões. Exemplos de algumas figuras de linguagem tanto do Antigo como do Novo Testamento serão listadas e explicadas brevemente em seguida.

METÁFORA

Numa metáfora, uma descrição figurada é aplicada a uma pessoa ou a uma coisa sem os termos evidentes de comparação. Por exemplo, em Amós 4.1, o profeta se dirige às mulheres opulentas de Israel, dizendo:

---

1 Richard A. Young, *Intermediate New Testament Greek: A Linguistic and Exegetical Approach* (Nashville: Broadman & Holman, 1994), p. 235. Achei bastante útil a discussão de Young sobre linguagem figurada.

> Ouvi esta palavra, vacas de Basã, que estais no monte de Samaria, oprimis os pobres, esmagais os necessitados e dizeis a vosso marido: Dá cá, e bebamos.

Notamos que Amós não diz: "Vocês, mulheres ricas e orgulhosas, são *como* vacas gordas". Isso seria um símile, em que a palavra *como* é usada como uma indicação explícita de comparação.

SÍMILE

Um símile é semelhante à metáfora porque uma descrição figurada é aplicada a uma pessoa ou a uma coisa. A única diferença é que, num símile, usam-se palavras de comparação: *como, tal qual* etc. Por exemplo, em Salmo 1.3, usa-se um símile para descrever o homem sábio que medita na Palavra de Deus.

> Ele é como árvore plantada junto a uma corrente de águas, que, no devido tempo, dá o seu fruto, e cuja folhagem não murcha; e tudo quanto ele faz será bem-sucedido.

Outro exemplo é Mateus 24.27, em que Jesus declara:

> Porque, assim como o relâmpago sai do oriente e se mostra até no ocidente, assim há de ser a vinda do Filho do Homem.

Como em todos os símiles e metáforas, aqui temos (a) o tópico discutido (a vinda do Filho do Homem), (b) a imagem comparada com o tópico (relâmpago) e (c) o ponto de comparação (visibilidade inegável).[2] Um autor que usa uma metáfora ou um símile pode escolher sugerir um ou mais desses três itens.

---

2 Ibid., p. 236.

MERISMA

Um merisma é uma figura de linguagem em que dois elementos são usados juntos para indicar a totalidade de algo. Por exemplo, em Gênesis 1.1, Deus é descrito como criando "os céus e a terra". Essa expressão é mais bem entendida como um merisma de toda a ordem criada. De modo semelhante, em Salmo 105.14, "*'adam* ('homem') e *melakim* ('reis') denotam qualquer um e todos".[3]

HENDÍADIS

Um "hendíadis é a expressão de uma ideia com duas ou mais palavras semelhantes; ou seja, duas palavras são usadas para a mesma coisa".[4] Em 2Timóteo 1.10, por exemplo, Paulo diz que Jesus "não só destruiu a morte, como trouxe à luz a vida e a imortalidade, mediante o evangelho". Aqui, "vida" e "imortalidade" se referem à mesma realidade da vida eterna.[5] Outro exemplo se acha em Tiago 4.2, em que a expressão grega literal — "matais e invejais" — possivelmente deva ser entendida como um hendíadis: "estais cheios de inveja mortal" ou "vós invejais mortiferamente".[6]

SINÉDOQUE

Sinédoque é uma expressão literal em que a parte representa o todo ou o todo representa a parte. Quando lemos: "Que formosos são sobre os montes os pés do que anuncia as boas-novas" (Is 52.7; cf. Rm 10.15), entendemos que os pés são uma sinédoque, representando a pessoa que anuncia o evangelho. O autor de Isaías não está realmente tão interessado nos pés do pregador. Como uma parte do corpo do pregador que representa o vir com boas-novas, os pés são escolhidos para ressaltar o deleite com a chegada do arauto.

---

3 Willem A. VanGemeren, "Psalms", em *EBC* 5 (Grand Rapids: Zondervan, 1991), p. 26.
4 Young, *Intermediate New Testament Greek*, p. 243.
5 Ibid.
6 Joseph B. Mayor nota essa possibilidade (*The Epistle of St. James*, 2ª ed. [New York: Macmillan, 1897], p. 130).

Outro exemplo de sinédoque se acha na famosa petição da Oração do Pai-Nosso: "O pão nosso de cada dia dá-nos hoje" (Mt 6.11). Aqui, "pão", um alimento básico consumido diariamente, serve como sinédoque para representar toda a categoria de comida — ou, talvez, uma sinédoque que denote todas as nossas necessidades diárias.

METONÍMIA

Metonímia é uma expressão em que uma palavra ou frase está no lugar de outra à qual está intimamente associada. Por exemplo, podemos dizer: "A Casa Branca vetou o projeto de lei". A Casa Branca é a residência de pedra e argamassa do presidente dos Estados Unidos. Uma casa não pode realmente vetar nada. Mas, por causa de nossa associação mental entre o presidente e sua residência oficial, usamos "Casa Branca" como metonímia para significar "presidente dos Estados Unidos".

O grego e o hebraico da Bíblia têm exemplos semelhantes e específicos de metonímia. Por exemplo, na parábola do rico e Lázaro (Lc 16.19-31), depois que o rico implora a Abraão que mande Lázaro de volta dos mortos para alertar seus irmãos, lemos:

> Respondeu Abraão: Eles têm Moisés e os Profetas; ouçam-nos. Mas ele insistiu: Não, pai Abraão; se alguém dentre os mortos for ter com eles, arrepender-se-ão. Abraão, porém, lhe respondeu: Se não ouvem a Moisés e aos Profetas, tampouco se deixarão persuadir, ainda que ressuscite alguém dentre os mortos. (Lc 16.29-31)

Os irmãos do homem rico não tinham realmente a pessoa de Moisés, que morrera havia muito tempo (Dt 34.7). Nem tinham o esqueleto ou o corpo de Moisés mumificado em sua posse. Não, aqui o nome "Moisés" (o autor do Pentateuco) serve claramente como uma metonímia para os escritos que ele produzira.[7] De modo semelhante, às vezes no Novo Testamento "a cruz" serve como metonímia para a morte expiatória de Jesus (veja Gl 6.14; Ef 2.16; Fp 3.18).

PERSONIFICAÇÃO

A personificação é a apresentação de uma coisa (um objeto inanimado) ou uma ideia com as qualidades ou ações de uma pessoa. Por exemplo, Jesus disse:

> Tu, porém, ao dares a esmola, ignore a tua mão esquerda o que faz a tua mão direita; para que a tua esmola fique em secreto; e teu Pai, que vê em secreto, te recompensará. (Mt 6.3-4)

É claro que não é possível os membros de nosso corpo saberem realmente qualquer coisa. Mas, nessa personificação das mãos direita e esquerda de uma pessoa, Jesus faz um apelo memorável e enfático para o ato de contribuir de modo abnegado. A apóstrofe, uma subdivisão da personificação, é uma figura de linguagem em que a coisa personificada é referida como uma pessoa. Em seguida, há um exemplo de apóstrofe extraído de Salmos, em que o salmista se dirige a montanhas personificadas.

> Por que olhais com inveja, ó montes elevados, o monte que Deus escolheu para sua habitação? (Sl 68.16)

ANTROPOMORFISMO

Um antropomorfismo é uma apresentação de Deus como tendo características ou ações humanas. Por exemplo, em 2Crônicas 16.9, lemos:

---

7 Os exemplos de Casa Branca e Moisés são de Richard Young, *Intermediate New Testament Greek*, p. 237.

> Porque, quanto ao SENHOR, seus olhos passam por toda a terra, para mostrar-se forte para com aqueles cujo coração é totalmente dele.

É claro que, como um Ser espiritual (Jo 4.24), Deus não tem olhos físicos que passem literalmente por toda a terra. Como, então, os humanos, que conhecem a percepção visual apenas na concretude de sua existência física, podem descrever a percepção de Deus acerca de todas as coisas? De modo semelhante, passagens bíblicas que falam do braço ou da mão de Deus não são descrições físicas da aparência de Deus (veja Sl 98.1), e sim antropomorfismos (cf. Ex 33.18-23).

LÍTOTES

"Lítotes ocorrem quando uma afirmação é feita por meio da negação do oposto."[8] Por exemplo, se alguém lhe perguntasse: "Quanto você gastou na decoração de sua casa para o Natal desse ano?", e você respondesse: "Não economizei", na realidade o que você pretendia dizer é: "Eu a decorei abundantemente". De modo semelhante, em Atos 15.2, quando Lucas diz que Paulo e Barnabé não tiveram "contenda e pequena discussão com eles [falsos mestres que exigiam que os gentios fossem circuncidados]", está empregando lítotes para significar que houve "discussão e debate intensos".

EXPRESSÕES IDIOMÁTICAS

É importante notarmos a diferença entre as expressões de ocorrência rara ou única e as expressões costumeiras. Qualquer pessoa pode criar uma nova figura de linguagem, e, às vezes, a originalidade da expressão é especialmente eficaz em impactar o ouvinte. Por exemplo, alguém pode dizer: "Eu peso mais do que um porta-aviões. É melhor

---

8 Young, *Intermediate New Testament Greek*, p. 241.

eu começar a fazer exercícios". Embora essa expressão hiperbólica transmita a intensidade do pensamento da pessoa que fala, é duvidoso que outras pessoas venham a repeti-la. Entretanto, se a expressão se torna repetida e costumeira (por exemplo: "Eu peso uma tonelada"), torna-se não somente um exemplo de hipérbole, mas também uma expressão própria do idioma.

Muitas dessas expressões na Bíblia são abrandadas pelas traduções modernas, de modo que o leitor moderno nunca as percebe. Por exemplo, E. W. Bullinger nota que a expressão "respondeu e disse" é uma expressão idiomática hebraica usada para introduzir qualquer tipo de fala (e não apenas uma resposta). Bullinger escreve: "[A expressão], portanto, não deveria ser traduzida literalmente, '*Respondeu e disse*', mas traduzida de um modo que expressasse o tipo específico de fala referido pelo termo 'disse'".[9] Outro exemplo de uma expressão idiomática comum na Bíblia é a frase "partir o pão", que significa "consumir alimento" e é frequentemente usada em referência ao ato de fazer uma refeição.[10]

RESUMO

Uma figura de linguagem é uma expressão que não foi tencionada para ser entendida literalmente, sendo empregada com o fim de dar ênfase ou fornecer uma variação criativa. Todas as línguas empregam figuras de linguagem, mas, quando encontramos pela primeira vez expressões com as quais não estejamos familiarizados, temos a tendência de lê-las de modo excessivamente literal. Acima, avaliamos dez tipos comuns de expressões figurativas encontradas na Bíblia: (1) metáfora, (2) símile, (3) merisma, (4) hendíadis, (5) sinédoque, (6) metonímia, (7) personificação, (8) antropomorfismo, (9) lítotes e (10) expressões idiomáticas.

---

9 E. W. Bullinger, *Figures of Speech Used in the Bible* (Londres: Eyre and Spottiswoorde, 1898; reimpr., Grand Rapids: Baker, 2003), p. 837. Bullinger oferece muitos exemplos de expressões idiomáticas bíblicas (ibid., p. 819-60).
10 Ibid., p. 839.

Tem-se de alertar o leitor para que não confunda outras figuras com alguns desses termos mais técnicos para as figuras de linguagem. Com efeito, a importante questão não é conhecer o nome de uma figura de linguagem, mas entender o significado autoral transmitido por uma expressão figurada e transmitir esse significado para outros de maneira fiel.

PERGUNTAS PARA REFLEXÃO

1. Você pode definir "figura de linguagem"?

2. Dê um exemplo de algumas figuras de linguagem em português.

3. Algumas das figuras descritas neste capítulo são novas para você? Quais?

4. Escolha uma expressão figurada da Bíblia discutida neste capítulo. Como um entendimento literal dessa expressão resultaria em incompreensão?

5. Por que as pessoas usam figuras de linguagem em vez de expressões mais diretas e mais facilmente traduzíveis?

PARA ESTUDO POSTERIOR

BULLINGER, E. W. *Figures of Speech Used in the Bible.* Londres: Eyre and Spottiswoorde, 1898; reimpr., Grand Rapids: Baker, 2003. Esse clássico volume está disponível gratuitamente em formato digital no Internet Archive (archive.org).

GREENWOOD, Kyle. *Dictionary of English Grammar for Students of Biblical Languages.* Grand Rapids: Zondervan Academic, 2020.

Young, Richard A. *Intermediate New Testament Greek: A Linguistic and Exegetical Approach.* Nashville: Broadman & Holman, 1994.

PARTE 3

ABORDANDO TEXTOS ESPECÍFICOS

SEÇÃO B
GÊNEROS ESSENCIALMENTE
DO ANTIGO TESTAMENTO

QUESTÃO 28

COMO INTERPRETAMOS PROVÉRBIOS?

Logo depois que nossa primeira filha nasceu, recebi um e-mail de um amigo no qual fui desafiado a "reivindicar a promessa" de Provérbios 22.6 ("Ensina a criança no caminho em que deve andar, e, ainda quando for velho, não se desviará dele"). Isso é realmente uma "promessa"? Se, ao chegar à idade adulta, minha filha se afastasse do Senhor, isso significaria, em última análise, que a culpa teria sido da maneira como a eduquei? Entendido corretamente, o gênero dos provérbios nos capacitará a responder a essas questões.

A MAIORIA DOS PROVÉRBIOS SÃO VERDADES GERAIS QUE PRESUMEM EXCEÇÕES

Um provérbio é uma subdivisão da literatura de sabedoria. A literatura de sabedoria é um gênero amplo em que os dizeres e reflexões dos sábios são registrados. Esses dizeres podem assumir a forma de disputas (Jó), reflexão poética e lamento (Eclesiastes) ou observações incisivas das realizações normais da vida (Provérbios).[1] Nesta questão, focalizaremos os provérbios, que ocorrem não somente no livro que leva esse nome,

---

1 D. A. Hubbard escreveu: "[Literatura de sabedoria é] uma família de *gêneros* literários comum no Antigo Oriente Próximo, na qual se dão instruções para um viver bem-sucedido ou se contemplam as perplexidades da existência humana. Há dois tipos: sabedoria proverbial — dizeres curtos e incisivos que afirmam regras para a felicidade e o bem-estar pessoal (por exemplo, Provérbios) — e sabedoria especulativa — monólogos (por exemplo, Eclesiastes) ou diálogos (por exemplo, Jó), que tentam sondar problemas como o significado da existência e a relação entre Deus e o homem. Essa sabedoria especulativa é prática e empírica, não teórica. Problemas da existência humana são discutidos em relação a exemplos concretos: 'Havia um homem... cujo nome era Jó'" ("Wisdom Literature", em *The Illustrated Bible Dictionary*, vol. 3. ed. J. D. Douglas [Leicester: InterVarsity Press, 1980], p. 1651).

mas também se encontram espalhados em outros gêneros literários (por exemplo, 1Rs 20.11; Mt 26.52).

Os últimos dois terços do livro de Provérbios (capítulos 10–31) são constituídos de dizeres breves que reconheceríamos prontamente como provérbios em português. Mas os primeiros nove capítulos consistem principalmente de discursos mais extensos, com um pai dando conselhos a seu filho ou com a "Sabedoria" personificada chamando os transeuntes. De muitas maneiras, esses nove capítulos iniciais fornecem um quadro pelo qual podemos entender o material posterior do livro. O verdadeiro viver sábio, embora pragmático, está sempre fundamentado no "temor do SENHOR" (Pv 1.7).[2]

Todas as línguas e culturas têm provérbios — conselhos sábios em expressões curtas e memorizáveis. Talvez devido à fixação e à produtividade, muitos de nossos provérbios lidam com eficiência, dinheiro, emprego ou contentamento. Por exemplo, um provérbio comum é: "É melhor prevenir do que remediar". Esse provérbio se aplica a qualquer situação em que um pouco de esforço e intervenção impedirá um esforço maior depois (manutenção do carro, reparos em casa, questões de relacionamento humano etc.). Também reconhecemos que o provérbio não é uma promessa infalível. Ele descreve a maneira como as coisas se realizam normalmente. Mesmo tomando certas medidas agora que podem evitar ou sanar determinados problemas, uma pessoa pode descobrir que os problemas continuam ou se agravam. Apesar das exceções, o provérbio continua verdadeiro. Descreve a maneira como as coisas normalmente se realizam.

De que maneira os provérbios bíblicos são diferentes de outros provérbios? Em primeiro lugar, os provérbios da Bíblia são inspirados por

---

[2] Longman escreve: "Os caps. 1-9 servem como uma introdução, como um tipo de prisma hermenêutico, pelo qual devemos ler o restante do livro. A primeira parte do livro exige uma decisão do jovem, que representa o leitor. Com quem ele se banqueteará, com a Sabedoria ou com a Tolice? Isso exige uma decisão religiosa, uma decisão entre o Deus verdadeiro e os falsos deuses" (Tremper Longman, *Proverbs*, Baker Commentary on the Old Testament [Grand Rapids: Baker, 2006], p. 61).

Deus (2Tm 3.16). Portanto, esses provérbios aprovarão o que Deus aprova e condenarão o que Deus condena. Além disso, são isentos de todo erro (veja a Questão 4, "A Bíblia contém erros?"). Embora muitos provérbios não bíblicos demonstrem discernimento, às vezes exaltam a impiedade e menosprezam a Deus e sua criação. Confúcio (551–479 a.C.), o sábio chinês, disse muitas coisas sábias. Por exemplo, ele disse: "Aquele que é pronto para falar terá dificuldade em realizar".[3] Também disse: "Com comida quente para comer, água fria para beber e o braço inclinado como travesseiro, a felicidade ainda pode existir. Riqueza e posição obtidos injustamente me parecem tão instáveis quanto nuvens que passam".[4] Mas também credita-se a Confúcio esta máxima horrível: "Cem mulheres não valem um único testículo".[5] Embora os dois provérbios anteriores de Confúcio estejam de acordo com a revelação bíblica, o último é totalmente oposto ao ensino bíblico sobre a dignidade e o valor dos sexos (Gn 1.26-27; 1Co 11.11-12; Ef 5.21-33).

De que maneira os provérbios bíblicos se assemelham a outros provérbios? Ambos presumem exceções. Essas exceções são inerentes à natureza de dizeres sábios sobre a maneira como a vida ocorre *normalmente*. Por exemplo, em Provérbios 10.4 lemos: "O que trabalha com mão remissa empobrece, mas a mão dos diligentes vem a enriquecer-se". Em geral, isso é verdadeiro. Se você é preguiçoso, depois de algum tempo, será pobre. Ou, como lemos em Provérbios 6.10-11: "Um pouco para dormir, um pouco para tosquenejar, um pouco para encruzar os braços em repouso, assim sobrevirá a tua pobreza como um ladrão, e a tua necessidade, como um homem armado". Por outro lado, aqueles

---

3 Luo Chenglie, Liangwen Guo, Tianchen Li e Jiansen Zhang, *A Collection of Confucius' Sayings: An English-Chinese Bilingual Textbook* (Jinan: Qi Lu, 1988), p. 65.
4 Ibid., p. 35.
5 Deparei com esse provérbio de Confúcio pela primeira vez em uma palestra do ensino médio. Uma pesquisa na internet mostra que o provérbio é amplamente citado, embora eu não tenha tido acesso a uma coleção impressa dos dizeres de Confúcio que o inclua.

que trabalham com diligência adquirirão riqueza gradualmente. Mas há situações com circunstâncias extenuantes em que essa verdade geral não se mostra verdadeira. Por exemplo, alguns filhos nascem em famílias tão imensamente ricas que são capazes de viver toda a sua vida de maneira indolente e ostentosa e, ainda assim, morrer ricos. Há outras pessoas que trabalham com afinco, mas são privadas injustamente dos frutos de seu labor. De fato, outros provérbios destacam essa injustiça. Por exemplo, Provérbios 13.23 afirma: "A terra virgem dos pobres dá mantimento em abundância, mas a falta de justiça o dissipa". O fato de que alguns provérbios bíblicos conflitam, à primeira vista, com outros nos lembra que provérbios são situacionais ou ocasionais. Cada provérbio se refere a certa ocasião com a qual deparamos normalmente, mas não tenciona descrever todas as exceções. Se todas as exceções fossem listadas, o provérbio resultante não seria memorizável! Seria mais como um artigo intitulado "Uma Verdade Geral, com Todas as Exceções Imagináveis".

Eis um exemplo de dois provérbios bíblicos, um ao lado do outro, que, à primeira vista, parecem estar em conflito:

> Não respondas ao insensato segundo a sua estultícia, para que não te faças semelhante a ele. (Pv 26.4)[6]

> Ao insensato, responde segundo a sua estultícia, para que não seja ele sábio aos seus próprios olhos. (Pv 26.5)

Devemos compreender a natureza circunstancial dos provérbios para afirmarmos a verdade desses dois provérbios. Dependendo da

---

6 É importante notar que, na literatura de sabedoria, o "insensato" é um "pagão incrédulo que ignora a Deus e segue o ego" (Grant R. Osborn, *The Hermeneutical Spiral: A Comprehensive Introduction to Biblical Interpretation*, ed. rev. [Downers Grove: InterVarsity Press, 2006], p. 244 [edição em português: *A Espiral Hermenêutica: Uma Nova Abordagem à Interpretação Bíblica* (São Paulo: Vida Nova, 2009)].

receptividade do insensato que repreendemos, um desses provérbios se aplicará à insensatez de qualquer insensato. Em outras palavras, se um insensato é friamente indisposto a ouvir a instrução de outros, você mesmo assume o papel do insensato quando tenta argumentar com ele (Pv 26.4). Entretanto, há situações em que confrontar as ações insensatas de uma pessoa impedirá que ela continue em autoengano destrutivo (Pv 26.5). A sabedoria sobre a situação é necessária para sabermos qual desses provérbios podemos aplicar.[7]

Uma questão importante que devemos considerar é a função dos provérbios. Um provérbio bíblico pode nos ajudar nisso. Provérbios 26.7 diz: "As pernas do coxo pendem bambas; assim é o provérbio na boca dos insensatos". Em outras palavras, apenas saber e recitar um provérbio é inútil, se isso não resultar em comportamento mudado. O livro Provérbios nos chama à ação. Os provérbios bíblicos nos chamam a responder a Deus com fé e obediência.

ALGUNS PROVÉRBIOS NÃO TÊM EXCEÇÕES

Na tentativa de corrigir o erro comum de as pessoas entenderem Provérbios como promessas, alguns intérpretes podem ignorar o fato de que alguns provérbios bíblicos sempre são verdadeiros. Em essência, alguns provérbios *são* promessas. Esses provérbios lidam com a natureza de Deus. Se um provérbio descreve uma qualidade de Deus (santidade, conhecimento etc.), é verdadeiro sem exceção, porque Deus não é sujeito a variações humanas (Nm 23.19). Por exemplo, em Provérbios 11.1,

---

7 Tremper Longman oferece entendimento semelhante desses dois provérbios: "Esses dois provérbios [Pv 26.4-5] são uma evidência que nos leva ao próprio entendimento do gênero dos provérbios. Provérbios não são leis universalmente verdadeiras, e sim princípios circunstancialmente relevantes... Em resumo, a resposta depende da natureza do insensato com o qual alguém está envolvido em conversa. Em outras palavras, a pessoa sábia precisa avaliar se aquele com quem conversa é alguém que simplesmente drenará suas energias sem resultados positivos ou se haverá uma resposta frutífera no insensato ou talvez naqueles que ouvem a conversa. O sábio não somente conhece o provérbio, como também pode avaliar as circunstâncias e a pessoa com quem ele dialoga" (*Proverbs*, p. 464). Osborne adverte: "Não ousamos entender da afirmação proverbial mais do que ela diz. Por sua própria natureza, trata-se de afirmações generalizadas que tencionam advertir, e não estabelecer códigos rígidos pelos quais Deus opera" (*Hermeneutical Spiral*, p.427).

lemos: "Balança enganosa é abominação para o SENHOR, mas o peso justo é o seu prazer". Porque Deus é justo, ele sempre abomina a trapaça nos negócios, sem exceção.[8] De modo semelhante, vemos em Provérbios 6.16-19 uma lista de provérbios que não têm exceção:

> Seis coisas aborrecem o SENHOR, e a sétima, a sua alma abomina: olhos altivos, língua mentirosa, mãos que derramam sangue inocente, coração que trama projetos iníquos, pés que se apressam a correr para o mal, testemunha falsa que profere mentiras e o que semeia contendas entre irmãos.

Deus não odeia essas coisas somente algumas vezes. Como Deus totalmente santo, essas são coisas que ele sempre odeia.

E quanto aos provérbios que descrevem as intervenções de Deus no mundo? Por exemplo, em Provérbios 10.3, lemos: "O SENHOR não deixa ter fome o justo, mas rechaça a avidez dos perversos". Há exceções a esse provérbio. O povo de Deus (os justos) sempre passa fome? A maioria dos intérpretes reconhece que alguns do povo de Deus passam fome ocasionalmente. O apóstolo Paulo disse que esteve, às vezes, sem comida (2Co 11.27). As multidões que ouviam Jesus são descritas como famintas a ponto de desfalecerem, se fossem mandadas embora sem alimento (Mt 15.32). Mas, se você é cristão, já deve ter visto o Senhor provendo suas necessidades básicas de maneira miraculosa. E provavelmente já ouviu falar como ele fez isso por outros crentes. À medida que vamos seguindo pela vida, esperamos normalmente que Deus opere da maneira como Provérbios 10.3 descreve. Mas, se Deus não opera dessa maneira, sabemos que o seu poder "se aperfeiçoa na fraqueza" e que a sua graça nos "basta" (2Co 12.9).

---

8 Sobre esse mesmo provérbio, Longman escreve: "Se há quaisquer exceções a esse provérbio, são tão raras que são irrelevantes" (*Proverbs*, p. 33).

Devemos também ressaltar que porções da literatura de sabedoria apontam para a justiça interveniente e final de Deus como fora do curto escopo da vida humana na terra. Em outras palavras, o acerto de contas final de Deus espera pela vida vindoura e pela manifestação divina de todas as coisas, por fim, no Dia do Juízo. No Salmo 73 (um salmo de sabedoria), Asafe luta para compreender as injustiças ao seu redor e encontra a solução na vida por vir. Ele escreve: "Em só refletir para compreender isso, achei mui pesada tarefa para mim; até que entrei no santuário de Deus e atinei com o fim deles [das pessoas ímpias]" (Sl 73.16-17).

Em seguida, estão alguns provérbios que subentendem a intervenção divina além desta vida temporal.[9]

> Os tesouros da impiedade de nada aproveitam, mas a justiça livra da morte. (Pv 10.2)

> As riquezas de nada aproveitam no dia da ira, mas a justiça livra da morte. (Pv 11.4)

> Morrendo o homem perverso, morre a sua esperança, e a expectação da iniquidade se desvanece. (Pv 11.7)

Portanto, embora os provérbios bíblicos falem geralmente sobre a intervenção de Deus em favor de seu povo experimentada na vida normal e diária, os provérbios aludem a uma trajetória eterna que aponta para o dia de julgamento final.

---

9 Veja também Pv 12.28; 15.24; 23.13-14. Longman vê esses versículos como apontando possivelmente para a vida eterna.

INTERPRETANDO OUTRAS LITERATURAS DE SABEDORIA

Breves comentários são oportunos em referência à interpretação de outras literaturas de sabedoria. Tanto nos debates de Jó como nos monólogos de Eclesiastes, o contexto é mais importante do que no estilo *staccato* dos provérbios. Eclesiastes deve ser interpretado à luz da afirmação resumidora final: "De tudo o que se tem ouvido, a suma é: Teme a Deus e guarda os seus mandamentos; porque esse é o dever de todo homem. Porque Deus há de trazer a juízo todas as obras, até aquelas que estão escondidas, quer sejam boas, quer sejam más" (Ec 12.13-14). Quando perdemos de vista essa afirmação organizadora, as vaidades da vida são atraentes e aparentemente razoáveis para que as busquemos, como as porções anteriores do livro indicam. Também no caso do livro de Jó, devemos ler toda a obra para descobrirmos que Deus desacredita alguns dos aparentemente sábios conselhos dos amigos de Jó (Jó 42.7). Os amigos de Jó parecem haver entendido as maneiras pelas quais Deus opera normalmente (i.e., provérbios), fazendo delas leis absolutas sem exceções (veja Jó 4.7-9; 8.3-7). No final, o livro de Jó enaltece o mistério das operações providenciais de Deus (Jó 42.1-6).

Longman argumenta que Eclesiastes e Jó são corretivos canônicos para possíveis incompreensões dos provérbios bíblicos. Eles nos mostram que provérbios não são promessas, porque há muitas injustiças e excentricidades intrigantes nesta vida. Em última análise, todos nós enfrentamos situações em que temos de nos submeter à misteriosa soberania de Deus.[10]

O Cântico dos Cânticos é reconhecido, em geral, como um híbrido de literatura de sabedoria e canção poética. Como um comentador observa habilmente: "A sabedoria é a aplicação da vontade de Deus às áreas

---

10 Longman, *Proverbs*, p. 63.

fundamentais da vida".[11] Apropriadamente, o Cântico dos Cânticos oferece uma perspectiva divina sobre a experiência de amor romântico entre um marido e sua mulher. Apesar das muitas tentativas de alegorizar o texto, ele é mais bem compreendido como um selo de aprovação divina das alegrias físicas e emocionais compartilhadas dentro do casamento.

RESUMO

Os provérbios são observações curtas e memoráveis acerca da forma como a vida normalmente funciona. Os provérbios não são encontrados apenas no livro bíblico que os carrega no título, mas também se acham espalhados por outros gêneros bíblicos (por exemplo, 1Rs 20.11; Mt 26.52). À semelhança dos provérbios não bíblicos, a maioria dos provérbios da Bíblia são verdades gerais e assumem exceções. No entanto, os provérbios que, de maneira abstrata, descrevem uma qualidade divina inerente (por exemplo, santidade ou justiça) não têm exceção. Alguns provérbios também implicam uma trajetória eterna das intervenções de Deus, por meio das quais sua vindicação final de seu povo ocorre após a sepultura. Eclesiastes e Jó, "literatura de sabedoria" não proverbial, fornecem uma confirmação canônica de que os provérbios não são promessas, mas descrições situacionalmente específicas das maneiras como as coisas normalmente funcionam.

PERGUNTAS PARA REFLEXÃO

1. Você tem um provérbio bíblico favorito? Se tem, é um provérbio que admite exceções?

2. Quais são alguns provérbios modernos (não bíblicos)?

---

[11] Tremper Longman, *Song of Songs*, NICOT (Grand Rapids: Eerdmans, 2001), p. 49. Quanto a ensinos práticos sobre o Cântico dos Cânticos, indico ao leitor a obra de Daniel Akin, *God on Sex: The Creator's Ideas about Love, Intimacy, and Marriage* (Nashville: Broadman & Holman, 2003).

3. Você pode pensar em provérbios não bíblicos que contradizem as verdades da Escritura?

4. Provérbios 22.6 ("Ensina a criança no caminho em que deve andar, e, ainda quando for velho, não se desviará dele") é uma promessa? Se não, quais são algumas possíveis exceções?

5. Desafio: começando no primeiro dia do mês, leia um capítulo de Provérbios a cada dia durante o mês inteiro. (Há 31 capítulos no livro de Provérbios.)

PARA ESTUDO POSTERIOR

DeRouchie, Jason S. *How to Understand and Apply the Old Testament: Twelve Steps from Exegesis to Theology*. Phillipsburg: P&R Publishing, 2017. (Veja especialmente as p. 84-93 sobre "Proverbs".)

Longman, Tremper. *Proverbs*, Baker Commentary on the Old Testament. Grand Rapids: Baker, 2006.

Osborn, Grant R. *A Espiral Hermenêutica: Uma Nova Abordagem à Interpretação Bíblica*. São Paulo: Vida Nova, 2009. (Veja o cap. 9, "Sabedoria".)

QUESTÃO 29

COMO INTERPRETAMOS POESIA?

Certa vez, participei de um estudo bíblico em que uma pessoa ficou intrigada com Provérbios 6.16-19 ("Seis coisas o Senhor aborrece, e a sétima a sua alma abomina..."). De fato, um leitor inexperiente pode muito bem perguntar: "O autor esqueceu algo em sua lista inicial ("seis coisas") e, depois, acrescentou rapidamente o item esquecido ("sete"). Na realidade, esses versículos demonstram um estilo poético semita comum (a forma poética "x, x+1"). O autor não esqueceu algo e, depois, o acrescentou. Essa forma poética era uma maneira reconhecida de apresentar uma lista de modo enfático e memorizável.

A poesia ocorre dentro de muitos gêneros bíblicos — nos provérbios, na narrativa histórica, na profecia, nos salmos etc. A fim de entendermos a poesia apropriadamente, devemos reconhecer primeiro um texto como poético. Então, temos de ter algum entendimento dos pressupostos subjacentes à poesia. Por fim, é necessário empregarmos princípios hermenêuticos sólidos ao interpretarmos as diversas formas poéticas.

RECONHEÇA QUANDO SE EMPREGA POESIA

Peça a um leitor moderno que recite uma poema de memória, e a pessoa lembrará uma canção de ninar ou a letra de uma música popular. Embora muitos poemas modernos não tenham rima, a pessoa comum associa, em geral, poesia a rima e métrica regular (sílaba repetida e tonicidade). Em contraste, a poesia grega e a hebraica raramente fazem rima. Em vez disso, são reconhecidas por sílabas repetidas ou tonicidade, linhas paralelas, repetição de sons semelhantes (consoantes, vogais, ditongos etc.).[1] A maior parte desses indicadores poéticos não se traduz prontamente para outras línguas. Por isso, as pessoas que leem a Bíblia em línguas diferentes do hebraico e do grego dependem de tradutores e editores da Bíblia que indiquem a poesia pelo formato do texto. Quase todas as Bíblias modernas apresentam a poesia de maneira reconhecível — separando estrofes, agrupando linhas paralelas, deixando bastante espaço vazio em volta de passagens poéticas, de modo que sejam distinguidas das seções não poéticas. Folheie uma Bíblia moderna e logo você verá o formato distinto de versos poéticos e seções não poéticas. Todo o livro de Salmos, por exemplo, e algumas seções de outros livros são apresentados em formato poético.

OBSERVE AS PRESSUPOSIÇÕES QUE FUNDAMENTAM A POESIA

A poesia pode ser empregada por um autor ou palestrante por várias razões. As duas principais serão mencionadas aqui. Primeira, alguns autores/palestrantes usam a poesia para tornar suas palavras mais memoráveis. Realmente, grande parte dos ensinos de Jesus segue formas poéticas semíticas. Como o maior de todos os mestres que já viveram, Jesus tencionava que seus ensinos fossem lembrados, obedecidos e repetidos (Mt 7.24-29; Mc 6.7-13, 30). O estilo de ensino de Jesus tornou mais fácil a tarefa de lembrar suas palavras. Segunda, autores/palestrantes usam poesia por razões afetivas. Ou seja, a poesia é usada para expressar ou evocar emoções fortes. A poesia emprega imagens fortes e linguagem hiperbólica. Quando lemos poesia, não encontramos listas factuais e científicas. Esperamos ser presenteados com uma realidade comovente, que nos toque. É claro que isso não nega que o autor do poema tencione transmitir informação factual. No entanto, devemos esperar linguagem figurada (não

---

1 Há considerável discordância entre alguns eruditos sobre a relação das sílabas e da tonicidade em demarcar a métrica semítica.

literal) e linguagem exagerada, que, tomadas literalmente, seriam entendidas de modo errado (veja a Questão 26, "Como interpretamos linguagem exagerada ou hiperbólica?"). De fato, a principal pergunta hermenêutica sempre é: o que o autor inspirado tencionava comunicar por meio dessas palavras e frases? Por exemplo, nas descrições de batalhas no Antigo Testamento, as imagens cósmicas são, às vezes, usadas de maneira figurada. Estrelas caem do céu, a lua não resplandece e o sol escurece (Is 13.10; 34.4; Ez 32.7; Jl 2.10; 3.15). Se as descrições dessas catástrofes cósmicas acontecem dentro de seções poéticas, e outros indicadores de texto mostram que a vida continua normalmente neste planeta, provavelmente devemos entender essa linguagem cósmica como descrições figuradas de perturbação nacional e internacional.

Em minhas aulas de hermenêutica, às vezes penso que os alunos que reconhecem prontamente a linguagem figurada na poesia secular se mostram resistentes para reconhecê-la na Bíblia. Essa resistência está muitas vezes fundamentada numa piedade mal orientada que pensa que a identificação de um texto como figurado implica negação de sua veracidade. Ou seja, "figurado" é visto como equivalente a "mitológico" — uma designação usada para negar a veracidade e a autoridade da Escritura, enquanto, ao mesmo tempo, tenta manter sua "importância". De novo, a questão principal é: o que o autor inspirado tencionava? Se o autor bíblico tencionava que suas palavras tivessem conotação figurada, estamos sendo infiéis quando as entendemos literalmente. Quanto a mais ajuda para entender algumas figuras de linguagem comuns na Bíblia, veja a Questão 27 ("Como interpretamos figuras de linguagem?").

FAMILIARIZE-SE COM AS FORMAS POÉTICAS COMUNS

Parte da interpretação correta de poesia depende de reconhecer as formas poéticas e entendê-las à luz das pressuposições do autor associadas a essa forma. Em seguida, oferecemos uma lista de formas poéticas bíblicas comuns com as pressuposições a elas associadas.

1. *Paralelismo sinônimo*. O paralelismo é uma das formas mais comuns de poesia hebraica. Dan McCartney e Charles Clayton definem assim o paralelismo:

> Paralelismo ocorre onde duas ou mais linhas de extensão aproximadamente igual (em número de sílabas) e estrutura gramatical semelhante tratam do mesmo assunto. A segunda linha provê um pouco mais de informação ou uma descrição diferente da primeira linha, ou por acréscimo, ou por contraste, ou por especificação.[2]

O paralelismo sinônimo, uma subdivisão do paralelismo, caracteriza-se por duas linhas poéticas que são muito próximas em significado, se não sinônimas. Uma linha inicial obscura pode ser elucidada por uma segunda linha, mais clara. Por exemplo, no Salmo 52.8 lemos:

> Quanto a mim, porém, sou como a oliveira verdejante, na Casa de Deus; confio na misericórdia de Deus para todo o sempre.[3]

Sem a segunda linha sinônima, poderíamos ficar em dúvida a respeito de como Davi era como uma oliveira verdejante. A segunda linha parece esclarecer que a primeira imagem tencionava ser uma figura de confiança e frutificação contínua.

2. *Paralelismo antitético*. Uma segunda forma comum de paralelismo é o paralelismo antitético, em que a segunda linha contrasta com a primeira ao afirmar uma verdade oposta. Por exemplo, no Magnificat (Lc 1.46-55), Maria canta sobre Deus humilhar os orgulhosos (linha 1) e exaltar os humildes (linha 2):

---

[2] Dan McCartney e Charles Clayton, *Let the Reader Understand: A Guide to Interpreting and Applying the Bible*, 2ª ed. (Phillipsburg: P&R, 2002), p. 230.
[3] McCartney e Clayton também apresentam esse versículo como exemplo de paralelismo sinônimo (ibid.).

> Derribou do seu trono os poderosos
> e exaltou os humildes. (v. 52)

Por meio dessa repetição antitética, a asseveração inicial, na primeira linha, é mais esclarecida e colocada na forma de um alívio marcante.

3. *Paralelismo sintético*. Uma terceira forma de paralelismo, o paralelismo sintético, reconhece o acréscimo de informação ou ênfase na segunda linha num grau em que a segunda linha não pode mais ser chamada sinônimo (às vezes, também chamado paralelismo culminante ou final). Há uma tendência geral entre os eruditos a admitirem mais paralelismo sintético na Bíblia. Os intérpretes temem a deformação das nuanças que os autores bíblicos tencionavam, por se rotularem muito rapidamente as linhas poéticas como sinônimas. Um exemplo de paralelismo sintético também pode ser extraído do Magnificat:

> Agiu com o seu braço valorosamente;
> dispersou os que, no coração, alimentavam pensamentos soberbos.
> (Lc 1.51)

Aqui, a segunda linha faz mais do que reafirmar a primeira. A segunda linha oferece um exemplo específico de um ato poderoso que o Senhor realizou: a dispersão dos soberbos.[4]

4. *Forma poética "X, X+1"*. Como mencionamos na introdução a esta Questão, a poesia semítica usa às vezes a forma "x, x+1" para enfatizar uma lista de dois ou mais itens. Por exemplo, Provérbios 30.18-19 diz:

---

[4] Quanto a uma subdivisão mais detalhada do paralelismo hebraico, veja o quadro "Types of Hebrew Parallelism", em *Chronological and Background Charts of the Old Testament*, por John H. Walton, ed. rev. (Grand Rapids: Zondervan, 1994), p. 47.

> Há três coisas que são maravilhosas demais para mim, sim, há quatro que não entendo: o caminho da águia no céu, o caminho da cobra na penha, o caminho do navio no meio do mar e o caminho do homem com uma donzela.

Há vários outros exemplos bíblicos dessa configuração "x, x+1" (Sl 62.11; Pv 30.15-16, 21-23, 29-31; Mq 5.5).

5. *Repetição de sons semelhantes*. Um autor pode escolher repetir sons semelhantes (i.e., consoantes, vogais ou ditongos) como um artifício de memorização, por talento literário, humor ou alguma outra razão. É claro que não é possível mantermos uma repetição semelhante de sons numa tradução do texto. Por exemplo, em Tiago 1.1-2 as palavras "saudações" (*chairen*) e "alegria" (*charan*) têm som muito semelhante. Tiago amarra, às vezes, suas seções por repetir palavras que têm som semelhante. Esse recurso organizacional se perde para quem não lê grego, embora as notas de rodapé de uma Bíblia de estudo ou um comentário possam informar o leitor desses recursos literários (veja a Questão 13, "Quais são alguns livros ou materiais proveitosos para se interpretar a Bíblia?").

6. *Acróstico*. Em várias passagens do Antigo Testamento, encontramos acrósticos. Um acróstico é "uma composição em versículo na qual grupos de letras (como a letra inicial ou a letra final das linhas), tomadas em ordem, formam uma palavra, ou frase, ou uma sequência regular de letras do alfabeto".[5] Por exemplo, um poema acróstico baseado no nome "Chloe" começaria a linha 1 com um "c", a linha 2 com um "h" e assim por diante (C.H.L.O.E.). Um poema acróstico

---

5 *Dicionário Merriam-Webster* on-line (acesso em 30 de outubro de 2024).

também pode repetir letras no começo de cada estrofe. Na Bíblia, os acrósticos estão baseados na ordem regular das letras do alfabeto hebraico (veja Sl 9; 10; 25; 34; 37; 111; 112; 119; 145; Pv 31.10-31; Lm 1–4; Na 1.2-10).

7. *Quiasmo*. Um quiasmo "é uma série de dois ou mais elementos seguidos por uma série de elementos correspondentes em ordem invertida".[6] Uma representação visual da forma mais simples dessa estrutura é:

    A
      A'
      B'
    B

Um exemplo do Novo Testamento, Marcos 2.27, está impresso em seguida na forma de quiasmo:

O sábado foi estabelecido
   por causa do homem,
   e não o homem
por causa do sábado.[7]

RESUMO

A poesia ocorre dentro de muitos gêneros bíblicos (provérbios, salmos, profecia, narrativa etc.). Os autores bíblicos empregaram a poesia por duas principais razões: (1) como um recurso de memorização, bem

---

6 Richard A. Young, *Intermediate New Testament Greek: A Linguistic and Exegetical Approach* (Nashville: Broadman & Holman, 1994), p. 243.
7 Richard Young também apresenta esse versículo como um exemplo de quiasmo (ibid.).

como (2) para comunicar e evocar fortes emoções. Já que é difícil transmitir em uma tradução muitas das características da poesia (por exemplo, a repetição de sílabas ou os padrões de tonicidade), os leitores de Bíblias em português dependem de tradutores e editores que apresentem a poesia de uma forma que seja reconhecida como distinta de um texto em prosa.

Uma vez que a poesia, com frequência, emprega uma linguagem exagerada ou figurada, é especialmente importante buscar o significado autoral pretendido, o qual pode estar em oposição a uma leitura literalista do texto. Uma ferramenta hermenêutica útil é a familiaridade com as formas poéticas comuns da Bíblia e com as pressuposições subjacentes a elas. Acima, examinamos estas formas comuns: (1) paralelismo sinônimo, (2) paralelismo antitético, (3) paralelismo sintético, (4) forma poética "x, x+1", (5) repetição de sons similares, (6) acróstico e (7) quiasmo.

PERGUNTAS PARA REFLEXÃO

1. Você se vê resistente a entender passagens bíblicas como figuradas? Por que sim ou por que não?

2. Sua Bíblia distingue claramente os textos poéticos? Como?

3. Das formas poéticas comuns encontradas na Bíblia e discutidas neste capítulo, você não estava familiarizado com alguma?

4. Como as pessoas modernas usam a poesia de maneira diferente da poesia bíblica?

5. Quantos poemas você pode recitar de memória? Por que, em sua opinião, a poesia é tão raramente empregada em nossa cultura moderna?

PARA ESTUDO POSTERIOR

DeRouchie, Jason S. *How to Understand and Apply the Old Testament: Twelve Steps from Exegesis to Theology.* Phillipsburg: P&R Publishing, 2017. (Veja especialmente as p. 29-31.)

Fokkelman, J. P. *Reading Biblical Poetry: An Introductory Guide.* Louisville: Westminster John Knox, 2001.

Watson, Wilfred G. E. *Classical Hebrew Poetry: A Guide to Its Techniques.* Sheffield: JSOT Press, 1984.

QUESTÃO 30

COMO INTERPRETAMOS OS SALMOS? (CLASSIFICAÇÃO DOS SALMOS)

Por haver crescido em uma fazenda no Tennessee, aprendi como identificar árvores comuns — carvalhos, bordos, tulipeiros, cornisos, olaias etc. Sempre fico surpreso em achar pessoas que veem cada espécie de árvore como "apenas outra árvore". De modo semelhante, muitas pessoas se aproximam do livro de Salmos presumindo que cada salmo é "apenas outro cântico de adoração". Na realidade, há formas reconhecíveis (subgêneros) que estão repetidas entre os salmos. Nesta Questão inicial, listaremos e explicaremos brevemente os tipos comuns de salmos. Depois, na Questão seguinte, consideraremos as estratégias para interpretá-los.

Embora seja parte do gênero mais amplo da poesia, o livro dos Salmos (150 cânticos individuais) constitui uma porção distinta e bem conhecida da Escritura que merece atenção especial. Nesta seção, veremos como os Salmos podem ser organizados em subgrupos com base em características comuns. Em seguida, há breves discussões dos sete tipos mais comuns de salmos.[1]

---

1 Nessa discussão dos tipos de salmos, estou seguindo a estrutura da apresentação de Grant R. Osborne em *The Hermeneutical Spiral: A Comprehensive Introduction to Biblical Interpretation*, ed. rev. (Downers Grove: InterVarsity Press, 2006), p. 232-36 [edição em português: *A Espiral Hermenêutica: Uma Nova Abordagem à Interpretação Bíblica* (São Paulo: Vida Nova, 2009)].

SALMOS DE LAMENTAÇÃO

Salmos de lamentação são o gênero mais difundido dos salmos. Cerca de um terço do saltério é composto de salmos de lamentação (Sl 3; 9; 12; 13; 17; 42; 60; 74; 94; 139). Numa lamentação, uma pessoa ou um grupo clama a Deus em aflição. À luz de quão frequentemente as músicas de adoração cristã ignoram as dificuldades da vida, é instrutivo ver a proeminência que os salmos dão a que falemos honestamente com Deus sobre nossos problemas. John Hayes lista sete partes encontradas comumente nos salmos de lamentação: (1) invocação a Deus; (2) descrição da aflição; (3) apelo por livramento; (4) afirmação de confiança em Deus; (5) confissão de pecado; (6) comprometer-se em fazer certas coisas quando Deus responder; (7) louvor e reafirmação do pedido.[2] Devemos notar que, ao ser espontâneo em sua queixa (Sl 3:1-2), o salmista expressa, quase no mesmo fôlego, sua confiança em Deus (Sl 3:3-8). Lamentação e fé são expressões complementares. Até o clamor de Jesus na cruz, "por que me desamparaste?", é acompanhado de palavras de confiança, "Deus meu, Deus meu" (Mt 27:46; Sl 22:1).

SALMOS DE LOUVOR

Esses salmos se caracterizam pelo proeminente tema de louvor a Deus (Sl 106; 111–113; 146; 150). Deus é louvado como Criador (Sl 104), Salvador de Israel (Sl 49) e Soberano sobre a história (Sl 103).[3] A estrutura básica desses salmos inclui: (1) invocação a Deus; (2) chamar a si mes-

---

[2] John H. Hayes, *Understanding the Psalms* (Valley Forge: Judson, 1976), p. 58-59. Osborne adota essa estrutura de salmos de lamentação de Hayes (*Hermeneutical Spiral*, p. 232-33). Artur Weiser escreveu: "Em sua estrutura formal, tanto lamentos comunitários como individuais são, em sua maioria, compostos das seguintes partes: invocação, lamentação, súplica, motivação, voto. A sequência desses vários itens não é a mesma em todos os salmos, nem é completa em todos eles" (*The Psalms*, trad. Herbert Hartwell, The Old Testament Library [Filadélfia: Westminster Press, 1962], p. 67).
[3] Gordon D. Fee e Douglas Stuart, *How to Read the Bible for All Its Worth*, 4ª ed. (Grand Rapids: Zondervan, 2014), p. 220-21 [edição em português: *Entendes o que Lês? Um Guia para Entender a Bíblia com o Auxílio da Exegese e da Hermenêutica*, 4ª ed. rev. (São Paulo: Vida Nova, 2022)].

mo e os outros para se unirem em adoração; (3) enumeração das razões para louvar a Deus; (4) bênção(s) ou uma repetição da chamada inicial à adoração.[4]

SALMOS DE AÇÃO DE GRAÇAS

Como indicado pelo título, esses cânticos agradecem a Deus por responder aos pedidos do(s) adorador(es). Os salmos são escritos por indivíduos (Sl 18; 32; 40; 92) ou por grupos (Sl 65; 75; 107; 136). Os componentes normais de um salmo de ação de graças são: (1) convite aos outros para agradecerem ou louvarem a Deus; (2) reconsideração das necessidades do salmista pela intervenção divina; (3) louvor a Deus por sua salvação; (4) "linguagem do santuário", de sacrifício, procissões festivas, peregrinação, música, danças ou incenso; (5) bênção pronunciada sobre os adoradores; (6) exortação final.[5]

SALMOS DE CELEBRAÇÃO

Esses salmos "celebram o relacionamento pactual de Deus com o rei e com a nação".[6] Duas subdivisões desse grupo são (a) salmos reais e (b) cânticos de Sião. Os salmos reais (Sl 2; 24; 93; 101; 110) celebram o rei de Israel como o governante que representa a Deus e, por outro lado, que representa a nação diante de Deus. Bruce Waltke argumenta, de forma convincente, que todos os salmos são, em algum sentido, reais, porque afirmações (explícitas) ou detalhes dentro dos salmos apresentam (implicitamente) o falante como o rei de Israel.[7] Além disso, a admissão consistente do salmista de um falante real torna legítimo o uso messiâ-

---

4 Osborne, *Hermeneutical Spiral*, p. 233. Weiser oferece explicação semelhante dos salmos de louvor ou, como ele os chama, hinos (*Psalms*, p. 53).
5 Osborne, *Hermeneutical Spiral*, p. 234.
6 Ibid.
7 Bruce K. Waltke, "A Canonical Process Approach to Psalms", em *Tradition and Testament: Essays in Honor of Charles Lee Feinberg*, ed. John S. Feinberg e Paulo D. Feinberg (Chicago: Moody Press, 1981), p. 11-13.

nico que o Novo Testamento faz dos salmos, mostrando Jesus como o governante davídico prometido.[8] Os cânticos de Sião (Sl 46; 76; 87; 125) ressoam com louvor por Deus haver escolhido Jerusalém (também chamada "Sião") como o local de seu templo, das festas de peregrinação e do rei escolhido.

SALMOS DE SABEDORIA

Um híbrido de cântico e literatura de sabedoria (veja a Questão 28, "Como interpretamos provérbios?"), os salmos de sabedoria lidam com temas como a fonte e a natureza divina da verdadeira sabedoria (Sl 1; 19; 119) e questões de injustiça experimentadas ou testemunhadas nesta vida (Sl 73). Os salmos de sabedoria reformulam os temas da literatura de sabedoria em cânticos de adoração. Visto que o hinário da igreja serve frequentemente como o texto de teologia para os leigos, é instrutivo quanta teologia robusta encontramos no hinário do antigo Israel.

SALMOS DE ARREPENDIMENTO

Os salmos de arrependimento, individuais ou coletivos, dão voz ao arrependimento do salmista. Talvez o salmo de arrependimento mais conhecido seja o Salmo 51, que relata o arrependimento de Davi pelo adultério com Bate-Seba e o assassinato de seu marido, Urias, o heteu (veja também Sl 6; 32; 38; 102; 130; 143).

SALMOS IMPRECATÓRIOS

Esses são os "salmos de maldição", entre os quais o mais conhecido é o Salmo 137 (veja também Sl 35; 60; 70; 109; 140). Nesses salmos, o falante clama a Deus que decrete sua justiça divina contra os inimigos do salmista. Com frequência, o apelo é acompanhado de uma recitação

---

8 Ibid., p. 16.

da inocência do salmista. Às vezes, os cristãos têm dificuldade para harmonizar esses salmos com as exortações bíblicas, a fim de perdoar os inimigos (Mt 5.43-48; Rm 12.14, 17). Apesar disso, tanto no Antigo como no Novo Testamento, os autores da Escritura apontam para a intervenção final de Deus contra os malfeitores como uma fonte de consolo (Sl 73.17-20; Rm 12.19; 2Ts 1.6-8). Ao clamar pela intervenção de Deus, o adorador alivia suas emoções e descansa no único Juiz que conhece todos os corações, palavras e ações (Sl 44.21; At 1.24).[9] O mesmo Davi que pronunciou fortes orações de imprecação contra Saul (Sl 18.52) foi capaz de exibir restrição e graça impressionante para com seu inimigo na vida diária (1Sm 18.18; 24.3-15; 26.9-11; 2Sm 1.17).[10] Ao ler os salmos imprecatórios, é importante lembrar que o salmista fala frequentemente como rei ou representante de Israel, *o povo de Deus*. Um clamor por vindicação é um clamor para que Deus se mostre fiel ao seu povo. Além disso, os protestos de inocência do salmista são situacionais (Sl 73.13). Ou seja, o salmista não está afirmando ser ontologicamente impecável, mas, na questão disputada, afirma que está do lado certo. De modo semelhante, se você fosse injustamente acusado de roubo num tribunal moderno, poderia apelar compassivamente: "Ouçam, eu não fiz *nada* errado!".

Ao lermos os salmos imprecatórios, devemos também lembrar que temos agido com injustiça e impiedade para com os outros.[11] Outras pessoas poderiam fazer essas orações contra nós, acertadamente. Como

---

9 D. A. Carson escreveu: "Embora os cristãos virem a outra face, isso não significa que são indiferentes em referência à justiça. Afirmamos que Deus é perfeitamente justo; e Deus é aquele que diz: 'A mim me pertence a vingança' (Dt 32.35). Essa é a razão pela qual devemos dar 'lugar à ira' (Rm 12.19). Deus é o único que pode, finalmente, corrigir as coisas acuradamente, e pensar de outro modo é imaginar que podemos assumir o lugar de Deus" (*For the Love of God: A Daily Companion for Discovering the Riches of God's Word*, vol. 1 [Wheaton: Crossway, 1998], reflexão para 24 de abril).
10 Osborne, *Hermeneutical Spiral*, p. 236.
11 C. S. Lewis escreveu: "Eu sou excepcionalmente abençoado pelo fato de a mim ter sido concedido um modo de vida em que, tendo pouco poder, tive pouca oportunidade de oprimir e amargurar outros. Que todos nós que nunca fomos monitores escolares, suboficiais, diretores de escolas, matronas de hospitais, administradores de prisão ou mesmo magistrados agradeçamos de coração por isso" (*Reflections on the Psalms* [Nova York: Harcourt Brace Jovanovich, 1958], p. 25).

devemos ser agradecidos pelo evangelho! Dietrich Bonhoeffer escreveu sobre os salmos imprecatórios:

> A vingança de Deus não atingiu os pecadores, e sim o homem impecável que esteve no lugar dos pecadores, ou seja, o próprio Filho de Deus. Jesus Cristo suportou a ira de Deus, e o salmo clama pela execução do julgamento divino. Ele aquietou a ira de Deus contra o pecado e orou na hora da execução do julgamento divino: "Pai, perdoa-lhes, porque não sabem o que fazem". Nenhum outro, senão ele mesmo, que levava a ira de Deus, poderia orar dessa maneira. Isso foi o fim de todos os pensamentos falsos no sentido de que o amor de Deus não leva o pecado a sério. Deus odeia seus inimigos e os redireciona para o único Justo, que pede perdão em favor deles. O amor de Deus deve ser achado somente na cruz de Jesus Cristo.[12]

Ao orarmos por nossos inimigos, asseguremo-nos de que preferimos fazê-los olharem para Cristo em arrependimento de seus pecados a experimentarmos pessoalmente a ira de Deus.

Se alguém pesquisasse vários comentários sobre os salmos, encontraria mais do que esses sete tipos de salmos discutidos. Além disso, acharia uma terminologia diferente e, às vezes, o mesmo salmo classificado de maneira diferente.[13] Parte da razão para a variação na classificação é a forma mista dos salmos. Ou seja, o que uma pessoa pode classificar como lamentação intensa, outra classificaria como salmo imprecatório. O Salmo

---

12 Dietrich Bonhoeffer, *Psalms: The Prayer Book of the Bible* (Mineápolis: Augsburg, 1970), p. 58. Esse livro é uma tradução da oitava edição de *Das Gebetbuch der Bibel* (Verlag für Misssions und Bible-Kundle, 1996).
13 Bonhoeffer discute os salmos de acordo com seu principal assunto teológico. Ele escreveu: "Devemos organizar os assuntos tratados nas orações do saltério da seguinte maneira: a criação, a lei, a história santa, o Messias, a igreja, a vida, o sofrimento, culpa, inimigos, o fim" (*Psalms*, p. 27). Com base em 1Crônicas 16.4, Peter Gentry afirma que todos os salmos deveriam ser classificados nas categorias amplas de lamentação (petição), ação de graças e louvor (conversa pessoal, 8 de outubro de 2008). Além disso, Gentry vê todo o saltério organizado de acordo com este movimento amplo (lamentação → ação de graças → louvor).

19 é um salmo de louvor, honrando a Deus como Criador (vv. 1-6) ou é um salmo de sabedoria que direciona os ouvintes para a sabedoria inspirada (vv. 7-14)? Parece que o salmo se enquadra em ambas as categorias. E muitos outros salmos podem ser classificados em mais de uma categoria.[14] Também é importante notar que certos salmos ou cânticos são achados na Bíblia fora do livro de Salmos (veja Êx 15.1-8; Jz 5; 1Sm 2.1-10; Lc 1.46-55).

RESUMO

O livro de Salmos contém 150 canções, as quais nos ensinam a orar e cantar a Deus, quer estejamos vivenciando uma exaltada alegria, quer estejamos lutando contra a depressão e a dificuldade. Nesta Questão, analisamos sete subcategorias comuns dos salmos: salmos de lamentação, salmos de louvor, salmos de ações de graças, salmos de celebração, salmos de sabedoria, salmos de penitência e salmos imprecatórios. Na próxima Questão, discutiremos as estratégias interpretativas para os salmos.

PERGUNTAS PARA REFLEXÃO

1. Antes de ler este capítulo, você tinha conhecimento dos diferentes subgêneros existentes no saltério?

2. Qual é o benefício interpretativo de se classificar corretamente um salmo no subgênero apropriado?

3. Que tipo de salmo expressa melhor para Deus sua situação de vida atual (ações de graças, lamentação, louvor)?

---

14 Note a abordagem de McCartney e Clayton quanto aos tipos de salmos: "Quando interpretamos um salmo, é melhor determinarmos seu caráter ao examinarmos o próprio salmo antes de olharmos quaisquer comentários para verificar em que 'suposta' classificação ele deve estar. Alguns salmos desafiam seu agrupamento com outros, e forçá-los a entrar numa classificação pode ser algo obscuro, em vez de elucidar seu significado" (Dan McCartney e Charles Clayton, *Let the Reader Understand: A Guide to Interpreting and Applying the Bible*, 2ª ed. [Phillipsburg: P&R. 2002], p. 231).

4. Visto que o povo de Deus não vive mais na terra de Israel sob um monarca judaico, qual é o significado permanente dos salmos reais ou cânticos de Sião?

5. Usando as sete categorias de salmos discutidas neste capítulo, classifique os seguintes salmos: 1, 13, 21, 48, 51, 95, 137.

PARA LEITURA POSTERIOR

ASH, Christopher. *Psalms for You*. Reino Unido: The Good Book Company, 2020.

BONHOEFFER, Dietrich. *Psalms: The Prayer Book of the Bible*. Mineápolis.: Augsburg, 1970.

DEROUCHIE, Jason S. *How to Understand and Apply the Old Testament: Twelve Steps from Exegesis to Theology*. Phillipsburg: P&R Publishing, 2017. (Veja especialmente as p. 76-83, "Guidelines for Interpreting the Psalms".)

FUTATO, Mark D. *Interpretação dos Salmos: Um Prático e Indispensável Manual de Exegese*. São Paulo: Cultura Cristã, 2011.

LEWIS, C. S. *Reflections on the Psalms*. Nova York: Harcourt Brace Jovanovich, 1958.

VANGEMEREN, Willem A. "Psalms." Em *Expositor's Bible Commentary*, editado por Frank E. Gaebelein, 5:1-880. Grand Rapids: Zondervan, 1991.

QUESTÃO 31

COMO INTERPRETAMOS OS SALMOS? (PRINCÍPIOS DE INTERPRETAÇÃO)

O livro de Salmos é referido frequentemente como o hinário do judaísmo antigo e da igreja cristã. Por que, então, os salmos estão ausentes em muitas igrejas modernas? Cânticos de louvor repetitivos têm substituído a leitura ou o canto de salmos. E, quando os salmos são usados, somente pequenas porções são lidas. Versículos difíceis e salmos inteiros são ignorados. Se devemos usar os salmos em adoração pessoal e coletiva, devemos, em primeiro lugar, lê-los e entendê-los. Quais são alguns princípios que ajudam os cristãos a interpretar os salmos?

OBSERVE A ORGANIZAÇÃO DO LIVRO DE SALMOS

O Saltério é o livro mais longo da Bíblia. Cento e cinquenta cânticos, alguns deles com uma extensão surpreendente (Sl 119), podem ser desanimadores para o intérprete iniciante. À luz desse desafio, pode ser proveitoso observar as divisões estruturais do próprio livro, que organizam os cânticos em grupos mais manejáveis. Os salmos são divididos em cinco livros separados:

- Livro 1: Salmos 1–41
- Livro 2: Salmos 42–72
- Livro 3: Salmos 73–89

- Livro 4: Salmos 90–106
- Livro 5: Salmos 107–150

Talvez os salmos tenham sido organizados dessa maneira em imitação consciente do Pentateuco, os cinco livros de Moisés (Gênesis, Êxodo, Levítico, Números e Deuteronômio). Alguns eruditos detectaram um movimento geral dentro do livro de Salmos, de petição a ações de graças e louvor, como se a coleção inteira fosse organizada como um enorme salmo de lamento. Outros propuseram que os cinco livros distintos facilitavam o programa de leitura regular na sinagoga.[1] Muito encantadora é a sugestão que vê um tema davídico em desenvolvimento como a chave para o entendimento da organização dos Salmos. Chistopher Seitz resume seu estudo sobre o assunto:

> A estrutura quíntupla dos Salmos presume um movimento quase linear. Começamos com uma ênfase sobre o Davi terreno. Em seguida, Davi como tal começa a desempenhar um papel menos proeminente, e o destino da nação, considerado mais amplamente, entra em cena — culminando em punição e exílio. Depois, o papel especial de Davi no plano de Deus é relembrado e lamentado, levando à afirmação de Deus de sua justiça como soberana sobre toda a criação. Esperanças antes associadas a Davi e Sião são de novo trazidas à proeminência quando o saltério conclui com Davi entoando cânticos de subida.[2]

LEIA OS SALMOS
Uma pessoa pode gastar horas ou mesmo dias lendo informação introdutória sobre os Salmos. Muito mais importante, porém, é ler os próprios

---

1 Pius Drijvers, *The Psalms: Their Structure and Meaning* (Freiburg: Herder; Londres: Burns & Oates, 1965), p. 20.
2 Chistopher Seitz, "Royal Promises in the Canonical Books of Isaiah and the Psalms", em *Word Without End: The Old Testament as Abiding Theological Witness* (Grand Rapids: Eerdmans, 1998), p. 165.

Salmos. Há uma razão pela qual os Salmos foram preservados por milênios, enquanto centenas de outros escritos sobre eles já se perderam ou foram esquecidos. Estudos dos Salmos hoje aclamados também serão esquecidos. Mas o livro dos Salmos permanecerá: "Seca-se a erva, e cai a sua flor, mas a palavra de nosso Deus permanece eternamente" (Is 40.8).

Como notamos antes (na Questão 21), Kierkegaard comentou certa vez: "A erudição cristã é a prodigiosa invenção da raça humana para se defender do Novo Testamento, a fim de garantir que alguém continue a ser um cristão sem permitir que o Novo Testamento lhe seja muito íntimo".[3] Alguém poderia dizer o mesmo da erudição sobre os Salmos. Volumes e mais volumes de pesquisa propõem vários panos de fundo religiosos ou festivos para os Salmos. Outros eruditos reconstroem a suposta "evolução" da antiga religião israelita e suas semelhanças com outras literaturas do Antigo Oriente Próximo.[4] Grandes castelos de especulação são construídos sobre areias de suposição. Enquanto isso, as palavras dos próprios Salmos são esquecidas. Leia os Salmos.

IDENTIFIQUE O SUBGÊNERO DO SALMO

Há vários subgêneros reconhecíveis dentro do livro dos Salmos. Sete dos principais tipos foram discutidos na Questão anterior. Há várias razões pelas quais é proveitoso identificar o tipo de salmo que está sendo estudado:

1. Conhecer os elementos normais do subgênero do salmo que está sendo lido capacita o intérprete a notar quando as porções esperadas estão ausentes ou se expandindo. Ele é capaz de ver com maior clareza as ênfases do salmo.

---

3 Søren Kierkegaard, *Søren Kierkegaard's Journals and Papers*, ed. e trad. Howard V. Hong e Edna H. Hong (Bloomington: Indiana University Press, 1975), 3:270.
4 Note a crítica de J. G. S. S. Thompson e F. D. Kidner: "O legado de Gunkel e Mowinckel permanece na preocupação da maioria dos comentaristas que têm a tarefa de classificar cada salmo em sua própria classe e em verem quase todo o material como eclesiástico [de culto]" ("Psalms, Book of", em *The Illustrated Bible Dictionary*, ed. J. D. Douglas [Leicester: InterVarsity Press, 1980], 3:1.297]).

2. Especialmente nos subgêneros mais desafiadores (como os salmos imprecatórios), pode ser proveitoso ter em mente as qualificações dadas na discussão sobre os tipos de salmos na Questão 30. Temos quase dois mil anos de reflexão cristã sobre os Salmos. Seríamos tolos se não aprendêssemos com aqueles que vieram antes de nós. Na verdade, a única razão pela qual podemos saber tanto hoje é que nos apoiamos no conhecimento daqueles que nos precederam.

3. Uma vez que tenhamos identificado o subgênero do salmo em questão, pode ser proveitoso olhar outro salmo do mesmo tipo. Também pode ser útil comparar o salmo com salmos de outros subgêneros. Como provérbios, os salmos discutem com frequência situações específicas sem apresentarem todas as exceções ou condições. Quando examinamos todo o saltério, começamos a ganhar uma visão mais completa de Deus e da vida que levamos como seguidores de Deus.

NOTE QUALQUER INFORMAÇÃO DE CONTEXTO DADA NO TÍTULO DO SALMO

Muitos salmos têm inscrições no topo que apresentam o autor ou, às vezes, a ocasião do salmo em questão (veja a Figura 13). Por exemplo, a inscrição no Salmo 51 diz: "Ao mestre de canto. Salmo de Davi, quando o profeta Natã veio ter com ele, depois de haver ele possuído Bate-Seba". Eruditos discutem a antiguidade e a autenticidade dessas inscrições, porém os melhores e mais antigos manuscritos dos Salmos as incluem. Além disso, o uso que o Novo Testamento faz dos Salmos parece pressupor a veracidade da informação dada nas inscrições.[5] Parece que as inscrições no topo dos salmos devem ser aceitas como autênticas. A informação dada nas

---

5 Veja Mt 22.43, 45; Mc 12.36-37; Lc 20.42; At 1.16; 2.25; Rm 4.6; 11.9; Hb 4.7. Peter Gentry argumenta isso num esboço de aula intitulado "Títulos dos Salmos: Salmos na Vida de Davi". Gentry também observa que outros hinos do Antigo Oriente Próximo têm inscrições semelhantes no topo e embaixo. Ou seja, esse material teria sido esperado no salmo ou, pelo menos, não seria incomum.

inscrições acrescenta, às vezes, concretude à angústia ou à alegria expressa pelo salmista (por exemplo, Sl 51).

FIGURA 13: **ATRIBUIÇÃO DOS SALMOS**	
SALMOS ATRIBUÍDOS A...	NÚMERO DE SALMOS ATRIBUÍDOS
Davi*	73
Asafe	12
Os filhos de Corá	12
Salomão	2
Hemã, o ezraíta	1
Etã, o ezraíta	1
Moisés	1
(Nenhuma atribuição dada)	48

* A tradução grega do Antigo Testamento (a Septuaginta ou LXX) atribui 84 salmos a Davi (Bruce K. Waltke, "A Canonical Approach to the Psalms", em *Tradition and Testament: Essays in Honor of Charles Lee Feinberg*, ed. John S. Feinberg e Paul D. Feinberg [Chicago: Moody Press, 1981], p. 10).

ATENTE À SEGMENTAÇÃO DO SALMO

Como poesia hebraica, os salmos são divididos em várias linhas e estrofes. As decisões dos tradutores sobre como formatar sua tradução se baseia em silabação, acentuação e outros determinantes no texto hebraico. Os leitores dependem de que os tradutores comuniquem fielmente a segmentação poética do texto original. Felizmente, temos muitas traduções modernas que comunicam muito bem essa informação. Um vislumbre em qualquer página dos salmos revela muito espaço em branco ao redor das linhas impressas. Esse espaço é resultado de as linhas paralelas serem agrupadas e as estrofes serem separadas. Um sermão ou uma lição sobre um salmo específico deve tentar seguir a estrutura do salmo. Em outras palavras, se o salmo tem quatro estrofes, o sermão pode ser organizado ao redor de quatro aplicações ou proposições.

RECONHEÇA A LINGUAGEM POÉTICA DO SALMO

Os salmos são poemas com o propósito de canto. Como tal, estão cheios de linguagem poética: metáfora, símile, aliteração, hipérbole, paralelismo etc. Embora coincida com a poesia em nossa língua, a poesia hebraica também apresenta algumas características singulares. Por isso, para não a entender ou interpretar de modo errado, aconselhamos o leitor a consultar a Questão 29 ("Como interpretamos poesia?").

Autores empregam poesia como uma expressão estética, ou como um recurso de memorização, ou para transmitir emoção. Quando procuramos entender os salmos e ensiná-los a outras pessoas, devemos nos guardar não somente de entendermos errado a poesia hebraica, mas também de reduzirmos essas composições impressionantes a proposições prosaicas. Devemos procurar a ajuda de Deus para comunicarmos a intensidade das canções originais aos nossos ouvintes modernos. A tradução dos salmos de Eugene Peterson, em *A mensagem*, pode nos ajudar a ouvir de novo esses poemas poderosos.

EXPLORE O SIGNIFICADO MESSIÂNICO DO SALMO

Deus prometeu a Davi que um de seus descendentes reinaria sempre em seu trono (2Sm 7.12-13). O Novo Testamento declara que Jesus é o Rei davídico prometido. Em referência ao Salmo 16.8-11, Pedro declarou a uma multidão:

> Irmãos, seja-me permitido dizer-vos claramente a respeito do patriarca Davi que ele morreu e foi sepultado, e o seu túmulo permanece entre nós até hoje. Sendo, pois, profeta e sabendo que Deus lhe havia jurado que um dos seus descendentes se assentaria no seu trono, prevendo isto, referiu-se à ressurreição de Cristo, que nem foi deixado na morte, nem o seu corpo experimentou corrupção. (At 2.29-31)

Aqui, parece que Pedro diz que Davi tinha consciência de que suas palavras apontavam para um descendente específico e preeminente — uma predição proposicional que se cumpriu em uma única pessoa, o Messias. Há outros salmos, porém, que os autores do Novo Testamento aplicam a Jesus e que são entendidos mais naturalmente como uma referência inicial à própria vida de Davi (Sl 69.9; cf. Jo 2.17). Esses salmos incluem, por exemplo, confissões dos erros de Davi (Sl 69.5). Esse uso dos salmos é mais bem entendido como tipológico — apresentando Davi como o tipo e Jesus como o antítipo correspondente. Por exemplo, se Davi enfrentou oposição dos ímpios ao seu redor, quanto mais o preeminente Justo terá de enfrentar oposição da parte dos ímpios (Sl 69.4). Para ter mais informação sobre tipologia e a natureza tipológica da Escritura, veja a Questão 18 ("A Bíblia é totalmente sobre Jesus?") e a Questão 24 ("Como interpretamos profecia? [Tipologia]"). Somente o contexto pode indicar se os autores do Novo Testamento estão afirmando um salmo como predição proposicional ou como uma correspondência tipológica.

Visto que cerca de metade dos salmos são atribuídos a Davi, alguns eruditos têm defendido o entendimento de todos os salmos davídicos como messiânicos em algum sentido. Pelo menos podemos dizer que todo salmo davídico citado no Novo Testamento que se cumpriu em Jesus é messiânico. Além disso, Jesus ensinou a seus discípulos que os Salmos apontavam para ele (Lc 24.44). Com alguma imprecisão, parece que correspondências tipológicas adicionais podem ser propostas para os outros salmos de Davi, se não para todo o Saltério.[6] Bonhoeffer adotou certamente essa aplicação. Ele escreveu:

---

[6] Waltke argumenta que a maioria dos salmos (se não todos eles) deve ser entendida como proferida pelo rei — em última análise, pelo Rei messiânico. Waltke escreveu: "Com toda justiça, é como se os escritores do Novo Testamento não estivessem tentando limitar ou identificar os salmos que prefiguravam Cristo, mas, antes, estavam admitindo que o Saltério como um todo tinha em vista Jesus Cristo e que essa deveria ser a maneira normativa de interpretar os salmos" ("Canonical Process Approach to the Psalms", p. 7).

De acordo com o testemunho da Bíblia, Davi é, como o rei ungido do povo eleito de Deus, um protótipo de Jesus Cristo. O que acontece com Davi lhe acontece por causa daquele que está nele e que é afirmado proceder de Davi, ou seja, Jesus Cristo. E Davi não é inconsciente disso, mas, "sendo, pois, profeta e sabendo que Deus lhe havia jurado que um de seus descendentes se assentaria no seu trono, ao prever isso, referiu-se à ressurreição de Cristo" (At 2.30-31). Davi foi uma testemunha de Cristo em seu ofício, sua vida e suas palavras. O Novo Testamento diz muito mais. Nos salmos de Davi, o próprio Cristo prometido fala (Hb 2.12; 10.5) ou, como também pode ser dito, o Espírito Santo (Hb 3.7). Essas mesmas palavras que Davi falou, o Messias futuro as falou por meio dele. As orações de Davi foram também proferidas por Cristo. Ou melhor, Cristo mesmo fez tais orações por meio de seu precursor, Davi.[7]

ORE OS SALMOS

Os salmos são poemas e canções, mas são também orações. Como uma coleção diversificada de orações, eles abrangem todo o âmbito de emoções e experiências que as pessoas têm nesta vida tão cheia de variações. Além disso, os salmos são orações inspiradas — que nos ensinam a orar da maneira que Deus deseja. Bonhoeffer comenta o valor pedagógico de orar os Salmos.

> E, portanto, devemos aprender a orar. O filho aprende a falar porque seu pai fala a ele. Ele aprende a fala de seu pai. Assim, aprendemos a falar com Deus porque ele falou a nós e, portanto, falamos com ele. Por meio da fala do Pai celestial, seus filhos aprendem a falar com ele. Por repetirmos as próprias palavras de Deus, começamos a orar a ele.[8]

---

7 Dietrich Bonhoeffer, *Psalms: The Prayer Book of the Bible* (Mineápolis: Augsburg, 1970), p. 18-19.
8 Ibid., p. 11. Ele também escreveu: "É a riqueza da Palavra de Deus, e não a pobreza de nosso coração, que deve determinar a nossa oração" (15).

Os salmos podem não somente ser orados palavra por palavra, mas também ponderados no coração, digeridos mentalmente e orados contextualmente, dependendo da situação em que nos encontramos.[9] Também devemos ressaltar que muitos dos salmos são orações coletivas. O corpo de Cristo, a igreja, deve orar coletivamente (At 1.14, 24; 4.24, 31; 13.3). Quando Jesus deu a seus discípulos uma oração-modelo ("A Oração do Pai-Nosso"), era uma oração coletiva (Mt 6.9-13, "Pai *nosso.. dá-nos*").

MEMORIZE OS SALMOS

Uma maneira de começar a orar os salmos é memorizá-los. Depois, tanto no tempo de oração focalizada como nas tarefas seculares cotidianas, acharemos as palavras dos salmos nos lábios de alguém. Quanto à importância de meditar nos salmos, para devoção, instrução e inspiração, veja estes versículos do Salmo 19:

> A lei do Senhor é perfeita e restaura a alma; o testemunho do Senhor é fiel e dá sabedoria aos símplices. Os preceitos do Senhor são retos e alegram o coração; o mandamento do Senhor é puro e ilumina os olhos. O temor do Senhor é límpido e permanece para sempre; os juízos do Senhor são verdadeiros e todos igualmente, justos.
> São mais desejáveis do que ouro, mais do que muito ouro depurado; e são mais doces do que o mel e o destilar dos favos. (Sl 19.7-11)

---

[9] Osborne comentou: "O valor desses salmos para cada crente é óbvio. Se alguém está doente, assediado de inimigos ou consciente de pecado, os salmos de lamento oferecem não somente encorajamento, mas também são modelos de oração. Muitos têm afirmado que devemos orar os salmos diretamente; eu concordo, mas prefiro meditar nos salmos, contextualizá-los e, depois, orar os salmos quando refletem minha própria situação" (Grant R. Osborne, *The Hermeneutical Spiral: A Comprehensive Introduction to Biblical Interpetation*, ed. rev. [Downers Grove: InterVarsity, 2006], p. 233 [edição em português: *A Espiral Hermenêutica: Uma Nova Abordagem à Interpretação Bíblica* (São Paulo: Vida Nova, 2009)].

CANTE OS SALMOS

Embora seja um deleite do cristão ler e meditar em qualquer dos salmos, essa parte da Escritura talvez encontre sua expressão mais plena em forma de canção. Escrito originalmente como canções de adoração individuais e coletivas, quaisquer salmos cantados pelo povo de Deus hoje são um coro ininterrupto que tem ecoado por mais de três mil anos.

RESUMO

Nesta Questão, sugerimos algumas diretrizes para a interpretação apropriada dos Salmos: (1) Observe a organização do livro de Salmos. (2) Leia os Salmos. (3) Identifique o subgênero do salmo. (4) Note qualquer informação de contexto dada do título do salmo. (5) Atente à segmentação do salmo. (6) Reconheça a linguagem poética do salmo. (7) Explore o significado messiânico do salmo. (8) Ore os Salmos. (9) Memorize os Salmos. (10) Cante os Salmos.

PERGUNTAS PARA REFLEXÃO

1. Ao ler os salmos, você já os interpretou à luz da informação dada nas inscrições no topo?

2. É válido ler os salmos de Davi como "messiânicos", se não são citados como tal no Novo Testamento?

3. Olhando para os Salmos como um livro dividido em cinco partes, você percebe alguns elementos teológicos ou temáticos em seu interior que explicariam o ajuntamento deles em cinco livros?

4. Desafio: aprenda um hino ou uma canção de adoração que se baseie diretamente em um salmo bíblico. Cante-o para o Senhor pessoalmente ou em adoração coletiva. Quanto a várias canções de adoração

modernas baseadas nos Salmos, veja "These Things I Remember" em sojournmusic.bandcamp.com/album/these-things-i-remember.

5. Desafio: memorize um salmo (por exemplo, o Salmo 19) e medite nele durante o dia — enquanto estiver esperando o ônibus, ou cortando a grama, ou trocando a fralda do bebê etc.

PARA ESTUDO POSTERIOR

Ash, Christopher. *Psalms for You*. Reino Unido: The Good Book Company, 2020.

Bonhoeffer, Dietrich. *Psalms: The Prayer Book of the Bible*. Mineápolis: Augsburg, 1970.

DeRouchie, Jason S. *How to Understand and Apply the Old Testament: Twelve Steps from Exegesis to Theology*. Phillipsburg: P&R Publishing, 2017. (Veja especialmente as p. 76-83, "Guidelines for Interpreting the Psalms".)

Futato, Mark D. *Interpretação dos Salmos: Um Prático e Indispensável Manual de Exegese*. São Paulo: Cultura Cristã, 2011.

Lewis, C. S. *Reflections on the Psalms*. Nova York: Harcourt Brace Jovanovich, 1958.

VanGemeren, Williem A. "Psalms". Em *Expositor's Bible Commentary*, editado por Frank A. Gaebelein, 5:1-880. Grand Rapids: Zondervan, 1991.

PARTE 3

ABORDANDO TEXTOS ESPECÍFICOS

SEÇÃO C
GÊNEROS ESSENCIALMENTE
DO NOVO TESTAMENTO

QUESTÃO 32

COMO INTERPRETAMOS PARÁBOLAS? (HISTÓRIA DA INTERPRETAÇÃO)

Aproximadamente um terço do ensino de Jesus está em parábolas. Essas parábolas são tão influentes que até pessoas que nunca leram a Bíblia usam expressões retiradas das parábolas (por exemplo, "o bom samaritano" ou "o filho pródigo"). Embora sejam amplamente conhecidas, as parábolas de Jesus são também notórias por sua frequente incompreensão. Nesta Questão, definirei *parábola* e apresentarei uma breve pesquisa histórica a respeito de como elas foram interpretadas. Depois, na Questão seguinte, oferecerei alguns princípios para a interpretação de parábolas.

Quando se pede aos cristãos que definam *parábola*, a maioria responde: "Uma história terrena com um significado celestial". A definição do dicionário é: "Uma história curta e fictícia que ilustra uma atitude moral ou um princípio religioso".[1] Embora essas definições estejam corretas, o componente mais fundamental de uma parábola é que tem de haver uma comparação.[2] Por exemplo, na parábola do tesouro escondido, o reino do céu é comparado a um tesouro ("O reino dos céus é semelhante a um tesouro oculto no campo" — Mt 13.44). A palavra

---

1 *Merriam-Webster's Collegiate Dictionary*, 10ª ed. (Springfield: Merriam-Webster, 1997).
2 Stein define uma parábola como "uma figura de linguagem em que há uma comparação breve ou estendida" (Robert H. Stein, *An Introduction to the Parables of Jesus* [Filadélfia: Westminster Press, 1981], p. 22). Meu entendimento da história de interpretação das parábolas foi bastante influenciado por Stein.

grega *parabolē*, que é a base de nosso vocábulo *parábola*, tem um grande escopo de significado. Pode referir-se a provérbios, símiles, dizeres figurativos, histórias etc. Para satisfazer ao nosso propósito, limitaremos a discussão principalmente às parábolas de histórias que se encontram na Bíblia.

Quanto a uma ampla consideração da história da interpretação bíblica, veja Questão 9 ("Como a Bíblia foi interpretada no decorrer da história da igreja?"). Neste ponto, focalizaremos especificamente a história da interpretação das parábolas. Isso nos ajudará em dois aspectos: (1) ver os passos interpretativos errados que foram tomados usualmente ao longo da história; (2) pode ser instrutivo ver como os discernimentos eruditos resultaram em mudanças significativas no entendimento das parábolas. A interpretação de parábolas é examinada em cinco períodos históricos.

O AMBIENTE ORIGINAL DE JESUS E A ESCRITA DOS EVANGELHOS

Pelo menos, podemos dizer que Jesus e os autores inspirados dos evangelhos entenderam corretamente as parábolas dele. Portanto, quando Jesus dá uma explicação de suas próprias parábolas (Mt 13.36-43; Mc 4.13-20), ou os autores dos evangelhos dão indicativos contextuais quanto ao significado das parábolas (por exemplo, Lc 10.29; 15.1-2), essas interpretações são definitivas. É importante notar que, embora Jesus usasse parábolas para ilustrar verdades (Mc 12.12; Lc 10.36-37), também as usava para ocultar a verdade e aumentar a culpabilidade de seus oponentes que tinham o coração endurecido (Mc 4.10-12, 33-34; cf. 2Ts 2.11-12).[3]

---

3 Stein comenta: "O fato de que, por séculos, o significado das parábolas se perdeu em interpretação alegórica e ignorância do *Sitz im Leben* de Jesus indica também que as parábolas não são ilustrações autoevidentes" (Robert H. Stein, *The Method and Message of Jesus' Teaching*, ed. rev. [Louisville: Westminster John Knox, 1994], p. 40).

DA IGREJA PRIMITIVA À REFORMA

Pouco depois da conclusão do Novo Testamento, os cristãos primitivos começaram a interpretar o texto de forma alegórica. Ou seja, eles propuseram muitos significados alegóricos não tencionados pelos autores bíblicos. Por exemplo, toda interpretação antiga da Parábola do Bom Samaritano (Lc 10.25-37) explica a história como uma mensagem alegórica de salvação, em que o Bom Samaritano significa Jesus (veja, por exemplo, a Figura 14). No texto, porém, Jesus conta a história visando claramente responder à pergunta de um intérprete da lei: "Quem é o meu próximo?" (Lc 10.29).

Os cristãos primitivos interpretaram as parábolas dessa maneira por várias razões. (1) Jesus mesmo explicou alegoricamente pelo menos alguns poucos detalhes de suas parábolas (Mc 4.13-20; Mt 13.36-43). Se Jesus pôde fazer isso, por que seus seguidores não poderiam fazê-lo? (2) Alegoria era a maneira comum de interpretar os textos religiosos no mundo greco-romano. Os cristãos primitivos adotaram acriticamente os métodos interpretativos de sua época. (3) A interpretação alegórica enfatiza o acesso do intérprete ao significado "secreto" das parábolas. Esse método é inevitavelmente atraente para os humanos, que têm propensão para o que é secreto e conspiratório.

FIGURA 14: A PARÁBOLA DO BOM SAMARITANO INTERPRETADA POR ORÍGENES (185–254 D.C.)*

DETALHES DA PARÁBOLA	EXPLICAÇÕES ALEGÓRICAS
Homem que desceu para Jericó	Adão
Jerusalém	Paraíso
Jericó	O mundo
Salteadores	Poderes hostis (Jo 10.8)
Sacerdote	A Lei

Levita	Os Profetas
Samaritano	Cristo
Feridas	Desobediência, vícios e pecado
Animal (jumento)	Corpo do Senhor, que levou nossos pecados
Hospedaria	A igreja
Dois denários	Conhecimento do Pai e do Filho
Hospedeiro	Chefe da igreja "a quem foi confiado o cuidado da igreja" (anjo guardião)
Retorno prometido do samaritano	Segunda vinda do Salvador

* Orígenes, *Homilae in Lucam* 34.3-9. É interessante que, para essa interpretação, Orígenes se apoiou num antecessor anônimo. Ele começa: "Um dos presbíteros quis interpretar a parábola dessa maneira" (*Homilae in Lucam* 34.3). Para uma tradução para o inglês dos sermões sobreviventes de Orígenes sobre Lucas, veja *Origen: Homilies on Luke, Fragments on Luke*, trad. Joseph T. Lienhard, The Fathers of the Church 94 (Washington: The Catholic University of America Press, 1996). [N.E.: Para uma edição em português, veja Orígenes, *Homilias sobre o Evangelho de Lucas*, Coleção Patrística 34 (São Paulo: Paulus, 2016).]

A REFORMA

Os reformadores protestantes do século XVI censuraram os excessos alegóricos de seus antepassados. Martinho Lutero (1483–1546) disse que as interpretações alegóricas de Orígenes eram "insensatas", "tagarelices admiráveis", "absurdas" e "totalmente inúteis".[4] Embora tenha havido na história da igreja, nos tempos anteriores à Reforma, vozes isoladas que criticaram a alegoria ilegítima, a Reforma foi a primeira ocasião em que esse criticismo focalizado desceu sistematicamente até às parábolas. Infelizmente, por causa de hábito ou negligência, ou ainda por outras razões, muitos reformadores continuaram a oferecer reflexões alegóricas sobre as parábolas. João Calvino (1509–1564), o príncipe dos expositores bíblicos da Reforma, foi mais consistente em manter a intenção autoral das parábolas. Em referência à interpretação alegórica, representada especificamente na alegorização da Parábola do Bom Samaritano, Calvino escreveu:

---

4 Martin Luther, *Lectures on Genesis, Chapters 1-5*, em Luther's Works, ed. J. Pelikan (St. Louis: Concordia, 1958), 1:91, 98, 233.

Reconheço que não me sinto atraído por qualquer uma dessas interpretações, mas devemos ter para com a Escritura a mais profunda reverência, em vez de nos dar a liberdade de deturpar seu significado natural. De fato, é possível perceber que a curiosidade de certos homens os tem conduzido a forjar tais especulações, contrariando, assim, a intenção de Cristo.[5]

DA REFORMA AO FIM DE SÉCULO XIX

A Reforma rompeu com o estrangulamento alegórico a grande parte da Bíblia, mas a maioria dos escritores cristãos continuaram a alegorizar as parábolas. Os muitos detalhes inexplicáveis e impressionantes nas histórias de Jesus eram matéria-prima irresistível para esses intérpretes, os quais, em razão de influências históricas, estavam predispostos a enxergar significados alegóricos que os autores bíblicos não pretendiam.

DO FIM DO SÉCULO XIX AO COMEÇO DO SÉCULO XXI

Vários desenvolvimentos importantes na interpretação de parábolas aconteceram nos últimos 150 anos. Em 1888, o erudito alemão Adolf Jülicher, perito em Novo Testamento, publicou o primeiro dos dois volumes de sua obra *Die Gleichnisreden Jesu* (Os Discursos em Parábolas de Jesus).[6] O estudo de Jülicher foi o golpe mortal na interpretação alegórica das parábolas.[7] Em vez de alegorizar os detalhes de uma parábola, ele focalizou no ponto principal de por que Jesus contara aquela parábola. Infelizmente, Jülicher interpretou parábolas de acordo com suas predileções teológicas céticas e liberais, rotulando erroneamente muitos ensinos legítimos de Jesus como acréscimos históricos posteriores.[8]

---

5 João Calvino, *Harmonia dos Evangelhos*, vol. 3 (São José dos Campos: Editora Fiel), p. 75.
6 Adolf Jülicher, *Die Gleichnisreden Jesu* (Freiburg: Mohr, 1888). Essa obra nunca foi traduzida para o inglês.
7 O golpe mortal, pelo menos nos círculos eruditos (K. R. Snodgrass, "Parables", em *DJG*, 591). A interpretação alegórica na literatura mais popular continua até hoje.
8 Ibid., p. 591.

Desde o início até meados do século XX, eruditos como C. H. Dodd e Joachim Jeremias exortaram os intérpretes a ouvirem as parábolas como foram ouvidas pela audiência original de Jesus no século I.[9] Jesus anunciou uma introdução do reino de Deus mediada por seu reino messiânico. Qualquer interpretação das parábolas que não considere esse contexto histórico original está condenada ao fracasso.

Começando em meados do século XX, eruditos conhecidos como críticos da redação chamaram a atenção para as contribuições editoriais finais dos autores dos evangelhos. Para as parábolas, essa ênfase foi importante porque os autores dos evangelhos deram aos leitores indicativos editoriais para a interpretação correta das parábolas de Jesus. Por agruparem parábolas semelhantes, proverem informação contextual importante ou empregarem artifícios literários, os autores dos evangelhos proporcionaram orientação para o entendimento correto das parábolas de Jesus.

No final do século XX e início do século XXI, houve um pouco de regresso em direção às tendências alegóricas primitivas. Em uma frente, alguns críticos "estéticos" e focados no leitor insistem na leitura das parábolas sem o contexto original.[10] As parábolas são entendidas como tendo em si mesmas significado dinâmico e polivalente. Embora essa descrição pareça um tanto cativante no nível abstrato, na vida real quer dizer que as parábolas podem significar qualquer coisa que o leitor deseje que signifiquem. No entanto, Jesus usou parábolas para comunicar verdades específicas e definíveis. É claro que o poder afetivo de histórias não pode ser reproduzido em resumo proposicional, mas o significado básico das parábolas de Jesus pode e deve ser resumido desse modo.

---

9   C. H. Dodd, *The Parables of the Kingdom* (Londres: Nisbet & Co., 1935); e Joachim Jeremias, *The Parables of Jesus*, trad. S. H. Hooke, ed. rev. (Nova York: Charles Scribner's Sons, 1963).
10 Veja D. O. Via, *The Parables* (Filadélfia: Fortress, 1967).

Em outras frentes, tem havido interesse *acrítico* crescente na história da interpretação dos textos bíblicos por parte da igreja.[11] Em outras palavras, várias interpretações de passagens bíblicas são valorizadas e dotadas de um nível de autoridade e de influência que às vezes se equipara ou mesmo excede a autoridade do texto inspirado. Embora um estudo da história da recepção (a maneira como o texto foi recebido no decorrer da história) possa ser muito informativo, o próprio texto tem de manter primazia clara sobre interpretações aberrantes.

RESUMO

Nesta Questão, examinamos a história da interpretação das parábolas de Jesus. Dividimos a pesquisa em cinco períodos históricos: (1) O ambiente original de Jesus e a escrita dos evangelhos; (2) da igreja primitiva à Reforma; (3) a Reforma; (4) da Reforma ao fim do século XIX; e (5) do fim do século XIX ao começo do século XXI. Este breve panorama ajudará, esperamos, o leitor a evitar tropeços interpretativos do passado, bem como fornecerá um exemplo histórico da influência da erudição cristã sobre as tendências interpretativas.

PERGUNTAS PARA REFLEXÃO

1. Se Jesus deu algumas interpretações alegóricas para alguns detalhes em suas parábolas, por que é errado tomar o passo seguinte e dar essas explicações para *todos* os detalhes?

2. A alegoria foi uma das abordagens predominantes à literatura no mundo greco-romano antigo. Qual você julga ser a abordagem predominante à literatura em nossos dias?

---

11 Veja, por exemplo, a descrição de Treier acerca do movimento de interpretação teológica da Escritura (Daniel J. Trier, *Introducing Theological Interpretation of Scripture* [Grand Rapids: Baker, 2008], p. 39-55).

3. Veja de novo a explicação de Orígenes para a Parábola do Bom Samaritano. Como sua igreja reagiria a um sermão sobre a parábola que a interpretasse dessa maneira?

4. Você se lembra de já ter ouvido ou lido uma interpretação alegórica inválida de uma parábola? Quando você deparou com tal interpretação, achou-a convincente? Por que sim? Por que não?

5. O que você diria a alguém que lhe falasse: "A interpretação de Orígenes sobre a Parábola do Bom Samaritano me convenceu a confiar em Cristo para a minha salvação; portanto, a interpretação deve estar correta"?

PARA ESTUDO POSTERIOR

BLOMBERG, Craig. *Interpretando as Parábolas*. São Paulo: Vida Nova, 2022.

_____. *Pregando as Parábolas: Da Interpretação Responsável à Aplicação Poderosa*. São Paulo: Vida Nova, 2019.

SNODGRASS, Klyne R. *Stories with Intent: A Comprehensive Guide to the Parables of Jesus*. Grand Rapids: Eerdmans, 2008.

QUESTÃO 33

COMO INTERPRETAMOS PARÁBOLAS? (PRINCÍPIOS DE INTERPRETAÇÃO)

Se as parábolas foram notoriamente mal interpretadas no decorrer da história da igreja (veja a Questão anterior), quais são algumas orientações hermenêuticas que nos ajudarão a permanecer no rumo certo?

Para começar, é importante notar que Jesus empregou frequentemente parábolas para ensinar sobre o reino de Deus. Klyne Snodgrass afirma que o significado de quase todas as parábolas pode ser subordinado ao tema do reino, que era o principal assunto da pregação de Jesus (Mc 1.15). De fato, muitas parábolas começam com uma frase introdutória explícita, como "o reino de Deus é assim como..." (Mc 4.26). Snodgrass escreve:

> O foco primário das parábolas é a chegada do reino de Deus e o discipulado resultante que é exigido. Quando Jesus proclamava o reino, queria dizer que Deus estava exercendo seu poder e governo para trazer perdão, vencer o mal e estabelecer a justiça em cumprimento das promessas do Antigo Testamento.[1]

---

1 K. R. Snodgrass, "Parables", em *DJG*, p. 599.

Esse tema do reino é, por sua vez, expresso frequentemente nos três principais subtemas teológicos: "a graciosidade de Deus, as exigências do discipulado e os perigos da desobediência".[2]

Em seguida, oferecemos algumas sugestões para se determinar o significado que o autor tencionava para uma parábola.[3]

DETERMINE OS PONTOS PRINCIPAIS DA PARÁBOLA

O princípio mais importante na interpretação de parábolas é determinar a razão pela qual a parábola foi proferida e por que foi inclusa no cânon da Escritura. Entre os evangélicos, há debate sobre se cada parábola ensina apenas um ponto principal (veja Robert Stein) ou se uma parábola pode ter vários pontos principais (veja Craig Blomberg). Na realidade, essas duas perspectivas não são tão diferentes quanto parecem a princípio.

Por exemplo, Craig Blomberg insiste em que parábolas podem ter um, dois ou três pontos principais, *determinados pelo número de personagens/itens principais na parábola*.[4] Assim, por exemplo, na parábola do filho pródigo (Lc 15.11-32), há três personagens principais: o pai, o irmão mais velho e o irmão mais novo. Os três pontos principais, baseados na atividade dos três personagens representativos, seriam:

1. *O pai*: Deus, o Pai, é gracioso e perdoador.

2. *O irmão mais velho*: os seguidores de Deus devem acautelar-se de uma atitude de ressentimento em relação à graça e ao perdão de Deus exercidos para com os outros.

---

2 Craig L. Blomberg, *Interpreting the Parables*, 2ª ed. (Downers Grave: IVPA Academic, 2012), p. 448 [edição em português: *Interpretando as Parábolas* (São Paulo: Vida Nova, 2022)].
3 Embora os autores dos evangelhos (Mateus, Marcos, Lucas e João) sejam tecnicamente os autores das parábolas (porque as escreveram), admitimos que, como autores inspirados, comunicaram fielmente o significado de Jesus.
4 Blomberg, *Interpreting the Parables*, p. 447-48.

3. *O irmão mais novo*: Deus aceita em sua família rebeldes que confessam seu pecado, convertem-se dele e abraçam a misericórdia divina.[5]

Por outro lado, Stein sustenta que é mais proveitoso expressar o ponto principal em uma única sentença. Ele explica o significado da parábola nos seguintes termos: Deus (representado no pai) é gracioso para com os pecadores (o irmão mais novo) e, por isso, não devemos menosprezar seu amor para com os outros (como o fez o irmão mais velho). O foco da parábola, de acordo com Stein, está na reação do irmão mais velho e em sua indisposição para se regozijar com o retorno de seu irmão e com a plena aceitação de seu pai. Essa análise é confirmada pelo contexto, porque Lucas indica claramente que Jesus está respondendo aos fariseus por sua atitude de ressentimento para com a misericórdia de Deus (Lc 15.1-2).

Como determinamos os pontos principais de uma parábola? Stein recomenda estas perguntas adicionais.[6]

1. *Quem são os personagens principais?* Como já vimos em relação à parábola do filho pródigo, os principais personagens são o pai, o filho mais novo e o filho mais velho. Stein sugere que, dos três, o pai e o irmão mais velho devem receber maior atenção.

2. *O que acontece no final?* Visto que muitas vezes Jesus enfatiza seu ensino mais importante no final de uma parábola, o fato de a

---

[5] Blomberg resume os pontos principais: (1) Assim como o pródigo sempre teve a opção de se arrepender e retornar ao lar, assim também todos os pecadores, por mais ímpios que sejam, podem confessar seus pecados e se voltar para Deus em contrição. (2) Assim como o pai fez grandes esforços para oferecer reconciliação ao pródigo, assim também Deus oferece a todas as pessoas, por mais indignas que sejam, perdão de pecados abundante, se estiverem dispostas a aceitá-lo. (3) Assim como o irmão mais velho não devia ter-se ressentido da restauração de seu irmão mais novo e, em vez disso, devia ter-se regozijado com ela, assim também aqueles que afirmam ser o povo de Deus devem alegrar-se e não se entristecer com o fato de que ele estende sua graça até os mais indignos" (ibid., p. 200-01).
[6] Perguntas adaptadas de Robert H. Stein, *A Basic Guide to Interpreting the Bible: Playing by the Rules*, 2ª ed. (Grand Rapids: Baker Academic, 2011), p. 170-72.

parábola do filho pródigo terminar com uma reprovação do irmão mais velho (Lc 15.31-32) apoia também o fato de que Jesus está focalizando a correção de uma atitude ímpia em relação ao tratamento gracioso de Deus para com os pecadores.

3. *O que acontece no discurso direto (com as aspas)?* Citações diretas atraem a atenção dos leitores ou dos ouvintes para o ensino enfatizado na parábola. Por exemplo, observe a colocação enfática das palavras ditas pelo filho mais velho perto do final da parábola (Lc 15.29-30).

4. *Quem ou o que ocupa maior espaço?* (Ou seja, a quem ou ao que se dedica a maioria dos versículos?) Apenas ao dar maior espaço literário a certa pessoa ou item na parábola, Jesus nos mostrou onde reside sua ênfase.

RECONHEÇA IMAGENS TÍPICAS NAS PARÁBOLAS

Em minhas aulas sobre parábolas, peço algumas vezes que um aluno estrangeiro se apresente como voluntário. Dirigindo-me ao aluno, digo: "Imagine que você pegue um jornal e encontre um cartum em que há um burro e um elefante falando um com o outro. Sobre o que é o cartum?" As sugestões são divertidas — e totalmente erradas. Os alunos americanos reconheceriam imediatamente o burro como um símbolo do Partido Democrata e o elefante como um símbolo do Partido Republicano. Fazemos isso porque estamos acostumados com as imagens típicas de nosso condicionamento cultural.

Os ouvintes de Jesus, no século I, e os primeiros leitores dos evangelhos estavam acostumados com certas imagens típicas. Essas imagens, que encontravam correspondentes no Antigo Testamento e em outras fontes judaicas, estão nas parábolas de Jesus como personagens principais ou ações centrais (veja a Figura 15). Às vezes, uma imagem não convencional desempenha papel central, e um estudo cuidadoso deve determinar seu significado. Detalhes adicionais na história tencionam geralmente torná-la mais interessante e memorável.

NOTE DETALHES IMPRESSIONANTES E NÃO ESPERADOS

Certa vez, minha esposa e eu doamos um vídeo sobre Jesus (evangelho de Lucas), em árabe, para alguns imigrantes sudaneses. Quando nos acomodamos na sala apertada deles para assistir ao vídeo com eles, fui impactado pelo modo como, às vezes, os imigrantes sorriam ou olhavam uns para os outros de modo divertido. Jesus era um mestre admirável e interessante. Infelizmente, nossa mente está ofuscada pela familiaridade. As parábolas de Jesus estão cheias de detalhes impressionantes, mudanças inesperadas, afirmações chocantes e resultados surpreendentes. Quando ocorrem elementos que captam a atenção, precisamos atentar a eles, porque um ensino importante está sendo feito. Por exemplo, na parábola do servo incompassivo (Mt 18.23-35), devemos notar a diferença quase insondável entre a dívida que o servo tinha para com o rei ("dez mil talentos") e o valor que seu conservo lhe devia ("cem denários"). Aqui, Jesus enfatiza a imensa graça de Deus em perdoar a grandeza de nosso pecado, enquanto também coloca em perspectiva apropriada os pecados que devemos perdoar aos outros. Outro exemplo de um detalhe que capta a atenção está na parábola da viúva e do juiz iníquo (Lc 18.1-8). A persistência impertinente da viúva teria sido escandalosa — especialmente na sociedade tradicional dos dias de Jesus. Como essa vívida imagem de determinação, Jesus chama seus seguidores à persistência em oração. De modo semelhante, um homem idoso correndo em busca de alguma coisa, em especial de um encontro com um filho renegado (Lc 15.20), teria sido uma cena indigna no Israel do século I. Quanto mais surpreende é, então, a profunda graciosidade de Deus, o Pai, para com os pecadores que se arrependem.

NÃO TENTE ENCONTRAR SIGNIFICADO EM TODOS OS DETALHES

Nem todos os detalhes de uma parábola têm significado. Em vez disso, muitos detalhes apenas tornam a história mais interessante, memorável ou verdadeira para a vida dos ouvintes. Por exemplo, na parábola do servo incompassivo (Mt 18.23-35), a quantidade de dinheiro ("dez mil talentos") e a unidade de dinheiro ("talentos") não têm nenhum significado especial, a não ser denotar uma dívida enorme numa moeda conhecida. De modo semelhante, na parábola do filho pródigo, quando o pai recebe seu filho arrependido com roupas novas, sapatos novos, um anel e um banquete (Lc 15.22-23), esses dons significam aceitação e celebração. Não possuem, cada um deles, um significado simbólico que tem de ser encontrado. De fato, tentar encontrá-lo é tomar o caminho equivocado da interpretação alegórica.[7]

Visto que, em geral, cada personagem *central* da parábola comunica apenas *um ponto principal de comparação*, não deveria surpreender-nos o fato de que alguns personagens agem de maneira imprópria. O juiz na parábola de Lucas 18.1-8 representa, em algum sentido, Deus, a quem devemos levar nossos pedidos. Mas, enquanto o juiz humano é importunado para fazer justiça (Lc 18.4-5), Deus é pronto para intervir em favor de seu povo (Lc 18.7). O ponto principal da comparação na parábola é a necessidade de persistência em oração (Lc 18.1). Na parábola das virgens prudentes e das néscias (Mt 25.1-13), as moças prudentes são elogiadas por se prepararem apropriadamente, trazendo óleo suficiente em suas lâmpadas (Mt 25.4). Embora o noivo tenha demorado a vir, as virgens prudentes estavam prontas para a sua chegada. Da mesma maneira, os seguidores de Jesus são chamados a estar sempre prontos (por

---

[7] Tertuliano (c. 160–225) fez isso com a parábola do bom samaritano. Ele interpretou assim as seguintes imagens da parábola: bom samaritano – próximo – Cristo; salteadores – dominadores das trevas; feridas – temores, concupiscências, iras, dores, enganos, prazeres; vinho – sangue do descendente de Davi; óleo – compaixão do Pai; enfaixar – amor, fé, esperança (em Robert H. Stein, *An Introduction to the Parables of Jesus* [Filadélfia: Westminster Press, 1981], p. 44).

viverem em obediência fiel), embora a vinda de Jesus possa demorar (Mt 25.13). O fato de que cinco virgens eram prudentes e cinco eram néscias não significa que 50% do mundo será salvo e 50%, condenado. Nem Jesus está nos ensinando que não devemos compartilhar (as virgens prudentes se negaram a compartilhar seu óleo — Mt 25.9). Jesus era um exímio contador de histórias e incluía muitos detalhes apenas para torná-las ainda mais interessantes.

FIGURA 15: IMAGENS TÍPICAS NAS PARÁBOLAS DE JESUS

IMAGEM	SIGNIFICADO	EXEMPLO
Pai	Deus	Lucas 15.11-32
Senhor	Deus	Marcos 12.1-2
Juiz	Deus	Lucas 18.1-8
Pastor	Deus	Mateus 18.12-14
Rei	Deus	Mateus 18.23-35
Filho	Israel, um seguidor de Deus	Lucas 15.11-32
Vinha	Israel	Mateus 21.33-41
Videira	Israel ou povo de Deus	João 15.5
Figueira	Israel	Marcos 11.13
Ovelhas	Povo de Deus	Mateus 25.31-46
Servo	Seguidor de Deus	Mateus 25.14-30
Inimigo	O diabo	Mateus 13.24-30
Colheita	Julgamento	Mateus 13.24-30
Festa de casamento	Banquete messiânico, a era vindoura	Mateus 25.1-13

Certa vez, um amigo me falou de um sermão que seu pastor havia pregado sobre Mateus 13.44-46 (as parábolas do tesouro no campo e da pérola de grande valor). Seu pastor afirmou que o tesouro e a pérola representam o crente ou a igreja e que Jesus era o comprador do tesouro ou da pérola. O pastor afirmou que sua interpretação tinha de ser verdadeira porque não compramos o reino. Em vez disso, Jesus nos compra com seu sangue. Essa interpretação parece bastante espiritual, mas se baseia num entendimento errado da linguagem das parábolas. Em ambas as parábolas, Jesus apresenta a seus ouvintes uma crise, em que todas as outras coisas são menos importantes do que o tesouro e a pérola. A pregação de Jesus nos chama a buscar, "em primeiro lugar, o seu reino e a sua justiça" (Mt 6.33). Sim, em última análise, podemos buscar o reino de Deus somente por causa da graça que nos foi dada (Ef 2.8-10). Entretanto, nessas parábolas, Jesus está chamando as pessoas a responderem por meio da valorização dele e de seu reino messiânico acima de qualquer outra coisa. A soberania divina não nega a responsabilidade humana.

PRESTE ATENÇÃO AO CONTEXTO HISTÓRICO E LITERÁRIO DA PARÁBOLA

Os autores dos evangelhos nos dão frequentemente indicações quanto ao significado de uma parábola ao incluírem informações sobre por que Jesus a proferiu ou ao colocarem juntas parábolas de temas semelhantes. Um exemplo óbvio ocorre no começo da parábola da viúva e do juiz iníquo (Lc 18.1-8). Nas linhas iniciais do relato, Lucas comenta: "Disse-lhes Jesus uma parábola sobre o dever de orar sempre e nunca esmorecer" (Lc 18.1). Qualquer interpretação que negligencie essa palavra de orientação plena de autoridade certamente se perderá.

Lucas oferece, igualmente, ajuda contextual proveitosa antes da série de três parábolas de Jesus em Lucas 15 (culminando na parábola do filho pródigo). Ele nos diz:

> Aproximavam-se de Jesus todos os publicanos e pecadores para o ouvir. E murmuravam os fariseus e os escribas, dizendo: Este recebe pecadores e come com eles. Então, lhes propôs Jesus esta parábola. (Lc 15.1-3)

Lucas não tinha de nos dar tal informação, mas essa introdução nos ajuda a ver que as parábolas foram dadas como uma resposta à hipocrisia religiosa, que não entende a graciosidade de Deus para com os pecadores (cf. Lc 15.31-32). Além disso, tanto antes como depois da parábola do bom samaritano, Lucas mostra claramente que essa parábola é a resposta de Jesus a um inquiridor cheio de justiça própria que desejava restringir ilegitimamente o termo *próximo* (Lc 10.25-29, 36-37; cf. Lc 14.7; 19.11).

Se, originalmente, Jesus proferiu juntas as quatro parábolas de Mateus 24.45–25.46 (o servo fiel e infiel, as dez virgens, os talentos, as ovelhas e os cabritos), sem comentários entre elas, não o sabemos. Mas é inquestionável que elas estão juntas e seguem de imediato o discurso escatológico de Jesus em Mateus 24.1-44. Todas essas parábolas exortam os discípulos de Jesus à obediência fiel enquanto aguardam o seu retorno.

Às vezes, um conhecimento da história ou do pano de fundo cultural nos ajuda na interpretação de uma parábola. Por exemplo, para entendermos mais plenamente a parábola do bom samaritano, o leitor deveria saber que os judeus dos dias de Jesus discriminavam os samaritanos. Ao fazer do samaritano a única pessoa que amou o "próximo" na história (Lc 10.33, 36), Jesus condenou seus contemporâneos hipócritas, que limitavam o amor para excluir certas raças ou pessoas.[8] Embora essa informação de pano de fundo seja acessível por meio da leitura atenta de toda a Bíblia (veja Jo 4.9; 8.48), pessoas com menos familiaridade com a Bíblia podem querer consultar uma Bíblia de estudo (veja Questão 13, "Quais são alguns livros ou materiais proveitosos para se interpretar a

---

[8] Por isso, foi apropriado que, em sua paráfrase moderna dos evangelhos no contexto do Sudeste dos Estados Unidos dos anos 1950, Clarence Jordan tenha substituído o samaritano por um afro-americano. O sacerdote e o levita são representados por "um pregador branco" e "um líder de música gospel branco" (*The Cotton Patch Version of Luke and Acts* [Nova York: Association Press, 1969], p. 46-47).

Bíblia?"). Igualmente recomendável é a obra de Craig Blomberg, *Interpretando as Parábolas*, que oferece uma discussão breve e esclarecedora de cada parábola nos evangelhos.

RESUMO

Nesta Questão, oferecemos uma visão geral de diversas diretrizes para a interpretação de parábolas: (1) Determine os pontos principais da parábola. A fim de determinar os principais pontos, é útil fazer as seguintes perguntas: (a) Quem são os personagens principais? (b) O que acontece no fim? (c) O que ocorre no discurso direto? (d) A quem ou ao que se dedica mais espaço? (2) Reconheça imagens típicas nas parábolas. (3) Note detalhes importantes e não esperados. (4) Não tente encontrar significado em todos os detalhes. (5) Preste atenção ao contexto histórico e literário da parábola.

PERGUNTAS PARA REFLEXÃO

1. O que você considera mais convincente: a abordagem de um único ponto nas parábolas ou o entendimento de que as parábolas podem ter tantos pontos quantos forem os personagens principais?

2. Em sua opinião, por que escritores e pregadores cristãos se desviam tão frequentemente para uma interpretação alegórica das parábolas?

3. Além de um burro e um elefante, você pode pensar em outras imagens típicas de nossa cultura moderna?

4. Desafio: escolha uma parábola de Mateus 13 e aplique as orientações sugeridas neste capítulo.

5. Desafio: escolha uma parábola e aplique a ela as quatro perguntas sugeridas por Robert Stein (Quem são os personagens principais? O

que acontece no final? O que acontece no discurso direto? Quem ou o que ocupa maior espaço?). Responder a essas perguntas o ajuda a determinar os pontos principais?

PARA ESTUDO POSTERIOR

Blomberg, Craig L. *Interpretando as Parábolas.* São Paulo: Vida Nova, 2022.

_____. *Pregando as Parábolas: Da Interpretação Responsável à Aplicação Poderosa.* São Paulo: Vida Nova, 2019.

Snodgrass, Klyne R. *Stories with Intent: A Comprehensive Guide to the Parables of Jesus.* Grand Rapids: Eerdmans, 2008.

Stein, Robert H. *An Introduction to the Parables of Jesus.* Filadélfia: Westminster Press, 1981.

QUESTÃO 34

COMO INTERPRETAMOS CARTAS OU EPÍSTOLAS? (ESTRUTURA E NATUREZA)

Dos 27 livros do Novo Testamento, 21 são cartas. Alguns são cartas para indivíduos; a maioria, porém, foi escrita para congregações. Como a igreja primitiva se expandiu rapidamente para terras distantes, os apóstolos e seus sucessores enviaram encorajamento e instrução por meio de cartas (também chamadas epístolas).[1] O que encontramos inicialmente como conversa elevada nas cartas é, de fato, uma palavra de Deus dirigida a nós. As cartas no Novo Testamento são mais do que comunicação temporalmente limitada; são obras inspiradas pelo Espírito Santo, que oferecem instrução autoritária para a igreja em todas as épocas.

Nesta primeira Questão que lida com as epístolas, abordaremos estrutura, formas literárias usadas nas cartas, sua natureza eventual e a questão da pseudonímia. Nesta Questão, veremos orientações práticas para interpretarmos uma carta do Novo Testamento.

---

[1] Alguns eruditos usaram o termo *epístolas* para fazer referência a cartas cuidadosamente elaboradas e destinadas ao consumo público, distinguindo-se da correspondência mais informal (veja Adolf Deissmann, *Light from the Anciente East: the New Testament Illustrated by Recent Discovered Texts of the Graeco-Roman World*, trad. Lionel R. M. Strachan [Nova York: George H. Doran, 1927; reimpr., Peabody: Hendrickson, 1995], p. 228-41). Estou usando ambos os termos (*cartas* e *epístolas*) intercambiavelmente, como a maioria dos eruditos o faz agora. Paulo escreveu cartas que abordavam situações específicas, mas ele mantinha a consciência de seu apostolado e da comunidade eclesiástica mais ampla (1Co 1.1-2; Cl 4.16).

A ESTRUTURA DAS CARTAS ANTIGAS

Em estrutura, as cartas antigas são muito semelhantes às cartas ou aos e-mails modernos. As cartas do Novo Testamento começam geralmente identificando o remetente e o destinatário ("Paulo, apóstolo... às igrejas da Galácia" (Gl 1.1-2). Essa saudação é usualmente seguida por uma palavra de ação de graças e/ou uma oração (1Co 1.3-9). Podemos ser tentados a apenas passar os olhos pelas porções iniciais de uma carta do Novo Testamento, mas o intérprete cuidadoso notará que as ideias apresentadas no começo de uma carta voltarão a aparecer como temas mais adiante. Por exemplo, em Gálatas 1.1 Paulo se identifica enfaticamente como "apóstolo, não da parte de homens, nem por intermédio de homem algum, mas por Jesus Cristo e por Deus Pai, que o ressuscitou dentre os mortos". Não precisamos ler muito da carta para descobrirmos que a legitimidade do apostolado de Paulo (e, portanto, do evangelho apostólico) havia sido desafiada (Gl 1.10-11). Os eruditos reconhecem que as introduções e as conclusões da maioria das cartas no Novo Testamento proveem "suportes estruturais" que capacitam o intérprete a ver com mais clareza as ênfases e os propósitos da obra.[2]

Seguindo a seção de oração e/ou ação de graças, há o corpo da carta. Esse âmago da carta pode ser dividido, às vezes, em instrução teológica (Ef 2.1–3.21) e ética (Ef 4.1–6.20). Outras cartas apresentam muito mais dificuldade para se definir o esboço ou para subdividi-las (veja Tiago, 1João). Com frequência, as cartas terminam com uma bênção ou com uma saudação formal (Ef 6.21-24). É claro que essa estrutura é a forma *geral*, da qual há muitos desvios possíveis. Por exemplo, o autor pode não se identificar explicitamente na saudação (Hebreus) ou pode pular a seção de ação de graças (Gálatas). Quando um autor se desvia

---

2 L. Ann Jervis, *The Purpose of Romans: A Comparative Letter Structure Investigation*, JSNTSup 55 (Sheffield: JSOT, 1991); P. Schubert, *Form and Function of Pauline Thanksgiving* (Berlim: Töpelmann, 1939); e P. T. O'Brien, *Introductory Thanksgiving in Letters of Paul* (Leiden: Brill, 1977).

da estrutura-padrão, o leitor deve perguntar se há uma razão para essa alteração. No caso da carta de Paulo aos Gálatas, parece que o abandono dos Gálatas em relação ao evangelho tornou impensável a ação de graças do apóstolo (Gl 1.6). A Figura 16 é um exemplo de esboço de uma carta do Novo Testamento.

Deve-se notar que Bíblias de estudo e comentários oferecerão esboços mais amplos das cartas do Novo Testamento (veja a Questão 13, "Quais são alguns livros ou materiais proveitosos para se interpretar a Bíblia?"). Embora sempre seja melhor descobrir a informação por si mesmo, um esboço desse tipo pode oferecer uma visão panorâmica do argumento do autor.

FORMAS LITERÁRIAS USADAS NAS CARTAS

Quando lemos um comentário ou notas de Bíblias de estudo, não é incomum encontrarmos a afirmação de que uma carta do Novo Testamento está citando um hino ou uma confissão cristã antiga (veja Fp 2.6-11; 2Tm 2.11-13). Eruditos formulam hipóteses sobre essa ancestralidade literária com base em indicações contextuais (frases introdutórias), vocabulário incomum, expressões estilizadas etc. Em última análise, embora as origens de porções específicas da Escritura sejam questões de curiosidade inegável, a origem de uma passagem não tem nenhum efeito em nossa interpretação. No que diz respeito a Filipenses 2.6-11 (o famoso "hino cristão"), por exemplo, se Paulo estava citando um hino ou compondo um texto enquanto escrevia, resta evidente que ele concordava com o que escreveu. Saber a origem de versículos específicos (por exemplo, os pensamentos de Paulo inspirados pelo Espírito ou uma tradição eclesiástica confiável que ele estava citando) não altera o significado do texto.

> ### FIGURA 16: EXEMPLO DE ESBOÇO DE CARTA DO NOVO TESTAMENTO: FILIPENSES
>
> I. Introdução (1.1-11)
>   A. Saudação (1.1-2)
>   B. Ações de graças pela cooperação no evangelho e oração por frutificação ainda maior (1.3-11)
> II. Um chamado à unidade por amor ao evangelho (1.12–2.30)
>   A. Paulo como modelo de alguém que vive totalmente por amor ao evangelho (1.12-26)
>   B. Exortações à igreja (1.27–2.18)
>   1. Um chamado à unidade no viver para o evangelho (1.27–2.4)
>   2. Um chamado para imitar Jesus (2.5-11)
>   3. Um chamado à obediência jubilosa como filhos de Deus (2.12-18)
>   C. Exortações à imitação (2.19-30)
>   1. Imitar Timóteo (2.19-24)
>   2. Imitar Epafrodito (2.25-30)
> III. Um chamado para imitar Paulo, e não os falsos mestres (3.1–4.1)
>   A. O valor da repetição (3.1)
>   B. Acautelem-se da circuncisão e sigam Paulo (3.2-11)
>   C. Não um chamado à perfeição (3.12-16)
>   D. Sigam aqueles que estabelecem o padrão correto (3.17–4.1)
> IV. Um chamado final à unidade e à alegria (4.2-9)
> V. Gratidão pelo compromisso dos filipenses com o evangelho expresso em sua generosidade para com Paulo (4.10-20)
> VI. Saudações e bênção finais (4.21-23)
>
> Adaptado de Thomas R. Schreiner, "Introduction to New Testament, Part II Notebook: Acts, Epistolary Literature, and the Revelation" (notas de aula, Southern Baptist Theological Seminary, s.d., p. 35-37).

Outra forma literária que é estranha para o leitor moderno é a *diatribe*. Uma diatribe era um debate com um parceiro fictício que representava uma opinião que alguém estava tentando corrigir. Assim, quando Paulo escreveu: "Quem és tu, ó homem, para discutires com Deus?" (Rm 9.20), o apóstolo não tinha em mente um oponente específico; ele estava corrigindo um adversário fictício que dava voz ao erro moral ou teológico que Paulo procurava corrigir (cf. Tg 2.18-20).

A NATURAL OCASIONAL DAS CARTAS

As cartas do Novo Testamento não são tratados abstratos de teologia sistemática. São frequentemente apelos cheios de afetividade, escritas para pessoas específicas, em situações específicas, no século I d.C. Em poucas palavras, são ocasionais — dirigindo-se a ocasiões específicas.

Em um nível, a natureza ocasional das cartas do Novo Testamento torna-as desafiadoras quanto à sua aplicação. O escritor de 1Coríntios, Paulo, já está morto, bem como todos os crentes que viviam em Corinto, aos quais ele dirigiu a carta. Além disso, embora encontremos situações análogas nos tempos modernos, as questões abordadas na carta não são *exatamente* as mesmas que as de hoje. Apesar disso, mesmo nessas cartas ocasionais, vemos exortações que os autores e os receptores originais entendiam como portadoras de autoridade atemporal em sua composição. As cartas de Paulo são chamadas "Escritura" por Pedro (2Pe 3.16). Paulo insistiu em que suas cartas fossem copiadas e lidas por igrejas para as quais não foram originalmente dirigidas (Cl 4.16). Paulo escreveu 1Coríntios não somente para os crentes de Corinto, mas também para "todos os que em todo lugar invocam o nome de nosso Senhor Jesus Cristo" (1Co 1.2). Além disso, os autores das cartas do Novo Testamento escreveram com autoridade (1Co 5.4-5), apresentando seu ensino não como sugestões *provisórias*, mas como transmissão da "fé que, uma vez por todas, foi entregue aos santos" (Jd 3). Até as cartas dirigidas a indivíduos, como as cartas de Paulo a Filemom e a Timóteo, oferecem indicações de que a igreja mais ampla deveria ouvir e atentar para as instruções pessoais da carta (Fm 2; 1Tm 6.21; 2Tm 4.22).[3]

---

3 No texto grego, a forma plural "vós" é empregada em 1Tm 6.21 e 2Tm 4.22 (veja também Tt 3.15).

A QUESTÃO DA PSEUDONÍMIA

Não é incomum eruditos não cristãos ou cristãos liberais afirmarem que certas cartas no Novo Testamento não foram escritas pelas pessoas designadas em suas saudações.[4] Entretanto, recentemente, alguns poucos eruditos evangélicos têm sugerido que algumas das cartas do Novo Testamento podem ser pseudônimas (ou seja, escritas falsamente com o nome de outra pessoa).[5] Esses eruditos evangélicos têm afirmado que o uso de nome falso, se foi empregado, deve ter sido um recurso literário evidente — ou seja, era sabido tanto pelo autor como pelos leitores, para evitar engano culpável.

D. A. Carson e Douglas Moo apresentam um argumento persuasivo contra o uso de pseudonímia nas epístolas do Novo Testamento. Uma reafirmação elaborada do argumento deles está além do escopo deste livro, mas alguns breves pontos podem ser mencionados.[6]

1. Afirmações dentro do Novo Testamento sugerem que o uso de pseudônimo não era aceitável (2Ts 2.2; 3.17).

2. Se o uso de pseudônimo era aceito e *esperado*, por que várias das cartas do Novo Testamento não citam o nome do autor (Hebreus, 1João, 2João)? Ou seja, por que os primeiros cristãos não se sentiram compelidos a acrescentar o nome de um autor ilustre nessas obras formalmente "anônimas"?

---

4 Veja, por exemplo, a discussão de W. G. Kümmel sobre as Epístolas Pastorais em *Introduction to the New Testament*, trad. Howard Clark Kee, ed. rev. (Nashville: Abingdon, 1975), p. 370-87.
5 Veja I. Howard Marshal, *New Testament Theology: Many Witnesses, One Gospel* (Downers Grover: InterVarsity Press, 2004), p. 398.
6 D. A. Carson e Douglas J. Moo, *An Introduction to the New Testament*, 2ª ed. (Grand Rapids: Zondervan, 2005), p. 337-50 [edição em português: *Introdução ao Novo Testamento*, 2ª ed. rev. ampl. (São Paulo: Vida Nova, 2024)].

3. Quando reconhecidos na igreja primitiva, escritos pseudônimos eram condenados e rejeitados consistentemente.[7] Não há nenhum registro da igreja primitiva aceitando conscientemente qualquer obra pseudônima.

RESUMO

Vinte e um dos 27 livros do Novo Testamento são cartas. Embora escritas para abordarem ocasiões específicas na igreja do primeiro século ("epístolas ocasionais"), elas são também a Palavra inspirada de Deus para a igreja de cada era. Na discussão acima, examinamos diversos aspectos das epístolas neotestamentárias: (1) a estrutura das cartas antigas — com um esboço de Filipenses como amostra —; (2) as formas literárias dentro das cartas; (3) a natureza ocasional das cartas; e (4) a questão da pseudonímia.

PERGUNTAS PARA REFLEXÃO

1. As cartas do Novo Testamento são tanto ocasionais como atemporais. De que maneira isso representa tanto um desafio como um benefício para o intérprete cristão moderno?

2. Ao estudar passagens de cartas do Novo Testamento, você as lê à luz de todo o contexto histórico da carta? Por que sim? Por que não?

3. Ao ler as cartas pessoais do Novo Testamento (veja 1Timóteo, Tito, Filemom, 3João), você pensa nessas obras como escritas inicialmente para indivíduos? Isso faz diferença?

---

7 Tertuliano, *De baptismo* 17; Eusébio, *História Eclesiástica* 6.12.3; *Cânon Muratoriano* 64-65; e Cirilo de Jerusalém, *Catechesis* 4.36 (exemplos citados por Carson e Moo, *Introduction to the New Testament*, p. 341-43).

4. Aceitar a autoria pseudônima de livros bíblicos destrói a autoridade ou a inspiração da Bíblia?

5. Das evidências apresentadas antes, qual é o melhor argumento contra aceitar a autoria pseudônima das cartas do Novo Testamento?

PARA ESTUDO POSTERIOR

CARSON, D. A.; MOO, Douglas J. *Introdução ao Novo Testamento*. 2ª ed. rev. ampl. São Paulo: Vida Nova, 2024.

KLAUCK, Hans-Josef. *Ancient Letters and the New Testament: A Guide to Context and Exegesis*. Waco: Baylor University Press, 2006.

SCHREINER, Thomas R. *Interpreting the Pauline Epistles*. 2ª ed. Grand Rapids: Baker, 2011.

WEIMA, Jeffrey A. D. *Paul the Ancient Letter Writer: An Introduction to Epistolary Analysis*. Grand Rapids: Baker Academic, 2016.

QUESTÃO 35

COMO INTERPRETAMOS CARTAS OU EPÍSTOLAS? (ORIENTAÇÕES GERAIS)

Na Questão anterior, discutimos alguns assuntos introdutórios para entender as cartas do Novo Testamento (estrutura, formas literárias nas cartas, a natureza ocasional das cartas e os argumentos concernentes à autoria). Essa discussão anterior será presumida enquanto apresentamos algumas orientações gerais para que possamos entender e interpretar as cartas do Novo Testamento.

USE COM CAUTELA A LEITURA RECONSTRUTIVA

Num curso de religião universitário, meu professor ilustrou o processo de interpretar as cartas do Novo Testamento distribuindo fotocópias de letras de música *country*.[1] Ele prosseguiu mostrando como, por meio de versos obscuros, poderíamos reconstruir a situação por trás da música. Por exemplo, com base em certas afirmações, poderíamos imaginar que o cantor desfrutara antes de um relacionamento e de um trabalho satisfatórios, cuja perda agora ele lamentava. Esse processo interpretativo é chamado "leitura reconstrutiva".[2] Fazemos regularmente análises semelhantes a essa quando ouvimos alguém falando ao telefone e imagi-

---

1 Esse exercício foi realizado por E. P. Sanders na Universidade Duke.
2 J. M. G. Barclay, "Mirror-Reading a Polemical Letter: Galatians as a Test Case", *JSNT* 31 (1987): 73-93.

namos o outro lado da conversa. De modo semelhante, quando lemos as cartas do Novo Testamento, não temos conhecimento histórico das situações dos receptores ou das cartas das congregações (se houve alguma) enviadas aos autores do Novo Testamento. Ouvindo apenas metade da conversa (a do escritor inspirado dirigindo-se aos receptores), devemos, inevitavelmente, combinar vários dos comentários para reconstruir a situação que motivou a carta. Mas devemos fazer isso com a devida cautela.

Um exemplo desse processo de leitura reconstrutiva pode ser achado em 1João. Podemos extrair estas conclusões sobre a situação que João estava abordando:

1. Algumas pessoas se separaram da comunidade para a qual João escreveu (1Jo 2.19).

2. As pessoas que haviam saído sustentavam uma heresia cristológica (1Jo 2.20-26; 4.1-6; cf. 2Jo 7).

3. Parece que as pessoas que haviam saído exibiam falta de amor e comportamento imoral (1Jo 2.3-6; 3.10-12).

4. Questões fundamentais a respeito de quem pertence verdadeiramente a Deus e acerca da segurança da salvação de Deus pareciam estar inquietando a comunidade para a qual João escreveu (1Jo 5.13).

Nada substitui o estudo diligente de uma carta diversas vezes para se reconstruir a situação histórica por trás de sua escrita. Como Pascal comentou sabiamente: "Em geral, os pastores são mais bem persuadidos por razões que eles mesmos descobriram do que por razões que chegaram à mente de outros".³ Ao mesmo tempo, muitas pessoas encontrarão auxílio ao consultarem os comentários introdutórios sobre uma carta do Novo Testamento numa Bíblia de estudo. Além disso, informações culturais ou históricas não disponíveis ao leitor comum (como uma explicação da "comida sacrificada a ídolos" em 1Co 8–10) são apresentadas em uma boa Bíblia de estudo. Ademais, antes de estudar uma carta do Novo Testamento, talvez seja aconselhável ler uma consideração geral dela numa obra de análise do Novo Testamento, como *Introdução ao Novo Testamento*, escrita por D. A. Carson e Douglas J. Moo.

Familiarizar-se com o ambiente de qualquer livro da Bíblia exige estudo que consome tempo. Entretanto, para interpretar as seções individuais de uma carta, não há ajuda melhor do que um bom entendimento de toda a obra. Esse fato, por si, é um bom argumento para pregarmos e ensinarmos um livro completo da Bíblia, seção por seção. Poucos de nós temos tempo para fazer uma nova leitura reconstrutiva e um estudo de pano de fundo a cada semana, quanto menos a cada dia. É muito mais fácil edificarmos sobre uma base de conhecimento já estabelecida.

DIVIDA O TEXTO EM UNIDADES DE DISCURSO

À medida que vamos lendo uma carta inteira, é proveitoso quebrarmos o texto em unidades mais manuseáveis. Ao fazermos isso, devemos seguir as indicações literárias e estruturais que o autor nos dá. Ele muda os assuntos? Ele muda da terceira para a segunda pessoa? As conjunções ou exclamações sinalizam o movimento para um novo assunto?

Os comitês de tradução e de edição de quase todas as Bíblias modernas já fizeram a si mesmos essas perguntas (e muitas outras) quando dividiram o texto em parágrafos e unidades maiores de discurso. A

---

3 Pascal, *Pensées*, fragmento 10, em *Great Books of the Western World: Pascal*, ed. Mortimer J. Adler, 2ª ed. (Chicago: Encyclopedia Britannica, 1990), 30:173. No volume, *Pensées* foi traduzido por W. F. Trotter.

maioria das Bíblias modernas insere subtítulos proveitosos para as seções unificadas de pensamento.

Quando fazemos o estudo detalhado de um texto, é aconselhável compararmos várias traduções modernas e notarmos em que pontos diferem ao segmentarem o texto. Além disso, um bom comentário discutirá a organização do texto (veja a Questão 13, "Quais são alguns livros ou materiais proveitosos para se interpretar a Bíblia?"). Onde as traduções e os comentários discordam, o intérprete terá de analisar a informação e tomar suas próprias decisões.

ENTENDA A ORGANIZAÇÃO EXISTENTE DENTRO DA UNIDADE LITERÁRIA

Uma vez que uma seção de pensamento unificado (uma unidade de discurso) tenha sido escolhida, o intérprete deve prestar cuidadosa atenção ao desenvolvimento do argumento do escritor dentro dessa unidade menor. O autor está apelando para as experiências de seus leitores, ao Antigo Testamento ou à sua própria autoridade? Qual é a relação entre as frases e sentenças — causal ("porque"), concessiva ("embora"), instrumental ("por meio de") etc.? Há várias maneiras de chegar a entender essas conexões literárias mais estritas, mas uma sugestão elementar é: escreva! Representar visualmente, num papel, o fluxo lógico do texto ajuda muitas pessoas na digestão mental e espiritual. Em sua obra *Interpreting the Pauline Epistles* (Entendendo as Epístolas Paulinas), Tom Schreiner oferece dois métodos para essa análise visual.[4] O mais importante, porém, é tentar *algo*, ainda que seja apenas identificar e intitular as seções subordinadas do texto.

DETERMINE O SIGNIFICADO DE PALAVRAS INDIVIDUAIS

Palavras teológicas importantes, dignas de um estudo focalizado, estão em toda a Bíblia. Entretanto, no argumento lógico e denso de muitas

---

[4] Thomas R. Schreiner, *Interpreting the Pauline Epistles*, 2ª ed. (Grand Rapids: Baker, 2011), p. 69-124. Veja biblearc.com para um treinamento em vídeo gratuito sobre a maneira de se analisar estruturalmente um texto bíblico.

epístolas do Novo Testamento, há uma frequência especialmente elevada de tais palavras. Embora existam perigos interpretativos no estudo superficial das palavras, nunca antes houve tão excelentes ferramentas de estudo de palavras para o intérprete curioso e diligente. Quanto a materiais ou orientações relacionados ao estudo de palavras, veja a Questão 13 ("Quais são alguns livros ou materiais proveitosos para se interpretar a Bíblia?"). No nível mais básico, se o intérprete está tendo dificuldade em determinar o sentido exato de uma palavra ou expressão, várias traduções bíblicas modernas podem ser comparadas (veja a Questão 7, "Qual é a melhor tradução da Bíblia?").

APLIQUE A MENSAGEM HOJE

Não estudamos as cartas do Novo Testamento com o propósito fundamental de chegarmos a uma reconstrução histórica mais acurada e convincente. Antes, fazemos esse estudo histórico e exegético para entendermos a mensagem original do autor inspirado, a fim de aplicarmos fielmente essa mensagem a situações análogas de nossos dias.

Às vezes, é desafiador determinar se as instruções dadas numa carta são restritas à cultura da época, servem para casos específicos, aplicam-se diretamente sem mudança ou incorporam um princípio que tem de ser aplicado em um novo contexto. Na Questão 19 ("Todos os mandamentos da Bíblia se aplicam hoje?"), várias orientações são dadas que ajudam a determinar de que maneira as instruções da Escritura devem ser aplicadas hoje. Um exemplo, porém, pode ser dado com base em 1Coríntios 8–10. Nesses capítulos, Paulo instruiu os coríntios sobre o ato de comer alimento oferecido a ídolos. Paulo disse que, se um cristão compra no mercado alimento que foi oferecido a ídolos ou come tal alimento na casa de um não crente, essa ação não é pecado. Comprar ou comer alimento que outra pessoa sacrificou a um ídolo não é, em si mesmo, participar de idolatria. Mas, se há novos crentes na congregação que, por causa da consciência fraca, pensam que comer tais alimentos é adorar a um ídolo, os cristãos que têm consciência mais forte devem refrear-se de comer o alimento oferecido a ídolos. Se um cristão mais forte come tal alimento, um irmão mais fraco pode inclinar-se a participar também e pecar contra a sua consciência. Levar em conta a edificação dos outros tem prioridade sobre a liberdade pessoal.

Poucas pessoas que leem este livro deparam com inquietantes problemas ministeriais de alimento oferecido a ídolos. No entanto, os princípios atemporais em 1Coríntios 8–10 aplicam-se a muitos problemas de hoje. Entre esses princípios, podemos incluir os seguintes:[5]

1. A reflexão ética precisa estar arraigada na verdade teológica. (Paulo apela ao monoteísmo bíblico para mostrar que os ídolos são nada, em si mesmos [1Co 8.4-6].)

2. À luz da perspectiva bíblica, há três categorias morais: certo, errado e irrelevante (ou *adiaphora*).

3. Embora uma atitude não seja objetiva e moralmente errada, se uma pessoa pensa que é errada e a pratica, ela peca.

4. Um cristão deve mostrar amor sacrificial em proteger outro cristão da tentação e do pecado — mesmo que esse outro cristão seja mais "fraco" ou imaturo em seu julgamento.

5. O comportamento de um cristão não deve ser governado apenas pelas categorias supremas de "certo" e "errado". No âmbito

---

[5] Estes princípios são retirados diretamente do meu artigo "Eating Idol Meat in Corinth: Enduring Principles from Paul's Instructions", *SBJT* 6, n. 3 (2002): 58-74. Uma pesquisa no Google do título completo desse artigo o levará a uma cópia digital gratuita.

de *adiaphora*, o comportamento de um cristão deve ser moldado por duas preocupações: (a) a saúde espiritual de outros cristãos; (b) a conversão de não crentes.

RESUMO

Nesta segunda Questão a respeito das epístolas neotestamentárias, examinamos alguns pontos práticos relacionados ao estudo das cartas: (1) Use com cautela a leitura reconstrutiva; (2) divida o texto em unidades de discurso; (3) entenda a organização existente dentro da unidade literária; (4) determine o significado de palavras individuais; e (5) aplique a mensagem hoje.

PERGUNTAS PARA REFLEXÃO

1. Você ou sua igreja estão estudando, ensinando e pregando, presentemente, livros inteiros da Bíblia? Se não, qual seria o benefício de mudar para esse método?

2. Ao estudar a Bíblia, você já se engajou num estudo de palavras? Quais recursos você usou? O que você aprendeu?

3. Quando você prepara seus estudos ou sermões bíblicos, como decide qual seção de texto deve considerar (ou seja, por onde começar o estudo e onde terminá-lo)?

4. Ao procurar entender a estrutura de uma passagem epistolar, você já tentou um método visual (ou seja, escrevê-la com indentação ou fazer um diagrama da passagem)?

5. Desafio: escolha uma passagem favorita das cartas do Novo Testamento e estude-a de novo nesta semana à luz dos métodos sugeridos neste capítulo.

PARA ESTUDO POSTERIOR

CARSON, D. A.; MOO, Douglas J. *Introdução ao Novo Testamento*. 2ª ed. rev. ampl. São Paulo: Vida Nova, 2024. (Veja o cap. 8, "Cartas do Novo Testamento".)

SCHREINER, Thomas R. *Interpreting the Pauline Epistles*. 2ª ed. Grand Rapids: Baker, 2011.

WEIMA, Jeffrey A. D. *Paul the Ancient Letter Writer: An Introduction to Epistolary Analysis*. Grand Rapids: Baker Academic, 2016.

PARTE 4
QUESTÕES PRÁTICAS E ATUAIS

QUESTÃO 36

O QUE A BÍBLIA NOS DIZ SOBRE O FUTURO?

Pessoas que, por muitas razões, nunca mostraram interesse pela Bíblia são às vezes curiosas quanto à escatologia (ou seja, o que a Bíblia afirma sobre o fim do mundo e a eternidade). Ou motivadas por uma curiosidade a respeito de seu destino ou pelo desejo de compreenderem tempos complexos e imprevisíveis, muitas vezes as pessoas ouvirão um mestre que afirma elucidar as predições da Bíblia sobre o futuro. Infelizmente, falsos mestres também se aproveitam dessa curiosidade para difundir ensinos estranhos e não bíblicos, como Jesus disse que fariam (Mc 13.21-23).

O QUE A BÍBLIA ENSINA CLARAMENTE SOBRE O FUTURO

A Bíblia faz várias afirmações claras sobre o futuro. É melhor começarmos com essas verdades, e não com doutrinas mais especulativas. Em seguida, oferecemos uma lista de ensinos bíblicos sobre o futuro quanto aos quais os cristãos que creem na Bíblia estão de acordo.

1. *Jesus virá novamente em forma corpórea e visível para consumar seu reino eterno.* Em Atos 1.11, aos discípulos que haviam acabado de ver Jesus subindo ao céu, dois anjos declararam: "Varões galileus, por que estais olhando para as alturas? Esse Jesus que dentre vós foi recebido

em cima no céu virá do modo como o vistes subir".[1] Muitas outras passagens do Novo Testamento afirmam a segunda vinda de Jesus (por exemplo, Mt 24.24-44; 1Ts 4.13-18; 1Jo 3.2). Em relação a esse retorno prometido, os cristãos são ensinados, repetidas vezes, a estar prontos e vigiar (por exemplo, Mt 24.42; 25.13; Mc 13.34-37; Lc 12.37; 1Ts 5.1-11; Ap 16.15). Vigiar não significa fitar os olhos no céu ou fazer gráficos elaborados e especulativos sobre o cronograma da vinda de Jesus. De fato, Jesus disse: "A respeito daquele dia ou da hora, ninguém sabe; nem os anjos no céu, nem o Filho, senão o Pai" (Mc 13.32). Como é evidente do ensino de Jesus sobre o seu retorno, o ato de vigiar envolve administração fiel do tempo, das capacidades e dos recursos que o Senhor confiou ao seu povo (Mt 24.45–25.46). Os cristãos devem servir fielmente ao Senhor, para que não sejam envergonhados diante dele por ocasião de sua volta (1Jo 2.28–3.3). O cristão preguiçoso ou negligente verá sua obra inferior como ela realmente é.

2. *O retorno de Jesus revelará os verdadeiros crentes.* Haverá muitos que mantêm uma profissão falsa, pessoas que se afirmam cristãs, a quem o Senhor dirá: "Nunca vos conheci. Apartai-vos de mim, os que praticais a iniquidade" (Mt 7.23; veja também Mt 13.24-30). Os corações mudados daqueles que conhecem verdadeiramente o Senhor serão mostrados claramente pela revelação de suas obras e palavras dirigidas pelo Espírito (Mt 7.15-20; 12.36-37; Tg 2.14-26; 1Jo 2.3-6).

---

[1] Note que, enquanto Jesus subia, uma nuvem o ocultou da vista deles (At 1.9). Em minha opinião, é melhor entendermos o céu como uma dimensão de realidade coexistente, cuja entrada é simbolizada com mais qualidade por um movimento para cima. Por isso, como o cosmonauta russo supostamente notou, ele não viu Deus no espaço exterior. Mas o relato bíblico (1Rs 8.22-23, 27; 2Rs 2.11; 2Cr 7.1; Is 6.1; 2Co 12.2; 1Tm 2.8), bem como o temperamento humano universal, testifica que a grandeza e o poder de Deus nos atraem a olhar para o alto e chegar ao alto — não porque Deus está fisicamente no espaço exterior, e sim porque não temos outra maneira de pensar em uma dimensão elevada que está muito além de nossa capacidade de compreensão.

3. *No tempo entre a primeira e a segunda vinda de Jesus, haverá um período de agitação política, espiritual e ambiental.* No famoso discurso escatológico de Jesus (Mt 24.4-44; Mc 13.5-37; Lc 21.8-36), ele descreveu os eventos que ocorrerão entre sua primeira e sua segunda vinda. Eruditos debatem quais dessas coisas já se cumpriram no tempo da vida dos apóstolos e quais ainda esperam cumprimento, mas, excluindo a destruição de Jerusalém (que aconteceu em 70 d.C.), parece melhor entendermos os sinais preditos como caracterizando todo o período entre os adventos (ou seja, descrevendo todo o tempo entre a primeira e a segunda vinda de Jesus).[2] Esses sinais incluem instabilidade política, enganadores religiosos, guerras, fomes, terremotos e perseguição dos seguidores de Jesus. Um vislumbre num livro de história ou no jornal diário comprova que Jesus predisse com exatidão o futuro.

Quando essa agitação aumentar, seremos capazes de discernir esse aumento como sinal do retorno iminente de Jesus? Os eruditos discordam quanto a esses assuntos, mas a Bíblia ensina claramente que um grande oponente de Cristo, o anticristo ou o "homem da iniquidade", surgirá antes da segunda vinda de Jesus (1Jo 2.18; 4.3; 2Ts 2.3). Durante quanto tempo será permitido o engano do anticristo e em que grau os cristãos serão capazes de reconhecê-lo, antes de sua derrota por Cristo, isso não está claro na Bíblia. Os cristãos de séculos anteriores já identificaram vários líderes perversos de seus dias como o anticristo. Mas o passar do tempo provou que estavam errados. O apóstolo João notou que, já em seus dias, haviam surgido "muitos anticristos" (1Jo 2.18), embora um arqui-inimigo final ainda fosse esperado (1Jo 2.18-22; 1Jo 4.3). De modo semelhante, Paulo diz que o poder secreto de iniquidade já estava em operação no mundo,

---

2 Veja a exposição de Craig Blomberg sobre essa passagem, em *Matthew*, NAC 22 (Nashville: Broadman, 1992), p. 351-80.

embora o "homem da iniquidade" final ainda fosse esperado (2Ts 2.3-7). Uma breve observação nas tentativas anteriores de identificar o anticristo ou o tempo da vinda de Cristo deve guardar-nos de tais conjecturas.

4. *Um dia, todas as pessoas serão ressuscitadas e julgadas e entrarão num estado de glória ou de condenação eterna e imutável.* Alguns dos detalhes quanto ao que acontece entre a morte e o julgamento são debatidos, mas as Escrituras parecem ensinar a seguinte sequência: quando alguém morre, se essa pessoa creu em Cristo para o perdão de seus pecados, o espírito dessa pessoa vai habitar com o Senhor (2Co 5.6-9; Fp 1.21-24). Se uma pessoa não recebeu o perdão de Deus em Cristo, vai imediatamente para um lugar de tormento (Lc 16.19-31). Quando Cristo voltar, os corpos de todas as pessoas que já morreram serão ressuscitados/reconstituídos (Dn 12.2; Jo 5.28-29; 1Ts 4.16). Todas as pessoas (as já falecidas e as que estiverem vivas no tempo da volta de Cristo) comparecerão diante do Juiz eterno e irão ou para a felicidade eterna na presença do Senhor ou para o tormento eterno na ausência do Senhor (Mt 16.27; 25.31-33; Jo 5.22, 27; At 10.42; 2Co 5.10; Ap 20.1-5). Os justificados por Jesus (declarados justos com base na vida e morte de Jesus) receberão corpos glorificados e entrarão na felicidade eterna, na presença de Deus (1Jo 2.2; Ap 7.14). Aqueles que houverem sido justificados pela fé em Cristo demonstrarão a realidade da habitação do Espírito por meio de seu comportamento, como ficará evidente no julgamento final (Mt 25.35-40). As Escrituras também falam de graus de recompensa para os glorificados e gradação de punições para os condenados (Mt 11.21-24; Lc 12.47-48; 19.11-27; 1Co 3.14-15).

ASSUNTOS ESCATOLÓGICOS SOBRE OS QUAIS OS CRISTÃOS DISCORDAM

Uma das maiores necessidades na discussão de escatologia é humildade.[3] Nesses assuntos, devemos procurar manter uma perspectiva apropriada — não tornando proeminente um assunto menos importante, nem fazendo de doutrina discutível um fator decisivo. Isso não significa que não possamos ter convicções sobre assuntos discutíveis, mas devemos reconhecer nossa limitação e a falta de clareza implícita na Bíblia sobre alguns assuntos escatológicos. Em seguida, apresentamos uma lista de assuntos sobre os fins dos tempos em relação aos quais os cristãos discordam:

1. *O arrebatamento.* Em 1Tessalonicenses 4.16-17, Paulo diz que os crentes que estiverem vivos no tempo da volta de Jesus, reunidos com os santos ressuscitados, serão arrebatados nos ares para se encontrar com o Senhor. Os cristãos que creem na Bíblia concordam nesse ponto. Mas depois o que acontecerá? Os cristãos descem imediatamente com o seu Senhor, a fim de reinarem e governarem (o ponto de vista correto, em minha opinião)? Ou os cristãos são arrebatados secretamente do mundo, e isso é seguido por um período de intensa tribulação (o ponto de vista exposto por J. N. Darby nos anos 1830 e que se tornou muito popular entre alguns cristãos conservadores)? Essas são apenas algumas das discordâncias que os cristãos sinceros que amam a Jesus e creem na Bíblia têm a respeito do arrebatamento.

2. *O livro de Apocalipse.* O livro de Apocalipse nos apresenta um retrato da agitação mundial vindoura (a posição futurista)? Ou alguns dos

---

3 No que diz respeito à especulação escatológica, T. C. Hammond escreve: "Muito dano tem sido causado por zelosos e bem-intencionados incautos que permitiram que seu entusiasmo saísse de controle em asseverações insensatas e dogmáticas sobre pontos em que o dogmatismo é impossível. Ainda mais prejudicial tem sido o dano causado por aqueles que se prenderam a certos textos isolados e formularam, com base nesses textos, doutrinas incoerentes com o resto da Escritura" (*In Understanding Be Man: An Introductory Handbook of Christian Doctrine*, rev. e ed. David F. Right, 6ª ed. [Leicester: InterVarsity Press, 1968], p. 79).

acontecimentos referidos em Apocalipse já aconteceram na história da igreja, e alguns ainda estão por acontecer (a abordagem histórica ou historicista)? Ou o Apocalipse relata eventos que estavam acontecendo no tempo da escrita do livro, mas que agora estão consumados (a visão preterista)? Ou o livro de Apocalipse fala de maneira atemporal e simbólica da vida da igreja entre as vindas de Cristo (o ponto de vista simbólico ou idealista)? Ou uma combinação dessas abordagens é a maneira correta de entendermos Apocalipse?

3. *O milênio.* Quando Cristo retornar, estabelecerá um reino de mil anos (milênio) que cumprirá literalmente as promessas de terra e de monarquia feitas à nação de Israel (o ponto de vista pré-milenista)? Ou Cristo julgará o mundo e introduzirá imediatamente o novo céu e a nova terra sem um reino milenar intermediário (a posição amilenista, segundo a qual o reino de mil anos em Apocalipse 20 é frequentemente entendido como símbolo da era da igreja entre os adventos)? Ou Cristo está agindo de modo providencial no decorrer da história para realizar uma era dourada milenar, que será seguida por seu retorno glorioso (a posição pós-milenista, outrora popular, que conta com poucos adeptos hoje)?

4. *A nação de Israel.* A igreja se tornou verdadeiramente o novo Israel, de modo que Deus não faz mais nenhuma distinção entre judeus étnicos e gentios? Ou Deus continua a salvar um remanescente dos judeus (e, assim, eles são distintos em algum sentido), e esses judeus são incorporados ao único povo de Deus, o verdadeiro Israel, os herdeiros das promessas feitas a Davi e a Abraão (o ponto de vista bíblico, creio)? Ou os lidares de Deus com a igreja são apenas um parêntese na história de sua obra de salvação? Deus retornará para Israel no futuro e cumprirá de maneira literal as promessas feitas aos patriarcas (o ponto de vista dispensacionalista, popularizado por livros como os da séries *Deixados para Trás*)?

RESUMO

A Bíblia fala do futuro, mas, antes de lidarmos com uma formulação doutrinária mais especulativa, devemos começar com o claro ensino das Escrituras: (1) Jesus virá novamente de maneira visível e corpórea para consumar seu reino eterno. (2) Entre o tempo da primeira e da segunda vinda, haverá um período de agitação política, espiritual e ambiental. (3) Um dia, todas as pessoas serão ressuscitadas, julgadas e entrarão em um estado inalterável e eterno de glória ou condenação. Esse ensino escatológico tem a intenção de conferir aos cristãos esperança em meio à tentação, bem como encorajamento para serem fiéis. Algumas questões mais debatidas relacionadas ao fim dos tempos, acerca das quais os cristãos devem demonstrar uma humildade interpretativa, são: (1) a natureza do arrebatamento; (2) abordagens interpretativas quanto ao livro de Apocalipse; (3) o significado do milênio em Apocalipse 20; e (4) o papel do Israel étnico nos atuais propósitos salvíficos de Deus.

PERGUNTAS PARA REFLEXÃO

1. Você cresceu com algumas crenças ou expectativas definitivas a respeito do fim do mundo e da volta de Cristo? Onde você adquiriu essas crenças?

2. Em sua opinião, quais doutrinas escatológicas são absolutamente essenciais e têm de ser cridas por todo cristão verdadeiro? Por que você pensa assim?

3. Você já deparou com ensinos estranhos sobre o fim dos tempos? O que as Escrituras dizem a respeito desses assuntos?

4. Das abordagens mencionadas neste capítulo, qual é a maneira correta de entender Apocalipse? Você pode defender sua posição com base na Bíblia?

5. Das abordagens mencionadas neste capítulo, qual é a maneira correta de ver os judeus étnicos em relação aos propósitos salvadores de Deus?

PARA ESTUDO POSTERIOR

COMPTON, Jared; NASELLI, Andrew David (eds.). *Three Views on Israel and the Church: Perspectives on Romans 9–11*. Grand Rapids: Kregel, 2018.

DESILVA, David A. *Unholy Allegiances: Heeding Revelation's Warning*. Peabody: Hendrickson, 2013.

ERICKSON, Millard J. *Teologia Sistemática*. São Paulo: Vida Nova, 2015. (Veja a "Parte 12: As Últimas Coisas".)

GRUDEM, Wayne. *Teologia Sistemática: Completa e Atual*. 2ª ed. rev. ampl. São Paulo: Vida Nova, 2022. (Veja a sétima parte, "A Doutrina do Futuro".)

SCHNABEL, Eckhard. *40 Questions about the End Times*. Grand Rapids: Kregel, 2012.

SCHREINER, Thomas R. "Revelation", em *Hebrews–Revelation* (p. 527-754), vol 12, ESV Expository Commentary. Wheaton: Crossway, 2018.

QUESTÃO 37

COMO MANUSEAR A BÍBLIA EM MINHAS DEVOÇÕES DIÁRIAS? (ORIENTAÇÕES PRÁTICAS PARA O ESTUDO DAS ESCRITURAS)

Tudo neste livro fala sobre como ler a Bíblia de modo mais fiel — tanto no âmbito devocional quanto com a finalidade de ministrá-la a outros. Por que, então, temos de considerar essa pergunta adicional acerca da leitura bíblica na devoção pessoal? Destaco pelo menos três razões. (1) Muitos não lerão este livro de capa a capa e se debruçarão apenas sobre os capítulos que despertarem sua atenção. Fortalecer a devoção pessoal, entretanto, é uma preocupação de todo cristão saudável. (2) Um pastor que fez uso da primeira edição deste livro para instruir sua igreja local recomendou que eu adicionasse esta questão prática. (3) Cristãos geralmente sentem uma espécie de obrigação (ou culpa) quando o assunto é leitura bíblica nas devoções diárias, mas não a colocam em prática, não sabem como adquirir esse hábito ou sentem que sua vida devocional tem sido ineficaz. Agora, portanto, consideraremos a questão da leitura bíblica nas devoções pessoais a partir de diversos ângulos.

POR QUE DEVO LER A BÍBLIA DIARIAMENTE?

"Eu oro com frequência, mas tenho mesmo de ler a Bíblia todo dia?" — foi o que um colega de faculdade, que dividia o quarto comigo durante o verão, me perguntou. Minha vontade era bradar: "É lógico que você precisa ler a Bíblia todo dia!" Mas por que eu pensava assim?

Em certos períodos da história da igreja (e até mesmo em partes remotas do mundo hoje), muitos cristãos não tiveram oportunidade de ter uma cópia da Bíblia em mãos. Ser um cristão sincero, em constante crescimento, não exige possuir uma Bíblia, nem mesmo saber ler. No entanto, ser um cristão sincero e em crescimento requer que ouçamos e reflitamos sobre a Palavra de Deus. Nos tempos antigos, essa realidade se manifestava quando um grupo de cristãos ouvia um irmão ler a Bíblia em voz alta. Ou, nos dias de hoje, cristãos analfabetos podem ouvir a Bíblia em aparelhos de som movidos a energia solar. Você, leitor deste livro, no entanto, tem o grande privilégio de possuir e ler uma Bíblia. Não há maneira mais eficiente de ouvir e meditar na Palavra de Deus do que lê-la por conta própria.

O autor inspirado do Salmo 1 descreve metaforicamente dois modos de vida. A pessoa que conhece e medita nas Escrituras é "como árvore plantada junto a corrente de águas, que, no devido tempo, dá o seu fruto, e cuja folhagem não murcha; e tudo quanto ele faz será bem-sucedido" (Sl 1.3). Por outro lado, aqueles que permitem que o mundo ímpio dite seus valores "são como a palha que o vento dispersa" (Sl 1.4). Um estudo recente da Lifeway Research confirma que um dos principais fatores que contribuem para que adolescentes permaneçam na igreja quando adultos é a prática da leitura pessoal da Bíblia.[1] Neste exato momento, recomendo que você faça uma pausa, abra sua Bíblia no Salmo 1 e leia-o

---

1 www.thegospelcoalition.org/blogs/trevin-wax/parents-take-note-spiritual-practices-common-kids-flourish-adults/ (acesso em 08/11/2024).

em espírito de oração. Pergunte a si mesmo: "Qual dessas imagens eu quero que me descreva?" Uma vida espiritual vigorosa e abençoada tem de estar enraizada na Palavra de Deus.

Jesus, em sua parábola dos construtores sábio e tolo, elaborou um quadro semelhante sobre dois modos de vida. O homem tolo construiu sua casa sobre a areia. Já o homem sábio edificou sua casa sobre um alicerce de pedra. Quando as fortes tempestades vieram, a casa sobre a areia desabou, mas a que fora construída sobre a rocha permaneceu firme. Jesus disse: "Todo aquele, pois, que ouve estas minhas palavras e as pratica será comparado a um homem prudente que edificou a sua casa sobre a rocha" (Mt 7.24). Como você ouvirá as palavras de Jesus (e das demais Escrituras) se não ler (ou ouvir) a Bíblia diariamente? Se você não gosta de ler, experimente o aplicativo gratuito *Bible.is*, que permite ouvir a Bíblia em várias versões e idiomas.

Um dos maiores desafios para se ter uma vida devocional saudável é a dificuldade de manter o hábito. Vivemos em uma era de distrações, e são necessários tempo e disciplina para desenvolver a prática regular de ler a Bíblia. A formação de hábitos se tornou um tema popular recentemente. Existem muitos livros, podcasts, vídeos e artigos sobre o assunto, e os cristãos não devem hesitar em "despojar os egípcios" (Êx 11.2-3) em busca de ideias que os ajudem a se manter no caminho certo. Além disso, talvez nos sintamos encorajados ao saber que podemos contar com a presença pessoal do Deus Todo-Poderoso para nos guiar e nos manter firmes nas Escrituras. Ore por ajuda divina para formar um hábito duradouro de leitura da Bíblia. "Nada tendes, porque não pedis" (Tg 4.2).

QUAL VERSÃO DEVO LER?

Para uma discussão mais aprofundada sobre traduções da Bíblia, consulte a Questão 7, "Qual é a melhor tradução da Bíblia?". A esta altura, contanto que esteja lendo uma tradução moderna bem-conceituada (e não uma versão corrupta produzida por seitas como os Mórmons ou Testemunhas de Jeová), você não tem com o que se preocupar. Para quem está começando agora a formar o hábito de ler a Bíblia, recomendo escolher uma versão de linguagem mais acessível e contemporânea, como a Nova Almeida Atualizada (NAA), a Nova Versão Internacional (NVI) ou a Nova Versão Transformadora (NVT). A Almeida Século 21 (A21) e a Almeida Revista Atualizada (ARA) são ótimas traduções e muito adequadas para um estudo mais detido, mas a leitura delas pode ser um pouco mais complicada.

QUANTO DEVO LER?

Sejamos sinceros: para muitos que estão lendo este livro, qualquer quantidade de leitura regular e diária das Escrituras já seria um avanço. Não deixe que o plano "perfeito" de leitura bíblica seja o inimigo do plano "bom" e alcançável. Em outras palavras, não pense que é necessário ler três ou quatro capítulos todos os dias. Começar com um parágrafo ou um capítulo por dia já é um passo na direção certa. Com o tempo, esperamos que sua leitura bíblica amadureça em duas expressões diferentes: (1) maior volume de leitura e (2) estudo profundo de porções menores. Então, por exemplo, você pode optar por ler de três a quatro capítulos por dia durante um ano inteiro. Se fizer isso, facilmente lerá a Bíblia toda dentro de um ano. Você pode começar em Gênesis 1.1 e ler a Bíblia inteira na ordem canônica, ou seguir um plano como o Plano de Leitura Bíblica M'Cheyne,[2] que inclui leituras diárias tanto do Antigo quanto do Novo Testamento. Após um ano de leitura de toda a Bíblia, você pode decidir estudar lentamente um livro da Bíblia, versículo por versículo. Por exemplo, você pode passar três meses em Gálatas, examinando pacientemente e meditando em cada parágrafo.

---

2 https://www.ipbriopreto.org.br/wp-content/uploads/plano_leitura_rmm.pdf (acesso em 08/11/2020).

COMO LER?

Como dito anteriormente, este livro fala sobre como ler a Bíblia de forma mais fiel. No entanto, qual "síntese geral" podemos estabelecer para um método de leitura devocional da Bíblia? O método "OIA" tem sido recomendado por muito tempo para o estudo pessoal da Bíblia e ainda é uma estratégia útil. A abreviação OIA significa "observação, interpretação, aplicação". Em outras palavras, você começa seu estudo observando cuidadosamente o que o texto bíblico diz. Em seguida, explora a interpretação (o significado). Por exemplo, você pode perguntar: por que o autor inspirado descreveu esses detalhes? No que ele queria que o público original dessa obra cresse? O que queria que os seus leitores fizessem? Finalmente, você pergunta como esse ensino se aplica à sua vida e ao seu contexto cultural (aplicação). Pode ser útil dividir uma folha de papel em três partes (observação, interpretação, aplicação) e obrigar a si mesmo a se engajar com todas as três etapas recomendadas para a leitura devocional.

Suponhamos que você esteja lendo Gálatas 1. (Talvez seja uma boa ideia você pegar sua Bíblia e ler este capítulo agora mesmo.) Na seção de "observação", você pode notar que Paulo é muito insistente ao afirmar que seu apostolado não tem origem humana; trata-se de uma questão de comissão divina. Paulo também expressa espanto e decepção ao perceber que os gálatas estão na iminência de abandonar a mensagem do evangelho que lhes foi pregado. Paulo dedica uma quantidade significativa de espaço para contar sua conversão/chamado (diretamente de Jesus Cristo!), bem como para dar detalhes das poucas interações que teve com os apóstolos de Jerusalém — destacando sua independência apostólica e, ao mesmo tempo, apontando para o fato de que os apóstolos de Jerusalém reconheceram sua autoridade e estavam em sintonia na doutrina e na missão. Outras observações também podem ser listadas a partir desse texto.

O que, então, Paulo pretende com esses detalhes em sua carta (interpretação)? Por que Paulo está dizendo essas coisas agora? Que mensagem ele quer transmitir com isso? Paulo quer desafiar os gálatas a permanecerem fiéis ao evangelho apostólico que ele lhes pregara e combater os falsos mestres. A verdade e a autoridade do evangelho de Paulo estão relacionadas ao seu chamado apostólico. É por esse motivo que Paulo se esforça para defender seu chamado e negar que sua autoridade venha dos apóstolos de Jerusalém ou seja de alguma forma inferior à deles. (Pode-se inferir que essas críticas a Paulo fossem feitas por seus opositores.)

E daí? O que esse texto significa para nós (aplicação)? Como a preocupação de Paulo se aplica aos nossos dias? Podemos dizer que também enfrentamos falsos mestres e falsos evangelhos, assim como que é imperativo que conheçamos bem o verdadeiro evangelho (como registrado nos escritos apostólicos) e permaneçamos fiéis a ele. A autoridade profética e apostólica dos escritos bíblicos é única e deve ser protegida contra qualquer adição ou subtração. Quais seriam as implicações práticas de conhecer essa mensagem de modo mais profundo e completo? Como podemos nos manter alertas em nossas vidas pessoais e em nossa comunidade cristã contra o falso ensino?

Se, depois de aplicar o método OIA, você quiser explorar ainda mais o potencial devocional de qualquer passagem que esteja lendo, tente fazer estas três perguntas:

- O que esta passagem me ensina sobre Deus?
- O que esta passagem me ensina sobre a humanidade?
- Como o autor bíblico quer que eu responda a seu ensino sobre Deus e a humanidade? (Isto é, quais expressões específicas de arrependimento, fé e obediência são esperadas?)

É também recomendável que você incorpore o hábito de orar de forma meditativa em sua leitura bíblica diária. Por exemplo, se você está estudando o Salmo 1, recomendo que você pare por um momento e ore: "Deus, faça com que eu seja uma árvore plantada junto às correntes de águas de tua Palavra. Que dela eu extraia sabedoria e nela eu encontre conforto. Que minha esposa e meus filhos não sejam moldados por este mundo mal, mas que se conformem à tua Palavra e sejam frutíferos nela etc." Um excelente livreto que nos ensina a leitura orante das Escrituras na prática é *Praying the Bible*, de Donald S. Whitney. Você também encontrará muito material edificante no site de Whitney: biblicalspirituality.org. Além disso, o livro *Praying with Paul*, de D.A. Carson, é um excelente guia na jornada de moldar nossas orações segundo as orações registrada na Bíblia.

LANÇANDO MÃO DE LIVROS DEVOCIONAIS

Devo fazer uso de livros devocionais? Provavelmente não. Dito isso, confesso que leio uma página do devocional *For the Love of God*, de D.A. Carson (volumes 1 e 2), quase todos os dias.[3] Mas, se você tiver de optar entre sua Bíblia e seu livro devocional, largue o devocional.

Sim, há excelentes devocionais disponíveis. Porém, sinceramente, muitos devocionais contêm uma grande quantidade de conteúdo não bíblico. (É melhor comer uma refeição equilibrada e nutritiva do que um prato de jujubas!) Além disso, até mesmo devocionais escritos por figuras históricas muito respeitadas ou cristãos proeminentes às vezes acabam se desviando para reflexões do tipo "fluxo de consciência". Se você deseja incorporar um livro devocional a seu tempo diário com Deus, busque um que apresente uma consideração cuidadosa e

---

[3] Para obter cópias gratuitas e legais desses devocionais, consulte estes links disponibilizados por The Gospel Coalition: volume 1 (s3.amazonaws.com/tgc-documents/carson/1998_for_the_love_of_God.pdf) e volume 2 (s3.amazonaws.com/tgc-documents/carson/1999_for_the_love_of_God.pdf).

ponderada daquilo que o autor inspirado quis transmitir, fielmente interpretado dentro do fluxo canônico das Escrituras. (Por isso gosto dos devocionais de D. A. Carson!)

TECNOLOGIA E ESTUDO BÍBLICO

Ler a Bíblia numa tela é melhor do que não a ler, mas, para muitos de nós, é muito fácil se distrair enquanto lemos em um computador, iPad, tablet, Kindle ou smartphone. A menos que você limite radicalmente o acesso a outros aplicativos ou sites, é muito tentador conferir o clima, dar uma olhada nas fotos dos amigos no Instagram, ver se seu e-mail foi respondido, verificar o preço de um novo pneu para a bicicleta e assim sucessivamente. As pessoas têm personalidades diferentes e, portanto, habilidades diversas para se concentrar. Talvez seja melhor fazer uma avaliação honesta de si mesmo e ver se seria melhor ler a Bíblia em formato impresso, de forma a não passar metade de seu tempo devocional tentando se manter focado. Mesmo enquanto escrevo este manuscrito, meu iPhone está do outro lado do escritório. Se eu quiser verificar meu telefone, preciso subir em uma cadeira e alcançar a prateleira mais alta. Há um motivo para essa inconveniência planejada. Caso contrário, eu nunca terminaria este projeto!

VOCÊ DEVE USAR UMA BÍBLIA DE ESTUDO OU COMENTÁRIO?

As Bíblias de estudo e os comentários não nos ajudam a compreender a Bíblia? Certamente, sim, desde que não sejam um obstáculo à leitura em si, à reflexão, à oração e à resposta ao texto das Escrituras. (Veja a Questão 13: "Quais são alguns livros ou materiais proveitosos para se interpretar a Bíblia?".) A Bíblia é a Palavra de Deus, e não os comentários e as notas explicativas das Bíblias de estudo. Ao mesmo tempo, Deus tem levantado e capacitado mestres em sua igreja para explicar e ensinar a Bíblia (Ef 4.11-13). Esses mestres capacitados podem ser pastores ou professores da escola dominical em sua igreja, autores de comentários e Bíblias de estudo, ou até mesmo cristãos mortos há séculos que nos deixaram obras e escritos como legado.

Se você está examinando a Bíblia em busca de respostas muito específicas para questões modernas (por exemplo, transexualidade ou fertilização *in vitro*), é aconselhável buscar as reflexões de professores bíblicos sábios e fiéis que passaram muitos anos pensando sobre como a Palavra atemporal de Deus se aplica a questões éticas ou científicas atuais. Para uma reflexão bíblica fiel sobre temas modernos, recomendo começar pelos sites da Comissão de Ética e Liberdade Religiosa da Convenção Batista do Sul dos EUA (erlc.com) e do Conselho de Pesquisa Familiar (frc.org).

RESUMO

Um dos indicadores mais importantes de sua saúde espiritual é se você está lendo ou ouvindo a Bíblia diariamente (Sl 1.3-4). Na Questão 37, analisamos várias maneiras de usar a Bíblia em suas devoções diárias. Duas técnicas de leitura devocional foram recomendadas: (1) o método "OIA" (observar, interpretar, aplicar); e (2) fazer três perguntas sobre cada texto que você lê: (a) o que essa passagem me ensina sobre Deus? (b) O que essa passagem me ensina sobre a humanidade? (c) Como o autor bíblico quer que eu responda a seu ensino sobre Deus e a humanidade? (Isto é, quais expressões específicas de arrependimento, fé e obediência são esperadas?) Também discutimos os benefícios e perigos de usar livros devocionais, tecnologia, Bíblias de estudo e comentários.

PERGUNTAS PARA REFLEXÃO

1. Com que frequência você lê a Bíblia? (Seja honesto. Talvez seja útil manter um registro por uma semana para verificar a precisão de sua estimativa.)

2. Qual versão da Bíblia você lê? Por quê?

3. Qual é o objetivo da leitura pessoal da Bíblia? (Responda com suas próprias palavras.)

4. Quais são, na sua visão, algumas ideias equivocadas que os cristãos têm sobre a leitura devocional da Bíblia?

5. Qual recurso que você já possui pode ser útil para a leitura da Bíblia? Qual recurso você acha que deve colocar na sua "lista de desejos" a fim de incrementar seu estudo?

PARA ESTUDO POSTERIOR

Aplicativo Bible.is (Bíblia em formato de áudio e gratuita)

CARSON, D. A. *For the Love of God*. Vol. 1. Wheaton: Crossway, 1998. Disponível em: s3.amazonaws.com/tgc-documents/carson/1998_for_the_love_of_God.pdf.

_____. *For the Love of God*. Vol. 2. Wheaton: Crossway, 1999. Disponível em: s3.amazonaws.com/tgc-documents/carson/1999_for_the_love_of_God.pdf.

_____. *Praying with Paul: A Call to Spiritual Reformation*. 2ª ed. Grand Rapids: Baker, 2014.

DEANE, Andy. *Learn to Study the Bible: Forty Different Step-by-Step Methods to Help You Discover, Apply and Enjoy God's Word*. Maitland: Xulon, 2009.

ERICKSON, Millard J. *Christian Theology*. 2ª ed. Grand Rapids: Baker, 1998. (Veja as p. 1155-248.)

QUESTÃO 38

COMO LIDERAR UM ESTUDO BÍBLICO?

Paulo diz a Timóteo que o homem que almeja ser um bispo (pastor) na igreja local "excelente obra almeja" (1Tm 3.1). Mesmo que alguém não esteja atualmente qualificado para ser pastor, querer ser pastor é um objetivo louvável. Da mesma forma, se você deseja liderar um estudo bíblico, esse é um desejo maravilhoso! Mesmo que não esteja pronto para liderar um estudo agora, pode buscar o conhecimento e as habilidades necessárias para liderar um estudo no futuro. Agora, vamos considerar algumas coisas que você deve pensar quando o assunto é liderar um estudo bíblico.

VOCÊ É MESMO UM CRISTÃO?

Você provavelmente já ouviu falar de John Wesley (1703–1791), o fundador do metodismo. Talvez você não tenha conhecimento, entretanto, de sua luta pela certeza da autenticidade de sua fé cristã. Wesley já era um sacerdote anglicano ordenado em 1736, quando viajou de navio da Inglaterra para o Novo Mundo (América). Ele fora convidado para servir como pastor em Savannah, na Geórgia. Uma terrível tempestade atingiu o navio, e até o mastro principal do barco se partiu ao meio! Wesley e os outros passageiros ficaram aterrorizados. Enquanto isso, um grupo de missionários morávios no navio permaneceu calmo, cantando hinos durante toda a provação. A experiência confrontou Wesley com seu medo não resolvido da morte. Após chegar em Savannah, enquanto buscava conselhos ministeriais do líder moraviano Gottlieb Spangenberg, Wesley foi novamente confrontado — dessa vez, por uma série de perguntas diretas e sem rodeios. Ele registrou a conversa em seu diário:

> [Spangenberg] disse: "Meu irmão, devo primeiro lhe fazer uma ou duas perguntas. Você tem o testemunho dentro de si mesmo? O Espírito de Deus dá testemunho ao seu espírito de que você é filho de Deus?" Fiquei surpreso e não soube o que responder. Ele percebeu isso e perguntou: "Você conhece Jesus Cristo?" Fiquei quieto por um momento e, em seguida, disse: "Eu sei que ele é o Salvador do mundo." "Verdade", respondeu ele, "mas você sabe que ele o salvou?" Eu respondi: "Espero que ele tenha morrido para me salvar." Ele apenas acrescentou: "Você conhece a si mesmo?" Eu disse: "Sim."[1]

Wesley, porém, acrescentou este *postscriptum* ao registro que fez da conversa: "Mas temo que [minhas palavras afirmando a certeza da minha fé] foram palavras vãs." Mais tarde, depois de retornar à Inglaterra, Wesley continuou a buscar a certeza que lhe faltava e finalmente a encontrou. Em seu diário, anotou que seu "coração foi estranhamente aquecido" (em genuína regeneração espiritual ou certeza dessa salvação) enquanto ouvia a leitura pública da introdução ao comentário de Romanos de Martinho Lutero. O relato (escrito por John Wesley na primeira pessoa) é digno de ser lido e relido:

---

[1] Journal, 7 de fevereiro, 1736, citado por Justo L. González, *The Story of Christianity*, vol. 2, *The Reformation to the Present Day* (Nova York: HarperCollins, 1985), p 210 [edição em português: *História Ilustrada do Cristianismo*, vol. 2, *A Era dos Reformadores até a Era Inconclusa*, 2ª ed. rev. (São Paulo: Vida Nova, 2011)]. Meu relato da vida de Wesley é um resumo de González, p. 209-12.

À noite, muito contra a minha vontade, fui a uma reunião na Aldersgate Street, onde alguém estava lendo a introdução de Lutero à Epístola aos Romanos. Por volta das 20h45, enquanto ele descrevia a mudança que Deus opera no coração por meio da fé em Cristo, senti meu coração estranhamente aquecido. Senti que realmente confiava em Cristo e somente em Cristo para a salvação; e me foi dada a certeza de que ele havia tirado os meus pecados — até os meus! — e me salvado da lei do pecado e da morte.[2]

E quanto a você? Você sabe que Jesus o salvou? Antes de conduzir outras pessoas em uma discussão sobre a Palavra de Deus, é importante garantir que você conheça o Deus que inspirou essa Palavra. É um clichê, mas é verdade que o cristianismo, em última análise, não é uma religião, mas um relacionamento. Você reconhece que é um pecador, separado de Deus por causa de sua rebelião e sem esperança de perdão, a não ser por meio de Jesus Cristo? Você se afastou de uma vida de pecado e autossuficiência para confiar na morte expiatória de Jesus para que seus pecados fossem perdoados? Há alguma evidência em sua vida de que você pertence a Deus? Por exemplo, ao olhar para as últimas semanas, você vê em si mesmo uma tristeza piedosa pelo pecado, o desejo de obedecer a Deus, amor pelos outros, confiança em Jesus etc.?[3] Cristãos genuínos podem continuar a lutar com a certeza da salvação, mas, enquanto não houver em seu coração uma confiança crescente na realidade do seu relacionamento com Deus por meio de Cristo, você não será eficaz na liderança cristã.

---

2 Journal, 24 de maio, 1738, citado em González, *Story of Christianity*, p. 212. O prefácio de Lutero está amplamente disponível na internet e é uma fonte recomendável de verdade do evangelho: monergismo.com/textos/comentarios/prefacio_lutero.htm (acessado em 08/11/2024).
3 A Primeira Epístola de João é um ótimo livro para fomentar reflexões acerca da certeza cristã da salvação.

SUBMISSÃO À AUTORIDADE

Em muitas situações, é aceitável (e até louvável!) simplesmente pegar uma Bíblia, reunir algumas pessoas e começar a discuti-la juntos. Faça isso, e você já tem um estudo bíblico! Contudo, se as pessoas que você tem convidado fazem parte de uma comunidade cristã maior (como uma igreja ou um ministério universitário, por exemplo), é apropriado buscar a bênção dos líderes reconhecidos desse grupo. Muito provavelmente, os líderes cristãos que você procurar ficarão encantados em saber do seu interesse em conduzir outros cristãos a um conhecimento mais profundo da Palavra de Deus. No entanto, pode ser que existam estruturas ou treinamentos exigidos dos quais você não estava ciente. Submeter-se aos líderes cristãos é uma parte bela e necessária de ser um seguidor fiel de Jesus. O autor de Hebreus, referindo-se principalmente aos pastores como líderes da igreja, resume bem esse ponto:

> Obedecei aos vossos guias e sede submissos para com eles; pois velam por vossa alma, como quem deve prestar contas, para que façam isto com alegria e não gemendo; porque isto não aproveita a vós outros. (Hb 13.17)

Há situações em que líderes ímpios se opõem injustamente à formação de estudos bíblicos? Certamente isso acontece às vezes. Da mesma forma, podem surgir situações em que pessoas iludidas ou rebeldes tentem formar um grupo que não estão qualificadas para liderar. Se você enfrentar dificuldades ao iniciar um estudo bíblico, ore por humildade e sabedoria para enxergar a situação como Deus a vê.

DEFINA CLARAMENTE SEU PROPÓSITO

Qual é o seu objetivo ao liderar um estudo bíblico? É uma boa ideia refletir cuidadosamente e de forma bíblica sobre essa pergunta, talvez até mesmo registrando suas conclusões em papel. A vida de Esdras pode servir como modelo. Esdras foi um líder judeu exemplar no século V a.C. As Escrituras dizem o seguinte sobre esse homem: "Esdras tinha disposto o coração para buscar a Lei do SENHOR, e para a cumprir, e para ensinar em Israel os seus estatutos e os seus juízos" (Ed 7.10). Observamos aqui que Esdras não tinha como objetivo apenas ensinar a outros o significado das Escrituras. Primeiro, ele se dedicou ao estudo e à obediência pessoal. O primeiro objetivo que você deve ter como líder de estudo bíblico é conhecer melhor a Deus e experimentar a obra transformadora do Espírito em sua própria vida. Assim, será possível transbordar na vida dos outros aquilo que você mesmo está aprendendo.

Em Efésios 4, Paulo fala do papel de capacitação que diversos oficiais/líderes desempenhavam dentro da igreja de Deus. Qual é o objetivo de treinar outros cristãos no conhecimento e na aplicação pessoal da Palavra de Deus?

> ... com vistas ao aperfeiçoamento dos santos para o desempenho do seu serviço, para a edificação do corpo de Cristo, até que todos cheguemos à unidade da fé e do pleno conhecimento do Filho de Deus, à perfeita varonilidade, à medida da estatura da plenitude de Cristo, para que não mais sejamos como meninos, agitados de um lado para outro e levados ao redor por todo vento de doutrina, pela artimanha dos homens, pela astúcia com que induzem ao erro. Mas, seguindo a verdade em amor, cresçamos em tudo naquele que é a cabeça, Cristo, de quem todo o corpo, bem-ajustado e consolidado pelo auxílio de toda junta, segundo a justa cooperação de cada parte, efetua o seu próprio aumento para a edificação de si mesmo em amor. (Ef 4.12-16)

Uma vez que o objetivo do grupo esteja claro para você, não o restrinja a seus próprios pensamentos, mas compartilhe-o regularmente com os membros. Você já viu como um líder consegue inculcar uma visão inspiradora? Ele continuamente lembra os outros da direção para onde estão indo. Talvez não seja natural para você expressar essa visão dessa maneira, mas, mesmo que pareça estranho, tente! A cada encontro do grupo, articule sua visão sobre o que deseja que o grupo se torne. Além disso, convide os participantes a "abraçar" essa visão e compartilhar seus próprios anseios para a comunidade. Há tanto maneiras cativantes como opressivas de lançar uma visão. Tente ser cativante.

DEFINA CLARAMENTE SEU PROCESSO

Pregar ou ensinar a Bíblia em público é bem diferente de conduzir um grupo de estudo bíblico de maneira indutiva, especialmente entre pares. Antes de liderar seu próprio estudo bíblico, o ideal é que você tenha a oportunidade de participar de um grupo liderado por alguém experiente. Seu objetivo como líder não é ficar só na superficialidade, mas formular perguntas e comentários habilidosos que ajudem os participantes a compreender o significado do autor bíblico inspirado e a considerar a aplicação do texto em suas próprias vidas. O alvo é que os participantes, ao saírem de uma reunião regular do seu grupo de estudo bíblico, conheçam novas verdades sobre Deus e tenham maior apreço pela obra consumada de Jesus. Eles devem aprender o que significa viver fielmente como discípulos de Cristo. Quanto mais você se preparar para cada encontro (orando, estudando, consultando recursos, escrevendo perguntas e ideias), melhor será a experiência para você e para os participantes.

SEJA ALGUÉM DE CARÁTER EXEMPLAR

Nas listas de qualificações pastorais no Novo Testamento, o caráter piedoso é mais enfatizado do que as habilidades práticas (1Tm 3; Tt 1). Consequentemente, se estamos liderando um grupo no estudo da Palavra de Deus, não devemos ser hipócritas, vivendo em flagrante contradição com essa Palavra. Não se engane: "Todos tropeçamos em muitas coisas" (Tg 3.2). Quem afirma estar sem pecado é mentiroso (1Jo 1.8). Contudo, ao liderar outros na leitura da Bíblia, inevitavelmente nos tornamos exemplos para eles. Podemos causar sérios danos à vida espiritual dos que nos cercam, desviando-os doutrinária ou moralmente. Se temos um temperamento incontrolado, se maldizemos ou fofocamos, se somos inseguros em relação à ortodoxia cristã ou estamos presos a vícios como pornografia, nossa prioridade deve ser buscar a obra transformadora do Espírito Santo em nossas vidas, e não liderar um estudo bíblico. As palavras diretas de Tiago merecem ser repetidas: "Meus irmãos, não vos torneis, muitos de vós, mestres, sabendo que havemos de receber maior juízo" (Tg 3.1).

QUE SEU ESTUDO SEJA MAIS DO QUE APENAS UM ESTUDO BÍBLICO

Uma comunidade cristã genuína não fica restrita ao estudo bíblico. Uma das marcas principais de um verdadeiro cristão é o amor (Jo 13.34-35). Portanto, cristãos que se reúnem para estudar a Bíblia também acabam demonstrando amor prático e sacrificial uns pelos outros (Gl 6.2). Um encontro saudável de cristãos também será marcado por atividades como: oração (1Ts 5.17), confissão de pecados (Tg 5.16), adoração (Rm 12.1) e serviço aos necessitados (At 2.45). Não ignore a bênção da graça comum de Deus manifesta nos momentos de boa comida, conversas e celebrações que você desfruta com seus irmãos em Cristo!

Permita-me desafiá-lo a refletir sobre como seu estudo bíblico pode estar enraizado e conectado a uma igreja local. Muitos estudantes do ensino médio e universitários não desenvolvem relacionamentos com uma igreja local. Após se formarem e verem o grupo de seus amigos cristãos da escola se dissolver, muitos se veem afastados da fé por estarem desconectados de uma comunidade local duradoura de crentes que (1) observam regularmente as ordenanças cristãs (Batismo e Ceia do

Senhor), as quais (2) são administradas e servidas por oficiais da igreja (pastores e diáconos). O plano de Deus para o mundo envolve a igreja local (Mt 16.18). Não perca a oportunidade de fazer parte disso!

RESUMO

Nesta Questão, refletimos sobre como conduzir um estudo bíblico. O mais importante é que, para liderar um estudo bíblico, você precisa conhecer a Deus por meio de Cristo e estar crescendo como discípulo cristão. Também é fundamental respeitar as estruturas de autoridade ou procedimentos estabelecidos na igreja local ou no ministério cristão onde você pretende iniciar o estudo. Um estudo bíblico não deve ser apenas um encontro social. Seu objetivo como líder é elaborar perguntas e comentários bem direcionados para que as pessoas possam compreender o significado transmitido pelo autor bíblico inspirado e considerar a aplicação do texto em suas próprias vidas. No entanto, qualquer encontro regular de verdadeiros cristãos inevitavelmente se torna mais do que apenas um estudo, pois crentes em Jesus Cristo não conseguem deixar de transbordar em amor e serviço ao próximo.

PERGUNTAS PARA REFLEXÃO

1. Como você responderia às perguntas que o líder moraviano, Gottlieb Spangenberg, fez a John Wesley? (Veja acima.)

2. Você já participou de um estudo bíblico? Quais aspectos positivos você pode destacar? E quanto aos aspectos negativos?

3. Você já liderou um estudo bíblico? Como foi a experiência? Você pretende liderar um estudo bíblico no futuro? Explique sua resposta.

4. É possível que alguém que tenha uma vida marcada por um padrão de pecados não arrependidos seja um líder de estudo bíblico eficaz? Explique.

5. Qual qualidade da liderança de estudo bíblico é mais inerente à sua personalidade? Qual aspecto demandaria mais esforço de sua parte?

PARA ESTUDO POSTERIOR

House, Brad. *Community: Taking Your Small Group off Life Support*. Wheaton: Crossway, 2011.

Koukl, Gregory. *Tactics: A Game Plan for Discussing Your Christian Convictions*. Ed. rev. Grand Rapids: Zondervan, 2019.

O'Neal, Sam. *Field Guide for Small Group Leaders*. Downers Grove: IVP Connect, 2012.

QUESTÃO 39

A BÍBLIA AFIRMA QUE OS CRISTÃOS SERÃO RICOS E SEMPRE SAUDÁVEIS?

Ben Cornish, amigo meu, promove capacitação teológica nos lugares mais ermos e inalcançados do mundo.[1] Frequentemente passa uma ou duas semanas no "meio do nada" enquanto ensina os fundamentos da fé cristã a pastores. Ben me disse que um dos maiores desafios teológicos em todo o mundo é combater o chamado "evangelho da prosperidade". É provável que você já tenha se deparado com essa teologia — provavelmente até mesmo no horário nobre da TV! Pregadores do evangelho da prosperidade afirmam que Deus quer que seu povo seja rico e bem de saúde, e, caso você não se enquadre nessas duas categorias, o motivo é que lhe falta fé. Esse seria, porventura, um falso ensino? O que, de fato, a Bíblia diz sobre saúde e prosperidade?

A PERSPECTIVA ESCATOLÓGICA (CRONOLOGIA DIVINA)
É verdade que, um dia, todo o povo de Deus será plenamente saudável e viverá em abundância inesgotável (Ap 21.15-21; 22.1-5). O livro de Apocalipse relata que, nos novos céus e na nova terra, "[Deus] lhes enxugará dos olhos toda lágrima, e a morte já não existirá, já não haverá luto,

---

[1] Conheça o ministério ao qual ele pertence: teachingtruthinternational.org.

nem pranto, nem dor, porque as primeiras coisas passaram" (Ap 21.4). No ministério de Jesus, vemos vislumbres desse reino vindouro: pessoas foram curadas de doenças (Mt 15.30-31), alimentadas de forma sobrenatural (Mt 15.31-38), libertadas da opressão demoníaca (Mt 15.21-28) e até ressuscitadas (Mt 9.18-25). No entanto, até que Jesus volte e estabeleça seu reino escatológico, continuaremos a enxergar apenas vislumbres desse futuro reino em um mundo muito fraturado e manchado pelo pecado. A luz da nova era já despontou, mas o sol ainda não nasceu plenamente (1Jo 2.8). Toda pessoa, inevitavelmente, enfrentará a morte. Tornados e furacões continuarão a destruir lares e vidas. Vírus e infecções ceifarão milhões prematuramente. Leis injustas e governantes perversos privarão inúmeros trabalhadores do fruto de seu esforço. Os cristãos não estão imunes a esses sofrimentos. O apóstolo Paulo descreveu toda a criação como algo que "geme" (Rm 8.22), ansiando ser libertada da corrupção e da decadência que sofre atualmente. Essa libertação, no entanto, só virá plenamente quando Jesus retornar (Rm 8.18-21).

Jesus advertiu explicitamente que dificuldades e perseguições aguardam seus seguidores fiéis, e muitos deles seriam até mortos (Mt 5.11-12; Mc 13.12-13). O apóstolo Paulo (autor de 13 dos 27 livros do Novo Testamento) contou que, embora tenha implorado a Deus diversas vezes pela cura física do "espinho na carne" (2Co 12.7), a resposta que recebeu foi: "A minha graça te basta, porque o poder se aperfeiçoa na fraqueza" (2Co 12.9). Esse mesmo Paulo realizou milagres impressionantes de cura (At 19.11-12). Ainda assim, quando sua própria saúde estava em jogo, o apóstolo foi informado de que não era a vontade do Senhor curá-lo, mas sim demonstrar sua graça sobrenatural por meio da fraqueza dele. Deus pode escolher glorificar a si mesmo curando você milagrosamente (Jo 9.3) ou ser glorificado por meio do sustento que lhe concede em meio ao sofrimento (Rm 5.3-4). Nosso papel é clamar a nosso amoroso Pai celestial, confiando que ele é bom e poderoso para nos livrar. Contudo, a decisão soberana e perfeita de Deus pode nos conduzir à perseverança contínua em meio às dificuldades (2Co 12.7-10).

É provável que alguns dos leitores deste livro precisem ser encorajados a enxergar os vislumbres do reino vindouro de Deus nesta era presente e ter a esperança renovada. Deus cura, liberta e provê. É do seu agrado que seus filhos clamem e supliquem a ele por suas necessidades (Mt 6.7-12). Outros leitores precisam ser desafiados a submeter-se à soberania misteriosa de Deus, que nem sempre remove o sofrimento ou a pobreza. Todos nós devemos chegar ao ponto de dizer, como Jó: "Embora [Deus] me mate, ainda assim esperarei nele" (Jó 13.15, NVI). Parte da fidelidade bíblica nesta vida consiste em manter essa tensão entre as porções do reino de Deus já experimentadas e a plenitude do "ainda não" que aguardamos. Se insistirmos que Deus deve manifestar a totalidade de seu reino vindouro em nossas vidas agora, estaremos nos desviando do caminho da fidelidade bíblica.

PROSPERIDADE NA BÍBLIA

O ensino bíblico acerca da prosperidade tem muitas facetas, é cheio de nuances e complexo. Praticamente todo falso mestre do evangelho da prosperidade pode encontrar um punhado de versículos que, supostamente, provam seus argumentos. É verdade que, no Antigo Testamento, a prosperidade é muitas vezes rotulada como um sinal da provisão e do favor divinos (Gn 13.1-2). No entanto, também é verdade que a ostentação e a suntuosidade são elencadas como o fundamento da condenação daqueles que não dispõem de suas bênçãos materiais para amar e servir aos outros (Is 3.16-26; Am 2.6-8).

Quando os israelitas deixaram o Egito, Deus fez com que os egípcios fossem generosos para com eles, de modo que os antigos opressores os presenteassem com ouro e outras riquezas (Êx 12.35-36). Foram esses mesmos israelitas abençoados que murmuraram contra Deus e pereceram no deserto (Nm 26.65).

Em Malaquias 3.10 (um texto frequentemente citado), Deus desafia os israelitas da antiguidade: "Trazei todos os dízimos à casa do tesouro, para que haja mantimento na minha casa, e provai-me nisto, diz o Senhor dos Exércitos, se eu não vos abrir as janelas do céu e não derramar sobre vós bênção sem medida." Ao ler esse texto, devemos nos lembrar de que, nesse ponto da história da redenção, Deus estava se revelando por meio do estado-nação teocrático do antigo Israel. O "dízimo" mencionado envolvia muito mais do que 10% dos rebanhos e produtos agrícolas (provavelmente, a alíquota girava em torno de 23,3%).[2] À medida que o plano redentor de Deus continuou a se desdobrar e alcançou seu clímax com a vinda de Jesus, Deus agora se revela não através de um estado-nação cujos campos e rebanhos são abençoados, mas por meio de comunidades reunidas de pecadores que foram redimidos pelo sangue e se acham espalhados pelo mundo.

Os provérbios bíblicos são particularmente úteis em nos lembrar que a prosperidade não pode ser automaticamente atribuída à aprovação de Deus. É claro, crentes fiéis muitas vezes trabalham diligentemente e são abençoados com abundância (Pv 14.23; 21.5). Mas também é possível que um líder injusto se torne rico através do abuso de autoridade e da opressão: "A terra virgem dos pobres dá mantimento em abundância, mas a falta de justiça o dissipa" (Pv 13.23).

Jesus alertou que o coração do rico tem dificuldade em reconhecer sua "falência espiritual", o que é necessário para receber o dom gratuito da justiça de Deus. Ele disse: "Em verdade vos digo que um rico dificilmente entrará no reino dos céus. E ainda vos digo que é mais fácil passar um camelo pelo fundo de uma agulha do que entrar um rico no reino de Deus" (Mt 19.23-24). Da mesma forma, Jesus advertiu contra acumular

---

2 Veja Craig L. Blomberg, *Neither Poverty nor Riches: A Biblical Theology of Possessions*, NSBT 7 (Downers Grove: InterVarsity, 1999). Veja também David A. Croteau, *You Mean I Don't Have to Tithe? A Deconstruction of Tithing and a Reconstruction of Post-Tithe Giving*, McMaster Theological Studies 3 (Eugene: Wipf and Stock, 2010).

riquezas: "Não acumuleis para vós outros tesouros sobre a terra, onde a traça e a ferrugem corroem e onde ladrões escavam e roubam; mas ajuntai para vós outros tesouros no céu, onde traça nem ferrugem corrói, e onde ladrões não escavam, nem roubam; porque, onde está o teu tesouro, aí estará também o teu coração" (Mt 6.19-21). A oração exemplar de Agur, em Provérbios 30.8-9, não pede riquezas, mas sim: "Não me dês nem a pobreza nem a riqueza; dá-me o pão que me for necessário; para não suceder que, estando eu farto, te negue e diga: Quem é o SENHOR? Ou que, empobrecido, venha a furtar e profane o nome de Deus." O apóstolo Paulo expressa uma perspectiva semelhante em sua advertência a Timóteo:

> De fato, grande fonte de lucro é a piedade com o contentamento. Porque nada temos trazido para o mundo, nem coisa alguma podemos levar dele. Tendo sustento e com que nos vestir, estejamos contentes. Ora, os que querem ficar ricos caem em tentação, e cilada, e em muitas concupiscências insensatas e perniciosas, as quais afogam os homens na ruína e perdição. Porque o amor do dinheiro é raiz de todos os males; e alguns, nessa cobiça, se desviaram da fé e a si mesmos se atormentaram com muitas dores. (1Tm 6.6-10)

Alguns cristãos, de fato, serão ricos. Quando escreve a seu apadrinhado ministerial, Timóteo, Paulo lhe dá orientações sobre como instruir os membros ricos da igreja em Éfeso:

> Exorta aos ricos do presente século que não sejam orgulhosos, nem depositem a sua esperança na instabilidade da riqueza, mas em Deus, que tudo nos proporciona ricamente para nosso aprazimento; que pratiquem o bem, sejam ricos de boas obras, generosos em

dar e prontos a repartir; que acumulem para si mesmos tesouros, sólido fundamento para o futuro, a fim de se apoderarem da verdadeira vida. (1Tm 6.17-19)

POBREZA NA BÍBLIA

No Antigo Testamento, é visível que a carestia às vezes era um sinal do julgamento ou do desagrado divino em relação ao Israel antigo (Dt 28.38). Contudo, ao olhar para a história do povo de Deus ao longo dos séculos, o autor de Hebreus nos lembra que alguns dos mais fiéis profetas e líderes do Antigo Testamento enfrentaram grandes privações e sofrimento físico (Hb 11.36-38). Devemos nos submeter aos sofrimentos traçados em nosso caminho, mesmo que sejam causados indiretamente pelos pecados de outros. Habacuque reconhecia que Israel, como nação, estava sofrendo justamente por seus pecados, mas, ainda assim, declarou: "Ainda que a figueira não floresça, nem haja fruto na vide; o produto da oliveira minta, e os campos não produzam mantimento; as ovelhas sejam arrebatadas do aprisco, e nos currais não haja gado, todavia, eu me alegro no Senhor, exulto no Deus da minha salvação" (Hc 3.17-18). Confiar em Deus no meio de sofrimento físico e carestia inexplicáveis é uma forma especialmente honrosa de glorificá-lo. O livro de Jó enfatiza essa verdade.

As Escrituras convidam os pobres a adotar uma perspectiva divina sobre suas provações, que são essencialmente temporárias. Paulo escreve: "Porque para mim tenho por certo que os sofrimentos do tempo presente não podem ser comparados com a glória a ser revelada em nós" (Rm 8.18). Embora um cristão pobre possa, no momento, ocupar uma posição humilde no mundo, ele será exaltado para reinar com Cristo na eternidade. Mesmo agora, ele está (em relação a sua posição espiritual) assentado com Cristo nos lugares celestiais (Ef 2.6). Tiago afirma de forma memorável: "O irmão, porém, de condição humilde glorie-se na sua dignidade" (Tg 1.9).

SAÚDE E ENFERMIDADE NA BÍBLIA

Quando Deus criou o mundo, não havia enfermidade. Tudo era totalmente bom (Gn 1.31). Doença e pecado entraram no mundo por causa da rebelião do ser humano (Gn 3.1-19). Eventualmente, toda e qualquer criatura viva neste mundo decaído adoecerá e morrerá. A doença e a morte nos fazem lembrar de nossa esperança pela renovação de todas as coisas, quando Deus finalmente trará à existência um novo céu e uma nova terra não afetados pela doença, corrupção e desordem do mundo presente.

Como qualquer tema nas Escrituras, a enfermidade é tratada de forma variada e cheia de nuances pelos autores bíblicos. Frequentemente, a enfermidade não é resultado de pecados específicos, mas consequência da vida em um mundo manchado pelo pecado e sob maldição (Jo 9.1-3). No entanto, experiências particulares de doença não estão fora dos propósitos soberanos de Deus para refinar seu povo e revelar sua glória (Jo 9.3). A enfermidade é sempre um convite para nos lembrarmos de nossa frágil condição humana e confessar pecados que o Senhor traz à nossa mente (Tg 5.14-16). Qualquer tragédia, desastre natural, perda ou enfermidade é uma oportunidade para um "reajuste espiritual". Facilmente tratamos este mundo como nosso lar definitivo, mas, em apenas um instante, todo tesouro terreno (incluindo a saúde) pode nos ser tirado (Tg 4.13-17). Estamos segurando essas bênçãos de Deus com mãos abertas e generosas? Amamos Deus acima dos dons que ele nos dá? Estamos prontos para nos apresentar diante do nosso Criador, reconhecendo que a única esperança de pecadores como nós serem reconciliados com Deus é aceitar o dom gratuito da justiça que ele nos oferece em seu Filho?

Quando pediram que tecesse um comentário acerca de uma injustiça política de sua época, Jesus, em vez opinar, aproveitou a oportunidade para desafiar seus inquiridores a estarem preparados para o momento quando a morte imprevisível ou o desastre viessem. Todos devem estar sempre prontos para estar diante de Deus com um coração marcado por arrependimento genuíno e fé. É o que lemos em Lucas 13:

> Naquela mesma ocasião, chegando alguns, falavam a Jesus a respeito dos galileus cujo sangue Pilatos misturara com os sacrifícios que os mesmos realizavam. Ele, porém, lhes disse: Pensais que esses galileus eram mais pecadores do que todos os outros galileus, por terem padecido estas coisas? Não eram, eu vo-lo afirmo; se, porém, não vos arrependerdes, todos igualmente perecereis. Ou cuidais que aqueles dezoito sobre os quais desabou a torre de Siloé e os matou eram mais culpados que todos os outros habitantes de Jerusalém? Não eram, eu vo-lo afirmo; mas, se não vos arrependerdes, todos igualmente perecereis. (Lc 13.1-5)

A doença e até mesmo a morte podem ser instrumentos de disciplina divina contra o pecado não arrependido (At 5.1-11; 1Co 11.27-32), mas, geralmente, os cristãos não devem considerar uma relação direta entre pecado e doença. Quando enfrentamos pessoalmente a doença ou a debilidade, é bom e correto pedirmos a Deus que nos cure (Tg 5.14). Também é bom e certo confiar nele mesmo se a resposta for um "não" ou um "espere". Podemos repetir as palavras do apóstolo Paulo:

> Então, ele me disse: A minha graça te basta, porque o poder se aperfeiçoa na fraqueza. De boa vontade, pois, mais me gloriarei nas fraquezas, para que sobre mim repouse o poder de Cristo. Pelo que sinto prazer nas fraquezas, nas injúrias, nas necessidades, nas perseguições, nas angústias, por amor de Cristo. Porque, quando sou fraco, então, é que sou forte. (2Co 12.9-10)

RESUMO

Muitos cristãos foram erroneamente ensinados que o propósito da fé bíblica é alcançar saúde e prosperidade nesta vida terrena. Embora todos os dons e bênçãos venham de Deus (Tg 1.17) e ele providencie abundantemente para o seu povo (Sl 37.25), o foco do discipulado cristão é conhecer o perdão de Deus por meio de Cristo (Fp 3.10-11) e, consequentemente, viver uma vida dedicada a amar Deus e ao próximo (Mt 22.37-39). Muitos cristãos são chamados ao sofrimento e à carestia para a glória de Deus (Mt 5.11-12). Com corações ainda afetados pelo pecado, a riqueza pode ser muito perigosa, gerando uma autossuficiência pecaminosa que nos afasta de Deus (Mt 6.19-21). Nos novos céus e nova terra, não haverá pecado, doença ou necessidade (Ap 21.15-21; 22.1-5), mas ainda aguardamos com expectativa essa plenitude (Rm 8.18-21).

PERGUNTAS PARA REFLEXÃO

1. Você já teve contato com o "evangelho da prosperidade"? Compartilhe sua experiência.

2. Quais textos bíblicos ou argumentos você considera mais efetivos no combate ao falso ensino sobre saúde e prosperidade?

3. Que passagens você acha que deveriam ser acrescentadas à discussão deste capítulo? Você discorda de algum argumento tecido neste capítulo ou dos destaques mencionados?

4. Você tem algum testemunho pessoal sobre como Deus o abençoou com bênçãos materiais ou curou você?

5. Você tem um testemunho pessoal sobre Deus fortalecendo-o para perseverar em meio à pobreza, doença ou sofrimento?

PARA ESTUDO POSTERIOR

BLOMBERG, Craig L. *Nem Pobreza, nem Riqueza: As Posses Segundo a Teologia Bíblica*. São Paulo: Vida Nova, 2024.

GRUDEM, Wayne Grudem. *Negócios para a Glória de Deus*. São Paulo: Cultura Cristã, 2006.

JONES, David W.; WOODBRIDGE, Russell S. *Health, Wealth, and Happiness: How the Prosperity Gospel Overshadows the Gospel of Christ*. Grand Rapids: Kregel, 2017.

QUESTÃO 40

QUAIS SÃO AS TENDÊNCIAS MODERNAS QUE INFLUENCIAM A INTERPRETAÇÃO BÍBLICA?

Na primeira edição deste livro, a parte mais impopular foi a seção final, composta por quatro capítulos que falavam da erudição bíblica moderna e das tendências interpretativas atuais. Um pastor me disse: "Eu amo o seu livro. Mas digo às pessoas para pularem os últimos quatro capítulos." Embora a familiaridade com a crítica das fontes ou com o movimento da Interpretação Teológica da Escritura (*Theological Interpretation of Scripture*, TIS) não seja necessária para a maioria dos leigos, estudantes de teologia precisam ser expostos a esses conceitos. Portanto, condensei os quatro capítulos originais neste capítulo atualizado e compacto.

CRÍTICA BÍBLICA

Quando ouvem a palavra "crítica", muitos pensam em um julgamento depreciativo. Na realidade, "crítica bíblica" — ou diversas "abordagens críticas da Bíblia" — não tem a ver com atacar a Bíblia, mas se trata do estudo acadêmico e cuidadoso dela. Infelizmente, devido às pressuposições antissobrenaturalistas de muitos estudiosos bíblicos proeminentes nos últimos 250 anos, a crítica bíblica adquiriu uma má reputação. O termo é frequentemente associado a uma objetividade falsa que, na realidade, é anticristã em suas suposições e conclusões. Existem diversas formas de crítica bíblica — algumas, bastante antigas (por exemplo a crítica do texto e crítica das fontes); já outras, mais recentes. Abaixo, traremos uma visão geral de algumas das correntes mais significativas da crítica bíblica.

CRÍTICA TEXTUAL

A crítica textual consiste no estudo cuidadoso dos manuscritos antigos com o objetivo de estabelecer o que realmente estava escrito nos manuscritos originais dos livros bíblicos (os "autógrafos"). Temos registros históricos de que a prática da crítica textual já era empreendida extensivamente pelo menos desde Orígenes (186–251 a.C.), mas o desabrochar moderno dessa disciplina se deu após a invenção da prensa móvel na Europa (1454) e o renascimento do interesse pelas línguas grega e hebraica por parte dos estudiosos do período da Reforma. A crítica textual floresceu especialmente nos últimos 200 anos, com muitas descobertas de manuscritos antigos e um crescente consenso metodológico no meio acadêmico. Nas últimas duas décadas, digitalizações de alta qualidade de manuscritos antigos democratizaram a disciplina. Deve-se observar que alguns críticos textuais recentes são mais céticos quanto à reconstrução da "redação original" dos textos bíblicos e se concentram mais na análise dos hábitos dos copistas ou na teologia implícita das variantes dos manuscritos. No entanto, a maioria dos estudiosos continua muito confiante na possibilidade de se alcançar a redação original dos apóstolos e profetas por meio do estudo e comparação de manuscritos antigos dos livros bíblicos. Consulte a Questão 5 ("Os manuscritos antigos da Bíblia foram transmitidos acuradamente?") para mais informações sobre as descobertas da crítica textual.

CRÍTICA HISTÓRICA

A crítica histórica é o estudo cuidadoso e histórico dos documentos bíblicos e dos escritos, eventos e pessoas relacionados. O "método histórico-crítico" busca estabelecer o que realmente aconteceu na história e o que determinado texto significava para o autor e leitores originais.[1] Em um sentido relacionado, os estudiosos da Bíblia frequentemente falam de uma exegese "histórico-gramatical". Ou seja, a partir da compreensão adequada do que o texto realmente diz na língua original (gramatical), os estudiosos investigam as afirmações da Bíblia sobre o que aconteceu (histórico). A exegese histórico-gramatical pode ser realizada com pressuposições cristãs (ou seja, acreditando que a Bíblia é verdadeira) ou também pode ser empreendida com preconceitos céticos e anticristãos. Devido ao abuso de estudiosos liberais, alguns cristãos conservadores criticam o uso da crítica histórica (e a maioria das outras críticas abaixo também). Não podemos nos esquecer, no entanto, de que são apenas os pressupostos falhos que acompanham o método que resultam em conclusões anticristãs. Certamente, o chamado para estudar cuidadosamente a gramática e a história do texto bíblico não pode, em si, ser algo negativo. Alguns defensores atuais do movimento de Interpretação Teológica da Escritura, entretanto, argumentaram que o método histórico-crítico, ao tornar a aplicação moderna do texto secundária, implicitamente mutila a própria natureza das Escrituras como a Palavra de Deus para o povo de Deus (veja abaixo para mais sobre a Interpretação Teológica da Escritura).

CRÍTICA DA FORMA

A crítica da forma consiste no estudo sobre como várias partes do texto (por exemplo, as histórias individuais, as leis, os provérbios e os poemas) circularam na forma oral antes de serem registradas por escrito. Grande parte das obras oriundas da crítica de forma é dedicada a especular sobre

---

[1] Arthur G. Patzia e Anthony J. Petrotta, "Historical Criticism", em *Pocket Dictionary of Biblical Studies* (Downers Grove: InterVarsity, 2002), p. 58.

os contextos históricos nos quais as unidades orais originalmente circulavam. Por exemplo, Hermann Gunkel (1862–1932) propôs muitos (e muitas vezes infundados) contextos cultuais para a maioria dos salmos.[2] Críticos da forma liberais do Novo Testamento têm especulado muito sobre como as histórias de Jesus foram embelezadas ou até mesmo criadas em períodos de circulação oral.[3] No outro lado do espectro, os críticos conservadores da forma reconhecem o valor de isolar e classificar unidades orais antigas, mas não adotam uma abordagem cética quanto à historicidade do material.[4]

CRÍTICA DAS FONTES

A crítica das fontes busca identificar as fontes literárias nas quais o autor/editor bíblico se baseou. Por exemplo, Julius Wellhausen (1844–1918), um estudioso liberal do Antigo Testamento, argumentou que o Pentateuco[5] foi composto por quatro vertentes literárias: a Javista ou Jeovista (J), Eloísta (E), Sacerdotal (P) e Deuteronomista (D).[6] As evidências para essa construção "JEPD" são, na verdade, bastante frágeis. Os dados apoiam a autoria mosaica tradicional do Pentateuco, embora, obviamente, abram espaço para alguma edição e compilação do material mosaico.[7]

No Novo Testamento, a crítica das fontes se debruça especialmente sobre Mateus, Marcos e Lucas (os "Evangelhos Sinópticos") devido à grande semelhança redacional e na ordem literária. A maioria dos estudiosos do Novo Testamento acredita que Lucas e Mateus utilizaram

---

2 *The Psalms: A Form-Critical Introduction*, traduzido para o inglês por Thomas M. Horner (Filadélfia: Fortress, 1967).
3 Por exemplo, Rudolf Bultmann, *The History of the Synoptic Tradition*, traduzido para o inglês por John Marsh (Nova York: Harper & Row, 1963).
4 Por exemplo, Vincent Taylor, *The Formation of the Gospel Tradition*, 2ª ed. (Londres: MacMillan, 1935).
5 Isto é, os cinco primeiros livros do Antigo Testamento.
6 Os fundamentos da teoria precederam Wellhausen (especialmente nos trabalhos de K. H. Graf), mas "receberam sua expressão clássica" nos escritos de Wellhausen (Roland Kenneth Harrison, *Introduction to the Old Testament* [Grand Rapids: Eerdmans, 1969], p. 21). A teoria é conhecida como "Hipótese Documentária" ou "Hipótese Graf-Wellhausen".
7 Veja Gleason L. Archer, *A Survey of Old Testament Introduction*, ed. rev. (Chicago: Moody, 1994), p. 113-26 [edição em português: Gleason L. Archer, *Panorama do Antigo Testamento* (São Paulo: Vida Nova, 2012)].

duas fontes principais em sua composição: o manuscrito do Evangelho de Marcos e "Q". "Q" é uma abreviação da palavra alemã *Quelle* (fonte) e se refere a uma coleção de fontes escritas e orais que Mateus e Lucas tinham em comum. De fato, Lucas indica explicitamente que se baseou em múltiplas fontes ao compor seu Evangelho (Lc 1.1-4). Como muitos Pais da Igreja comentaram sobre as fontes literárias por trás dos Evangelhos (ou seja, quais escritos e autores serviram de fonte para os autores dos Evangelhos), a crítica das fontes é, na verdade, uma disciplina antiga.[8]

CRÍTICA DA REDAÇÃO

A crítica da redação estuda o papel do redator (editor) na composição final do texto bíblico. Em outras palavras, embora muitos autores bíblicos tivessem tanto conhecimento direto dos eventos (por exemplo, o apóstolo João) quanto fontes orais e escritas nas quais podiam se basear (como em Lc 1.1-4), o redator, por fim, demonstrava seus interesses e propósitos teológicos ao selecionar, omitir, editar e resumir o material para seu texto. (É claro que os cristãos pressupõem que o Espírito Santo estava agindo através dos redatores nesse processo.) Entre aproximadamente 1950 e 1990, a crítica da redação foi um método especialmente popular para o estudo dos Evangelhos Sinóticos (Mateus, Marcos, Lucas). Robert H. Stein (1935–) estabeleceu-se como um dos principais críticos da redação no meio evangélico.[9]

CRÍTICA DA TRADIÇÃO

"Crítica da tradição" é um conceito amplo que se refere à tentativa de buscar conhecer a história do texto antes de ele assumir sua forma escrita final. Portanto, a crítica da tradição engloba tanto a perspectiva

---

8 Por exemplo., Augustine, *The Harmony of the Gospels* 1.1-2 (*NPNF*$_1$ 6:77–78).
9 Robert H. Stein, *Gospels and Tradition: Studies on Redaction Criticism of the Synoptic Gospels* (Grand Rapids: Baker, 1991).

literária quanto a perspectiva oral na tentativa de conhecer o pano de fundo de uma passagem. Ela inclui as críticas da forma, das fontes e da redação (veja acima).

CRÍTICA LITERÁRIA

A partir da década de 1980, diversos tipos de crítica literária tornaram-se cada vez mais populares entre os estudiosos da Bíblia. Enquanto a maioria dos métodos críticos anteriores buscava explicar a história física ou literária reconstruída por trás do texto, essa abordagem permitiu que o texto fosse estudado como uma unidade, evitando questões controversas sobre historicidade ou autoria. A crítica literária parecia oferecer um novo "caminho intermediário" em meio à polarização entre estudiosos bíblicos liberais e conservadores.

No nível mais fundamental, uma abordagem literária da Bíblia reconhece os diversos gêneros literários presentes no cânone e estuda essas obras como peças integrais de literatura. Os evangélicos geralmente utilizam a crítica literária para destacar a intenção do autor e a mensagem do texto. No entanto, existem muitas variações dessa abordagem. Influenciada por tendências literárias seculares, a abordagem da "teoria da recepção" celebra a criação de significado pelo leitor, com pouca ou nenhuma preocupação com a intenção do autor. Outra abordagem, a análise literária técnica, foi especialmente popular entre os estudiosos bíblicos durante o auge da crítica literária (1985–1995). Muitas dissertações, artigos e monografias alegavam elucidar o texto bíblico lançando mão de inúmeros termos obscuros, como leitor implícito, leitor ideal, autor implícito, comentário implícito, entre outros. O quase desaparecimento de publicações tão tecnicamente carregadas evidencia que uma abordagem mais prática da interpretação literária é aquela que perdurará. A crítica narrativa, um subgrupo da crítica literária, emprega uma abordagem literária para estudar as narrativas (histórias) nas Escrituras.

CRÍTICA RETÓRICA

Quando as pessoas falam de "crítica retórica" da Bíblia, geralmente se referem a uma de duas coisas. No contexto do Novo Testamento, geralmente o foco recai sobre a identificação de categorias de discurso greco-romanas reconhecidas no texto do Novo Testamento. Entre 1970 e 1990, muitos estudiosos do Novo Testamento buscaram oferecer novas perspectivas sobre a estrutura e o propósito dos textos do Novo Testamento por meio da análise retórica. Atualmente, a maioria dos estudiosos concorda que a rotulação excessivamente técnica dos textos do Novo Testamento com categorias retóricas latinas e gregas não resiste a um escrutínio acadêmico mais amplo.

A "crítica retórica" também pode se referir à identificação de padrões estéticos e eficazes no discurso textual. Isso, às vezes, é chamado de "nova retórica", a fim de que seja diferenciado do método de impor, de forma indevida, categorias greco-romanas ao Novo Testamento.[10]

A INTERPRETAÇÃO TEOLÓGICA DA ESCRITURA (TIS)

Uma das tendências hermenêuticas contemporâneas mais significativas é o movimento da Interpretação Teológica da Escritura (TIS, na sigla em inglês). O rótulo TIS tem sido aplicado a um corpo diversificado de estudos — liberais e conservadores, protestantes e católicos. Quais são os pontos em comum que caracterizam esse amplo movimento? Uma das principais marcas é a aversão pelo método histórico-crítico e a falta de interesse pelas discussões relacionadas ao contexto histórico ou literário de um texto bíblico. Os autores da TIS desejam explorar o significado teológico dos escritos bíblicos completos, especialmente no contexto de parâmetros confessionais, como os Credos Niceno e Calcedônico.

---

10 G. W. Hansen, "Rhetorical Criticism", em *DPL*, ed. Gerald F. Hawthorne; Ralph P. Martin; Daniel G. Reid (Downers Grove: InterVarsity, 1993), p. 824-25.

Daniel J. Treier traça os interesses dos autores da TIS até os precursores desse movimento, como Karl Barth e a "Escola de Yale" (um movimento de crítica literária surgido em Yale).[11] Outros pioneiros mais recentes (da década de 1990) incluem Francis Watson, Stephen Fowl e Kevin Vanhoozer.[12] No entanto, é difícil encontrar qualquer trabalho acadêmico anterior a 2005 que use o nome "interpretação teológica" no sentido técnico que ele rapidamente adquiriu.[13] Ao mesmo tempo, os defensores da interpretação teológica não se veem como proponentes de algo novo, mas como um retorno ao estudo bíblico transformador, focado na igreja, que caracterizou gerações de cristãos antes do Iluminismo.[14] Vários autores da TIS estão especialmente interessados na hermenêutica dos Pais da Igreja,[15] que, com frequência, se engajaram na exegese alegórica, sem se preocupar com a intenção dos autores humanos inspirados das Escrituras. Exalto o fato de os autores da TIS olharem para a Bíblia como um todo unificado, dirigido a uma comunidade de crentes. Contudo, sou cauteloso com aqueles que seguem de maneira acrítica a hermenêutica dos Pais da Igreja.[16]

HISTÓRIA DA RECEPÇÃO

A história da recepção foca na forma como um texto bíblico foi "recepcionado" ou entendido pelos cristãos ao longo da história da igreja. Nos últimos anos, alguns estudiosos da Bíblia têm defendido um foco na história

---

11 Treier, *Introducing Theological Interpretation of Scripture*, p. 17-9.
12 Ibid, p. 11.
13 Porém, veja Stephen E. Fowl, ed., *The Theological Interpretation of Scripture: Classic and Contemporary Readings* (Cambridge: Blackwell, 1997).
14 Repare no subtítulo do livro de Treier: *Recovering a Christian Practice* [Resgatando uma prática cristã].
15 Veja, por exemplo, Peter J. Leithart, *Deep Exegesis: The Mystery of Reading Scripture* (Waco: Baylor University Press, 2009); Hans Boersma, *Scripture as Real Presence: Sacramental Exegesis in the Early Church* (Grand Rapids: Baker Academic, 2017); Keith D. Stanglin, *The Letter and Spirit of Biblical Interpretation: From the Early Church to Modern Practice* (Grand Rapids: Baker Academic, 2018).
16 Para uma crítica útil à apropriação acrítica da hermenêutica dos Pais da Igreja, veja Iain Provan, *The Reformation and the Right Reading of Scripture* (Waco: Baylor University Press, 2017).

da recepção como uma saída para o impasse e a confusão na disciplina da teologia bíblica.[17] Estudiosos têm de admitir que mesmo muitos dos "especialistas" sabem pouco sobre como os textos bíblicos foram lidos antes do século XVIII. Além disso, a atenção à "história da interpretação" de um texto pode fornecer uma base mais objetiva para discussões contínuas e ajudar a reacender o reconhecimento acadêmico de preocupações práticas e confessionais. Infelizmente, a exaltação da recepção do texto pode ser uma aceitação sutil da polivalência (ou seja, aceitar várias compreensões incompatíveis como igualmente válidas). Esquivar-se da espinhosa questão da veracidade de um texto pode ser uma negação implícita dessa alegação. "História efetiva" é um campo de estudo similar, mas mais amplo, no qual os estudiosos catalogam não apenas as interpretações teológicas de um texto, mas também seus "efeitos" (por exemplo, sobre arte, práticas da igreja, cultura social, governo, política mundial etc.) ao longo de determinado período.

INTERTEXTUALIDADE

Recentemente, em uma cerimônia de formatura no meu seminário, o reitor leu o título de uma dissertação de doutorado que incluía a palavra "intertextualidade". Um colega se inclinou e sussurrou: "Nunca ouvi essa palavra antes." Eu respondi: "É um tema muito discutido nos estudos bíblicos." Em resumo, a intertextualidade se concentra em como um texto bíblico é aludido ou utilizado por outro autor bíblico. Dependendo dos interesses do estudioso, um estudo intertextual pode se inclinar mais para questões literárias, teológicas ou históricas. Ao considerar a Bíblia como um livro unificado, alguns críticos intertextuais estudam o desenvolvimento dos motivos por trás das diferentes perspectivas dos autores bíblicos. Patzia e Petrotta tecem o seguinte comentário:

---

17 Por exemplo, Judith Kovacs e Christopher Rowland, *Revelation: The Apocalypse of Jesus Christ*, Blackwell Bible Commentaries (Oxford: Blackwell, 2004), p. 1-38.

Geralmente, o estudo da intertextualidade bíblica foca mais nos processos pelos quais os textos bíblicos foram retrabalhados e nas *diferenças* entre os textos: os textos foram ampliados em significado, mas também transpostos ou até refutados. A ênfase tende a recair sobre a *pluralidade* das leituras possíveis, em vez de sobre a *conformidade* das leituras.[18]

OUTRAS TENDÊNCIAS NOS ESTUDOS DO ANTIGO E DO NOVO TESTAMENTO

Pessoas não familiarizadas com o campo dos estudos bíblicos frequentemente se perguntam: "Como os estudiosos da Bíblia podem escrever algo novo? Já não disseram tudo o que poderia ser dito sobre um *corpus* tão limitado de escritos?" Centenas (milhares, talvez?) de novos livros acadêmicos sobre a Bíblia continuam sendo publicados a cada ano. Dentro desses escritos, vemos uma fragmentação contínua das disciplinas e um aumento na especialização — em crítica textual (ou, talvez, especificamente em manuscritos siríacos de um certo período!), estudos de contexto, língua hebraica, língua grega, teologia paulina, a carta de Tiago etc. Novos ramos de conhecimento surgem à medida que disciplinas externas (por exemplo, análise sociológica ou retórica) são aplicadas às Escrituras. A busca pela última tendência ou pelo prestígio secular é um perigo sempre presente, mas, para o estudioso bíblico cristão, a fidelidade deve ser sempre o objetivo. Para que o leitor tenha uma ideia do estado atual dos estudos do Antigo Testamento, recomendo o guia *The State of Old Testament Studies*. Para uma atualização sobre os estudos do Novo Testamento, consulte *The State of New Testament Studies* ou *A Beginner's Guide to New Testament Studies: Understanding Key Debates*.

---

18 Arthur G. Patzia e Anthony J. Petrotta, *Pocket Dictionary of Biblical Studies* (Downers Grove: InterVarsity, 2002), p. 63.

RESUMO

A Bíblia nunca muda, mas, devido aos contextos mutáveis dos intérpretes, aqueles que leem a Bíblia estão sempre fazendo novas e diferentes perguntas. Como essas perguntas podem ser mais bem respondidas? Ou melhor, será que essas perguntas são válidas? Sempre há uma necessidade de autocrítica em nossa abordagem ao estudo da Bíblia. A fim de facilitar essa autocrítica, fizemos uma revisão de algumas tendências interpretativas atuais no campo da interpretação bíblica: crítica bíblica, crítica textual, crítica histórica, crítica das formas, crítica das fontes, crítica da redação, crítica da tradição, crítica literária, crítica retórica, Interpretação Teológica da Escritura, história da recepção e intertextualidade.

PERGUNTAS PARA REFLEXÃO

1. Antes de ler este capítulo, você já tinha ouvido falar de alguma dessas formas críticas do estudo da Bíblia? Quais?

2. Você já leu algum artigo ou livro no qual um estudioso liberal lançou mão de algum dos métodos abordados a partir de pressuposições e/ou conclusões anticristãs?

3. Em sua opinião, é adequado um estudioso cristão empregar algum dos métodos abordados em seu estudo da Escritura? Se não, que abordagem alternativa você sugere?

4. Qual dos métodos abordados parece ser mais promissor na tarefa de compreender a pretensão do autor no texto?

5. Você notou algum traço do movimento de Interpretação Teológica da Escritura (TIS) em livros que você leu ou pregações que ouviu recentemente?

PARA ESTUDO POSTERIOR

Gagnon, Robert A. J. *A Bíblia e a Prática Homossexual*. São Paulo: Vida Nova, 2021. (Para uma resposta detalhada a leituras revisionistas homossexuais da Bíblia).

Gupta, Nijay K. *A Beginner's Guide to New Testament Studies: Understanding Key Debates*. Grand Rapids: Baker Academic, 2020.

Hardy II, H. H.; Rodas, M. Daniel Carroll (ed.). *The State of Old Testament Studies: A Survey of Recent Research*. Grand Rapids: Baker Academic, a ser publicado.

McKnight, Scot; Gupta, Nijay K. (ed.). *The State of New Testament Studies: A Survey of Recent Research*. Grand Rapids: Baker Academic, 2019.

Patzia, Arthur G.; Petrotta, Anthony J. *Pocket Dictionary of Biblical Studies*. Downers Grove: InterVarsity, 2002.

Provan, Iain. *The Reformation and the Right Reading of Scripture*. Waco: Baylor University Press, 2017.

Vanhoozer, Kevin J. (ed.). *Dictionary for Theological Interpretation of the Bible*. Londres: SPCK, 2005.

PÓS-ESCRITO

Imagine que você está conversando comigo num dia quente de verão. Eu descrevo em detalhes o delicioso sabor de uma nova iguaria de sorvete. Depois, pego uma delas de uma caixa e lhe ofereço. Quando você enfia os dentes na guloseima, é subitamente surpreendido por uma sensação insípida de borracha na boca. Um invólucro de celofane quase invisível em volta do sorvete o impediu de saboreá-lo.

Este livro é como um invólucro de celofane. Gastei muito tempo falando sobre a Bíblia, mas, se você, o leitor, não pegar realmente a Palavra de Deus e saboreá-la por si mesmo, este insípido invólucro de livro será logo esquecido. Se, porém, fui bem-sucedido em motivá-lo a ler, orar, cantar e meditar as Escrituras, este livro terá cumprido seu propósito. Que o Deus e Pai de nosso Senhor Jesus Cristo, pelo poder do seu Espírito Santo, guie você em sua jornada vitalícia de deleite na Palavra de Deus.

— Rob Plummer
Março de 2010

"Para mim, vale mais a lei que procede de tua boca
do que milhares de ouro ou de prata." (Sl 119.72)

"Quão doces são as tuas palavras ao meu paladar!
Mais que o mel à minha boca." (Sl 119.103)

PÓS-ESCRITO ADICIONAL

O pós-escrito original acima ainda expressa o desejo de meu coração. Muito me agrada que a primeira edição deste livro tenha sido usada por Deus para atrair pessoas para mais perto dele, por meio de sua Palavra. Oro para que esta edição revisada dê continuidade a essa alegre missão.

— Rob Plummer
Agosto de 2020

BIBLIOGRAFIA SELECIONADA

Archer, Gleason L. *Panorama do Antigo Testamento*. Ed. rev. ampl. São Paulo: Vida Nova, 2012.

Beale, G. K. *The Erosion of Inerrancy in Evangelicalism: Responding to New Challenges to Biblical Authority*. Wheaton: Crossway, 2008.

Bruce, F. F. *Merece confiança o Novo Testamento?* São Paulo: Vida Nova, 2010.

Carson, D. A. *Por amor a Deus*. Rio de Janeiro: CPAD, 2017.

_____. *New Testament Commentary Survey*. 7ª ed. Grand Rapids: Baker, 2013.

Carson, D. A; Moo, Douglas J. *Introdução ao Novo Testamento*. 2ª ed. rev. ampl. São Paulo: Vida Nova, 2024.

DeRouchie, Jason S. *How to Understand and Apply the Old Testament: Twelve Steps from Exegesis to Theology*. Phillipsburg: P&R, 2017.

Dillard, Raymond B.; Longman III, Tremper. *Introdução ao Antigo Testamento*. São Paulo: Vida Nova, 2006.

ESV Study Bible. Wheaton: Crossway, 2008.

Evans, Craig A. *O Jesus Fabricado*. São Paulo: Cultura Cristã, 2019.

Fee, Gordon D.; Strauss, Mark L. *How to Choose a Translation for All Its Worth*. Grand Rapids: Zondervan, 2007.

Gentry, Peter J.; Wellum, Stephen J. *O Reino de Deus através das Alianças de Deus*. São Paulo: Vida Nova, 2021.

Glynn, John. *Commentary and Reference Survey: A Comprehensive Guide to Biblical and Theological Resources*. 10ª ed. Grand Rapids: Kregel, 2007.

Grudem, Wayne. *Teologia Sistemática: Completa e Atual*. 2ª ed. rev. ampl. São Paulo: Vida Nova, 2022.

Longman III, Tremper. *Old Testament Commentary Survey*. 5ª ed. Grand Rapids: Baker, 2013.

Merkle, Benjamin L. *Discontinuity to Continuity: A Survey of Dispensational and Covenantal Theologies*. Bellingham: Lexham, 2020.

Naselli, Andrew David. *How to Understand and Apply the New Testament: Twelve Steps from Exegesis to Theology*. Phillipsburg: P&R, 2017.

Stein, Robert H. *A Basic Guide to Interpreting the Bible: Playing by the Rules*. 2ª ed. Grand Rapids: Baker Academic, 2011.

Wegner, Paul D. *The Journey from Texts to Translations: The Origin and Development of the Bible*. Grand Rapids: Baker, 1999.

Williams, Michael. *How to Read the Bible through the Jesus Lens: A Guide to Christ-Focused Reading of Scripture*. Grand Rapids: Zondervan, 2012.

Williams, Peter J. *Podemos confiar nos Evangelhos?* São Paulo: Vida Nova, 2022.

Zondervan NIV Study Bible. Ed. rev. Grand Rapids: Zondervan, 2011.

LISTA DE FIGURAS

Figura 1:
Cronologia de eventos e livros da Bíblia 35

Figura 2:
O Antigo Testamento 41

Figura 3:
O Novo Testamento 45

Figura 4:
Principais fontes sobre o imperador Tibério 83

Figura 5:
Principais fontes sobre Jesus de Nazaré................................83

Figura 6:
O começo do evangelho de João, do Códice Sanaítico 84

Figura 7:
Ordem das Escrituras hebraicas no século I........................ 100

Figura 8:
O cânon em tradições cristãs diferentes......................... 101-02

Figura 9:
Primeiras traduções da Bíblia para o inglês 112-13

Figura 10:

Abordagens tradutológicas das
principais versões em inglês.. 114

Figura 11:

O reino de Deus na Bíblia 237

Figura 12:

Gêneros literários na Bíblia... 290

Figura 13:

Atribuição dos Salmos 395

Figura 14:

A parábola do Bom Samaritano
interpretada por Orígenes (185–254 d.C.) 407-08

Figura 15:

Imagens típicas nas parábolas de Jesus 419

Figura 16:

Exemplo de esboço de carta
do Novo Testamento: Filipenses 428

FIEL
MINISTÉRIO

O Ministério Fiel visa apoiar a igreja de Deus, fornecendo conteúdo fiel às Escrituras através de conferências, cursos teológicos, literatura, ministério Adote um Pastor e conteúdo online gratuito.

Disponibilizamos em nosso site centenas de recursos, como vídeos de pregações e conferências, artigos, e-books, audiolivros, blog e muito mais. Lá também é possível assinar nosso informativo e se tornar parte da comunidade Fiel, recebendo acesso a esses e outros materiais, além de promoções exclusivas.

Visite nosso site

www.ministeriofiel.com.br

Esta obra foi composta em Arno Pro Regular 12,68, e impressa
na Promove Artes Gráficas sobre o papel Polen 70g/m²,
para Editora Fiel, em Dezembro de 2024.